九江统计年鉴

JIUJIANG STATISTICAL YEARBOOK

2016

九 江 市 统 计 局
国家统计局九江调查队 编

图书在版编目(CIP)数据

九江统计年鉴. 2016 / 九江市统计局，国家统计局九江调查队编. -- 北京 ：中国统计出版社，2016.7
ISBN 978-7-5037-7805-6

Ⅰ. ①九… Ⅱ. ①九… ②国… Ⅲ. ①统计资料－九江市－2016－年鉴 Ⅳ. ①C832.563-54

中国版本图书馆CIP数据核字(2016)第140732号

九江统计年鉴－2016

作　　者/ 九江市统计局　国家统计局九江调查队
责任编辑/ 陈越月　高媛媛　崔　鹏
装帧设计/ 罗嗣德
出版发行/ 中国统计出版社
地　　址/ 北京市丰台区西三环南路甲6号　邮政编码/100073
电　　话/ 邮购 (010) 63376909　书店 (010) 68783171
网　　址/ http://csp.stats.gov.cn
印　　刷/ 三门峡市安瑞印刷厂
经　　销/ 新华书店
开　　本/ 890mm×1240mm　1/16
字　　数/ 580千字
印　　张/ 30
版　　别/ 2016年7月第1版
版　　次/ 2016年7月第1次印刷
定　　价/ 280 元

如有印装差错，由本社发行部调换

《九江统计年鉴—2016》编辑委员会

《九江统计年鉴—2016》编辑部

总 编 辑: 胡升平

副总编辑: 周佑庭　周腊秀　李　青　董晓玲　熊运锋
王弟权　吴耀华

主　　编: 崔　鹏　徐右谦

编　　审:（以姓氏笔划为序）

王惠琴　卢春玲　刘田立　邱新民　李英雄
李国华　何　涛　何　珊　汪　倩　罗嗣德
徐右谦　崔　鹏　彭红斌　曾亦珍　赖流平
熊　莎　蔡锦闽　戴建铭

编　　辑:（以姓氏笔划为序）

王　洁　文嘉晖　左　琴　卢逢春　江文泉
江金广　孙　宇　肖　剑　陈　静　吴　兰
吴　英　余翔翔　杨　珑　张秀琪　张璐璐
周爱琴　周　慧　范　彬　赵宋义　段　慧
谈金霞　徐　奇　康　霞　黄灵莉　雷　亮
樊　偲

编 者 说 明

一、《九江统计年鉴—2016》（以下简称《年鉴》）是一本统计信息密集，综合性强的资料书。它通过统计数字，向广大读者系统地、全面地介绍九江市情、经济和社会发展情况，为各级领导和有关部门研究经济发展战略、制订规划、管理经济提供数据；为社会各界和海外人士认识九江、了解九江，提供全面翔实的经济信息。

二、本《年鉴》以2015年各项统计资料为主，全书内容由特载、社会经济统计资料、统计工作大事记等部分组成。为便于读者使用本年鉴资料，社会经济统计资料每章节篇末附有主要统计指标解释。

三、本《年鉴》在前几年出版的年鉴基础上充实了相关数据信息量。在编辑结构、内容结构、指标体系等方面按照省年鉴编辑部的要求作了相应调整。

四、本《年鉴》对以往年份的个别指标数据作了一些订正和调整，以前发表过的指标数据，凡与本年鉴有出入的均以本年鉴为准，凡涉及全市性国民经济和社会发展的综合性统计指标，均以本书统计资料篇为准。

五、本《年鉴》统计表中的符号使用说明："…"表示数据不足本表最小计量单位数；"空格"表示该项统计数据不详或无该项统计数据；"#"表示其中的主要项。

六、本《年鉴》自问世以来，备受广大读者关心和支持，得到了市党政领导和社会各界的大力支持和帮助，在此谨表诚挚的感谢。由于时间仓促，编辑水平有限，书中难免存在错误和遗漏，敬请广大读者提出宝贵意见。

目　录

特　载

社会经济统计资料

一、综合

二、人口

三、就业人员和职工工资

四、固定资产投资

五、对外经济贸易

六、能源

七、财政

八、价格指数

九、人民生活

十、城市建设和环境保护

十一、农业

十二、工业

十三、建筑业

十四、交通运输和邮电

十五、国内贸易和旅游

十六、金融、保险

十七、房地产开发

十八、科技、教育、文化

十九、卫生、体育及其他

二十、全省各设区市及其它部分城市主要经济指标

I

特　载

TE ZAI

政府工作报告

（2015年1月30日在九江市第十四届人民代表大会第七次会议上）

九江市人民政府市长 林彬杨

各位代表：

现在，我代表市人民政府，向大会报告工作，请予审议，并请各位市政协委员和列席会议的同志提出意见。

一、“十二五”及2015年工作回顾

“十二五”时期，是九江历史上发展最快、变化最大、群众得到实惠最多的时期之一。五年来，在省委、省政府和市委的正确领导下，全市上下围绕“做大九江、打造双核”的目标定位，主动适应新常态，始终保持实干定力，努力争得九江应有地位，经济社会保持了良好的发展态势，为“十三五”全面建成小康社会奠定了坚实基础。

——五年来，经济总量持续扩张，发展质量得到新提高。生产总值由1032亿元增加到“十二五”末的1902.7亿元，年均增长11.1%；财政总收入由116.7亿元增加到385.6亿元，年均增长27%；公共财政预算收入由71.1亿元增加到247.2亿元，年均增长28.3%；固定资产投资由722.2亿元增加到2119.9亿元，年均增长24%；社会消费品零售总额由279.1亿元增加到578.6亿元，年均增长15.7%；居民消费价格总水平保持平稳。三次产业比例由9.5∶56.2∶34.3调整为7.4∶53.3∶39.3。县县财政过10亿元，7个县财政过20亿元。

——五年来，发展平台加速拓展，区域格局实现新优化。永武高速、都九高速（星子至九江段）建成通车，新增高速公路通车里程193公里，实现县县通高速；九江二桥和105、316国道（九江段）、共安大道等建成通车，改造干线公路705公里，新建改造农村公路7328公里。完成电网投资66.4亿元，500千伏石钟山至洪源线路，220千伏码头、沙城扩建等一批输变电设施投入使用。沿江“1+5”发展规划对外发布，累计完成基础设施投入660亿元，一批区间通道、疏港通道建成通车；新建码头泊位28个，长江港口货物吞吐量实现三年翻番，提前五年建成亿吨大港。全市工业园区完成基础设施投入735亿元，总面积突破100平方公里。12个省级以上工业园区主营业务收入均超百亿元，九江经济技术开发区突破1000亿元，“沿江挑大梁、沿路做支撑、县区为依托”的发展格局基本成型。

——五年来，强工氛围更加浓厚，工业发展实现新突破。全市规模以上工业增加值由360.6亿元增加到1035.6亿元，年均增长13.7%；主营业务收入由1549亿元增加到5109.2亿元，年均增长27%；利税总额由163.9亿元增加到570.1亿元，年均增长28.3%。规模以上工业企业净增407户，达1259户，总量全省第一。十大主导产业加速集聚，新兴产业加快发展，9个特色产业集群入选省重点调度名录。九江经济技术开发区获批国家船舶配套设备高新技术产业化基地，庐山区获批国家玻璃纤维及复合材料高新技术产业化基地，共青纺织服装、永修有机硅创建国家新型工业化示范基地。

——五年来，兴城步伐不断加快，城乡面貌发生新变化。中心城区从“两湖”时代迈进“八里湖”时代，建成区面积由

80平方公里扩大到103平方公里。成功创建国家园林城市、全国无障碍建设先进城市。八里湖新区实施城建项目170个，一批基础设施、文化旅游、社会事业项目交付使用，一座功能日趋完善、人气不断提升的现代化生态新城基本成型。老城区改造步伐加快，完成棚户区、城中村改造600多万平方米，整治改造边街小巷345条，改造提升主次道路43条，人均公园绿地面积17.6平方米。绕城高速、九码快速通道等建成通车，"四县一山"加快融入中心城区。县城建设投入不断加大，一批规划科学、配套齐全、环境优美的县城新区建成使用。集镇功能不断完善，镇村联动、新农村建设、"两违"整治和"两沿"提升等工作扎实推进，农村面貌明显改善。全市城镇化率提高8个百分点。

——五年来，农业经济平稳发展，基础地位得到新增强。粮食实现"十二连丰"，油菜、棉花播种面积和总产量均居全省第一。流转耕地144.8万亩、林地184.7万亩，创建省级农业产业集群10个、现代农业示范区9个，赛湖农场获评国家农业综合开发现代农业示范园，共青城获评国家农业产业化示范基地。新增规模以上农业企业204家。创建"三品一标"324个、省级以上农产品品牌128个，"双井绿""彭泽鲫"被核准为国家地理标志证明商标。国家农业综合开发县、小农水重点县实现全覆盖，建设高标准农田40万亩，完成913座中小型水库除险加固、43条中小河流治理。改造灌区741处，新增、恢复和改善灌溉面积170万亩。

——五年来，对外开放升温加热，改革创新取得新成效。全市累计开工市外5000万元以上项目1859个，实际进资3207.9亿元。实际利用外资由6.7亿美元增加到16.3亿美元，年均增长19.6%；进出口总额由18.2亿美元增加到60亿美元，年均增长26.9%；境外直接投资由1237.4万美元增加到9988.9万美元，年均增长68.6%。集体林权制度改革和基层农技推广体系改革的经验在全国推广。在全省率先开展农村集体土地承包经营权抵押贷款试点，国企、农垦企业和国有林场改革全面完成。政府机构、户籍制度、投融资、文化、医药卫生体制等改革深入推进。创新了土地清理、河道采砂等管理体制。新增省级以上高新技术企业83家，新建院士工作站19家，新增中国驰名商标6个，专利申请量8325件，授权量5233件。昌九两地达成六大类25个合作事项，公交、通信、基本医疗保险、户口迁移等合作顺利完成。共青城列入省直管县试点，体制机制创新成效明显。新增4A级景区14个，旅游经济主要指标总量连续五年居全省首位。

——五年来，环境保护力度加大，生态建设厚植新优势。生态文明先行示范区建设扎实推进，基本完成"十二五"节能减排任务。新增国家级生态乡镇27个，建成国家级自然保护区3个、湿地公园3个、森林公园8个。PM2.5实现24小时在线监测，空气环境优良天数年均保持在310天以上。完成造林绿化161.6万亩，森林覆盖率55.2%。8个县成功创建省级森林城市。建成水质自动监测站8个，境内长江、修河监测断面水质达III类水标准，集中式饮用水源地水质达标率100%。新增农村安全饮水人口155万人，治理水土流失180万亩。修水获评国家水土保持先进县。永修云山经济开发区通过国家循环经济试点验收。

——五年来，民生投入不断增长，人民生活有了新改善。全市累计用于民生领域的财政支出突破1000亿元。城镇居民人均可支配收入由15764元提高到27635元，农村居民人均可支配收入由5588元提高到11143元。建成各类保障房33.2万套，新改建农村危旧房5.6万户。新增城镇就业32万人，转移农村劳动力30.9万人。中心城区新建改造农贸市场16个、停车场8个、公交综合场站7个，新增公交车313辆。创建“放心粮油”示范点145个，建成农家店317家、配送中心12家、乡镇商贸中心23个，新建城郊蔬菜基地2.5万亩，新增粮食库容 26 万吨。完成教育投入296.8亿元，新改扩建校舍总面积189万平方米，补充教师7737名；九江职业大学、九江职业技术学院、庐山区第一中学、庐山区中心幼儿园、科技中专、九江一中、九江小学、双峰小学等新校区建成使用；新增公办幼儿园512所，学前教育三年入园率达 84.2%；义务教育均衡发展，高中教育、职业教育、特殊教育和高等教育协调发展。在全国率先实施新农合跨省跨市直补、先看病后付费等新模式，城乡基本医疗保险和基层医疗服务网络实现全覆盖。全面实施城乡困难群众医疗救助，贫困家庭重大疾病免费救治惠及5.9万人，血吸虫病疫区均达到传播控制以上标准。文化惠民工程扎实推进，公共文化设施实现县乡村全覆盖，“四馆一站”免费开放。体育产业和竞技体育加快发展，全民健身活动蓬勃开展。全国食品药品安全示范区建设扎实推进，食品药品科学监管水平不断提高。大力实施精准扶贫，减少贫困人口21.3万人，安置搬迁移民8.4万人，修水、武宁扶贫移民整体搬迁模式在全国推广。第九届村（居）委会换届选举全面完成，基层政权建设和民主管理进一步加强。安全生产形势总体稳定，事故总起数和总死亡人数实现双下降。社会治安形势更加平稳，信访秩序明显好转，公众安全感明显提高，社会保持和谐稳定。

2015年主要抓了以下八个方面工作：

（一）深入推进重大战略。沿江开放开发扎实推进，九江港总体规划修编完成，省煤炭储备中心、码头工业城等港口码头项目基本完工，九景衢铁路、武九客专、城东港区铁路专用线等项目进展顺利。省政府支持昌九一体化发展 20 项政策措施加快落实，实施“飞地”合作项目16个。昌九高速“四改八”（通远段）建成通车，都九高速（都昌至星子段）开工建设，昌九大道全线贯通。共青科教城、共星大道等项目快速推进，青年电商产业园、APP孵化产业园建成运营，私募基金创新园区加快发展。创建国家森林城市步伐加快，庐山大道、长虹大道、九龙山森林公园等绿化改造提升基本完成，八里湖绿道系统等项目加快建设。城市水生态文明建设规划编制完成，白水湖截污工程等项目加快推进。柘林湖湖泊生态环保PPP示范项目开工建设，15个百强中心镇生活污水处理设施建成运营。鄱阳湖湿地列入生态补偿政策试点，武宁入选全国生态保护与建设示范区，德安获评国家园林县城，星子列为全省非金属矿山综合整治试点县。

（二）全力以赴决战工业。规模以上工业增加值同比增长9.9%，主营业务收入增长7.5%，利税总额增长13.2%。全年四批次集中开工项目420个，九江石化油品质量升级、瑞智机电等竣工投产，神华九江电厂、兄弟医药、九宏新材料等加快推进。全市工业园区建成公共服务信息平台8个，开展“两化融合”试点企业60户，九江石化智能工厂列入全国试点，永修云硅创建全国首家有机硅产品电商平台。瑞昌、星子、湖口等工业园完成扩区调区规划。出台决战工业一万亿“1+2”文件、促进经济平稳健康发展“55 条”、推进大众创业万众创新“28条”等政策措施。设立了总规模 50 亿元的市政府产业投资引导基金，通过财园信贷通、助保贷等模式有效缓解企业融资难问题。盛祥电子、禾益化工、美凯宝挂牌“新三板”。

（三）着力提升门户形象。中心城区实施城建项目187个，完成投资158亿元。城市总体规划获批，中心城区、县城控制性详细规划和乡（镇）总体规划、行政村规划实现全覆盖。三马路、考棚路和战备路等片区改造加快推进，通岭大道、兴城南大道、市中心幼儿园八里湖校区、九派诗廊等新区功能项目加快推进，国际金融广场、九江茶市、万达广场、京九商贸城、禧徕乐国际商贸中心等城市综合体项目加快推进。扎实开展城市环境综合整治“百日大会战”和“攻坚年”活动，垃圾死角、建筑工地、占道经营、交通秩序等专项整治成效明显，城市管理长效机制逐步健全。

（四）繁荣发展第三产业。第三产业实现增加值747.3亿元，增长11.5%。旅游产业创新发展规划编制完成，庐山设市工作全面启动。庐山西海国际生态旅游度假区、归宗旅游度假综合体等项目加快推进。庐山核心景区实现“一票制”。“庐山藏天下，九江通四海”城市形象营销向全国推广。庐山获评中国最具价值文化（遗产）旅游目的地景区，庐山西海获评全国十佳生态旅游示范景区，星子获评中国最佳文化生态旅游名县。全市旅游接待总人数突破1亿人次，增长40%；旅游总收入922亿元，增长48%。新增物流企业151家，完成集装箱吞吐量25.5万标箱，公路货运量1.2亿吨，货运周转量266亿吨公里。全市电子商务实现销售额255.3亿元，阿里巴巴九江产业带入驻商户555家，星子横塘镇获评省电子商务示范基地。光大银行、北京银行、恒邦财险、中信证券等落户九江，全市金融机构本外币各项贷款余额1460.7亿元，增长18.7%。总部经济、楼宇经济、家政服务和社会养老服务等业态蓬勃发展。

（五）大力夯实三农基础。新建千亩以上农产品基地73个，新增农民合作社797家、家庭农场648家。茶叶品牌建设成效显著，在国内外荣获多项大奖。831个新农村建设点、87个中心村建设有序推进，改水、改厕3.9万户。农村生活垃圾治理全面启动，解决25万农村人口饮水安全问题。发放粮食补贴3亿元，发放“财政惠农信贷通”贷款13.9亿元。完成“新型职业农民培育”5630人、“雨露计划”培训5285人，“一村一名大学生工程”招生900人，转移农村劳动力6万人。整村推进395个贫困村村庄整治，建成扶贫生态示范村100个。

（六）全面深化改革创新。严格落实“三单一网”改革要求，市县政府权力清单、责任清单挂网公布，九江政务服务网上线运行。市本级行政审批事项精简率达64.6%，全面取消非行政许可审批事项178项，清理取消行政审批前置中介服务53项。行政服务标准化试点工作通过验收。农村集体土地确权登记颁证工作基本完成，行政机关公车改革稳步推进。工商、质监、食品、药品、卫生、计生等机构改革全面完成。商事制度改革加快推进，“三证合一”“一照一码”全面实施，新增企业1.2万户，新增个体工商户3万户。九江港口岸扩大开放城西港区通过国家验收，城西港纳入全国启运港退税政策试点，九江海关纳入全国通关一体化；获批进口粮食指定口岸，进境木材监管区建成运营。瑞昌获批国家知识产权试点城市，恒盛科技园获批国家知识产权试点园区，津晶城科技园获评国家级科技企业孵化器。

（七）持续保障改善民生。财政性民生支出351.8亿元，占总支出79.4%，省下达民生工程任务全面完成。创新开展棚户区改造货币化安置和保障房“以购代建”工作，率先在全省实施保障房“租售并举”、物业管理新模式。新增城镇就业5.4万人，为城乡困难群众购买公益性就业岗位4400个。新增小额担保贷款14.9亿元，扶持创业1.4

万人。城乡低保、农村五保集中供养和失业保险标准每人每月分别增加20元、30元和255元。城乡居民基础养老金和企业退休人员养老金每人每月分别增加25元、285.2元，环卫工人工资标准和社区干部工资待遇进一步提高。中心城区新增新能源公交车90辆、公交线路5条。农村义务教育学校标准化建设扎实推进，职业教育资源加快整合，高考成绩创十年最佳。“八个一”文化亲民工程加快实施，新增国家一级文化馆3家、图书馆6家。取消县级公立医院药品加成，分级诊疗体系和全国精神卫生综合管理示范区启动建设，新农合参合率达98.6%。“单独两孩”政策稳妥实施，人口自然增长率稳定在7.6‰以下。成功举办第七届老年人健身体育运动会。安全生产形势进一步好转，一批信访突出问题得到解决。深入开展治安、禁毒等专项行动，严厉打击各种违法犯罪行为，公众安全感和群众满意度不断提高。统计、审计、气象、水文、盐业、通信、无线电管理、档案、司法、国安、保密、机构编制、地方志、对台、外事侨务、民族宗教、驻外联络等工作得到新加强；国防动员、民兵预备役、双拥创建、人民防空、防震减灾、应急管理、武警、消防等工作取得新成绩；妇女儿童、老龄、残疾人、志愿者、红十字和慈善等事业实现新发展。

（八）自身建设不断加强。认真落实中央“八项规定”和国务院“约法三章”，扎实开展“三严三实”专题教育，全市政府系统干部作风明显好转。自觉接受人大依法监督、政协民主监督和社会舆论监督。制定出台《法治九江建设纲要》，深入推进政务公开和政府信息公开，办理市人大代表建议170件、市政协提案363件，办结率100%；市政府民声直通车受理和办理群众意见、建议、诉求8529件，办结率95.3%。积极巩固“红包”问题治理成果，深入开展领导干部违规插手干预工程项目问题专项整治，坚决查办了一批违纪违法腐败案件。“三公”经费支出同比下降9.4%。

需向代表说明的是，随着我国经济发展进入新常态，增速由高速转向中高速，“十二五”中后期全省经济发展增速普遍放缓，经济下行压力加大。对照“十二五”规划目标，我市也有少数指标低于预期，GDP、社会消费品零售总额年均增幅分别低1.9和2.3个百分点。总体看，我市“十二五”规划目标任务基本完成，九江发展站在了新的历史起点上。

各位代表，回顾“十二五”，我们坚持科学发展、跨越发展，历程极不平凡，经验弥足珍贵。我们深切地感受到：成绩的取得，是省委、省政府和市委正确领导的结果，是市人大依法监督、市政协民主监督和社会各界大力支持的结果，是全市人民团结奋斗、顽强拼搏的结果。在此，我代表市人民政府，向全市广大干部群众，向各位人大代表、政协委员、各民主党派、工商联、无党派和社会各界人士，向驻浔单位、人民解放军、武警官兵、公安干警和离退休老同志，向所有关心、支持、参与九江建设发展的朋友们，表示衷心地感谢并致以崇高地敬意！

我们深刻地体会到：做好政府工作，必须保持政治定力不偏向，在市委的正确领导下，不分心、不观望、不折腾，一心一意干事业，凝心聚力促发展。必须咬定发展目标不动摇，坚持目标引领，强化责任倒逼，一任接着一任干，一张蓝图画到底。必须突出工作重点不放松，坚持发展第一要务，保持经济增长中高速，加快做大经济总量，提升发展质量和效益。必须强化实干作风不懈怠，求真务实，真抓实干，敢于担当，勇于创新，善于破难，不断提高工作成效。必须牢记为民宗旨不淡忘，把人民满意作为最高追求，把实事办实，把好事办好，着力提升人民群众的幸福感和获得感。

我们清醒地认识到：经济总量不大、发展不足，加快发展的任务仍然艰巨；经济质量不高，产业结构不优，第三产业比重偏低，提质增效、转型升级的任务仍然艰巨；县域经济整体实力不强，在全省争先进位的任务仍然艰巨；城镇化水平不高，加快推进新型城镇化的任务仍然艰巨；群众收入偏低、部分居民生活还比较困难，同步全面小康的任务仍然艰巨；影响和谐稳定的因素依然存在，加强和创新社会管理的任务仍然艰巨；发展环境有待进一步优化，依法行政水平有待进一步提高，履职担当的干部作风有待进一步加强。对此，我们将采取更加有力的措施，积极应对，努力解决。

二、“十三五”时期经济社会发展总体安排

“十三五”时期，和平、发展、合作、共赢仍是时代主题，世界经济在深度调整中曲折复苏，我国经济长期向好的基本面没有改变，我省仍处于大有作为的重要战略机遇期，我市经济社会发展突出表现为“五期交织”的阶段性特征，即：率先全面小康的决胜期、全力做大九江的决战期、经济发展的转型期、发展动力的转换期、区域竞争的洗牌期。未来五年，九江发展的机遇更加难得、动力更加充足、基础更加稳固、氛围更加浓厚，全市上下务必科学认识新常态、主动适应新常态、积极引领新常态，保持战略定力、实干定力，构筑发展新优势，开创发展新局面！

全市经济社会发展的指导思想是：高举中国特色社会主义伟大旗帜，以邓小平理论、“三个代表”重要思想和科学发展观为指导，深入贯彻习近平总书记系列重要讲话精神，落实中央“五大发展”理念和省委“十六字方针”，以“推进‘T’型崛起，打造山水名城，率先全面小康，建设五大九江”为发展战略，聚焦“一心两翼三板块”，实施“新工业十年行动”，协同推进“五化”，把九江打造成为全省绿色崛起的双核之一、长江经济带重要中心城市、世界知名的山水文化名城和旅游度假胜地。

“十三五”全市经济社会发展主要目标是：生产总值年均增长 10%左右；财政总收入年均增长 11%；固定资产投资年均增长 17%；社会消费品零售总额年均增长 11%；规模以上工业增加值年均增长 10%以上；城镇化率达到 56%；城镇居民和农村居民人均可支配收入年均分别增长 10.5%和 12%；完成省下达的节能减排任务。

为如期实现“十三五”奋斗目标，我们将通盘统筹、科学谋划，加快构建“一心两翼三板块”的经济格局。做美“一心”，优化城市空间布局。以中心城区为核心，以卫星城市为支撑，以庐山为后花园，促进港城联动、产城融合、景城一体，着力构建“揽山入城、拥江抱湖”的九江都市区，力争“十三五”末中心城区人口达 100 万，中长期建成区面积达 300 平方公里，打造宜居宜游九江。做强“两翼”，优化区域空间布局。以东部湖区和西部山区为“两翼”，在保护中发展、在发展中保护，在扶贫中发展、在发展中扶贫，打造现代农业、绿色工业、生态旅游为代表的生态经济带。做实“三板块”，优化产业空间布局。以湖口县、彭泽县为主体的沿长江东部板块，重点建设长江经济带产业转移升级集中区，积极承接长三角、珠三角产业转移，加快推动化工、钢铁、纺织等传统产业转型升级；以九江经济技术开发区、瑞昌市、庐山区、九江县为主体的沿长江中西部板块，重点发展战略性新兴产业、高新技术产业和现代制造、港口贸易等中高端产业；以共青城市、德安县、永修县为主体的沿昌九南部板块，重点建设全省的“双创”基地，加快发展高新技术产业。

未来五年，将重点实施八大行动：

一是实施“新工业十年行动”，全力推动工业经济转型升级。大力推进新型工业化，对接“中国制造 2025”，促进工业经济量质并举、结构升级、效益提升，加速实现规模以上工业主营业务收入万亿目标。实施传统产业提升计划。以石油化工、钢铁有色、建材、纺织等产业为重点，支持企业加快技术改造、重组整合、股改上市，推动传统产业改造升级。实施新兴产业倍增计划。以新能源、新材料、电子电器、生物医药、绿色食品和装备制造等产业为重点，通过引进重大项目、加快科技创新、完善扶持政策，推动战略性新兴产业向高端化、集约化、特色化发展，努力实现产业规模倍增、龙头企业倍增、示范基地倍增。实施主导产业集聚计划。突出龙头带动，延伸产业链条，推动产业集聚集群集约发展，着力提升产业规模和竞争力。坚持数字化、产业化、智能化方向，加快推进工业化和信息化深度融合，创建一批“两化融合”示范园区和企业。全力推动九江经济技术开发区做大做强，大力支持瑞昌申报国家级经开区、共青城申报国家级高新区。

二是实施“开放升级行动”，着力构筑内陆双向开放的前沿阵地。积极策应国家“一带一路”、长江中游城市群、长江经济带建设等重大战略，充分放大沿江临港优势，不断提升对内对外开放水平，打造开明开放九江。提升开放平台。推进九江综合保税区审批建设工作，积极申报整车、肉类、冰鲜水产品、水果等特定进口商品指定口岸；加快电子口岸建设，实现“三互”大通关，推动九江港开放升级。积极参与沿江经济协作区建设，大力承接发达地区先进制造业和先进技术转移。深入推进昌九一体化，以共青先导区为核心，推动昌九新区建设，加快打造江西融入长江经济带的“桥头堡”。提高招商引资水平。坚持把招商引资作为“头号”经济工程，实施精准化招商、精细化服务和精确化考核。抓住国家政策调整、产业重新布局的发展机遇，瞄准国内外大企业，招引一批产业带动性强、技术含量高的重大项目。坚持产业招商、专业招商、领导招商、以商招商、资本招商和环境招商，优化产业承接和项目配套服务，实现招商由单向承接向双向互动转变。完善客商服务机制，实施准入前国民待遇加负面清单管理制度，优化营商环境。积极推动“走出去”。健全走出去政策支撑体系，鼓励有条件的企业到境外投资发展，支持优势产业参与国际产业分工，深度融入全球产业链、价值链和物流链。

三是实施“创新创业行动”，着力促进发展动力转换。坚持以供给侧结构性改革为主线，大力推动大众创业万众创新，集聚发展新动力，打造创新创业九江。促进全方位改革。发挥市场在资源配置中的决定性作用，进一步完善市场体系，优化市场环境，激活市场主体，实现资源配置效益最大化和效率最优化。认真落实、完成中央和省委、省政府部署的改革任务，深入推进行政管理、审批制度、农业农村、财税金融等各项改革。主动先行先试，扎实开展一批具有九江特色的改革试点。支持多层次创新。加大知识产权保护力度，充分发挥企业主体作用，加强产学研对接，培育一批科技领军人才，打造一批科技创新平台，建设一批科技成果转化基地。加快智慧九江建设，统筹实施“互联网+”行动，促进信息化与经济社会各领域的深度融合发展。加快品牌创新，实现“九江制造”向“九江创造”转变。鼓励多渠道创业。完善创业扶持政策，构建低成本、便利化、开放式的众创平台。鼓励支持本土人才大胆创业、成功人士回归创业、务工人员返乡创业，打造一批创业示范基地。

四是实施“名城创建行动”，着力打响大山大水大九江的独特品牌。突出山水特色，完善城市功能，挖掘文化内涵，留住城市记忆，提升城市品位，把九江建设成为生活宜居、生态优美、生产繁荣的山水文化名城。彰显城市宜居特质。加快构建九江都市区，启动主城区快速通道和九江都市区轻轨建设，实现基础设施互联互通。做优做美中心城区，高标准打造八里湖新区中央商务区，规划建设高铁新区、产城融合试验区，推进赛城湖片区与八里湖新区对接融合。加快棚户区改造、危房改造、老旧小区改造步伐。积极创建国家历史文化名城、国家卫生城市、国家森林城市和全国文明城市。彰显城市宜游特质。推进国家级旅游度假区建设，优化精品线路，丰富旅游业态，提升旅游产业，加快旅游转型升级。以庐山管理体制改革为契机，整合优势资源，强化区域协作，着力构建“环庐山、大庐山、泛庐山”和庐山西海旅游经济圈，沿长江和鄱阳湖旅游经济带，打造“两圈两带”大旅游格局，推进旅游发展全域化、旅游产业全链化。彰显城市宜商特质。坚持以产促城、以城兴产、产城融合，加快发展现代金融，积极引导各类金融组织和服务机构入驻。加强政府性融资平台建设，加快企业上市步伐。发展金融要素市场，建立多层次资本市场，逐步健全现代金融体系，积极打造赣鄂湘皖四省边际区域金融中心。加快发展商贸物流，规划建设一批现代物流园区，培育引进一批重点物流企业，健全城乡商贸物流服务体系，加速形成以港口为中心的物流网络，打造连接长三角、辐射湘鄂皖、服务全省的物流枢纽。大力发展电子商务，积极发展健康养老、文化创意、工业设计、家庭服务等新型业态。

五是实施“生态优先行动”，着力打造生态文明“九江样板”。坚持绿色富市、绿色惠民，加快生态文明先行示范区建设，走生态优先、绿色发展之路，建设天蓝、地绿、水净的美好家园。保护生态环境。坚持预防为主、源头控制、综合治理，实行最严格的环境保护制度。深入实施“净空、净水、净土”行动，健全实时在线环境监控系统，完善环境监督保护机制，形成政府、市场、公众多元共治的环境治理体系。提升生态优势。合理划定并严守生态红线，构建沿长江、环鄱湖、覆盖庐山的生态安全格局。实施人工造林和封山育林，加强公益林保护，提升森林资源质量。加强水土流失综合防治，强化饮用水源保护区、水源涵养区、江河源头区的保护与生态修复。发展生态经济。探索“绿色+”产业发展模式，构建环境友好的绿色工业、生态有机的绿色农业和集约高效的绿色服务业体系。优化配置土地资源，集约利用岸线资源，科学开发矿产资源，提高资源利用效率。

六是实施“基础提升行动”，着力增强发展支撑功能。坚持统筹规划、适度超前，加快构建综合立体、功能配套、安全高效的现代化基础设施体系。强化交通支撑。积极对接沿长江综合运输通道建设，以高等级航道、疏港通道、港区建设为重点，以公路、铁路、航空、管道运输为支撑，构建便捷高效、联江通海的现代化立体交通格局，打造长江中游城市群重要交通枢纽城市。强化能源支撑。实施清洁煤电工程，发展新能源和可再生能源，尽早启动彭泽核电站建设。以 500 千伏、220 千伏网架为支撑，支持 1000 千伏特高压建设，构建覆盖全市的环状电力骨干网架。推进新一轮农村电网、配电网改造升级，不断完善能源保障体系。强化水利支撑。争取长江干堤升级整治和江新、棉船等洲滩治理立项实施，提高重点地区、园区防洪标准。继续推进病险水库除险加固、中小河流治理和山洪灾害防治。强化管网支撑。支持“三横一纵”国家天然气输气管网和“环鄱阳湖”省级管网建设。坚持先规划后建设，先地下后地上，加强城市地下管网建设管理，加快污水管网和城市防洪排涝设施建设。

七是实施“协同共进行动”，着力形成统筹发展新格局。坚持区域协同、城乡统筹，在协调发展中拓展新空间。发展现代农业。优化农业产业布局，大力发展城郊蔬菜、鄱湖水产、西海林果、山区油茶和茶叶等产业，推进农业集群化发展。加快现代农业示范园区和环庐山、永武旅游休闲观光农业带建设，促进一二三产融合发展。构建新型农业经营体系，培育新型职业农民和农业经营主体，壮大龙头企业，提升农业规模化经营和社会化服务水平。加快农业标准化、信息化、品牌化建设，健全农产品质量安全体系，努力打造全国知名的绿色有机农产品供应基地。推动县域发展升级。坚持分类指导，实施权力下放，强化有效激励，促进县域经济整体提升、发展升级。力争“十三五”末，县县财政收入达20亿元，2个县（市、区）进入全省10强。促进城乡一体化。坚持以人的城镇化为核心，深化农村综合改革，促进农业转移人口进城落户。严格落实强农惠农政策，加快城镇村联动发展，加强农村环境整治，改善农村基础设施，建设和谐秀美乡村，努力形成以工促农、以城带乡、工农互惠、城乡一体的新型工农城乡关系。

八是实施“共建共享行动”，着力增强人民群众的幸福感和获得感。加快全面建成小康社会步伐，让人民群众共享经济发展成果，打造共建共享九江。坚持把脱贫攻坚作为“第一民生工程”，扎实推进十六项脱贫攻坚举措，打赢五场脱贫硬仗，确保到2018年实现建档立卡贫困人口全部脱贫、贫困村全部退出、贫困县提前“摘帽”。办好人民满意教育，基本实现教育现代化。繁荣发展文化事业，构建公共文化服务体系。推进健康九江建设，完善疾病预防控制和食品安全治理体系。坚持计划生育基本国策，促进人口均衡发展。加强公共体育设施建设，积极开展全民健身运动。实现更高质量的就业，形成合理的收入分配格局。健全基本养老保险和基本医疗保险制度，建立更加公平、更可持续的社会保障和救助体系。推进法治九江建设，完善信访调处机制，依法解决信访突出问题，提高社会治理法治化水平。推进平安九江建设，健全公共安全体系，坚决遏制重特大安全事故发生。完善立体化治安防控体系，确保人民安居乐业、社会和谐稳定。

三、2016年工作任务

2016年是“十三五”规划的开局之年，也是全面建成小康决胜阶段的首战之年。我们将认真贯彻中央经济工作会议精神，按照省委、省政府和市委的统一部署，坚持稳中求进的总基调，保持战略定力不动摇，着力稳定经济增长，着力深化改革开放，着力加快创新驱动，着力促进转型升级，着力保护生态环境，着力保障改善民生，加快“五大九江”建设，全面完成全年目标任务，确保实现“十三五”良好开局。

全市经济社会发展主要预期目标是：生产总值增长10%左右；财政总收入增长11%，地方公共预算收入增长11%；固定资产投资增长17%；社会消费品零售总额增长12%；居民消费价格总水平涨幅控制在2.5%；城镇居民和农村居民人均可支配收入分别增长10%和11%；完成省政府下达的节能减排任务。

为实现上述目标，我们将重点做好十个方面的工作：

（一）坚定不移主攻工业。打好“新工业十年行动”第一仗，全年实施亿元以上工业项目271个，总投资1448亿元，完成投资690亿元，力争规模以上工业增加值、主营业务收入和利税总额均增长10%。改造提升传统产业。加快企业技术改造，支持企业引进先进技术和装备，提高自动化、智能化生产水平，实施工业技改项目200个以上。加快延伸产业链条，重点支持九江石化等企业提高产品质量效益，鼓励引导赛得利化纤、德鑫纺织等企业优化产品结构。加快行业兼并重组，促进市场出清。培育壮大新兴产业。新能源产业，重点推进光伏发电应用、燃料乙醇和生物柴油项目；新材料产业，重点发展有机硅新材料、玻纤复合材料、多晶硅和金属新材料；电子信息产业，重点推进电子材料、电子元器件研发转型，加快形成平板显示、智能终端和集成电路等产业集群；节能电器产业，重点做大节能灯、空调和小家电等产业规模；生物医药产业，重点加强医药中间体技术研发，开发新型医药产品；绿色食品产业，重点做大粮油和水产品深加工产业，做优绿色饮品和休闲保健食品产业；装备制造产业，重点发展汽车及零部件，加快发展船用配套和海洋工程装备。支持卡博特气象白碳黑、中科鑫星新材料、盛祥电子等企业研发创新和成果转化。力争全年实施战略性新兴产业项目100个以上。促进产业集聚发展。支持龙头企业重组改造上下游配套企业，构建完善的产业链分工协作体系，形成"龙头企业顶天立地、配套企业铺天盖地"的格局。高标准建设石化产业园，延长石油加工产业链；依托星火有机硅产能扩张，做大有机硅"产业树"；依托九江发电厂、神华煤电，做大火电规模。帮扶企业做大做强。完善市领导挂点千亿产业、百亿企业和百部门帮百企等帮扶机制，实行重大工业项目全程代办服务。加强政银企对接，用好产业发展基金，帮助小企业做大、大企业做强。优化园区平台建设。完善园区企业信息、金融、中介、物流配送等配套服务，健全技术研发、质量检测等各类创新平台，支持九江经济技术开发区国家级产城融合示范区试点建设。提高园区投资强度，积极创建生态工业园区和循环经济园区。全面推进"两化融合"示范园区建设，力争示范企业达到100户以上。

（二）加快发展现代农业。促进农业升级。推进永久基本农田划定，落实粮食安全责任制，稳定粮食生产。加快"百县百园"建设，重点打造3-5个现代农业示范园。以茶叶、水产、油茶、珍珠等特色产业为重点，做大规模，打响品牌。发放"财政惠农信贷通"贷款10亿元，培育新型农业经营主体1000家，新增规模以上农业企业20家，创建"三品一标"和省级以上品牌50个。提升农村面貌。继续推进镇村联动建设，加强农民建房管理和风貌管控，抓好农村生活垃圾治理，完成87个中心村、830个新农村建设点村庄整治，新建改造农村公路1200公里，改造危桥50座。改善农民生活。大力推进"一村一品、一乡一业"富民工程，扶持一批种养、加工、餐饮、休闲养老、特色旅游等专业村庄建设，拓展农村二三产业增收空间。完成"新型职业农民培育"3000人，"一村一名大学生工程"招生800人，新增转移农村劳动力5.5万人。

（三）大力发展现代服务业。做旺文化旅游。加快庐山设市步伐，加强旅游资源整合和统一管理。建成庐山索道等项目，加快推进华夏国际旅游度假区、义门陈文化产业园等项目。组建文化旅游投资有限公司，启动浔阳古城保护和开发工作，实施庾亮南路历史文化街区改造。加快旅游标准化和智慧旅游建设，创新营销模式，提升从业人员素质，加大市场监管力度，支持庐山西海创建5A景区。力争全年旅游接待总人数、旅游总收入增长15%以上。做大现代金融。加大金融机构引进力度，完成农村信用社改制工作，新增村镇银行4家。拓展融资新品种，创新抵押担保方式，加大重点领域、重大项目信贷支持力度。加快完善证券、基金、保险、信托、投资等金融要素市场发展，引导非融资平台类企业在资本市场进行直接融资。鼓励企业参加信用评级，培育3-5家优质企业在银行间市场募集资金，扶持5家企业挂牌“新三板”。力争年末全市新增贷款260亿元。做活商贸物流。加快第三方物流和中小微物流企业发展，推进万达广场、京九商贸城、联盛快乐城等项目建设，打造一批国家级、省级特色商业街。加大农超对接力度，实施“快递下乡”工程，支持末端配送网络建设，引导农村邮政物流发展。支持共青城、恒盛科技园、横塘镇等电子商务示范基地建设，新增销售收入5000万元以上电商企业10家。

（四）提高新型城镇化水平。全年实施城建项目207个，总投资1037亿元，完成投资316亿元。高标准规划。推进“多规合一”，编制完成都市区总体规划和旧城功能区、濂溪片区、芳兰组团控制性详细规划，加快修编城市总体规划、历史文化名城保护规划，启动编制城市地下综合管廊、海绵城市、中心城区排水防涝和电力设施建设等规划。加强规划监管，做好城市设计。高品位建设。以八里湖中央商务区建设为重点，推动资源集中、要素集聚、业态集合，构建城市高端商圈，打造城市新地标。建设完成兴城南大道、中心城区高速进出口收费站“拆四建二”等项目，加快推进琴湖大道（南段）、第四自来水厂等续建项目，启动九江火车站外广场改造等项目，做好动物园迁建、八里湖综合管廊等前期工作。继续实施老城区边街小巷整治，推进小游园、公共绿地等建设。加快锁江楼、老京九市场等棚户区改造步伐，加大货币化安置力度，促进房地产去库存。高水平管理。巩固城市环境综合整治“攻坚年”成果，扎实开展“提升年”活动。加快推进市县两级城市管理改革，实施数字化城管二期工程。推行城市管理服务外包模式，提高环境卫生、园林绿化和设施管护等市场化管理水平。

（五）推进对内对外开放。突出招大引强。围绕重点产业，紧盯重点区域，创新招商方式，强化招商队伍，办好招商活动，提高招商实效。加强与国内、国外500强企业的对接，引进一批关联度大、带动性强、科技含量高的重大产业项目。力争市外5000万元以上项目实际进资增长20%以上，实际利用外资增长11%以上。加强区域合作。加快推进“昌九新区”建设，探索建立昌九扩大开放试验区，抱团融入长江中游城市群发展。推进沿江地区与宿松、望江、黄梅、武穴等地联动发展，推动建立“赣鄂皖沿江协作区”。积极对接上海自贸区，落实沪浔两地产业战略合作框架协议，支持彭泽“飞地”产业园建设。做优外经外贸。建立外贸综合服务平台，优化出口产品结构，实现进出口总额稳中有升，力争全年境外直接投资增长15%。完善口岸建设。完成九江电子口岸国际贸易“单一窗口”建设，协调推进九江港与南昌港一体化发展，加强九江港与上海外高桥码头、洋山港通关协作，提高九江港服务全省、辐射周边的能力。

（六）完善基础设施建设。建成一批。建成武九客专、修平高速、城东港区铁路专用线等交通项目，建成赤湖工业园、矶山化工园公用码头和神华、华中木业专业码头等港区项目，建成中电投江洲风电、赛城湖光伏等能源项目。完成105座小型水库除险加固和德安樟树水库新建项目。推进一批。加快推进九景衢铁路、合安九客专、昌九高速全线“四改八”、都九高速（都昌至星子段）等交通项目，加快推进红光作业区综合枢纽、疏港通道等港区项目，加快推进江西LNG天然气储配中心和3个220千伏、4个110千伏输变电项目，协调推进特高压入赣项目建设。谋划一批。启动昌九高铁、常岳九等铁路项目前期工作，启动宿九、瑞武等高速公路项目前期工作，启动湖口鄱阳湖、武穴至瑞昌码头等过江通道项目前期工作。

（七）加强生态环境保护。强化环境治理。全面落实大气、水体、土壤污染防治行动计划，深入实施治霾、减煤、除尘等专项行动。加强河道采砂管理，综合治理水土流失37万亩。开工建设白水湖和蛟滩污水处理厂，启动八赛连通控制闸工程。开展环保联动执法，严厉打击环境违法行为。注重生态建养。积极创建国家森林城市，推进浔南城市森林公园、庐山大道北段两侧退让绿化等项目建设，完成造林21.4万亩。加快实施柘林湖湖泊生态环保等项目，加强长江、修河、庐山西海等水生态保护。加快野生动植物救护中心和繁殖基地建设，支持星子湖湾建设国家湿地公园、武宁创建国家生态文明先行示范区。创新体制机制。健全河湖管理与保护制度，全面实行党政“一把手”负责的“河长制”。建立健全领导干部任期生态文明建设责任制度、自然资源资产离任审计制度和生态环境损害责任终身追究制。探索建立森林、湿地、矿产资源开发等生态补偿机制。倡导低碳生活，提高全民绿色环保意识。

（八）激发发展动力活力。加快重点领域改革。深化行政审批制度改革，推动“三单一网”建设，扩大政府购买服务试点目录和范围。完成行政机关公车改革，推动事业单位公车改革。深化财税体制改革，贯彻实施新预算法，实行预算公开、审计公开和财政预算绩效管理制度。推进医药卫生体制改革，启动城市公立医院改革。深化国资国企改革，加强经营性国有资产集中统一监管。加快不动产统一登记制度改革，完成农村土地承包经营权确权登记颁证工作，推进农村集体产权制度改革试点。增强科技创新能力。加大科技创新支持力度，完善科技投入保障机制，支持国内外科研院所、骨干企业在浔设立研发机构。实施“双百·双千”人才工程，推进院士工作站和人才安居工程建设，大力引进高端人才，积极培育本土人才。加强科技企业孵化器建设，新增省级以上高新技术企业20家。支持九江经济技术开发区、共青城市、庐山区等地高新技术产业园区建设。推动全民创业。落实小微企业支持政策，新增创业担保贷款11亿元。鼓励支持非公经济加快发展，引导社会资本参与基础设施和公用事业建设运营。支持共青城申报全国“双创”示范基地，支持都昌、修水等地返乡创业园建设。

（九）切实增进民生福祉。加大民生资金投入力度，提高财政性民生支出比重，精心办好一批民生实事，努力解决好群众普遍关心的热点难点问题。抓好扶贫开发。扶持贫困村、贫困户发展致富产业、就地创业，减少贫困人口9.1万人，完成扶贫移民搬迁1万人，非重点县贫困村、贫困人口全部退出。实施精准特惠救助扶贫，统筹贫困地区一体化发展，完成333个贫困自然村整治。做实民生工程。加大棚户区改造力度，创新保障房建设管理运营模式，继续实施农村困难群众危房改造工程。促进创业就业，新增城镇就业5.4万人，为城乡困难群众购买公益性就业岗位4400个。建立健全“放心粮油”与应急供应网络，新建、改造“农超对接”网点10家。加快中心城区公交场站改造，新建公共停车场6个，续建、改造农贸市场12家，建成社区居家养老服务中心13家。继续推进重大疾病免费救治、新农合大病保险、医疗责任险、疾病应急救助等工作。

完善医疗救助、临时救助、保险救治等救助体系，不断提高低保、五保救助水平。办理法律援助案件 2000 件。发展社会事业。加快乡镇公办幼儿园建设，扶持普惠性民办幼儿园发展；完成农村义务教育学校标准化建设，做好农民工子女随迁入学工作；加快普及高中阶段教育，推动中等职业学校达标，加快共青科教城和高等职业教育实训基地建设，促进高等教育内涵式发展，努力办好特殊教育。推进国家公共文化服务体系示范区创建工作，开展农村文化三项活动。加强公共卫生服务能力建设，做好重大传染病防治工作，提升职业健康工作水平，促进基本公共卫生计生服务均等化。依法实施“全面两孩”生育政策，做好关心下一代工作。扎实开展第三次全国农业普查。办好市第十二届运动会。加强国防后备力量建设，深入开展“双拥”创建活动，支持部队改革，促进军民融合深度发展。充分发挥统计、审计、物价、工商、质监、供销、国安、消防、防震减灾、应急管理、人民防空、盐业、邮政、海事、气象、水文、民族宗教、外事侨务、涉台事务、驻外联络、新闻出版、广播影视、档案、地方志、保密、机构编制、无线电管理、妇女儿童、老龄、残疾人、红十字、慈善等工作在经济发展和社会建设中的促进作用。维护和谐稳定。严厉打击各种违法犯罪活动，不断提升公众安全感。启动“七五”普法。加大社会治安综合治理力度，加强社会矛盾排查，畅通信访渠道，依法有效预防和化解社会矛盾。严格落实安全生产责任制，深入开展隐患排查治理，做好生产安全、城市安全、食品安全、交通安全、森林防火等工作，保障人民群众生命财产安全。

（十）**加强政府自身建设**。按照“法治、为民、诚信、高效、廉洁”的要求，打造实在实干政府，切实增强政府执行力和公信力。打造法治政府。依法健全重大行政决策制度，促进决策的科学化、民主化和规范化。全面落实行政执法责任制和责任追究制度，规范行政执法行为。做好城乡建设与管理、环境和历史文化保护等领域立法工作。自觉接受人大及其常委会的法律监督、工作监督和政协的民主监督，认真办理人大代表议案、建议和政协委员提案，广泛听取民主党派、工商联、老同志和社会各界人士的意见、建议。打造为民政府。坚持以人为本、执政为民，努力办群众满意的事情。坚决纠正、查处行政不作为、乱作为和损害群众利益的不正之风及腐败问题，切实维护群众利益。积极开展企业、客商评议部门活动，完善群众诉求表达长效机制，解决群众的合理诉求。打造诚信政府。保持政策的连续性和稳定性，做到言而有信、信守承诺。推动诚信体系建设，完善信用信息网络平台，加强政府工作人员诚信管理和教育，以诚信办事、诚信服务取信于民，通过政务诚信示范引领全社会诚信建设。打造高效政府。加强政府系统公务员队伍建设，倡导立说立行、即说即办的作风，强化敢于负责、勇于担当的意识，切实提高政府办事效能。全面落实首问负责制、限时办结制和责任追究制，确保政令畅通。坚持守土有责、合力推进，强化政府各级、各部门间的协调配合。规范行政审批程序，强化跟踪督办和效能问责，确保各项工作落到实处。打造廉洁政府。坚持把纪律和规矩挺在前面，全面落实党风廉政建设责任制，模范遵守廉洁自律各项要求，严格落实“一岗双责”“一案双查”。巩固“三严三实”专题教育成果，坚决落实“八项规定”，驰而不息反对“四风”，严控“三公”经费和一般性开支。健全行政监察、审计监督、财政监督机制，强化工程建设、政府采购、资金使用、公共资源和产权交易等重点领域和重要环节的监管，着力营造风清气正的政治生态。

各位代表！新常态赋予新使命，新征程承载新梦想。让我们在省委、省政府和市委的正确领导下，凝心聚力，团结拼搏，真抓实干，为加快建设“五大九江”、推动“双核”发展、全面建成小康而努力奋斗！

名词解释

1.“两沿”：主要交通干道沿线和旅游景区周边公路沿线。

2.“四馆一站”：图书馆、文化馆、艺术馆、博物馆和乡镇综合文化站。

3.“三品一标”：无公害农产品、绿色食品、有机农产品和农产品地理标志。

4.PPP：政府和社会资本在基础设施建设及公共服务等领域建立的一种“利益共享、风险共担、全程合作”的伙伴式关系。

5.“三单一网”：“三单”指政府权力清单、责任清单、市场准入负面清单；“一网”指政务服务网。

6.“三证合一”：将企业申请的工商营业执照、组织机构代码证和税务登记证合为一证，提高市场准入效率。

7.“一照一码”：通过一口受理、并联审批、信息共享、结果互认，实现由一个部门核发加载统一社会信用代码的营业执照。

8.保障房“以购代建”：根据房地产市场情况、棚户区改造和保障性住房建设计划，收储一定数量商品房作为城镇保障性住房，以满足棚户区居民多元化的安置需求。

9.“八个一”文化亲民工程：一个讲坛、一个舞台、一个沙龙、一个展览、一套丛书、一张报纸、一份刊物、一个网站。

10.供给侧结构性改革：从供给、生产端入手，用改革的办法推进结构调整，通过去产能、去库存、去杠杆、降成本、补短板，矫正要素配置扭曲，扩大有效供给，提高供给结构对需求变化的适应性和灵活性，提高全要素生产率，促进经济社会持续健康发展。

11.“三互”大通关：口岸监管部门的信息互换、监管互认、执法互助。

12.准入前国民待遇加负面清单：“准入前国民待遇”指在企业设立、取得、扩大等阶段，给予外国投资者及其投资，不低于本国投资者及其投资的待遇；“负面清单”指政府以清单的方式明确列出禁止和限制投资经营的领域、行业、业务，清单之外各类市场主体皆可依法平等进入。

13.“三横一纵”国家天然气输气管网：“三横”指川气东送、西气东输二线、西气东输三线；“一纵”指新粤浙线。

14.“百县百园”：2014 年省政府提出用 3 至 5 年时间，在全省建成 100 个左右覆盖不同产业类型、地域特色、发展层次的现代农业示范园区。

15.“快递下乡”工程：国家邮政局从 2014 年开始启动实施的快递投送向下延伸工程，解决快递服务“最后一公里”问题，满足农村地区的快递服务需求。

16.海绵城市：新一代城市雨洪管理概念，指城市在适应环境变化和应对雨水带来的自然灾害等方面具有良好的“弹性”，下雨时城市能够像海绵一样吸水、蓄水、渗水、净水，需要时将蓄存的水“释放”并加以利用。

17.“河长制”：各级党政主要负责人担任“河长”，负责辖区内河流的污染治理，保护河流良好的生态环境。

18.“双百·双千”人才工程：我市计划从 2011 年开始，10 年内引进急需高层次人才 100 名、培养创新创业领军人才 100 名，聚集新兴支柱产业高端人才 1000 名、发展实用型带头人才 1000 名。

19.“单一窗口”：参与国际贸易和运输的各方，通过单一的平台提交标准化信息和单证，以满足相关法律法规及管理的要求。

中华人民共和国 2015年国民经济和社会发展统计公报

中华人民共和国国家统计局

（2016年2月29日）

2015年，面对错综复杂的国际形势和艰巨繁重的国内改革发展稳定任务，党中央、国务院团结带领全国各族人民，按照“五位一体”总体布局和“四个全面”战略布局的总要求，牢固树立和贯彻落实创新、协调、绿色、开放、共享的发展理念，适应经济发展新常态，坚持改革开放，坚持稳中求进工作总基调，坚持稳增长、调结构、惠民生、防风险，不断创新宏观调控思路与方式，深入推进结构性改革，扎实推动大众创业万众创新，努力促进经济保持中高速增长、迈向中高端水平，转型升级步伐加快，改革开放不断深化，民生事业持续进步，经济社会发展迈上新台阶，实现了“十二五”圆满收官，为“十三五”经济社会发展、决胜全面建成小康社会奠定了坚实基础。

一、综合

初步核算，全年国内生产总值[2]676708亿元，比上年增长6.9%。其中，第一产业增加值60863亿元，增长3.9%；第二产业增加值274278亿元，增长6.0%；第三产业增加值341567亿元，增长8.3%。第一产业增加值占国内生产总值的比重为9.0%，第二产业增加值比重为40.5%，第三产业增加值比重为50.5%，首次突破50%。全年人均国内生产总值49351元，比上年增长6.3%。全年国民总收入[3]673021亿元。

图1 2011-2015年国内生产总值及其增长速度

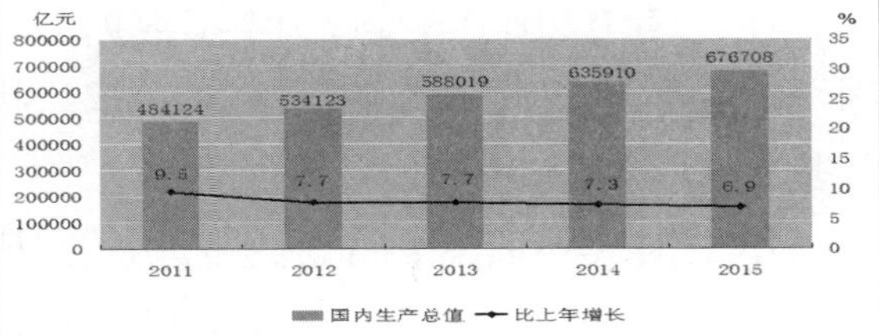

图2 2011-2015年三次产业增加值占国内生产总值比重

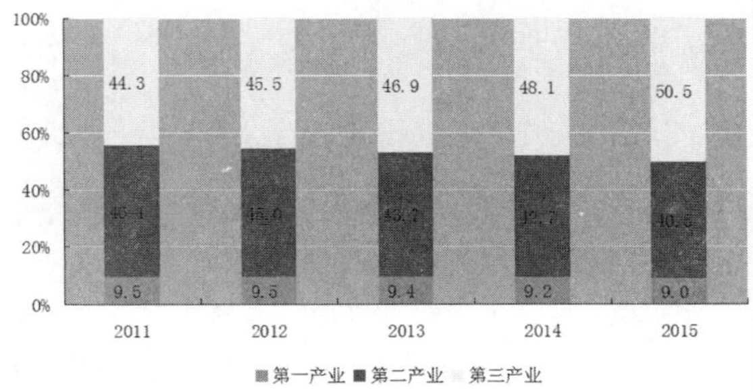

年末全国大陆总人口137462万人，比上年末增加680万人，其中城镇常住人口77116万人，占总人口比重（常住人口城镇化率）为56.10%，比上年末提高1.33个百分点。全年出生人口1655万人，出生率为12.07‰；死亡人口975万人，死亡率为7.11‰；自然增长率为4.96‰。全国人户分离的人口[4]2.94亿人，其中流动人口[5]2.47亿人。人均预期寿命76.34岁。

表1

2015年年末人口数及其构成

指　标	年末数（万人）	比重（%）
全国总人口	137462	100.0
其中：城镇	77116	56.10
乡村	60346	43.90
其中：男性	70414	51.2
女性	67048	48.8
其中：0-15岁(含不满16周岁)[6]	24166	17.6
16-59岁（含不满60周岁）	91096	66.3
60周岁及以上	22200	16.1
其中：65周岁及以上	14386	10.5

年末全国就业人员77451万人，其中城镇就业人员40410万人。全年城镇新增就业1312万人。年末城镇登记失业率为4.05%。全国农民工[7]总量27747万人，比上年增长1.3%。其中，外出农民工16884万人，增长0.4%；本地农民工10863万人，增长2.7%。

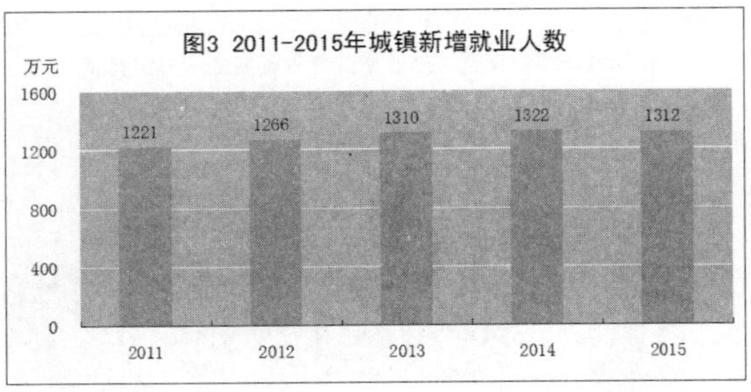

图3 2011-2015年城镇新增就业人数

全年全员劳动生产率[8]为76978元/人，比上年提高6.6%。

图4 2011-2015年全员劳动生产率

全年居民消费价格比上年上涨1.4%，其中食品价格上涨2.3%。固定资产投资价格下降1.8%。工业生产者出厂价格下降5.2%。工业生产者购进价格下降6.1%。农产品生产者价格[9]上涨1.7%。

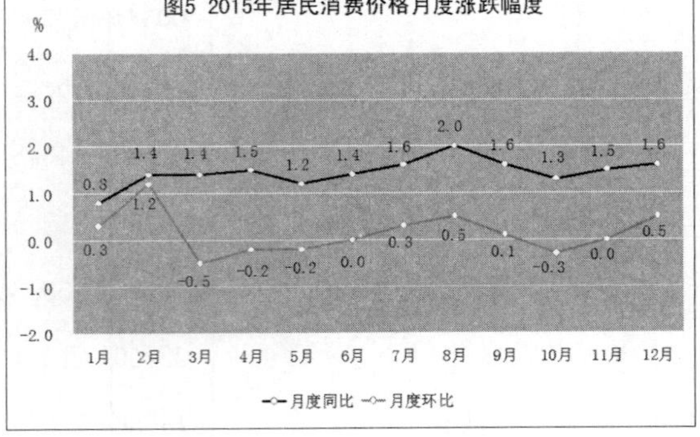

图5 2015年居民消费价格月度涨跌幅度

表2

2015年居民消费价格比上年涨跌幅度

单位：%

指　　标	全国	城市	农村
居民消费价格	1.4	1.5	1.3
其中：食　品	2.3	2.3	2.4
烟酒及用品	2.1	2.0	2.3
衣　着	2.7	2.8	2.3
家庭设备用品及维修服务	1.0	1.0	0.9
医疗保健和个人用品	2.0	1.9	2.3
交通和通信	-1.7	-1.6	-1.9
娱乐教育文化用品及服务	1.4	1.4	1.4
居　住[10]	0.7	1.0	-0.3

年末70个大中城市新建商品住宅销售价格月同比上涨的城市个数为21个，比年初增加20个；下降的为49个，减少20个。

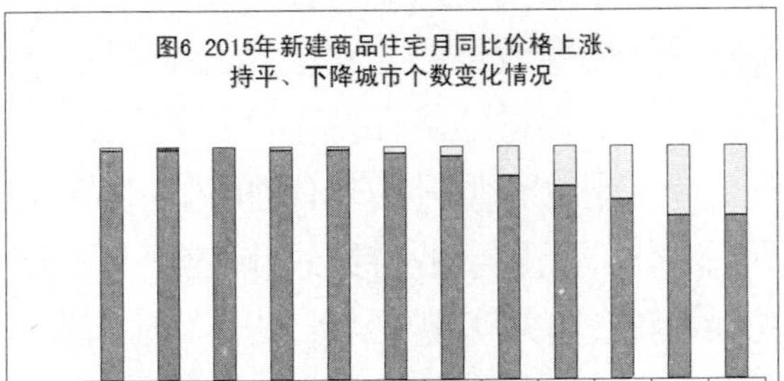
图6 2015年新建商品住宅月同比价格上涨、持平、下降城市个数变化情况

	1月	2月	3月	4月	5月	6月	7月	8月	9月	10月	11月	12月
□上涨	1	0	0	1	1	2	3	9	12	16	21	21
■持平	0	1	0	0	0	0	0	0	0	0	0	0
■下降	69	69	70	69	69	68	67	61	58	54	49	49

全年全国一般公共预算收入152217亿元，比上年同口径[11]增加8324亿元，增长5.8%，其中税收收入124892亿元，增加5717亿元，增长4.8%。

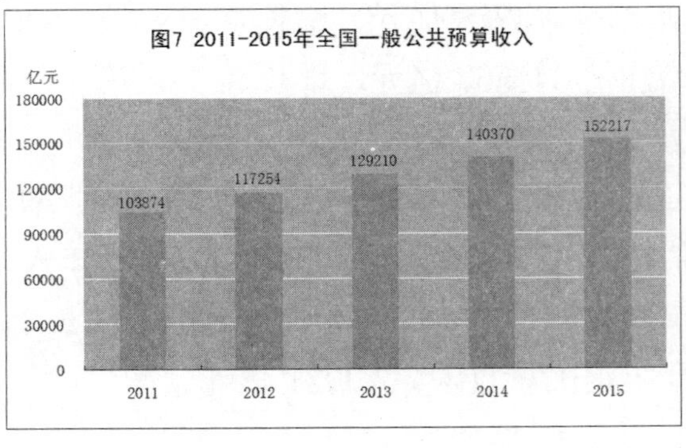

图7 2011-2015年全国一般公共预算收入

注：图中2011年至2014年数据为全国一般公共预算收入决算数，2015年为执行数。

年末国家外汇储备33304亿美元，比上年末减少5127亿美元。全年人民币平均汇率为1美元兑6.2284元人民币，比上年贬值1.4%。

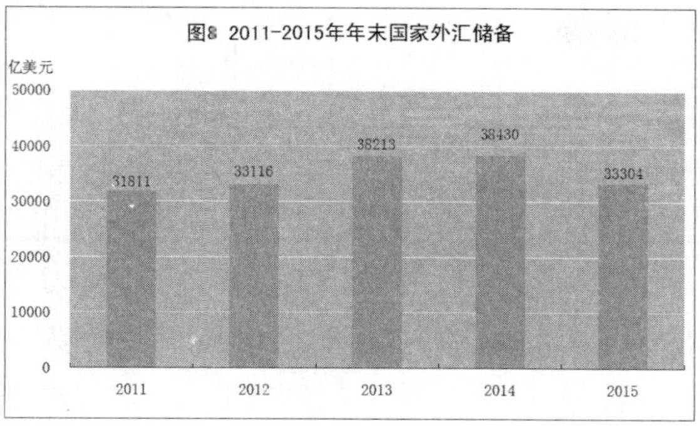

图8 2011-2015年年末国家外汇储备

二、农业

全年粮食种植面积11334万公顷，比上年增加62万公顷。棉花种植面积380万公顷，减少42万公顷。油料种植面积1406万公顷，增加1万公顷。糖料种植面积174万公顷，减少16万公顷。

全年粮食产量62144万吨，比上年增加1441万吨，增产2.4%。其中，夏粮产量14112万吨，增产3.3%；早稻产量3369万吨，减产0.9%；秋粮产量44662万吨，增产2.3%。全年谷物产量57225万吨，比上年增产2.7%。其中，稻谷产量20825万吨，增产0.8%；小麦产量13019万吨，增产3.2%；玉米产量22458万吨，增产4.1%。

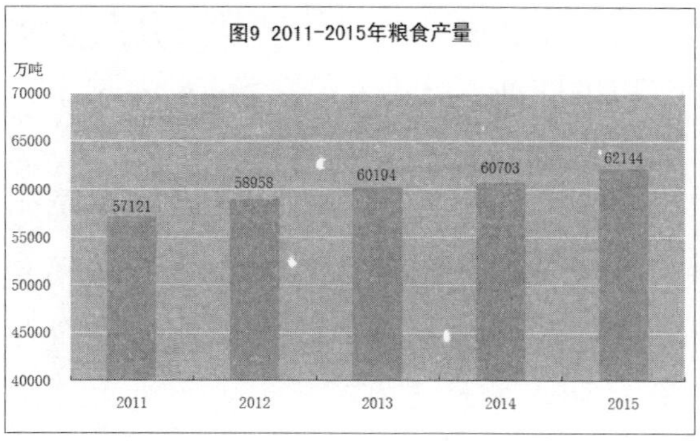

图9 2011-2015年粮食产量

全年棉花产量561万吨，比上年减产9.3%。油料产量3547万吨，增产1.1%。糖料产量12529万吨，减产6.2%。茶叶产量224万吨，增产6.9%。

全年肉类总产量8625万吨，比上年下降1.0%。其中，猪肉产量5487万吨，下降3.3%；牛肉产量700万吨，增长1.6%；羊肉产量441万吨，增长2.9%；禽肉产量1826万吨，增长4.3%。禽蛋产量2999万吨，增长3.6%。牛奶产量3755万吨，增长0.8%。年末生猪存栏45113万头，下降3.2%；生猪出栏70825万头，下降3.7%。

全年水产品产量6690万吨，比上年增长3.5%。其中，养殖水产品产量4942万吨，增长4.1%；捕捞水产品产量1748万吨，增长0.5%。

全年木材产量6832万立方米，比上年下降17.0%。

全年新增耕地灌溉面积158万公顷，新增节水灌溉面积254万公顷。

三、工业和建筑业

全年全部工业增加值228974亿元，比上年增长5.9%。规模以上工业增加值增长6.1%。在规模以上工业中，分经济类型看，国有控股企业增长1.4%；集体企业增长1.2%，股份制企业增长7.3%，外商及港澳台商投资企业增长3.7%；私营企业增长8.6%。分门类看，采矿业增长2.7%，制造业增长7.0%，电力、热力、燃气及水生产和供应业增长1.4%。

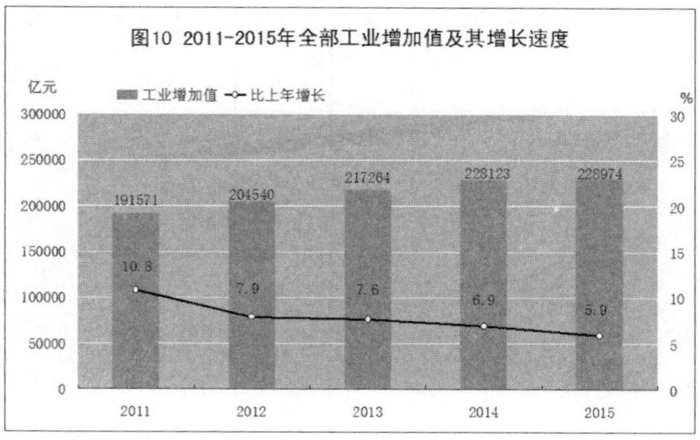

图10 2011-2015年全部工业增加值及其增长速度

全年规模以上工业中，农副食品加工业增加值比上年增长5.5%，纺织业增长7.0%，化学原料和化学制品制造业增长9.5%，非金属矿物制品业增长6.5%，黑色金属冶炼和压延加工业增长5.4%，通用设备制造业增长2.9%，专用设备制造业增长3.4%，汽车制造业增长6.7%，电气机械和器材制造业增长7.3%，计算机、通信和其他电子设备制造业增长10.5%，电力、热力生产和供应业增长0.5%。六大高耗能行业[12]增加值比上年增长 6.3%，占规模以上工业增加值的比重为 27.8%。高技术制造业[13]增加值增长 10.2%，占规模以上工业增加值的比重为 11.8%。装备制造业[14]增加值增长 6.8%，占规模以上工业增加值的比重为 31.8%。

表 3

2015 年主要工业产品产量及其增长速度

产品名称	单 位	产 量	比上年增长(%)
纱	万吨	3538.0	4.7
布	亿米	892.6	-0.1
化学纤维	万吨	4831.7	10.1
成品糖	万吨	1474.1	-10.3
卷 烟	亿支	25890.7	-0.8
彩色电视机	万台	14475.7	2.5
其中：液晶电视机	万台	14391.9	3.8
其中：智能电视	万台	8383.5	14.9
家用电冰箱	万台	7992.8	-9.1
房间空气调节器	万台	14200.4	-1.8
一次能源生产总量	亿吨标准煤	36.2	0.0
原 煤	亿吨	37.5	-3.3
原 油	万吨	21455.6	1.5
天然气[15]	亿立方米	1346.1	3.4
发电量	亿千瓦小时	58105.8	0.3
其中：火电	亿千瓦小时	42420.4	-2.7
水电	亿千瓦小时	11264.2	5.0
核电	亿千瓦小时	1707.9	28.9
粗 钢	万吨	80382.5	-2.2
钢 材[16]	万吨	112349.6	-0.1
十种有色金属	万吨	5155.8	6.8
其中：精炼铜(电解铜)	万吨	796.2	4.2
原铝（电解铝）	万吨	3141.0	8.8
水 泥	亿吨	23.6	-5.3
硫 酸（折 100%）	万吨	8975.7	0.8
烧 碱（折 100%）	万吨	3020.7	-1.4
乙 烯	万吨	1714.6	1.1
化 肥（折 100%）	万吨	7432.0	8.1
发电机组（发电设备）	万千瓦	12431.4	-17.4
汽 车	万辆	2450.4	3.3
其中：基本型乘用车(轿车)	万辆	1163.0	-6.8
运动型多用途乘用车(SUV)	万辆	602.4	48.0
其中：新能源汽车	万辆	32.8	161.2
大中型拖拉机	万台	68.8	6.9
集成电路	亿块	1087.2	7.1
程控交换机	万线	1880.3	-12.5
移动通信手持机	万台	181261.4	7.8
其中：智能手机	万台	139943.1	11.3
微型计算机设备	万台	31418.7	-10.4
工业机器人	台(套)	32996.0	21.7

年末全国发电装机容量 150828 万千瓦，比上年末增长 10.5%。其中[17]，火电装机容量 99021 万千瓦，增长 7.8%；水电装机容量 31937 万千瓦，增长 4.9%；核电装机容量 2608 万千瓦，增长 29.9%；并网风电装机容量 12934 万千瓦，增长 33.5%；并网太阳能发电装机容量 4318 万千瓦，增长 73.7%。

全年规模以上工业企业实现利润 63554 亿元，比上年下降 2.3%。分经济类型看，国有控股企业实现利润 10944 亿元，比上年下降 21.9%；集体企业 508 亿元，下降 2.7%，股份制企业 42981 亿元，下降 1.7%，外商及港澳台商投资企业 15726 亿元，下降 1.5%；私营企业 23222 亿元，增长 3.7%。分门类看，采矿业实现利润 2604 亿元，比上年下降 58.2%；制造业 55609 亿元，增长 2.8%；电力、热力、燃气及水生产和供应业 5341 亿元，增长 13.5%。

全年全社会建筑业增加值 46456 亿元，比上年增长 6.8%。全国具有资质等级的总承包和专业承包建筑业企业实现利润 6508 亿元，增长 1.6%，其中国有控股企业 1676 亿元，增长 6.0%。

图11 2011-2015年建筑业增加值及其增长速度

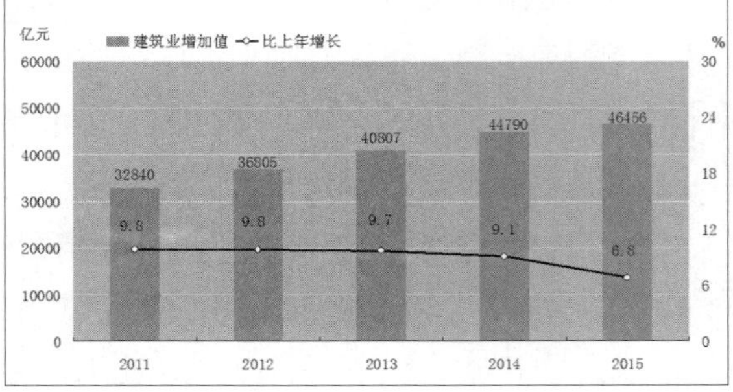

四、固定资产投资

全年全社会固定资产投资 562000 亿

元，比上年增长9.8%，扣除价格因素，实际增长11.8%。其中，固定资产投资（不含农户）551590亿元，增长10.0%。分区域看[18]，东部地区投资232107亿元，比上年增长12.4%；中部地区投资143118亿元，增长15.2%；西部地区投资140416亿元，增长8.7%；东北地区投资40806亿元，下降11.1%。

图12 2011-2015年全社会固定资产投资

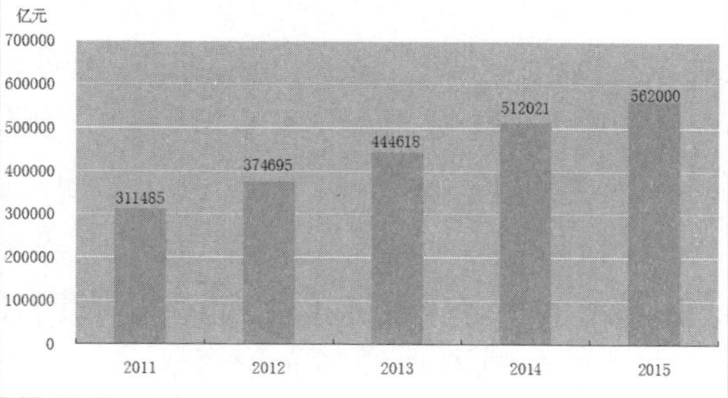

在固定资产投资（不含农户）中，第一产业投资15561亿元，比上年增长31.8%；第二产业投资224090亿元，增长8.0%；第三产业投资311939亿元，增长10.6%。基础设施投资[19]101271亿元，增长17.2%，占固定资产投资（不含农户）的比重为18.4%。民间固定资产投资[20]354007亿元，增长10.1%，占固定资产投资（不含农户）的比重为64.2%。高技术产业投资[21]32598亿元，增长17.0%，占固定资产投资（不含农户）的比重为5.9%。

图13 2015年按领域分固定资产投资（不含农户）及其占比

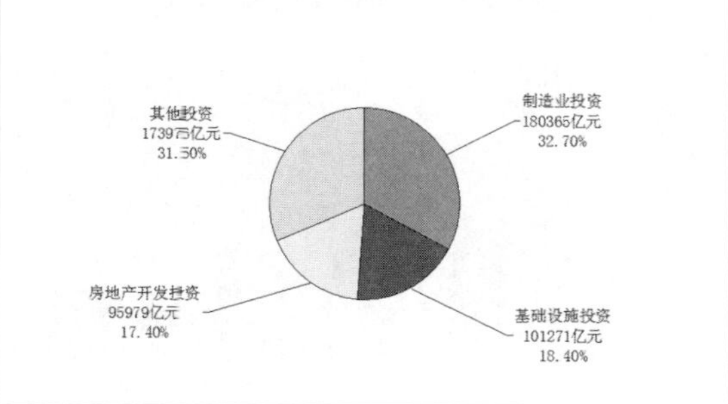

表4

2015年分行业固定资产投资（不含农户）及其增长速度

行　　业	投资额（亿元）	比上年增长（%）
总　　计	551590	10.0
农、林、牧、渔业	19061	30.8
采矿业	12971	-8.8
制造业	180365	8.1
电力、热力、燃气及水生产和供应业	26621	16.6
建筑业	4895	10.2
批发和零售业	18682	20.1
交通运输、仓储和邮政业	48972	14.3
住宿和餐饮业	6504	5.1
信息传输、软件和信息技术服务业	5517	34.5
金融业	1367	0.3
房地产业[22]	126674	2.5
租赁和商务服务业	9436	18.6
科学研究和技术服务业	4752	12.6
水利、环境和公共设施管理业	55673	20.4
居民服务、修理和其他服务业	2628	15.5
教育	7723	15.2
卫生和社会工作	5175	29.7
文化、体育和娱乐业	6724	8.9
公共管理、社会保障和社会组织	7851	9.1

表5

2015年固定资产投资新增主要生产与运营能力

指　　标	单　位	绝对数
新增220千伏及以上变电设备	万千伏安	21785
新建铁路投产里程	公里	9531
其中：高速铁路[23]	公里	3306
增、新建铁路复线投产里程	公里	7647
电气化铁路投产里程	公里	8694
新建公路里程	公里	71401
其中：高速公路	公里	11265
港口万吨级码头泊位新增吞吐能力	万吨	38487
新增民用运输机场	个	8
新增光缆线路长度	万公里	441

全年房地产开发投资 95979 亿元，比上年增长 1.0%。其中，住宅投资 64595 亿元，增长 0.4%；办公楼投资 6210 亿元，增长 10.1%；商业营业用房投资 14607 亿元，增长 1.8%。

全年全国城镇保障性安居工程基本建成住房 772 万套，新开工 783 万套，其中棚户区改造开工 601 万套。

表 6

2015 年房地产开发和销售主要指标及其增长速度

指　　标	单 位	绝对数	比上年增长(%)
投资额	亿元	95979	1.0
其中：住宅	亿元	64595	0.4
其中：90 平方米及以下	亿元	24646	21.2
房屋施工面积	万平方米	735693	1.3
其中：住宅	万平方米	511570	-0.7
房屋新开工面积	万平方米	154454	-14.0
其中：住宅	万平方米	106651	-14.6
房屋竣工面积	万平方米	100039	-6.9
其中：住宅	万平方米	73777	-8.8
商品房销售面积	万平方米	128495	6.5
其中：住宅	万平方米	112406	6.9
本年到位资金	亿元	125203	2.6
其中：国内贷款	亿元	20214	-4.8
其中：个人按揭贷款	亿元	16662	21.9

五、国内贸易

全年社会消费品零售总额 300931 亿元，比上年增长 10.7%，扣除价格因素，实际增长 10.6%。按经营地统计，城镇消费品零售额 258999 亿元，增长 10.5%；乡村消费品零售额 41932 亿元，增长 11.8%。按消费类型统计，商品零售额 268621 亿元，增长 10.6%；餐饮收入额 32310 亿元，增长 11.7%。

注：图中 2011 年至 2014 年数据根据第三次经济普查结果进行修订。

在限额以上企业商品零售额中，粮油、食品、饮料、烟酒类零售额比上年增长 14.6%，服装、鞋帽、针纺织品类增长 9.8%，化妆品类增长 8.8%，金银珠宝类增长 7.3%，日用品类增长 12.3%，家用电器和音像器材类增长 11.4%，中西药品类增长 14.2%，文化办公用品类增长 15.2%，家具类增长 16.1%，通讯器材类增长 29.3%，建筑及装潢材料类增长 18.7%，汽车类增长 5.3%，石油及制品类下降 6.6%。

全年网上零售额[24]38773 亿元，比上年增长 33.3%，其中网上商品零售额 32424 亿元，增长 31.6%。在网上商品零售额中，吃类商品增长 40.8%，穿类商品增长 21.4%，用类商品增长 36%。

六、对外经济[25]

全年货物进出口总额 245741 亿元，比上年下降 7.0%。其中，出口 141255 亿元，下降 1.8%；进口 104485 亿元，下降 13.2%。货物进出口差额（出口减进口）36770 亿元，比上年增加 13244 亿元。

表 7

2015 年货物进出口总额及其增长速度

指　　标	金额（亿元）	比上年增长（%）
货物进出口总额	245741	-7.0
货物出口额	141255	-1.8
其中：一般贸易	75456	2.1
加工贸易	49553	-8.8
其中：机电产品	81421	1.1
高新技术产品	40737	0.4
货物进口额	104485	-13.2
其中：一般贸易	57323	-15.9
加工贸易	27772	-13.7
其中：机电产品	50111	-4.5
高新技术产品	34073	0.6
货物进出口差额（出口减进口）	36770	—

表 8

2015 年主要商品出口数量、金额及其增长速度

商品名称	单位	数量	比上年增长（%）	金额（亿元）	比上年增长（%）
煤（包括褐煤）	万吨	533	-7.1	31	-27.7
钢材	万吨	11240	19.9	3890	-10.6
纺织纱线、织物及制品	—	—	—	6796	-1.3
服装及衣着附件	—	—	—	10819	-5.5
鞋类	万吨	447	-8.4	3319	-3.9
家具及其零件	—	—	—	3277	2.6
自动数据处理设备及其部件	万台	171508	-10.6	9461	-15.2
手持或车载无线电话	万台	134342	2.4	7711	8.8
集装箱	万个	272	-10.1	475	-14.2
液晶显示板	万个	229344	-6.4	1923	-1.5
汽车	万辆	72	-19.4	696	-9.5

表 9

2015 年主要商品进口数量、金额及其增长速度

商品名称	数量（万吨）	比上年增长（%）	金额（亿元）	比上年增长（%）
谷物及谷物粉	3270	67.6	582	52.4
大豆	8169	14.4	2157	-12.8
食用植物油	676	4.1	311	-14.5
铁矿砂及其精矿	95272	2.2	3574	-37.7
氧化铝	465	-11.8	101	-14.2
煤（包括褐煤）	20406	-29.9	749	-45.2
原油	33550	8.8	8333	-40.5
成品油	2990	-0.3	886	-38.5
初级形状的塑料	2610	2.9	2793	-11.8
纸浆	1984	10.4	792	6.9
钢材	1278	-11.4	889	-19.2
未锻轧铜及铜材	481	-0.3	1804	-17.4

表 10

2015 年对主要国家和地区货物进出口额及其增长速度

国家和地区	出口额（亿元）	比上年增长（%）	进口额（亿元）	比上年增长（%）
欧盟	22096	-3.0	12985	-13.6
美国	25425	4.5	9238	-5.4
东盟	17221	3.1	12097	-5.4
中国香港	20589	-7.7	797	2.8
日本	8424	-8.3	8881	-11.4
韩国	6291	2.1	10847	-7.1
中国台湾	2785	-2.0	8904	-4.6
印度	3612	8.5	831	-17.2
俄罗斯	2161	-34.5	2066	-19.1

全年服务进出口[26]总额 7130 亿美元，比上年增长 14.6%。其中，服务出口 2882 亿美元，增长 9.2%；服务进口 4248 亿美元，增长 18.6%。服务进出口逆差 1366 亿美元。

全年吸收外商直接投资（不含银行、证券、保险）新设立企业 26575 家，比上年增长 11.8%。实际使用外商直接投资金额 7814 亿元（折 1263 亿美元），增长 6.4%。其中“一带一路”[27]沿线国家吸收外商直接投资新设立企业 2164 家，增长 18.3%；实际使用外商直接投资金额 526 亿元（折 85 亿美元），增长 25.3%。

表 11

2015 年外商直接投资（不含银行、证券、保险）及其增长速度

行　业	企业数（家）	比上年增长(%)	实际使用金额(亿元)	比上年增长(%)
总　计	26575	11.8	7813.5	6.4
其中：农、林、牧、渔业	609	-15.3	94.8	1.3
制造业	4507	-13.0	2452.3	0.0
电力、燃气及水生产和供应业	264	26.9	139.4	3.1
交通运输、仓储和邮政业	449	19.4	259.7	-5.0
信息传输、计算机服务和软件业	1311	33.6	237.1	40.1
批发和零售业	9156	14.8	744.0	28.0
房地产业	387	-13.2	1789.8	-15.9
租赁和商务服务业	4465	12.7	623.3	-18.8
居民服务和其他服务业	217	19.9	44.4	0.8

全年对外直接投资额（不含银行、证券、保险）7351 亿元，按美元计价为 1180 亿美元，比上年增长 14.7%。其中，我国对“一带一路”沿线国家对外直接投资额达 148 亿美元，增长 18.2%。

表 12

2015 年对外直接投资额（不含银行、证券、保险）及其增长速度

行　业	对外直接投资金额（亿美元）	比上年增长（%）
总　计	1180.2	14.7
其中：农、林、牧、渔业	20.5	17.8
采矿业	108.5	-43.9
制造业	143.3	105.9
电力、热力、燃气及水生产和供应业	27.9	51.6
建筑业	45.0	-35.9
批发和零售业	160.2	-7.2
交通运输、仓储和邮政业	30.9	5.5
信息传输、软件和信息技术服务业	57.8	240.0
房地产业	90.6	193.2
租赁和商务服务业	416.7	11.9

全年对外承包工程业务完成营业额 9596 亿元，按美元计价为 1541 亿美元，比上年增长 8.2%。对外劳务合作派出各类劳务人员 53 万人，下降 5.7%。

七、交通[28]、邮电和旅游

全年货物运输总量 417 亿吨，比上年增长 0.2%。货物运输周转量 177401 亿吨公里，下降 1.9%。全年规模以上港口完成货物吞吐量 114.3 亿吨，比上年增长 1.6%，其中外贸货物吞吐量 35.9 亿吨，增长 1.1%。规模以上港口集装箱吞吐量 20959 万标准箱，增长 4.1%。

表 13

2015 年各种运输方式完成货物运输量及其增长速度

指　标	单　位	绝对数	比上年增长（%）
货物运输总量	亿　吨	417.1	0.2
铁路	亿　吨	33.6	-11.9
公路	亿　吨	315.0	1.2
水运	亿　吨	61.4	2.5
民航	万　吨	625.3	5.2
管道	亿　吨	7.1	1.7
货物运输周转量	亿吨公里	177400.7	-1.9
铁路	亿吨公里	23754.3	-13.7
公路	亿吨公里	57955.7	2.0
水运	亿吨公里	91344.6	-1.2
民航	亿吨公里	207.3	10.4
管道	亿吨公里	4138.8	6.6

全年旅客运输总量 194 亿人次，比上年下降 4.4%。旅客运输周转量 30047 亿人公里，增长 4.9%。

表 14

2015 年各种运输方式完成旅客运输量及其增长速度

指　标	单　位	绝对数	比上年增长（%）
旅客运输总量	亿人次	194.3	-4.4
铁路	亿人次	25.3	10.0
公路	亿人次	161.9	-6.7
水运	亿人次	2.7	2.8
民航	亿人次	4.4	11.1
旅客运输周转量	亿人公里	30047.0	4.9
铁路	亿人公里	11960.6	6.4
公路	亿人公里	10742.7	-2.3
水运	亿人公里	73.1	-1.7
民航	亿人公里	7270.7	14.8

年末全国民用汽车保有量达到17228万辆（包括三轮汽车和低速货车955万辆），比上年末增长11.5%，其中私人汽车保有量14399万辆，增长14.4%。民用轿车保有量9508万辆，增长14.6%，其中私人轿车8793万辆，增长15.8%。

全年完成邮电业务总量[29]28220亿元，比上年增长29.2%。其中，邮政行业业务总量5079亿元，增长37.4%；电信业务总量23142亿元，增长27.5%。邮政业全年完成邮政函件业务45.8亿件，包裹业务0.4亿件，快递业务量206.7亿件；快递业务收入2770亿元。电信业全年新增移动电话交换机容量[30]6529万户，达到211066万户。年末全国电话用户总数达到153673万户，其中移动电话用户130574万户。移动电话普及率上升至95.5部/百人。固定互联网宽带接入用户[31]21337万户，比上年增加1289万户；移动宽带用户[32]78533万户，增加20279万户。移动互联网接入流量41.9亿G，比上年增长103%。互联网上网人数6.88亿人，增加3951万人，其中手机上网人数[33]6.20亿人，增加6303万人。互联网普及率达到50.3%。软件和信息技术服务业[34]完成软件业务收入43249亿元，比上年增长16.6%。

图16 2011-2015年快递业务量及其增长速度

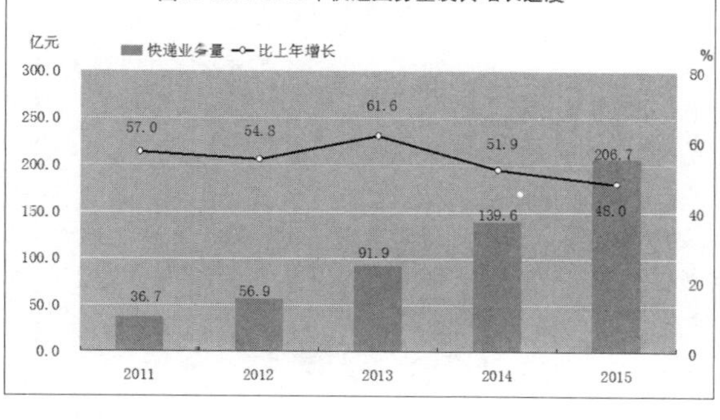

图17 2011-2015年年末固定互联网宽带接入用户和移动宽带用户数

全年国内游客40亿人次，比上年增长10.5%，国内旅游收入34195亿元，增长13.1%。入境游客13382万人次，增长4.1%。其中，外国人2599万人次，下降1.4%；香港、澳门和台湾同胞10783万人次，增长5.6%。在入境游客中，过夜游客5689万人次，增长2.3%。国际旅游收入1137亿美元，增长7.8%。国内居民出境12786万人次，增长9.7%。其中因私出境12172万人次，增长10.6%；赴港澳台出境8588万人次，增长4.4%。

八、金融

年末广义货币供应量（M2）余额139.2万亿元，比上年末增长13.3%；狭义货币供应量（M1）余额40.1万亿元，增长15.2%；流通中货币（M0）余额6.3万亿元，增长4.9%。

全年社会融资规模增量[35]15.4万亿元，按可比口径计算，比上年少4675亿元。年末全部金融机构本外币各项存款余额139.8万亿元，比年初增加15.3万亿元，其中人民币各项存款余额135.7万亿元，增加15.0万亿元。全部金融机构本外币各项贷款余额99.3万亿元，增加11.7万亿元，其中人民币各项贷款余额94.0万亿元，增加11.7万亿元。

表 15

2015 年年末全部金融机构本外币存贷款余额及其增长速度

指　　标	年末数（亿元）	比上年末增长（%）
各项存款余额	1397752	12.4
其中：住户存款	551929	8.9
其中：人民币	546078	8.7
非金融企业存款	455209	13.7
各项贷款余额	993460	13.4
其中：境内短期贷款	366684	7.3
境内中长期贷款	538924	14.2

年末主要农村金融机构（农村信用社、农村合作银行、农村商业银行）人民币贷款余额 120321 亿元，比年初增加 13433 亿元。全部金融机构人民币消费贷款余额 189520 亿元，增加 35869 亿元。其中，个人短期消费贷款余额 41008 亿元，增加 8497 亿元；个人中长期消费贷款余额 148512 亿元，增加 27373 亿元。

全年上市公司通过境内市场累计筹资 29814 亿元，比上年增加 21417 亿元。其中，首次公开发行 A 股 220 只，筹资 1579 亿元；A 股再筹资（包括配股、公开增发、非公开增发[36]、认股权证）6711 亿元，增加 2546 亿元；上市公司通过发行可转债、可分离债、公司债、中小企业私募债筹资 21524 亿元，增加 17961 亿元。全年首次公开发行创业板股票 86 只，筹资 309 亿元。

全年发行公司信用类债券[37] 6.72 万亿元，比上年增加 1.57 万亿元。

全年保险公司原保险保费收入[38] 24283 亿元，比上年增长 20.0%。其中，寿险业务原保险保费收入 13242 亿元，健康险和意外伤害险业务原保险保费收入 3046 亿元，财产险业务原保险保费收入 7995 亿元。支付各类赔款及给付 8674 亿元。其中，寿险业务给付 3565 亿元，健康险和意外伤害险赔款及给付 915 亿元，财产险业务赔款 4194 亿元。

九、人民生活和社会保障

全年全国居民人均可支配收入 21966 元，比上年增长 8.9%，扣除价格因素，实际增长 7.4%；全国居民人均可支配收入中位数[39] 19281 元，增长 9.7%。按常住地分，城镇居民人均可支配收入 31195 元，比上年增长 8.2%，扣除价格因素，实际增长 6.6%；城镇居民人均可支配收入中位数为 29129 元，增长 9.4%。农村居民人均可支配收入 11422 元，比上年增长 8.9%，扣除价格因素，实际增长 7.5%；农村居民人均可支配收入中位数为 10291 元，增长 8.4%。全年农村居民人均纯收入为 10772 元。全国农民工人均月收入 3072 元，比上年增长 7.2%。全国居民人均消费支出 15712 元，比上年增长 8.4%，扣除价格因素，实际增长 6.9%。按常住地分，城镇居民人均消费支出 21392 元，增长 7.1%，扣除价格因素，实际增长 5.5%；农村居民人均消费支出 9223 元，增长 10.0%，扣除价格因素，实际增长 8.6%。

图18 2011-2015年全国居民人均可支配收入及其增长速度

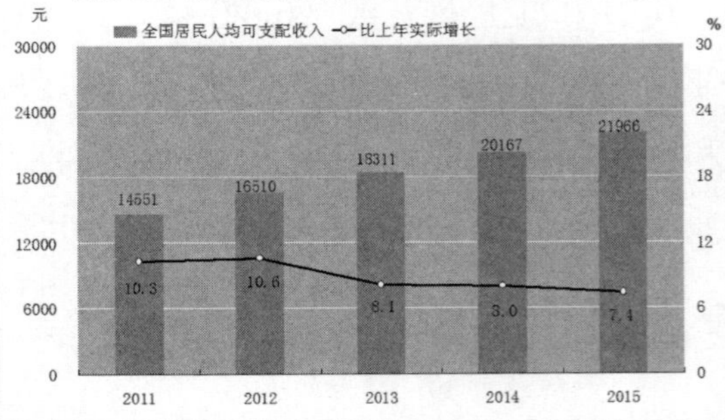

图19 2015年全国居民人均消费支出及其构成

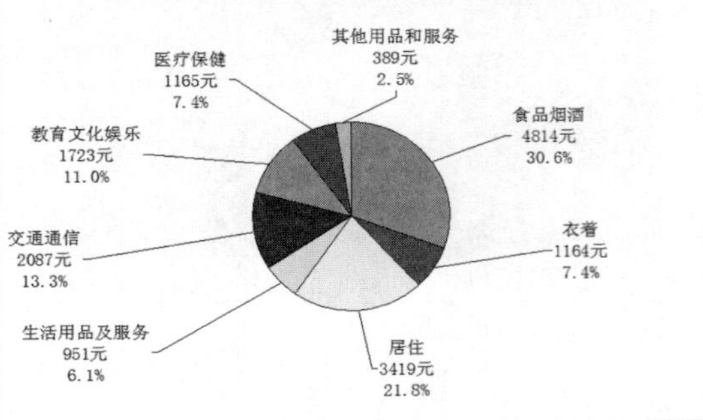

年末全国参加城镇职工基本养老保险人数35361万人，比上年末增加1236万人。参加城乡居民基本养老保险人数50472万人，增加365万人。参加城镇基本医疗保险人数66570万人，增加6823万人。其中，参加职工基本医疗保险人数28894万人，增加598万人；参加城镇居民基本医疗保险人数37675万人，增加6225万人。参加失业保险人数17326万人，增加283万人。年末全国领取失业保险金人数227万人。参加工伤保险人数21404万人，增加765万人，其中参加工伤保险的农民工7489万人，增加127万人。参加生育保险人数17769万人，增加730万人。年末全国共有1708.0万人享受城市居民最低生活保障，4903.2万人享受农村居民最低生活保障，农村五保供养[40]517.5万人。全年资助5910.3万城乡困难群众参加基本医疗保险。按照每人每年2300元（2010年不变价）的农村扶贫标准计算，2015年农村贫困人口5575万人，比上年减少1442万人。

十、教育、科学技术和文化体育

全年研究生教育招生64.5万人，在学研究生191.1万人，毕业生55.2万人。普通本专科招生737.8万人，在校生2625.3万人，毕业生680.9万人。中等职业教育[41]招生601.2万人，在校生1656.7万人，毕业生567.9万人。普通高中招生796.6万人，在校生2374.4万人，毕业生797.6万人。初中招生1411.0万人，在校生4312.0万人，毕业生1417.6万人。普通小学招生1729.0万人，在校生9692.2万人，毕业生1437.2万人。特殊教育招生8.3万人，在校生44.2万人，毕业生5.3万人。学前教育在园幼儿4264.8万人。九年义务教育巩固率为93.0%，高中阶段毛入学率为87.0%。

图20 2011-2015年普通本专科、中等职业教育及普通高中招生人数

全年研究与试验发展（R&D）经费支出14220亿元，比上年增长9.2%，与国内生产总值之比为2.10%，其中基础研究经费671亿元。全年国家安排了3574项科技支撑计划课题，2561项“863”计划课题。截至年底，累计建设国家工程研究中心132个，国家工程实验室158个，国家认定企业技术中心1187家。国家新兴产业创投计划[42]累计支持设立206家创业投资企业，资金总规模557亿元，投资创业企业1233家。全年受理境内外专利申请279.9万件，授予专利权171.8万件。截至年底，有效专利547.8万件，其中境内有效发明专利87.2万件，每万人口发明专利拥有量6.3件。全年共签订技术合同30.7万项，技术合同成交金额9835亿元，比上年增长14.7%。

图21 2011-2015年研究与试验发展（R&D）经费支出

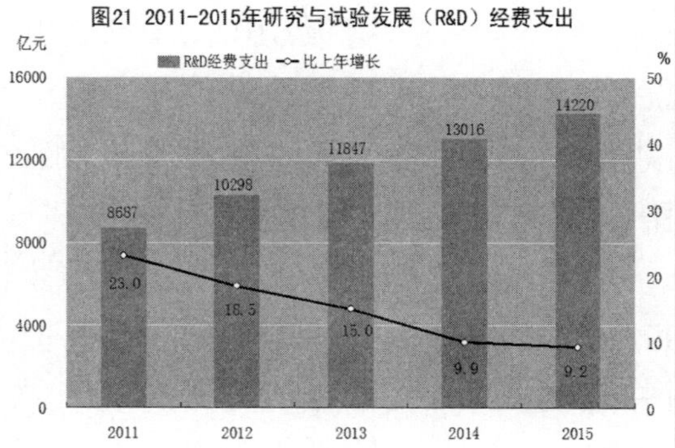

表 16

2015 年专利申请受理、授权和有效专利情况

指　标	专利数（万件）	比上年增长(%)
专利申请受理数	279.9	18.5
其中：境内专利申请受理	261.7	19.7
其中：发明专利申请受理	110.2	18.7
其中：境内发明专利	95.7	21.2
专利申请授权数	171.8	31.9
其中：境内专利授权	157.8	32.4
其中：发明专利授权	35.9	54.1
其中：境内发明专利	25.6	62.5
年末有效专利数	547.8	18.0
其中：境内有效专利	467.4	19.3
其中：有效发明专利	147.2	23.1
其中：境内有效发明专利	87.2	31.4

全年成功完成 19 次宇航发射。长征六号、长征十一号新型运载火箭成功首飞；地球静止轨道分辨率最高的遥感卫星高分四号成功发射；完成 4 颗新一代北斗导航卫星发射，北斗卫星导航系统全球组网稳步推进；国产首架大飞机 C919 成功总装下线。

年末全国共有产品检测实验室 31768 个，其中国家检测中心 641 个。全国现有产品质量、体系认证机构 221 个，已累计完成对 136780 个企业的产品认证。全国共有法定计量技术机构 3830 个，全年强制检定计量器具 7354 万台（件）。全年制定、修订国家标准 1931 项，其中新制定 1330 项。全年中央气象台和省级气象台共发布气象预警信号 5939 次，警报 6107 次。全国共有地震台站 1687 个，区域地震台网 32 个。全国共有海洋观测站（点）[43]124 个。测绘地理信息部门公开出版地图 2003 种。

年末全国文化系统共有艺术表演团体 2052 个，博物馆 2956 个。全国共有公共图书馆 3136 个，总流通[44]58339 万人次；文化馆 3315 个。有线电视用户 2.39 亿户，其中有线数字电视用户 2.02 亿户。年末广播节目综合人口覆盖率为 98.2%，电视节目综合人口覆盖率为 98.8%。全年生产电视剧 395 部 16560 集，电视动画片 134011 分钟。全年生产故事影片 686 部，科教、纪录、动画和特种影片[45]202 部。出版各类报纸 440 亿份，各类期刊 30 亿册，图书 81 亿册（张），人均图书拥有量[46]5.91 册（张）。年末全国共有档案馆 4196 个，已开放各类档案 13294 万卷（件）。

全年我国运动员在 25 个运动大项中获得 127 个世界冠军，共创 12 项世界纪录。全年我国残疾人运动员在 34 项国际赛事中获得 395 个世界冠军。

十一、卫生和社会服务

年末全国共有医疗卫生机构 990248 个，其中医院 27215 个，乡镇卫生院 36869 个，社区卫生服务中心（站）34588 个，诊所（卫生所、医务室）195866 个，村卫生室 644751 个，疾病预防控制中心 3492 个，卫生监督所（中心）3097 个。卫生技术人员 803 万人，其中执业医师和执业助理医师 300 万人，注册护士 328 万人。医疗卫生机构床位 708 万张，其中医院 534 万张，乡镇卫生院 121 万张。

年末全国各类提供住宿的社会服务机构 3.2 万个，其中养老服务机构 2.8 万个。社会服务床位[47]676.3 万张，其中养老床位 669.8 万张。年末共有社区服务中心 2.4 万个，社区服务站 12.5 万个。

十二、资源、环境和安全生产

全年全国国有建设用地供应总量[48]53万公顷，比上年下降12.5%。其中，工矿仓储用地12万公顷，下降15.2%；房地产用地[49]12万公顷，下降20.9%；基础设施等其他用地29万公顷，下降7.1%。

全年水资源总量28306亿立方米。全年平均降水量644毫米。年末全国监测的614座大型水库蓄水总量3645亿立方米，与上年末蓄水量基本持平。全年总用水量6180亿立方米，比上年增长1.4%。其中，生活用水增长3.1%，工业用水增长1.8%，农业用水增长0.9%，生态补水增长1.7%。万元国内生产总值用水量[50]104立方米，比上年下降5.1%。万元工业增加值用水量58立方米，下降3.9%。人均用水量450立方米，比上年增长0.9%。

全年完成造林面积632万公顷，其中林业重点生态工程完成造林面积242万公顷，占全部造林面积的38.2%。截至年底，自然保护区达到2740个，其中国家级自然保护区428个。新增水土流失治理面积5.4万平方公里，新增实施水土流失地区封育保护面积2.0万平方公里。

全年平均气温为10.5℃，共有6个台风登陆。

初步核算，全年能源消费总量43.0亿吨标准煤，比上年增长0.9%。煤炭消费量下降3.7%，原油消费量增长5.6%，天然气消费量增长3.3%，电力消费量增长0.5%。煤炭消费量占能源消费总量的64.0%，水电、风电、核电、天然气等清洁能源消费量占能源消费总量的17.9%。全国万元国内生产总值能耗下降5.6%。工业企业吨粗铜综合能耗下降0.79%，吨钢综合能耗下降0.56%，单位烧碱综合能耗下降1.41%，吨水泥综合能耗下降0.49%，每千瓦时火力发电标准煤耗下降0.95%。

图23 2011-2015年万元国内生产总值能耗降低率

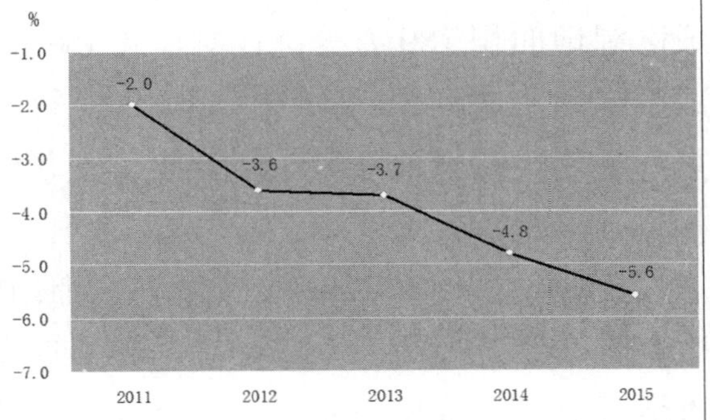

图24 2011-2015年清洁能源消费量占能源消费总量的比重

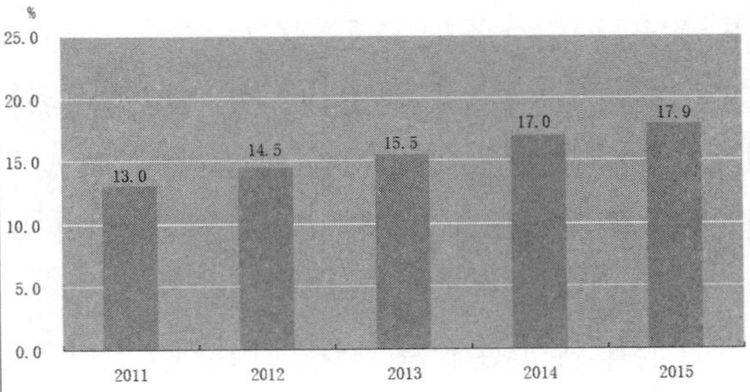

十大流域[51]的700个水质监测断面中，Ⅰ～Ⅲ类水质断面比例占72.1%，劣Ⅴ类水质断面比例占8.9%。十大流域水质总体为轻度污染，水质保持稳定。

近岸海域301个海水水质监测点中，达到国家一、二类海水水质标准的监测点占70.4%，三类海水占7.6%，四类、劣四类海水占21.9%。

在监测的338个城市中，城市空气质量达标的城市占21.6%，未达标的城市占78.4%。

在监测的321个城市中，城市区域声环境质量好的城市占4.0%，较好的占68.5%，一般的占26.2%，较差的占0.9%，差的占0.3%。

年末城市污水处理厂日处理能力达到13784万立方米，比上年末增长5.3%；城市污水处理率达到91.0%，提高0.8个百分点。城市生活垃圾无害化处理率达到92.5%，提高0.7个百分点。城市集中供热面积64.2亿平方米，增长5.1%。城市建成区绿地面积189万公顷，增长3.7%；建成区绿地率达到36.3%，提高0.05个百分点；人均公园绿地面积13.16平方米，增加0.08平方米。

全年农作物受灾面积2177万公顷，其中绝收223万公顷。全年因洪涝和地质灾害造成直接经济损失920亿元，因旱灾造成直接经济损失486亿元，因低温冷冻和雪灾造成直接经济损失89亿元，因海洋灾害造成直接经济损失72亿元。全年大陆地区共发生5级以上地震14次，成灾12次，造成直接经济损失180亿元。全年共发生森林火灾2936起，森林火灾受害森林面积1.3万公顷。

全年各类生产安全事故共死亡66182人。亿元国内生产总值生产安全事故死亡人数0.098人，比上年下降8.4%；工矿商贸企业就业人员10万人生产安全事故死亡人数1.071人，下降19.4%；道路交通事故万车死亡人数2.1人，下降4.5%；煤矿百万吨死亡人数0.162人，下降36.5%。

注释：

[1]本公报中数据均为初步统计数。各项统计数据均未包括香港特别行政区、澳门特别行政区和台湾省。部分数据因四舍五入的原因，存在着与分项合计不等的情况。

[2]国内生产总值、各产业增加值和人均国内生产总值绝对数按现价计算，增长速度按不变价格计算。

[3]国民总收入，原称国民生产总值，是指一个国家或地区所有常住单位在一定时期内所获得的初次分配收入总额。它等于国内生产总值加上来自国外的净要素收入。

[4]人户分离的人口是指居住地与户口登记地所在的乡镇街道不一致且离开户口登记地半年及以上的人口。

[5]流动人口是指人户分离人口中扣除市辖区内人户分离的人口。市辖区内人户分离的人口是指一个直辖市或地级市所辖区内和区与区之间，居住地和户口登记地不在同一乡镇街道的人口。

[6]2015年年末，0-14岁（含不满15周岁）人口为22715万人，15-59岁（含不满60周岁）人口为92547万人。

[7]年度农民工数量包括年内在本乡镇以外从业6个月及以上的外出农民工和在本乡镇内从事非农产业6个月及以上的本地农民工两部分。

[8]全员劳动生产率为国内生产总值（以2010年价格计算）与全部就业人员的比率。

[9]农产品生产者价格是指农产品生产者直接出售其产品时的价格。

[10]居住类价格包括建房及装修材料、住房租金、自有住房和水电燃料等价格。

[11]按照完善政府预算体系的要求，2015年将政府性基金中用于提供基本公共服务以及主要用于人员和机构运转等方面的11项基金转列一般公共预算。为此，需扣除11项政府性基金转列一般公共预算影响，计算同口径增幅。

[12]六大高耗能行业包括石油加工、炼焦和核燃料加工业，化学原料和化学制品制造业，非金属矿物制品业，黑色金属冶炼和压延加工业，有色金属冶炼和压延加工业，电力、热力生产和供应业。

[13]高技术制造业包括医药制造业，航空、航天器及设备制造业，电子及通信设备制造业，计算机及办公设备制造业，医疗仪器设备及仪器仪表制造业，信息化学品制造业。

[14]装备制造业包括金属制品业，通用设备制造业，专用设备制造业，汽车制造业，铁路、船舶、航空航天和其他运输设备制造业，电气机械和器材制造业，计算机、通信和其他电子设备制造业，仪器仪表制造业。

[15]天然气包括气田天然气、油田天然气（分为油田气层气、油田伴生溶解气）和煤田天然气（也称煤层气）。

[16]钢材产量数据中含企业之间重复加工钢材约34400万吨。

[17]少量发电装机容量（如地热等）

文中未列出。

[18]固定资产投资按东部、中部、西部和东北地区计算的合计数据小于全国数据，是因为有部分跨地区的投资未计算在地区数据中。其中，东部地区是指北京、天津、河北、上海、江苏、浙江、福建、山东、广东和海南10省（市）；中部地区是指山西、安徽、江西、河南、湖北和湖南6省；西部地区是指内蒙古、广西、重庆、四川、贵州、云南、西藏、陕西、甘肃、青海、宁夏和新疆12省（区、市）；东北地区是指辽宁、吉林和黑龙江3省。

[19]基础设施投资是指建造或购置为社会生产和生活提供基础性、大众性服务的工程和设施的支出。本文中的基础设施投资包括交通运输、邮政业，电信、广播电视和卫星传输服务业，互联网和相关服务业，水利、环境和公共设施管理业投资。

[20]民间固定资产投资是指具有集体、私营、个人性质的内资企事业单位以及由其控股（包括绝对控股和相对控股）的企业单位建造或购置固定资产的投资。

[21]高技术产业投资包括医药制造、航空航天器及设备制造等六大类高技术制造业投资和信息服务、电子商务服务等九大类高技术服务业投资。

[22]房地产业投资除房地产开发投资外，还包括建设单位自建房屋以及物业管理、中介服务和其他房地产投资。

[23]高速铁路是指最高营运速度达到200公里/小时及以上的铁路。

[24]网上零售额是指通过公共网络交易平台（包括自建网站和第三方平台）实现的商品和服务零售额。其中，网上零售额包括的服务类商品，以及少部分用于生产经营用或被转卖的商品不统计在社会消费品零售总额中。

[25]货物贸易、吸收外资采用人民币计价。服务贸易、对外投资和对外承包工程由于技术原因仍主要沿用美元计价。

[26]服务进出口按照《国际收支手册（第六版）》标准统计，不含政府服务，增速按可比口径计算。

[27]“一带一路”是指“丝绸之路经济带”和“21世纪海上丝绸之路”。

[28]2015年公路客货运量、周转量数据的核算方法和统计口径发生变化，增速按可比口径计算。

[29]邮电业务总量按2010年价格计算。

[30]移动电话交换机容量是指移动电话交换机根据一定话务模型和交换机处理能力计算出来的最大同时服务用户的数量。

[31]固定互联网宽带接入用户是指报告期末在电信企业登记注册，通过xDSL、FTTx+LAN、FTTH/0以及其他宽带接入方式和普通专线接入公众互联网的用户。

[32]移动宽带用户是指报告期末在计费系统拥有使用信息，占用3G或4G网络资源的在网用户。

[33]手机上网人数是指过去半年通过手机接入并使用互联网的6周岁及以上中国居民数量。

[34]软件和信息技术服务业包括软件开发，信息系统集成服务，信息技术咨询服务，数据处理和存储服务，集成电路设计服务和其他信息技术服务等行业。

[35]社会融资规模增量是指一定时期内实体经济从金融体系获得的资金总额。

[36]非公开增发又叫定向增发，不含资产认购部分。

[37]公司信用类债券包括非金融企业债务融资工具、企业债券以及公司债、可转债等。

[38]原保险保费收入是指保险企业确认的原保险合同保费收入。

[39]人均收入中位数是指将所有调查户按人均收入水平从低到高（或从高到低）顺序排列，处于最中间位置调查户的人均收入。

[40]农村五保供养是指老年、残疾和未满16周岁的村民，无劳动能力、无生活来源又无法定赡养、抚养、扶养义务人，或者其法定赡养、抚养、扶养义务人无赡养、抚养、扶养能力的村民，在吃、穿、住、医、葬方面得到的生活照顾和物质帮助。

[41]中等职业教育包括普通中专、成人中专、职业高中和技工学校。

[42]国家新兴产业创投计划是指中央财政专项资金通过与地方政府资金、社会

资本共同发起设立创业投资企业，或以股权投资模式直接投资创业企业等方式，培育和促进新兴产业发展的活动。

[43]海洋观测站（点）是指依托岸基、岛屿（或海上固定平台）进行海洋水文、气象观测，获取具有充分代表性的长期、定点、连续海洋环境观测资料的场所，部分海洋观测站存在多个观测点的情况。

[44]总流通人次是指本年度内到图书馆场馆接受图书馆服务的总人次，包括借阅书刊、咨询问题以及参加各类读者活动等。

[45]特种影片是指那些采用与常规影院放映在技术、设备、节目方面不同的电影展示方式，如巨幕电影、立体电影、立体特效（4D）电影、动感电影、球幕电影等。

[46]人均图书拥有量是指在一年内全国平均每人能拥有的当年出版图书册数。

[47]社会服务床位数除收养性机构外，还包括救助类机构、社区类机构以及军休所、军供站等机构的床位。

[48]国有建设用地供应总量是指报告期内市、县人民政府根据年度土地供应计划依法以出让、划拨、租赁等方式将土地使用权提供给单位或个人使用的国有建设用地总量。

[49]房地产用地是指商服用地和住宅用地的总和。

[50]万元国内生产总值用水量、万元工业增加值用水量和万元国内生产总值能耗按2010年价格计算。

[51]十大流域包括长江、黄河、珠江、松花江、淮河、海河、辽河、浙闽片河流、西北诸河和西南诸河。

资料来源：

本公报中城镇新增就业、登记失业率、社会保障数据来自人力资源社会保障部；财政数据来自财政部；外汇储备、汇率、货币金融、公司信用类债券数据来自人民银行；水产品产量数据来自农业部；木材产量、林业、森林火灾数据来自林业局；灌溉面积、水资源数据来自水利部；发电装机容量、新增220千伏及以上变电设备数据来自中电联；新建铁路投产里程、增新建铁路复线投产里程、电气化铁路投产里程、铁路运输数据来自铁路总公司；新建公路里程、港口万吨级码头泊位新增吞吐能力、公路运输、水运、港口货物吞吐量数据来自交通运输部；新增民用运输机场、民航数据来自民航局；新增光缆线路长度、电话交换机容量、电话用户、宽带用户、移动互联网接入流量、上网人数、软件业务收入等数据来自工业和信息化部；保障性住房、城市污水处理、城市集中供热面积、建成区绿地率数据来自住房城乡建设部；货物进出口数据来自海关总署；服务进出口、外商直接投资、对外直接投资、对外承包工程、对外劳务合作等数据来自商务部；管道数据来自中石油、中石化、中海油；民用汽车、交通事故数据来自公安部；邮政业务数据来自邮政局；旅游数据来自旅游局、公安部；上市公司数据来自证监会；保险业数据来自保监会；城乡低保、五保供养、社会服务、农作物受灾面积、洪涝地质灾害造成直接经济损失、旱灾造成直接经济损失、低温冷冻和雪灾造成直接经济损失来自民政部；教育数据来自教育部；安排科技计划课题、技术合同等数据来自科技部；国家工程研究中心、企业技术中心、新兴产业创投等数据来自发展改革委；专利数据来自知识产权局；宇航发射数据来自国防科工局；质量检验、国家标准制定修订等数据来自质检总局；气象预警、平均气温、登陆台风数据来自气象局；地震数据来自地震局；海洋观测站（点）、海洋灾害造成直接经济损失数据来自海洋局；测绘数据来自测绘地信局；艺术表演团体、博物馆、公共图书馆、文化馆数据来自文化部；广播电视、电影、报纸、期刊、图书数据来自新闻出版广电总局；档案数据来自档案局；体育数据来自体育总局；残疾人运动员数据来自中国残联；卫生数据来自卫生计生委；国有建设用地供应数据来自国土资源部；自然保护区、环境监测数据来自环境保护部；安全生产数据来自安全监管总局；其他数据均来自国家统计局。

江西省2015年国民经济和社会发展统计公报

江西省统计局
国家统计局江西调查总队
（2016年3月23日）

2015年，全省上下认真贯彻落实党的十八大、十八届三中、四中、五中全会和习近平总书记系列重要讲话，特别是对江西工作“一个希望、三个着力”重要指示精神，深入实施“发展升级、小康提速、绿色崛起、实干兴赣”十六字方针，坚持稳中求进工作总基调，主动适应经济发展新常态，积极有效应对困难挑战，扎实推进稳增长、促改革、调结构、优生态、惠民生各项工作，经济社会发展取得新的成绩。

一、综合

初步核算，全年实现地区生产总值（GDP）16723.8亿元，比上年增长9.1%。其中，第一产业增加值1773.0亿元，增长3.9%；第二产业增加值8487.3亿元，增长9.4%；第三产业增加值6463.5亿元，增长10.0%。三次产业结构由上年的10.7:52.5:36.8调整为10.6:50.8:38.6，三次产业对GDP增长的贡献率分别为4.2%、60.7%和35.1%。人均生产总值36724元，增长8.5%，按年均汇率折算为5898美元。

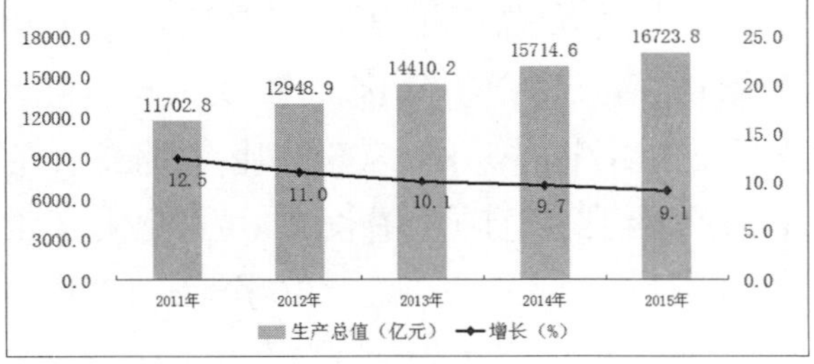

图1 2011-2015年地区生产总值及其增长速度

年末常住人口4565.6万人，比上年末增加23.4万人。其中，城镇人口2356.8万人，占总人口的比重为51.6%，比上年末提高1.4个百分点。全年出生人口60.1万人，出生率13.20‰，比上年下降0.04个千分点；死亡人口28.4万人，死亡率6.24‰，下降0.02个千分点；自然增长率6.96‰，下降0.02个千分点。

表1　2015年末常住人口数及其构成

指　　标	年末数（万人）	比重（%）
常住人口	4565.6	100.0
其中：城镇	2356.8	51.6
乡村	2208.9	48.4
其中：男性	2343.7	51.3
女性	2221.9	48.7
其中：0-14岁	928.2	20.3
15-64岁	3206.4	70.2
65岁及以上	431.0	9.4

年末全社会就业人数2615.8万人，比上年末增加12.5万人。全年城镇新增就业55.3万人，城镇登记失业人数30.0万人，城镇登记失业率3.35%。年末农民外出从业人员842万人，其中，省外务工561万人。

全年财政总收入3021.5亿元，比上年增长12.7%，财政总收入占生产总值的比重为18.1%，比上年提高1.0个百分点。其中，一般公共预算收入2165.5亿元，增长15.1%；税收收入2373.0亿元，增长8.9%，占财政总收入的比重为78.5%。所有县(市、区)财政总收入突破6亿元，其中，财政总收入超10亿元的县(市、区)85个，比上年增加8个；超20亿元的36个，增加7个；超30亿元的17个，增加2个；

超50亿元的5个，增加2个；百亿县实现零突破，南昌县财政总收入达100.9亿元。

图2 2011-2015年财政总收入及其增长速度

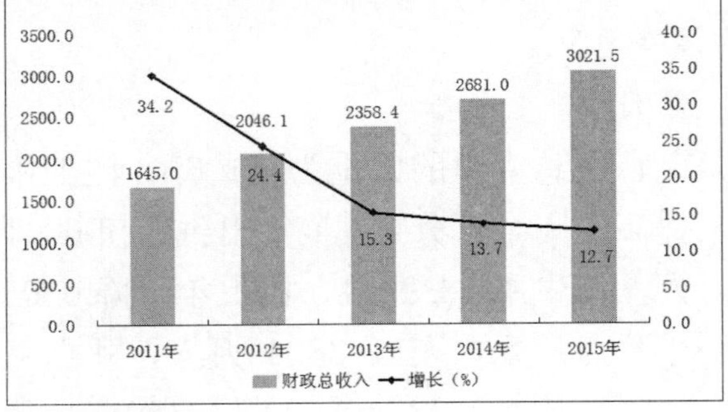

全年居民消费价格比上年上涨1.5%，其中，城市、农村均上涨1.5%。商品零售价格上涨0.5%，农业生产资料价格指数上涨1.4%，固定资产投资价格下降1.8%，工业生产者出厂价格下降6.3%，工业生产者购进价格下降6.4%。

图3 2015年各月居民消费价格指
（上年同期为100）

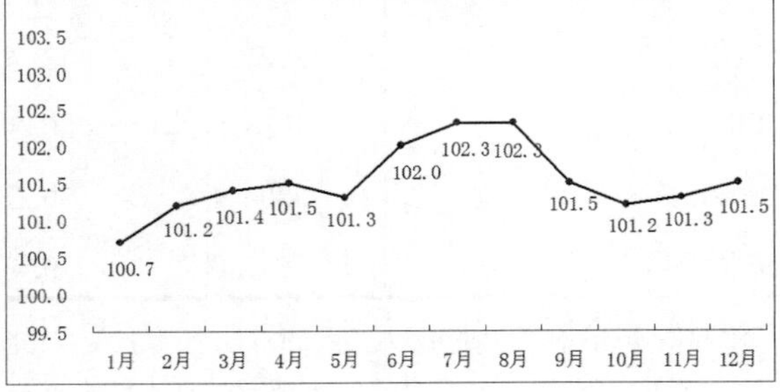

表2 2015年居民消费价格比上年涨跌幅度

指　标	比上年上涨（%）
居民消费价格	1.5
食品	3.3
其中：粮食	2.2
烟酒	3.0
衣着	3.2
家庭设备用品及服务	1.0
医疗保健及个人用品	1.4
交通和通信	-1.2
娱乐教育文化用品及服务	1.1
居住	-1.5

二、农业

全年粮食种植面积3705.6千公顷，比上年增长0.2%，其中，谷物种植面积3393.2千公顷，增长0.1%。油料种植面积739.9千公顷，下降0.2%。蔬菜种植面积585.4千公顷，增长2.3%。棉花种植面积81.1千公顷，下降4.5%。糖料种植面积14.5千公顷，增长1.1%。

全年粮食总产量2148.7万吨，比上年增长0.2%，再创历史新高。其中，早稻811.9万吨，下降1.0%；中稻及一季晚稻279.1万吨，增长2.4%；二季晚稻936.2万吨，增长0.4%。

图4 2011-2015年粮食产量及其增长速度

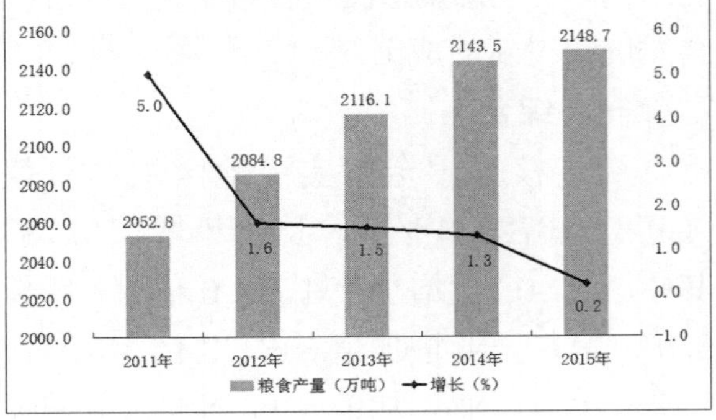

全年油料产量124.0万吨，比上年增长1.9%，其中，油菜籽73.9万吨，增长2.2%。棉花产量11.5万吨，下降13.8%。烟叶产量5.5万吨，下降7.3%。茶叶产量5.2万吨，增长10.0%。园林水果产量450.3万吨，增长8.6%。蔬菜产量1359.1万吨，增长3.6%。

全年肉类总产量355.1万吨，比上年下降0.1%。其中，猪肉产量253.5万吨，下降2.4%；牛肉产量13.6万吨，增长3.7%；羊肉产量1.2万吨，增长2.0%。禽蛋产量49.3万吨，增长3.0%。牛奶产量13.0万吨，增长1.2%。水产品产量264.2万吨，增长4.2%。年末生猪存栏1693.4万头，下降2.6%；生猪出栏3242.5万头，下降2.5%。

表3 2015年主要农产品产量及其增长速度

产品名称	产量（万吨）	比上年增长（%）
粮食	2148.7	0.2
其中：谷物	2044.3	0.1
油料	124.0	1.9
其中：油菜籽	73.9	2.2
棉花	11.5	-13.8
烟叶	5.5	-7.3
茶叶	5.2	10.0
园林水果	450.3	8.6
蔬菜	1359.1	3.6
肉类	355.1	-0.1
水产品	264.2	4.2

三、工业和建筑业

全年规模以上工业增加值 7268.9 亿元，比上年增长 9.2%。分轻重工业看，轻工业增加值 2731.2 亿元，增长 7.7%；重工业 4537.7 亿元，增长 10.1%。分经济类型看，国有企业增加值 269.1 亿元，增长 6.3%；集体企业 19.3 亿元，下降 5.7%；股份合作企业 22.3 亿元，下降 2.0%；股份制企业 2847.6 亿元，增长 9.6%；私营企业 2992.2 亿元，增长 11.7%；外商及港澳台商投资企业 1112.5 亿元，增长 6.9%。

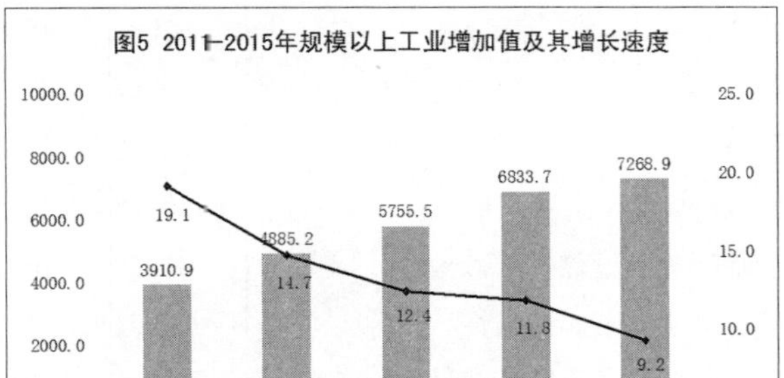

全年规模以上工业 38 个行业大类中，34 个实现增长，占比近九成。其中，电子、电气机械、纺织、农副食品、医药和有色等六大重点行业表现突出，分别增长 16.5%、12.3%、12.3%、11.2%、10.4%、10.3%，合计实现增加值 2707.0 亿元，占规模以上工业的比重为 37.2%，对规模以上工业增长的贡献率达 46.8%。高新技术产业增加值 1869.7 亿元，增长 10.4%，占规模以上工业的比重为 25.7%，比上年提高 0.8 个百分点。抚州、赣州、吉安高新区晋升为国家级高新技术开发区，年末国家级高新技术开发区 7 家，居全国第 6、中部第 1；省级高新技术产业园区 3 家，比上年新增 1 家；国家高新技术产业化基地 27 个，居全国第 1。

全年规模以上工业 350 种主要工业品中 207 种实现增长，增长面达 59.1%。主要工业品中：发电量 843.4 亿千瓦时，增长 7.0%；十种有色金属 167.8 万吨，增长 0.1%；房间空气调节器 372.9 万台，增长 13.5%。

表4 2015年规模以上工业主要产品产量及其增长速度

产品名称	单 位	产量	比上年增长
发电量	亿千瓦时	843.4	7.0
白酒（折65度，商品量）	万千升	18.2	11.1
啤酒	万千升	134.0	0.0
卷烟	亿支	678.0	0.2
布	万米	114447.3	7.0
服装	万件	127946.4	0.1
农用化学肥料	万吨	140.8	5.2
化学农药	吨	50881.1	9.5
化学原料药	吨	55569.7	10.3
水泥	万吨	9438.0	-4.2
瓷质砖	万平方米	118973.7	3.8
粗钢	万吨	2211.0	-1.1
钢材	万吨	2577.6	-1.5
十种有色金属	万吨	167.8	0.1
其中：精炼铜（电解铜）	万吨	132.0	-0.1
多晶硅	吨	16417.7	-12.8
单晶硅	吨	1614.2	-52.8
铜材	万吨	308.2	-2.0
汽车	万辆	42.2	-8.7
彩色电视机	万台	23.6	20.4
房间空气调节器	万台	372.9	13.5

全年规模以上工业企业实现主营业务收入32459.4亿元，比上年增长4.3%；实现利税总额3543.8亿元，增长3.8%，其中，利润总额2128.0亿元，增长2.4%。主营业务收入超百亿元的企业10户，其中，江铜集团2010.4亿元，居全省首位。

年末工业园区实际开发面积618.8平方公里，投产企业9645家，比上年增加679家；从业人员217.1万人，增长1.7%。全年工业园区实现工业增加值6007.0亿元，增长9.3%；主营业务收入、利税总额、利润总额分别完成25508.3亿元、2973.2亿元和1801.8亿元，增长4.6%、6.6%和5.8%。主营业务收入超百亿元的工业园区73个，比上年增加2个；超500亿元的16个，增加8个；超千亿元的4个，增加2个。其中，南昌高新技术产业开发区1530.8亿元，居全省首位。

全年建筑业总产值4602.5亿元，比上年增长11.6%；建筑业增加值1500.6亿元，增长11.5%。房屋建筑施工面积28895.4万平方米，增长4.2%；房屋建筑竣工面积14255.6万平方米，增长12.0%。新增特级建筑企业3家、一级建筑企业80家，年末分别达6家和388家。

四、固定资产投资

全年全社会固定资产投资17388.1亿元，比上年增长15.3%。其中，固定资产投资（不含农户）16993.9亿元，增长16.0%。

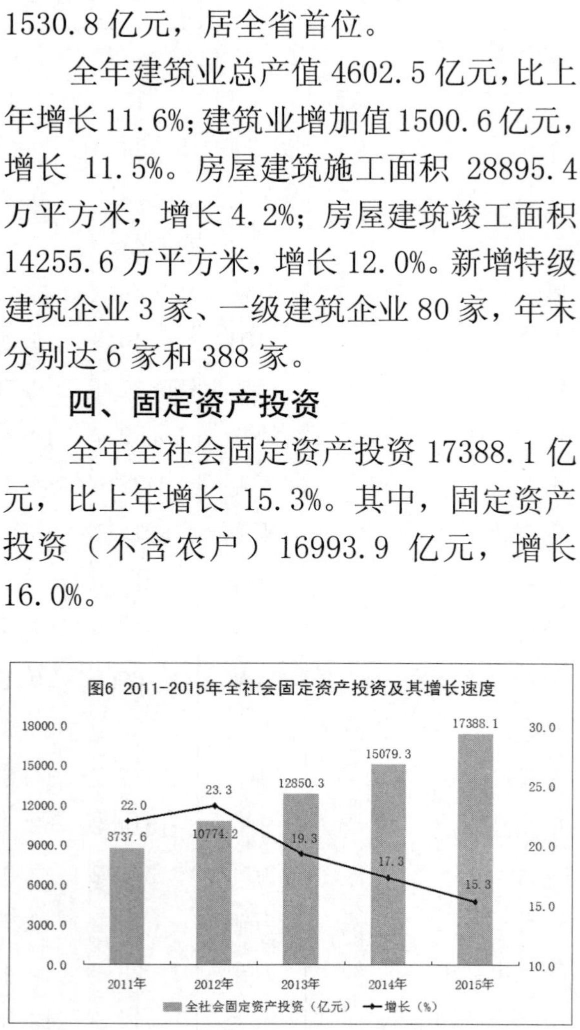

固定资产投资（不含农户）中：分产业看，第一产业投资428.8亿元，增长35.7%；第二产业投资9035.3亿元，增长13.3%，其中，工业投资8918.3亿元，增长12.8%；第三产业投资7529.8亿元，增长18.4%。分投资主体看，国有投资3833.0亿元，增长15.5%；非国有投资13160.9亿元，增长16.2%，其中，民间投资12598.5亿元，增长17.5%。

表5 2015年分行业固定资产投资（不含农户）及其增长速度

行业	投资额（亿元）	比上年增长(%)
总计	16993.9	16.0
第一产业	428.8	35.7
第二产业	9035.3	13.3
工业	8918.3	12.8
采矿业	245.5	-15.2
制造业	8099.6	12.0
化学原料及化学制品制造业	706.4	21.4
非金属矿制品业	937.9	14.8
黑色金属冶炼和压延加工业	55.6	-43.1
有色金属冶炼和压延加工业	405.5	-0.6
电气机械及器材制造业	635.3	8.1
计算机、通信和其他电子设备制造业	437.9	-8.3
电力、热力、燃气及水生产和供应业	573.2	47.9
建筑业	130.7	60.7
第三产业	7529.8	18.4
批发和零售业	971.6	43.1
交通运输、仓储和邮政业	818.0	16.3
住宿和餐饮业	293.1	14.2
信息传输、软件和信息技术服务业	125.4	70.2
金融业	41.1	22.0
房地产业	2096.5	8.2
租赁和商务服务业	330.0	21.9
科学研究和技术服务业	96.0	76.5
水利、环境和公共设施管理业	1691.1	14.4
居民服务、修理和其他服务业	121.6	77.0
教育	243.6	33.5
卫生和社会工作	159.7	51.7
文化、体育和娱乐业	261.3	3.8
公共管理、社会保障和社会组织	226.8	7.2

全年房地产开发投资1520.1亿元，比上年增长14.9%。其中，住宅投资1113.1亿元，增长14.5%；办公楼投资52.1亿元，下降3.5%；商业营业用房投资239.4亿元，增长20.5%。房屋施工面积15293.6万平方米，增长14.7%；房屋新开工面积3704.9万平方米，增长10.6%；房屋竣工面积1907.9万平方米，增长1.9%。商品房销售面积3478.2万平方米，增长13.4%；商品房待售面积1496.1万平方米，增长26.8%；商品房销售额1863.7亿元，增长14.9%。

五、国内贸易

全年社会消费品零售总额5896.0亿元，比上年增长11.4%。按城乡分，城镇消费品零售额4885.5亿元，增长11.0%，其中，城区3118.7亿元，增长12.9%；乡村消费品零售额1010.4亿元，增长13.4%。按消费类型分，餐饮收入693.5亿元，增长10.3%；商品零售5202.4亿元，增长11.5%。

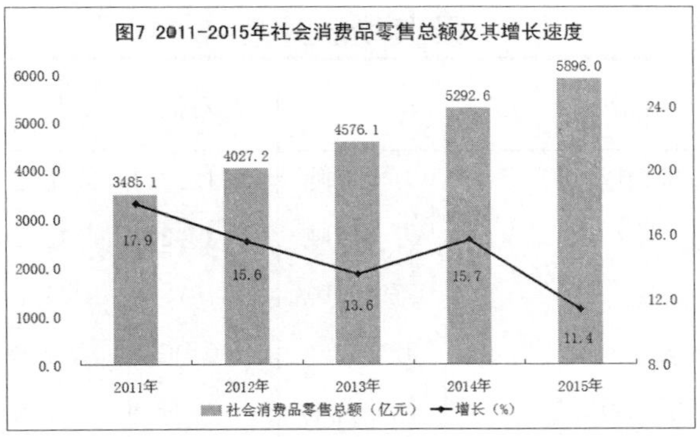

限额以上批发零售业零售额分商品看：日用生活消费品保持较快增长。粮油、食品类实现零售额177.6亿元，比上年增长26.0%；服装、鞋帽、针纺织品类126.9亿元，增长11.4%；日用品类52.6亿元，增长13.6%。与消费升级相关商品快速增长。家具类实现零售额41.2亿元，增长42.3%；通讯器材类26.8亿元，增长38.2%；建筑及装潢材料类34.5亿元，增长28.1%。汽车销售继续保持快速增长。汽车类实现零售额663.0亿元，增长19.5%。

表6　2015年限额以上批发零售业按商品分类零售额及其增长速度

类　别	零售额（亿元）	比上年增长(%)
合计	2171.6	12.2
粮油、食品类	177.6	26.0
饮料类	28.9	20.5
烟酒类	45.4	18.9
服装、鞋帽、针纺织品类	126.9	11.4
化妆品类	17.0	1.3
金银珠宝类	35.3	10.0
日用品类	52.6	13.6
五金、电料类	5.7	27.6
体育、娱乐用品类	3.4	4.6
书报杂志类	34.2	10.4
电子出版物及音像制品类	8.2	-3.1
家用电器和音像器材类	137.3	14.4
中西药品类	143.6	24.2
文化办公用品类	20.7	13.0
家具类	41.2	42.3
通讯器材类	26.8	38.2
煤炭及制品类	6.0	50.9
石油及制品类	516.4	-6.0
建筑及装潢材料类	34.5	28.1
机电产品及设备类	6.2	11.7
汽车类	663.0	19.5
棉麻类	0.3	8.4
其他类	40.2	27.7

六、对外经济

全年进出口总值2641.5亿元，比上年增长0.7%。其中，出口值2060.9亿元，增长4.8%；进口值580.6亿元，下降11.7%。

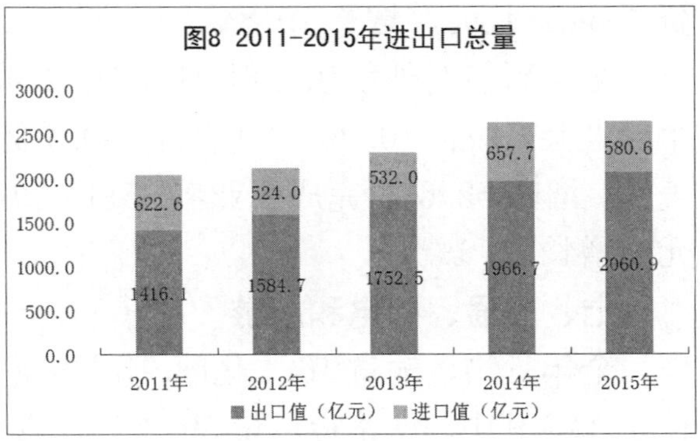

分贸易方式看，一般贸易出口1723.3亿元，增长9.5%；加工贸易出口290.9亿元，下降2.3%。分重点商品看，机电产品出口872.8亿元，增长10.1%；高新技术产品出口326.5亿元，增长1.1%；服装及衣着附件出口247.1亿元，下降13.6%。

表7 2015年外贸出口方式和主要商品分析

指　　标	绝对值（亿元）	比上年增长（%）
出口值	2060.9	4.8
一般贸易	1723.3	9.5
加工贸易	290.9	-2.3
其它贸易	46.7	-50.6
主要商品出口值		
机电产品	872.8	10.1
高新技术产品	326.5	1.1
服装及衣着附件	247.1	-13.6
钢　材	55.6	-9.7
纺织纱线、织物及制品	78.9	6.9
铁合金	5.5	-12.4
农产品	38.3	-7.6
钨　品	5.3	-43.4

全年新批外商投资企业640家，合同外资金额73.7亿美元，实际使用外资金额94.7亿美元，比上年增长12.1%。引进世界500强投资背景企业3家，年末在赣投资的具有世界500强投资背景企业65家。利用省外项目2158个，增长0.3%；实际进资5232.2亿元，增长15.2%。其中，亿元以上项目1387个，增长4.3%；实际进资4654.0亿元，增长19.8%。

全年新签对外承包工程合同项目230个，比上年增长10.0%；合同金额40.4亿美元，增长52.6%；完成营业额35.1亿美元，增长23.1%。

七、交通、邮电和旅游

全年货物运输量16.1亿吨，比上年增长6.2%。其中，铁路货运量3942.7万吨，下降18.2%；公路货运量14.8亿吨，增长7.3%；水运货运量9400.7万吨，增长2.6%。货物运输周转量3904.4亿吨公里，增长1.9%。其中，铁路周转量497.0亿吨公里，下降8.2%；公路周转量3200.1亿吨公里，增长4.1%；水运周转量207.4亿吨公里，下降3.7%。

全年旅客运输量7.0亿人，比上年增长3.0%。其中，铁路客运量8458.3万人，增长9.4%；公路客运量6.1亿人，增长2.2%；水运客运量273.9万人，下降2.8%。旅客运输周转量990.9亿人公里，增长4.9%。其中，铁路周转量668.7亿人公里，增长6.5%；公路周转量321.8亿人公里，增长1.7%；水运周转量0.3亿人公里，下降6.4%。机场旅客吞吐量985.0万人，增长5.9%，其中，昌北机场旅客吞吐量749.0万人，增长3.5%。

表8　2015年货物、旅客运输量和周转量及其增长速度

指　　标	单　　位	绝对值	比上年增长（%）
货物运输量	万　　吨	161213.4	6.2
铁路	万　　吨	3942.7	-18.2
公路	万　　吨	147870.0	7.3
水运	万　　吨	9400.7	2.6
货物周转量	亿吨公里	3904.4	1.9
铁路	亿吨公里	497.0	-8.2
公路	亿吨公里	3200.1	4.1
水运	亿吨公里	207.4	-3.7
旅客运输量	万　　人	69726.2	3.0
铁路	万　　人	8458.3	9.4
公路	万　　人	60994.0	2.2
水运	万　　人	273.9	-2.8
旅客周转量	亿人公里	990.9	4.9
铁路	亿人公里	668.7	6.5
公路	亿人公里	321.8	1.7
水运	亿人公里	0.3	-6.4

年末公路通车里程15.7万公里，比上年末增加1110公里，其中，高速公路通车里程5058公里，增加574公里；铁路营运里程3872.3公里，增加307.5公里。年末民用汽车保有量346.8万辆，增长17.0%；民用轿车保有量187.1万辆，增长21.2%，其中，私人轿车172.4万辆，增长23.8%。

全年邮电业务总量599.4亿元，比上年增长34.5%。其中，邮政业务总量69.7亿元，增长35.5%；电信业务总量529.7亿元，增长34.3%。年末固定电话用户568.4万户，本年减少9.0万户；移动电话用户3056.2万户，本年新增117.7万户。年末3G移动电话用户832.1万户，下降27.7%；4G移动电话用户1068.7万户，增长3.5倍。年末互联网宽带接入用户442.0万人，增长1.8%。

全年接待国内旅游者3.8亿人次，比上年增长23.3%；接待入境旅游者176.9万人次，增长3.1%。实现旅游总收入3637.7亿元，增长37.3%。其中，国内旅游收入3600.5亿元，增长37.7%；国际旅游外汇收入5.7亿美元，增长2.0%。新增瑞金共和国摇篮旅游区、宜春明月山旅游区两个国家5A级景区，鹰潭获批首批国家级旅游业改革创新先行区。

八、金融、证券和保险

年末金融机构人民币各项存款余额24785.1亿元，比年初增加3013.7亿元。其中，住户存款余额12389.7亿元，增加1343.1亿元；非金融企业贷款余额6693.4亿元，增加929.3亿元。年末金融机构人民币各项贷款余额18348.0亿元，比年初增加2881.0亿元。其中，住户贷款余额6928.1亿元，增加926.2亿元；非金融机构及机关团体贷款余额11418.7亿元，增加1955.5亿元。重组江西金控集团，新组建江西银行、江西省再担保公司、江西航空公司，引进东亚、广发银行。江西省金融租赁公司、江西联合股权交易中心成立营运。

年末辖区内上市公司35家，其中，主板公司22家，中小板公司8家，创业板公司5家。辖区内有证券公司2家，分公司15家，证券营业部260家，证券交易额8.75万亿元；期货公司1家，期货营业部33家，期货成交金额9.13万亿元。

全年保险公司保费收入508.4亿元，比上年增长27.0%其中，财产险公司保费收入171.2亿元，增长17.4%；人寿险公司保费收入337.2亿元，增长32.5%。支付各类赔款及给付178.1亿元，增长25.3%。其中，财产险公司赔款85.8亿元，增长12.6%；人寿险公司赔款12.4亿元，增长80.4%；人寿险公司给付79.9亿元，增长35.4%。

九、教育和科学技术

全年研究生教育招生1.0万人，在校生2.9万人，毕业生0.9万人。普通高等教育招生31.0万人，在校生98.5万人，毕业生23.5万人。成人高等教育招生5.7万人，在校生19.2万人，毕业生5.7万人。普通高中招生32.0万人，在校生92.9万人，毕业生28.7万人。中等职业教育招生15.7万人，在校生43.1万人，毕业生14.0万人。初中学校招生60.1万人，在校生176.4万人，毕业生55.7万人。普通小学招生71.6万人，在校生422.3万人，毕业生59.4万人。特殊教育在校生2.4万人。幼儿园11870所，在园幼儿166.3万人。各类民办学校10924所，其中，独立设置民办高校18所；各类民办学校在校学生195.9万人，其中，独立设置民办高校在校学生17.4万人。学前教育毛入园率77.1%，小学净入学率99.9%，初中毛入学率98.3%。高中阶段教育毛入学率87.0%，普通高考录取率78.8%，高等教育毛入学率36.5%。

表9 2015年各类学校招生、在校生和毕业生人数

单位：万人

指 标	招生数	在校生数	毕业生数
研究生教育	1.0	2.9	0.9
普通高等教育	31.0	98.5	23.5
成人高等教育	5.7	19.2	5.7
中等职业教育	15.7	43.1	14.0
普通高中	32.0	92.9	28.7
初中学校	60.1	176.4	55.7
普通小学	71.6	422.3	59.4

全年研究与试验发展（R&D）经费支出165.6亿元，比上年增长8.2%，占GDP的比重为0.99%，比上年提高0.02个百分点。年末共有国家工程（技术）研究中心8个，省工程（技术）研究中心215个；国家级重点实验室4个，省级重点实验室121个。全年获省部级以上科技成果788项，其中，基础理论成果43项，应用技术成果745项；通过省级科技主管部门鉴定的科技成果85项，获得国家科学技术进步奖的科技成果10项，获得国家科学技术奖的科技成果12项。其中，“硅衬底蓝色发光二极管”技术获得国家技术发明一等奖，“热针灸”技术获得国家科技进步二等奖。全年受理专利申请36936件，授权专利24161件；签订技术合同1136项，技术市场合同成交金额64.8亿元。

年末共有产品质量检测机构75个，其中，国家级检测中心10个。法定计量技术机构244个，全年强制检定计量器具69.2万台（件），开展产品质量监督抽查5907批次。全年获得3C证书的企业669家，获得3C证书3993张，发放自愿性产品认证证书3274张，发放工业产品生产许可证254张。测绘部门为经济社会发展提供各种基本比例尺地形图3296张，大地成果2641点，航摄成果182417平方公里。

十、文化、卫生和体育

年末共有艺术表演团体85个，文化馆104个，公共图书馆113个，博物馆138个；广播电台8座，中、短波发射台15座，电视台10座；有线广播电视用户677.0万户，其中，数字电视用户580.6万户。年末广播综合人口覆盖率97.6%，电视综合人口覆盖率98.6%。全年出版各类报纸11.2亿份，各类图书1.9亿册、期刊7878万册。

年末共有各类医疗卫生机构38557个（含村卫生室），其中，医院、卫生院2159个，妇幼保健院（所、站）112个，专科疾病防治院（所、站）111个，疾病预防控制中心148个，卫生监督所（中心）110个。卫生技术人员21.1万人，其中，执业医师和执业助理医师7.7万人，注册护士9.0万人。医院、卫生院床位数18.0万张，其中，乡镇卫生院床位数4.6万张。

年末共有全民健身中心2个，青少年俱乐部158个，城市社区多功能运动场65个，青少年户外活动营地5个；国家级体育传统项目学校15所，省级体育传统项目学校192所，省级单项体育后备人才基地29个。全年新建村级农民体育健身工程1340个，乡镇农民体育健身工程139个，老区和贫困地区“雪炭工程”设施建设项目3个。在国际和国内的重大比赛中共获得71枚金牌、49枚银牌和49枚铜牌。

十一、人民生活和社会保障

全年居民人均可支配收入18437元，比上年增长10.2%。其中，城镇居民人均可支配收入26500元，增长9.0%；农村居民人均可支配收入11139元，增长10.1%。居民人均生活消费支出12403元，增长11.9%。其中，城镇居民人均生活消费支出16732元，增长10.5%；农村居民人均生活消费支出8486元，增长12.4%。

全年就业困难人员实现就业6.9万

人。共发放小额担保贷款 121.8 亿元，扶持个人创业 9.4 万人次，带动就业 47.1 万人次。年末参加城镇基本养老保险人数 823.1 万人，其中，职工 587.9 万人，离退休人员 235.2 万人。参加城镇职工医疗保险人数 585.0 万人，其中，职工 383.7 万人，退休人员 201.3 万人。参加农村新型合作医疗人数 3450.9 万人，新型农村合作医疗基金支出 148.0 亿元，农民参合率 99.2%，参合县比例 95.0%，统筹基金使用率 90.0%。参加工伤保险人数 500.6 万人，其中，农民工 126.1 万人。参加失业保险人数 281.5 万人，参加生育保险人数 251.3 万人。向城市低保户发放低保金 33.9 亿元，月人均补差 290 元；向农村低保户发放低保金 33.6 亿元，月人均补差 165 元。城市居民得到政府最低生活保障人数 97.6 万人，农村居民得到政府最低生活保障人数 169.6 万人，农村居民得到政府五保救济人数 22.7 万人。义务教育阶段免费提供教课书的学生数 598.7 万名，得到政府资助的家庭生活困难学生数 2.8 万名。全年开工建设保障性安居工程 23.26 万套，基本建成 28.51 万套，分别达目标任务的 100%和 178.2%，其中，棚改开工 16.54 万套，棚改货币化安置率达 31.9%；完成农村危房改造 31.2 万户，其中，国家下达任务 18.2 万户，省政府提前实施 13 万户，是完成农村危房改造任务最多的一年。完成扶贫移民搬迁 10.6 万人，减贫 72 万人。

年末共有提供住宿的社会福利机构 1689 个，床位数 15.5 万张，收养人数 13.4 万人，临时救济困难户 12.5 万人次。社区服务机构 3478 个，其中，社区服务中心 360 个。全年销售社会福利彩票 32.6 亿元，筹集福利彩票公益金 9.2 亿元，直接接受社会捐赠 0.2 亿元。

十二、资源、环境与安全生产

年末地表水Ⅰ-Ⅲ类水质断面（点位）达标率 81.0%，城市生活污水集中处理率 85%，11 个设区市城区空气质量（AQI）优良率 90.1%。森林覆盖率稳定在 63.1%，居全国第 2 位；完成植树造林 214.7 万亩、森林抚育 560 万亩，森林蓄积量达到 4.45 亿立方米，居全国第 9 位。已建成国家级自然保护区 14 处、省级 38 处，国家森林公园 46 处、省级 120 处，拥有国家湿地公园 28 处、省级 56 处，湿地保有量 91 万公顷，占国土面积的 5.45%。南昌、宜春成功创建国家森林城市，吉安获批全国生态保护与建设示范区。在全国率先实行全境流域生态补偿，首期筹集补偿资金 20.91 亿元。

年平均降水量 2106.4 毫米，较常年偏多 26%，位列历史第 5 位。平均气温 18.6℃，较常年偏高 0.6℃，位列历史第 6 位。日照时数 1338.6 小时，较常年偏少近 20%，创历史新低。

全年全社会能源消费总量 8440.3 万吨标准煤，比上年增长 4.8%；万元 GDP 能耗 0.544 吨标准煤，下降 3.9%，超额完成全年下降 2%的目标任务。规模以上工业综合能源消费量 5104.3 万吨标准煤，增长 1.9%；万元规模以上工业增加值能耗 0.681 吨标准煤，下降 6.7%，超额完成下降 4%的年度目标任务。

全年安全生产事故 2821 起，比上年下降 11.8%。其中，道路交通事故 818 起，工矿商贸事故 132 起，铁路交通事故 57 起，水上交通事故 3 起，火灾事故 1799 起，农业机械事故 12 起。安全生产事故死亡人数 780 人，下降 7.7%。其中，道路交通事故死亡 559 人，工矿商贸事故死亡 166 人，铁路交通事故死亡 38 人，水上交通事故死亡 2 人，火灾事故死亡 10 人，农业机械事故死亡 5 人。亿元生产总值安全生产事故死亡人数 0.097 人，下降 6.7%。

注释：

1.本公报中数据均为初步统计数。部分数据因四舍五入的原因，存在着分项与合计不等的情况。

2.地区生产总值、各产业增加值和人均生产总值绝对数按现价计算，增长速度按不变价格计算。

3.根据《国民经济行业分类》（GB/T4754-2011），第一产业指农林牧渔业（不含农林牧渔服务业），第二产业指工业（不含开采辅助活动，金属制品、机械和设备修理业）和建筑业，第三产业指除第一产业、第二产业以外的其他行业。

4.规模以上工业统计范围为年主营业务收入2000万元及以上的企业，固定资产投资（不含农户）统计范围为计划总投资500万元及以上项目和房地产。

5.对外贸易数据改用人民币计价。

6.邮电业务总量按2010年不变价格计算。

7.万元生产总值能耗、万元规模以上工业增加值能耗按2010年不变价格计算。

8.常住人口是指实际经常居住在某地区一定时间的人口。按人口普查和抽样调查规定，主要包括：居住在本乡镇街道、户口在本乡镇街道或户口待定的人，居住在本乡镇街道、离开户口所在的乡镇街道半年以上的人，户口在本乡镇街道、外出不满半年或在境外工作学习的人。

9.小学适龄儿童入学率指调查范围内已入小学学习的学龄儿童占校内外学龄儿童总数的百分比。

10.高中阶段教育毛入学率主要反映高中阶段教育覆盖面，是指高中阶段在校生总数占15－17岁学龄人口数的百分比。

资料来源：

本公报中财政数据来自省财政厅；物价、城乡居民收入和支出、部分农业数据来自国家统计局江西调查总队；外贸数据来自南昌海关；利用外资和省外资金、对外承包工程数据来自省商务厅；铁路客货运输量、周转量数据来自南昌铁路局；公路、水路客货运输量、周转量数据来自省交通运输厅；机场旅客吞吐量数据来自省机场集团公司；电信业务量、移动电话用户数、固定电话用户数、互联网宽带用户数来自省通信管理局；邮政业务量来自省邮政管理局；旅游数据来自省旅发委；存贷款数据来自中国人民银行南昌中心支行；证券数据来自中国证券监督管理委员会江西监管局；保险数据来自中国保险监督管理委员江西监管局；教育数据来自省教育厅；科技数据来自省科技厅；专利数据来自省知识产权局；质量检测、行业标准数据来自省质量技术监督局；艺术表演团体、博物馆、公共图书馆、文化馆数据来自省文化厅；广播、电视、报纸、期刊、图书数据来自省新闻出版广电局；测绘数据来自省测绘局；卫生、新农合数据来自省卫生和计划生育委员会；体育数据来自省体育局；城镇新增就业、社会保险数据来自省人力资源和社会保障厅；城乡低保、社会福利、社区服务、社会捐赠数据来省自省民政厅；保障性住房数据来自省住房和城乡建设厅；扶贫数据来自省扶贫办；自然保护区、造林、森林覆盖率数据来自省林业厅；空气和地表水质量、污染物排放数据来自省环境保护厅；降水量、平均气温、日照时数数据来自省气象局；安全生产数据来自省安全生产监督管理局；道路交通事故数据来自省公安厅；其他数据来自省统计局。

九江市2015年国民经济和社会发展统计公报

九江市统计局　　国家统计局九江调查队

（2016年3月28日）

2015年，在市委、市政府的正确领导下，全市上下深入贯彻党的十八大和十八届三中、四中、五中全会精神，紧紧围绕“做大九江、打造双核”目标，主动适应经济发展新常态，有效应对国际国内复杂严峻环境，全市经济社会发展保持了良好势头，较好地完成了年初确定的主要目标任务。

一、综　合

初步核算，2015年，全市实现地区生产总值（GDP）1902.68亿元，比上年增长9.7%。其中第一产业增加值140.75亿元，增长4.0%;第二产业增加值1014.59亿元，增长9.3%;第三产业增加值747.34亿元，增长11.5%。经济结构进一步优化。三次产业结构调整为7.4：53.3：39.3，第三产业占比较上年提高2个百分点；三次产业对经济增长的贡献率分别为2.9%、57.6%和39.5%。全市人均生产总值39505元，增长9.3%。

2009年-2015年全市生产总值绝对数及增长率走势图

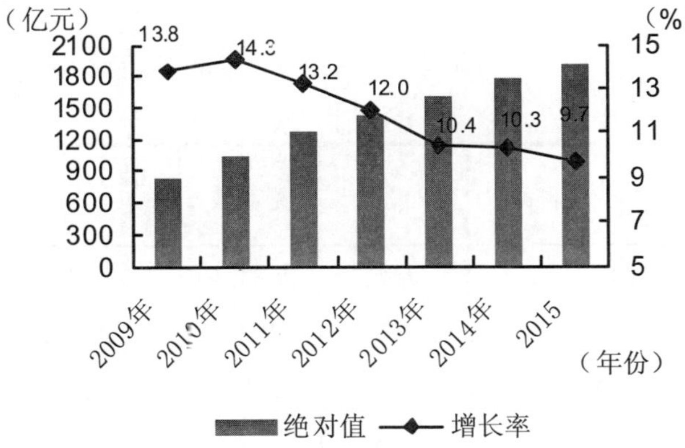

全年新增城镇就业6.3万人，城镇就业率96.5%。城乡私营企业从业人员和个体劳动者99.33万人。年末城镇登记失业率为3.5%。

财政收支稳定增长。全年实现财政总收入385.61亿元，比上年增长17.4%。其中，一般公共预算收入247.2亿元，增长15.7%。财政总收入占GDP比重达20.3%，比上年提高了1.8个百分点。全年税收收入317.61亿元，增长15.1%，占财政总收入比重82.4%。全年一般公共预算支出442.87亿元，增长15.5%。

居民消费价格上涨1.9%。其中八大类商品“七涨一跌”，衣着类上涨4.1%，家庭设备用品及维修服务类上涨3.5%，食品类上涨2.8%，医疗保健和个人用品类上涨2.6%，娱乐教育文化及服务类上涨2.5%，烟酒类上涨2.4%，交通和通信类上涨0.1%，居住类下降1.7%。商品零售价格总指数上涨0.8%，工业生产者出厂价格指数下降7.1%，工业生产者购进价格指数下降9.7%。

表1　　2015年居民消费价格指数

以上年为100

项　　　目	指数（%）
居民消费价格总指数	**101.9**
食品	102.8
#粮食	102.3
肉禽及其制品	107.6
蛋	103.3
水产品	100.8
烟酒	102.4
衣着	104.1
家庭设备用品及维修服务	103.5
医疗保健和个人用品	102.6
交通和通讯	100.1
娱乐教育文化用品及服务	102.5
居住	98.3

二、农　业

全年粮食作物播种面积 27.78 万公顷，下降 0.3%；粮食产量 165.86 万吨，增长 0.4%。油料作物播种面积 13.25 万公顷，下降 0.7%；油料产量 22.75 万吨，下降 0.2%。棉花播种面积 6.14 万公顷，下降 3.1%；棉花产量 8.74 万吨，下降 8.0%。

表 2 2015 年主要农产品产量

单位：万吨

产品名称	产　量	比上年增长%
粮　　食	165.86	0.4
谷 物 类	150.78	1.1
稻　　谷	143.51	0.3
小　　麦	1.68	-1.8
棉　　花	8.74	-8.0
油　　料	22.75	-0.2
#油 菜 籽	20.66	0.2
花　　生	1.59	-1.9
茶　　叶	0.63	5.6
水　　果	14.75	7.5
蔬　　菜	96.55	4.1

全年完成人工造林面积 1.58 万公顷，零星植树 525.52 万株；年末实有封山（沙）育林面积 46.11 万公顷，森林抚育面积 4.11 万公顷。

全年肉类总产量 21.24 万吨，比上年下降 2.4%。生猪出栏 215.09 万头，下降 3.0%；生猪存栏 124.24 万头，下降 3.0%。全年水产品产量 45.00 万吨，增长 6.4%，其中特种水产品产量 16.21 万吨，增长 6.4%。

2015 年，全市规模以上农业企业 495 家，其中国家级龙头企业 5 家，省级龙头企业 82 家，市级龙头企业 259 家。实现销售收入 842.3 亿元，同比增长 11.1%；其中加工企业实现销售收入 637.5 亿元，同比增长 6.25%。新增农产品中国驰名商标 1 个，江西著名商标 10 个，绿色有机食品 108 个，无公害农产品 32 个。农民专业合作社发展到 4541 家，农业产业化带动农户 114 万户（次），农户从事农业产业化经营户均增收 2509 元。

三、工业和建筑业

全年规模以上工业实现增加值 1035.60 亿元，同比增长 9.9%。十大产业集群完成工业增加值 846.93 亿元，增长 9.3%，占全市规模以上工业增加值的比重为 81.8%，对规模以上工业增长的贡献率达 20.2%，拉动规模以上工业增长 2 个百分点。

表 3　2015 年规模以上工业增加值

单位：亿元

产品名称	产 量	比上年增长%
规模以上工业	1035.60	9.9
#轻工业	457.90	7.0
重工业	577.70	12.1
#国有及国有控股企业	107.38	13.3
集体企业	1.24	-38.1
股份制企业	413.16	12.4

全年发电量 102.57 亿千瓦时，增长 11.7%；原油加工量 555.50 万吨，增长 17.8%；化学纤维 37.77 万吨，增长 1.1%；纱 87.92 万吨，下降 5.4%；服装 2.75 亿件，增长 11.1%；水泥 1602.13 万吨，下降 19.1%。

表 4　2015 年规模以上工业主要工业产品产量

产品名称	单位	绝对数	比上年增长%
原煤	万吨	84.10	9.3
发电量	亿千瓦时	102.57	11.7
啤酒	千升	217734	21.4
化学纤维	万吨	37.77	1.1
布	万米	2915	32.9
纱	万吨	87.92	-5.4
服装	万件	27471	11.1

原油加工量	万吨	555.50	17.8
汽油	万吨	192.76	18.5
烧碱	万吨	4.02	-5.9
塑料制品	万吨	11.45	27.6
水泥	万吨	1602.13	-19.1

全市规模以上工业产品销售率99.1%；实现主营业务收入5109.19亿元，增长7.5%；实现利税总额570.07亿元，增长13.2%；实现利润348.83亿元，增长8.9%。规模以上工业经济效益综合指数422.70%，比上年提高3.1个百分点。

年末全市入园投产工业企业1138家，比上年末增加62 家；安置从业人数28.80万人，园区完成工业增加值922.69亿元，增长9.7%；主营业务收入4229.03亿元，增长 7.8%；实现利润总额 294.61亿元，增长5.1%；上交税金195.24亿元，增长22.8%。

全年实现全社会建筑业增加值160.30亿元，增长4.2 %。全年资质内建筑企业完成总产值 353.26 亿元，增长13.5%。房屋建筑施工面积1501.78万平方米，比上年减少36.91万平方米；房屋竣工面积 855.62 万平方米，比上年减少33.07万平方米。

四、固定资产投资

全年固定资产投资2119.92亿元，比上年增长 17.0%。分产业看，第一产业投资13.76亿元，下降8.4%；第二产业投资1547.57亿元，增长23.8%，其中工业投资1543.90亿元，增长23.7%；第三产业投资558.58 亿元，增长 2.0%。非国有投资1857.50亿元，增长19.3%。全市亿元以上重大项目完成投资 1775.19 亿元，增长19.9 %；其中亿元以上新开工项目完成投资761.56亿元，下降7.4%。

全年房地产开发投资132.91亿元，增长2.9%。商品房竣工面积 160.40 万平方米，同比增长 19.1%；商品房销售建筑面积354.85万平方米，增长11.9 %；商品房销售额150.80 亿元，同比增长12.2 %。

表5　　2015年固定资产投资

单位：亿元

行　　业	投资额	比上年增长%
总　　计	2119.9	17.0
农、林、牧、渔业	14.3	-4.9
工业	1543.9	23.7
采矿业	11.8	-62.7
制造业	1427.9	22.7
#化学原料及化学制品制造业	188.0	56.0
非金属矿物制品业	131.4	-1.8
黑色金属冶炼及压延加工业	8.8	77.1
有色金属冶炼及压延加工业	78.7	61.8
电气机械及器材制造业	104.3	7.6
通信设备、计算机及其他电子设备制造业	57.1	-39.9
电力、燃气及水的生产和供应业	104.2	94.4
交通运输、仓储和邮政业	40.0	-32.2
批发和零售业	113.4	36.6
住宿和餐饮业	14.6	-35.7
房地产业	173.4	-10.7
租赁和商务服务业	12.4	50.0
水利、环境和公共设施管理业	83.3	-2.5
居民服务和其他服务业	9.6	85.5
教育	14.4	84.2
卫生和社会工作	2.6	-7.5
文化、体育和娱乐业	35.0	28.1
公共管理和社会组织	41.7	-2.4

五、国内贸易

全年实现社会消费品零售总额578.56亿元，比上年增长 13.0%，其中限额以上消费品零售额241.19亿元，增长23.0%。分城乡看，城镇实现社会消费品零售总额450.09亿元，增长12.9%；乡村实现社会消费品零售总额128.47亿元，增长13.3 %。分行业看，住宿餐饮业实现零售额79.47亿元，增长15.7%；批发零售业实现零售额499.08亿元，增长12.5%。

在限额以上批发零售业零售额中，汽车类实现零售额65.83亿元，增长40.3%；家用电器及音像器材类12.33亿元，增长23.7%；粮油、食品类31.72亿元，增长32.1%；饮料类3.60亿元，增长19.8%；烟酒类4.78亿元，增长32.5%；石油及制品类56.58亿元，下降6.4%；金银珠宝类4.16亿元，增长21.0%；服装、鞋帽、针纺织品类13.31亿元，增长19.3%。

六、对外经济

全年进出口总额59.95亿美元，比上年增长4.7%。其中出口49.34亿美元，增长6.2%。

全年实际利用外资达16.3亿美元，增长12.4%。实际利用省外5000万元以上项目资金675.79亿元，增长15.5%。

七、交通、邮电和旅游

全年旅客运输量10906万人，比上年增长2.1%，其中，公路旅客运输量9863万人，增长2.2%；铁路旅客运输量995万人，增长1.9%。货物运输量14523万吨，比上年增长3.0%，其中，公路货物运输量12250万吨，增长7.3%；铁路货物运输量774万吨，下降38.0%。

表6　　2015年交通运输业

指　标	单位	绝对数	比上年增长%
旅客运输量	万人	10906	2.1
铁路	万人	995	1.9
公路	万人	9863	2.2
水运	万人	45	6.8
旅客周转量	亿人公里	89.01	0.6
铁路	亿人公里	41.81	1.4
公路	亿人公里	46.91	1.7
水运	亿人公里	0.06	19.8
货物运输量	万吨	14523	3.0
铁路	万吨	774	-38.0
公路	万吨	12250	7.3
水运	万吨	1262	0.3
货物周转量	亿吨公里	368.05	-3.5
铁路	亿吨公里	30.65	-31.7
公路	亿吨公里	266.18	4.1
水运	亿吨公里	71.16	-11.9

全年完成邮电业务总量30.08亿元，增长1.5%。年末电话数达到72.15万户，下降2.6%；其中市内电话38.14万户，下降1.2%；农村电话29.54万户，下降5.5%。年末移动电话用户373.60万户，增长14.3%。互联网用户达77.98万户，增长13.1%。

全年接待旅游总人数10501.17万人次，增长39.7%。其中境外游客36.46万人次，增长9.3%；国内游客10464.71万人次，增长39.8%。全年旅游总收入为922.37亿元，增长48.0 %；其中外汇收入1.46亿美元，增长14.1%。

八、金融和保险业

年末全市金融机构人民币存款余额2173.34亿元，比年初增加309.21亿元，其中住户存款余额1193.18亿元，比年初增加128.95亿元；非金融企业存款余额542.85亿元，比年初增加100.25亿元；广义政府存款428.21亿元，比年初增加81.91亿元。金融机构各项贷款余额1451.90亿元，比年初增加232.58亿元，其中住户贷款余额为627.66亿元，比年初增加81.40亿元；非金融企业及机关团体贷款余额为824.19亿元，比年初增加151.24亿元。

全年保险公司保费收入48.58亿元，增长32.8%。其中财产保险保费收入15.37亿元，增长11.8%；人寿保险保费收入33.21亿元，增长45.4%。赔款支出13.99

亿元，与去年持平。其中财产保险赔款支出 7.12 亿元，增长 6.9%；人寿保险赔款支出 6.87 亿元，下降 6.4%。

九、教育和科学技术

全市共有普通高校 7 所，当年招生 2.95 万人，在校生 8.88 万人。各类中等、职业学校 27 所，在校生 3.25 万人。普通中学 281 所，在校生 26.15 万人，其中高中在校生 10.05 万人，初中在校生 16.09 万人。普通小学 920 所，在校生 39.89 万人。初中阶段适龄人口入学率为 99.94 %，小学学龄儿童入学率为 100 %。成人高等专业学校招生 0.93 万人，在校生 3.19 万人。

表 7 2015 年各类学校招生和在校生情况

单位：万人

指　　标	招生数	在 校	毕业
普通高校	2.95	8.88	2.28
成人高校	0.93	3.19	0.77
中等职业学校	1.25	3.25	1.26
普通高中	3.41	10.05	3.26
普通初中	5.59	16.09	5.02
普通小学	6.79	39.89	5.40

全市县以上独立研究开发机构 13 个。全市共组织实施市级以上各类科技计划项目 223 项，其中省级 146 项，市级 77 项，市本级科技三项经费投入 1956 万元，与去年持平。全年受理专利申请 3397 件，授权专利 2205 件。全市高新技术产业增加值 254.98 亿元。

十、文化、卫生和体育

年末全市共有艺术表演团体 6 个，文化馆 15 个，公共图书馆 15 个，博物馆（纪念馆）17 个。全市已建成千瓦中波发射台 1 座，千瓦调频发射台 2 座。全市广播电视台 13 个，有线电视用户 60 万户。广播人口覆盖率 97.4%，电视人口覆盖率 98.66%。

年末全市共有卫生机构 2721 个（含村卫生室），其中医院、卫生院 259 个，疾病预防控制中心 17 个，妇幼保健院（所、站）14 个。医院、卫生院床位 20002 张。全市专业卫生技术人员 24991 人，其中医院、卫生院 18896 人，疾病预防控制中心 477 人，妇幼保健机构 1942 人。在医院、卫生院专业卫生技术人员中，有医师 6328 人，注册护士 8663 人。

年末共有青少年健身俱乐部 18 个，晨晚锻炼健身活动点 2631 个。农民体育健身工程 248 个（其中，乡镇 22 个、行政村 226 个）。全民健身活动广泛开展，全年参加健身活动人数达 460 万人次。

十一、人口、人民生活和社会保障

根据人口变动情况抽样调查统计，年末常住人口 482.58 万人，比上年末增长 3.94%。全年出生人口 6.31 万人，出生率 13.10‰；死亡人口 2.97 万人，死亡率 6.17 ‰；自然增长率 6.93‰。

表 8　2015 年人口数及其构成

单位：万人

指　　标	年末数	比重%
总人口	482.58	100.0
#城镇	243.99	50.56
乡村	238.59	49.44
#男性	245.38	50.85
女性	237.20	49.15

全年城镇居民人均可支配收入 27635 元，比上年增长 10.2%；人均消费性支出 17483 元，增长 11.2%。全年农村居民人均可支配收入 11143 元，增长 9.9%。年末城镇居民人均居住面积 41.84 平方米，农村居民平均每人年末住房面积 46.57 平方米。

全市失业人员实现再就业 2.74 万人，其中“4050”人员再就业 0.57 万人。共发放小额担保贷款14.88亿元，新增转移农村劳动力就业6.05万人。年末，全市参加城镇职工基本养老保险人数88.54万人，比上年末增加10.64万人。参加城乡居民基本养老保险人数188.55万人，增加5.7万人。参加基本医疗保险人数146.94万人，增加7.24万人。其中，参加职工基本医疗保险人数64.29万人，增加4.19万人，参加居民基本医疗保险人数82.65万人，增加3.05万人。参加失业保险人数34.21万人，增加0.21万人。参加工伤保险人数56.7万人，减少5.3万人。参加生育保险人数23.6万人，增加5.1万人。年末，参加新型农村合作医疗人数365.66万人，参合率达到98.57%。全市新建公租房13680套。为11922户发放租赁补贴1927.75万元。

年末全市有各类社会福利机构床位2.42万张。国内公民办理收养登记67例，港、澳、台中国公民办理收养登记0例。全年销售社会福利彩票2.50亿元，接收社会捐赠606.03万元。

十二、资源、环境与安全生产

2015年，全市自产地表水资源量184.05亿立方米，比上年增长24.6%。年平均降水量1853.6毫米，比上年增长17.7%。2座大型水库年末蓄水量51.75亿立方米，比上年末减少0.86亿立方米。

全市市、县级环境监测站17个，环境监察部门17个。城市环境空气质量78天为优，228天为良，43天为轻度污染，9天中度污染，7天重度污染。空气质量优良率为83.8%。全市已批准国家级生态乡镇27个，生态村1个。已建成国家级、省级自然保护区9个，其中国家级3个，省级6个。

全年共发生各类安全生产事故446起，死亡170人，事故起数增加137起，死亡人数增加54人。其中，道路交通事故432起，死亡154人，同比起数增加143起，死亡人数增加51人；未发生煤矿事故，同比起数减少4起，死亡人数减少6人；非煤工矿及其它事故14起，死亡16人，同比起数减少2起，死亡人数减少1人。

注：

1、本公报所列各项数据均为初步统计数。

2、部分数据因四舍五入的原因，存在着与分项合计不等的情况。

3、生产总值、各产业增加值绝对数按现价计算，增长速度按不变价格计算。

市情概况

中国魅力城市九江——众水汇集的地方，一江一湖一山，赋予她其他城市无法企及的灵秀。浔阳江头，有春江花月的古雅；鄱阳湖边，有长天秋水的豪迈。地处南北动脉和黄金水道的交叉点，承东启西，引南接北，新时代的九省通衢——九江。

【历史沿革】九江市位于江西省北部。九江，集名山（庐山）、名江（长江）、名湖（鄱阳湖）于一体，是一座具有2200多年历史的江南文化名城和旅游城市。1992年被国务院批准为长江沿岸开放城市。

九江，山拥千嶂，江环九派，“士高气清、富有佳境”。自古以来，就是舟车辐辏、商贾云集的通都大邑。九江地处赣、鄂、湘、皖四省交界处，襟江带湖，背倚庐山，市区处于万里长江和千里京九江铁路的交汇处，区位优势十分明显。

九江之称，最早见于《尚书·禹贡》中“九江孔殷”、“过九江至东陵”等记载。九江称谓的来历有两种，一是“九”为古代中国人认为的最大数字，“九江”的意思是“众水汇集的地方”，“九”是虚指；二是“以为湖汉九水(即赣江水、鄱水、余水、修水、淦水、盱水、蜀水、南水、彭水)入彭蠡泽也”，即九条江河汇集的地方，“九”是实指。长江流经九江水域境内，与鄱阳湖和赣、鄂、皖三省毗连的河流汇集，百川归海，水势浩淼，江面壮阔。

九江开发历史较早。夏、商时期。九江属荆、扬二州之域，春秋时九江属吴之西境，楚之东境，因而有“吴头楚尾”之称。九江作为行政区划最早出现在秦代，秦始皇划天下为三十六郡，就有九江郡。此后九江又有江洲、柴桑、浔阳、汝南、湓城、德化等古称，但主要以九江、柴桑、浔阳、江洲著称于世。

九江全境东西长270公里，南北宽140公里，总面积1.91万平方公里，人口482.58万人，建成区面积105.63平方公里，市区人口74.53万人。辖九江县、武宁县、修水县、永修县、德安县、星子县、都昌县、湖口县、彭泽县等九县，瑞昌市、共青城市二市，浔阳、庐山二区，九江经济技术开发区、庐山风景名胜区管理局、庐山西海风景名胜区管委会和八里湖新区管委会。

【地理交通】九江地处东经 113°57′－116°53′，北纬28°47′－30°06′。地势东西高，中部低，南部略高，向北倾斜，平均海拔32米(市区海拔20米)，修水九岭山九岭尖海拔1794米，为九江最高峰，庐山区蛤蟆石附近的鄱阳湖底，海拔-9.37米，为全市最低处。全市山地占总面积的16.4%，丘陵占44.5%，湖泊占18%，耕地22.51万公顷，俗称“六山二水分半田，半分道路和庄园”。

九江“途通五岭、势拒三江”，具有“七省通衢”的战略地位。由于得舟楫之便，加上物产丰富，九江自古就是通都大邑，是人流和物流中心城市，是长江中游重要的物资集散地，曾是中国的“四大米市”、“三大茶市”之一。

长江是中国最大、最长的东西向水上大通道，京九铁路是我国最长、现代化程度最高的南北向陆上运输大通道，两条大动脉在九江市区交汇，九江成为承东启西、引南接北的黄金十字交汇点。

现代水陆空交通网络四通八达。九江港曾是长江流域十大港口之一，年客、货运量分居长江各港口第二位和第四位。铁路有京(北京)九、武(武汉)九、合(合肥)九、铜(铜陵)九四条铁路相交，公路有昌九、九景、大广、武吉四条高速公路以及105、316国道穿境而过。九江机场已复航开通北京、上海、广州、厦门、成都航线。

在全国经济发展格局中，九江是东部沿海开发向中西部推进的过渡地带，是京

九、长江两大经济开发带的交叉点，处于极为重要的位置。从长江流域的格局看，九江是宁、汉两大经济区的结合部，又是赣、鄂、湘、皖四省结合部；从京九沿线看，九江是唯一的水陆交通枢纽，沟通东西南北；从江西省的发展看，九江是唯一通江达海的外贸港口城市，是联结全省与长江开发带和沿海开放带的“北大门”。

【气候】九江地处亚热带向北亚热带的过渡区，气候温和，四季分明，年平均气温 16—17℃。本市雨量充沛，年降雨量为 1300—1600 毫米，雨量分配不均匀，年降水量的 40—50%集中在第二季度。全年日照充足，太阳辐射的年总量均在 102.3—114.1 千卡/平方厘米。年日照时数均在 1650—2100 小时之间。年平均日照百分率为 38—47%。年无霜期为 239—266 天，年平均雾日在 16 天以下，年平均湿度达 75—80%。区域分布明显，垂直差异较大。

【自然资源】矿产资源丰富：已发现的矿种有金属、非金属、能源矿产三大类 80 种，已探明储量的有 44 种，其中金、锑、锡、萤石储量居全省首位，铜居第二，钨居第三，石灰石、石英砂、大理石、花岗石、瓷土等蕴藏丰富，矿产潜在价值无穷。1990 年起跨进全国“万两黄金市”之列，主要生产基地有瑞昌洋鸡山、修水土龙山金矿。

植物资源丰富：森林主要分布在西部九岭、幕阜山脉，面积达 104.33 万公顷，森林覆盖率 50.4%，活立木蓄积量 3188 万立方米，毛竹 6196 万株，列为国家重点保护的珍稀树种 37 种，主要有南方红豆杉、樟木、杜仲、银杏、柳杉等。现有国家级森林公园 6 个，即：天花井森林公园、鄱阳湖口森林公园、马祖山森林公园、三叠泉森林公园、柘林湖森林公园和庐山山南森林公园。省级森林公园 6 个，分别是：龙宫洞森林公园、三尖源森林公园、秦山森林公园、莲花洞森林公园、义门陈森林公园、九岭山森林公园。

动物资源丰富：有候鸟类 115 种，两栖类 11 种，哺乳类 20 种。鄱阳湖候鸟自然保护区有越冬候鸟 126 种，其中白鹤 840 只，天鹅 3000 余只，占世界首位，被列国专家誉为中国的“第二长城”；彭泽县桃红岭现有梅花鹿 400 余只以上。鱼类 109 种，名贵鱼类有中华鲟、鲥鱼、银鱼、虾虎鱼、彭泽鲫等，中华绒鳌蟹也是特产之一。

水资源丰富：全年河川年径流深度 978.7 毫米，地表水资源 184.22 亿立方米，水资源总量 188.69 亿立方米，可开发的水力资源 32.9 万千瓦。长江过境长度 152 公里，年径流量 8900 亿立方米，直入长江的河流流域面积 3904 平方公里，万亩以上湖泊有 10 个，千亩以上 31 个，全省最大水库柘林水库库容达 79.2 亿立方米。鄱阳湖有 53%的水域在九江境内，面积近 20 万公顷。

湿地资源丰富：天然江河湖泊湿地 31.3 万公顷，其中九江境内鄱阳湖湿地面积 23 万公顷，占国际重要湿地鄱阳湖湿地面积的 61.7%。

【名胜古迹】九江名山南峙，风光宜人，各种自然景观与人文景观交相辉映，自古以来就吸引历代文人学士来九江吟诗作对，或设坛讲学，或筑台修楼，留下了丰富的文化遗迹。

自然景观有：

庐山：位于市区东南，是保存国内第四纪冰川遗迹最典型、最集中的一个山体，是全国重点风景名胜区中驰名的避暑胜地，庐山风光，气吞河岳，险峻而幽奇，壮观而秀丽。名刹古寺，飞泉流瀑，摩崖石刻，茂林修竹，奇峰异石，藏奇纳胜。目前全山已开发风景点八十余处。主要景点有花径、锦绣谷、仙人洞、龙首崖、三宝树、含鄱口、五老峰、三叠泉等。庐山为国家首批“5A 级风景名胜区”，“中国旅游胜地 40 佳”之一，1996 年 12 月，联合国教科文组织世界遗产委员会批准庐山以“世界文化景观”列入《世界遗产名录》。2004 年 2 月，庐山又被列入全球首批世界地质公园。

鄱阳湖：位于江西省北部，长江中游南岸，九江与南昌之间。它北萦长江，西屏庐山，周围冈峦起伏。广阔的湖滨平原构成长江中游平原的一部分，海拔 20 多米。江西省在地貌上是一个朝北的凹形大斜面，东、南、西三面都有海拔 1000 米左右的大山环绕，中部凹下，鄱阳湖居于低洼中心，故江西境内全部河流都汇入鄱阳湖。

鄱阳湖湖面范围北起湖口，南达三阳，长达 110 千米，西起关城，东达波阳，宽约 70 千米。南宽北狭，形似葫芦。葫芦的中狭处以都昌和吴城的松门山为界，川北称北湖，由于它位于整个湖体的西北，又称西鄱湖；川南称南湖，又称东鄱湖。葫芦的长颈是一条狭长的通往长江的港道，它是因沿湖口——星子大断裂带而形成的。港道两岸山丘直立，长约 50 千米，宽 3.5~6.5 千米，每年由此注入长江的水量相当于当地长江水量的 1/5，对长江下游水势有很大影响。

鄱阳湖湖面水位的涨落，随着季节的变化而变化，湖面的伸缩范围在 1000 平方千米左右。湖水最大量在 3--7 月份，这是由于江西境内春夏两季降水最多的缘故。秋冬两季，湖面可缩小 1/7 至 1/6，仅剩几条航道，湖滩出露，绿草繁茂，形成坦荡的湖滨区，成为湖区人民打草沤肥、牧放牲畜、割草为薪的生产基地。

鄱阳湖湖面辽阔，容积量大，赣、修、抚、信、饶五河之水通过它调蓄后注入长江，滞洪期可达一个月之久。

鄱阳湖除调节长江水量的蓄洪功能外，它还是江西省内河出入长江的通道。一年四季，湖上运输至为繁忙，成为长江中下游物资集散的水路交通枢纽。

庐山西海：地处南昌、武汉、长沙、合肥四个省会城市的十字交汇地，位于江西省北部、庐山西麓、昌九工业走廊中段，地跨永修、武宁两县。风景区交通便利，105、316 国道和即将修建的永武高速公路贯穿全境；福银高速、大广高速、京九铁路擦肩而过，九江机场、昌北机场分列两翼。距南昌市区 80 公里、九江市区 86 公里、庐山 88 公里，武汉市区 280 公里、长沙市区 320 公里，合肥市区 430 公里。云居山-柘林湖（庐山西海）是 2005 年 12 月 31 日经国务院批准的国家重点风景名胜区，景区规划总面积 680 平方公里。由莲花城景区、青石湖景区、桃花溪景区、鹿角尖景区、百湾迷宫景区、红岩潭景区这六大景区组成。

庐山西海湖区水域面积248.2平方公里，总容量为 80 亿立方米，平均水深 45 米，能见度 11 米，大气负氧离子含量 15 万个/立方厘米，属国家一级水质、一级空气。湖内千岛落珠，山水交融，有 3 亩以上岛屿 1667 个，5 亩以上岛屿 997 个。庐山西海环湖地貌各异，古迹甚多：有千仞壁立的悬崖、直泻入湖的飞瀑、诱人欲浴的温泉、天赐独特的黄荆大瀑布、天葬坟、朝天简、6 亿年前自然形成的重 5 吨的“人鹤共舞”奇石、6.5 亿年前原始类水母化石群、有明朝尚书魏源墓、乾隆游江南留下的石刻、三国吴王文化遗址。

庐山西海有着丰厚的文化底蕴。一代高僧虚云长老历经四朝五帝、挑战生命极限；明朝兵部、礼部、吏部尚书魏源公正清廉、刚正不阿；“武宁采茶戏” 享誉全国，“锄山鼓” 历史悠久；吴王葬母孝传天下，桃花仙女浪漫纯情，诸如此类，举不胜举。

云居山：云居山素有小庐山之称，海拔 1143 米。莲花城中真如禅寺是中国佛教曹洞宗发祥地，被誉为“中国佛教协会领袖的摇篮”。这里历代高僧辈出，新中国佛教协会首任名誉会长虚云长老、第七任会长一诚大师都曾担任过该寺的方丈，第三任会长赵朴初曾是虚云长老的秘书，现任中日佛教协会会长传印大和尚在真如禅寺受虚云老和尚受具足戒。真如禅寺于 1988 年被列为全国三大样板丛林之一，农禅并重，禅风严谨，被中外广大佛教弟子敬奉为世界坐禅中心。被誉为人间仙境的百花谷景区，自然风光秀丽，气候宜人。沿途奇山异石，鲜花吐艳，溪水瀑布，空气清新，植被繁茂，有2000多种天然植物。景区人文景观荟萃，古寺牌楼、僧侣塔林、摩崖石刻等比比皆是。盛夏酷暑时节，山上平均气温仅为22度，是避暑休闲的天堂。

龙宫洞：位于彭泽乌龙山下，是八个大小溶洞相通的洞组，全长2700余米，洞幽深宽广，奇石异境，有地下河、水晶宫、鼓乐厅和东、西二宫，洞中的钟乳、石柱、石笋、石幔、石花千姿百态，地下河可泛舟漫游，尽情观赏。

石钟山：座落在湖口县，它锁湖插江，形势险要。全山分上下二石钟山，尤以下石钟山闻名。山上有“江天一览楼”、“怀苏亭”、“芸芍斋”、“听涛眺雨”等胜景并有石碑石刻200余帧。山下有深洞，洞中水石相搏，声若洪钟，石钟山由此而取名。宋代著名诗人苏东坡写下了流传旷古的《石钟山记》。三国时周瑜，明代朱元璋，清代石达开、曾国藩，近代李烈钧等曾驻兵于此。

吴城候鸟区：属于鄱阳湖候鸟保护区，位于永修县吴城镇。由以吴城为中心的“大湖池”、“中湖池”、“蚌湖池”、“沙湖”、“象湖”等湖汊组成，是世界著名珍禽——天鹅、鹤、丹顶鹤等候鸟越冬的栖息地，人称“天鹅湖”。1983年经省政府批准为候鸟保护区。

此外，还有彭泽桃红岭梅花鹿自然保护区、庐山自然保护区等。

人文景观有：

东林寺：位于市区东南面，为晋代慧远大师创建，系佛教“净土宗”的发源地。寺内有“神运殿”、“三笑堂”、“十八高贤堂”。寺外有“山木池”、“六朝松”。寺前有“虎溪水”、寺后有“聪明泉”。还有“柳公权残碑”、“李北海残碑”、“王阳明游东林寺碑”等石刻。该寺四周群山环抱，被称为中国佛教八大丛林之一。

能仁寺：位于市区庾亮南路，建于南唐梁武帝年间，原名承天院。明弘治二年，改名能仁寺。寺内有“山门殿”、“天山殿”、“大雄宝殿”、“铁佛殿”、“藏经楼”和“大胜塔”等，此外还有双阳桥、铁佛、石船、雨穿石等景物，是全市最大的古建筑群。此寺屡建屡毁，现存建筑除宝塔外，均为清同治年间重建。

真如寺：位于永修县云居山莲花城。始建于唐于唐宪宗元和初年，原名“云居禅院”，后因宋真宗亲书“真如禅院”的匾匾额，易为今名，属省级文物保护单位，是全国重点对外开放的寺亩之一。

烟水亭：位于市区甘棠湖中，唐代白居易任江州司马时建亭于此，后人名为“浸月亭”。北宋周敦颐又建一亭于甘棠湖中，名“烟水亭”，后两亭俱毁。现亭为晚清古怀和尚募修，是一组亭榭相依，曲径通幽的古建筑群，亭内有船厅、翠照轩、镜波楼、纯阳民等。相传此亭为三国名将周瑜的点将台，现设周瑜史迹陈列室。

浔阳楼：浔阳楼座落在市区东北滨临长江口，该楼因九江古称浔阳而得名。初为民间酒楼，自施耐庵的《水浒传》描述了宋江在浔阳楼醉题反诗的故事广为流传而享有盛名。浔阳楼始建于年代虽无证可靠，但一些史料表明，浔阳楼自唐贞元年（公元785年）于清康熙（公元1662-1722年）尚存，且颇俱规模。1986年，九江市人民政府拨款重建，该楼占地面积2000平方米，主楼面积500平方米，楼高21米，为钢筋混凝土仿木结构。三层三檐、青甍黛瓦、四周迴廊。“浔阳楼”金字匾额为全国政协副主席赵朴初题书，正门有“世间无比酒，天下有名楼”对联，一楼大厅有著名书法家王个簃书写的“逝者如斯”横匾，整座楼挂有楹联14对、大理石瓷板壁画2幅，另有水浒人物画像及名人书画等，是我市新开辟的一个文化旅游景点。

琵琶亭：位于市区江滨。相传为白居易“浔阳江头夜送客”之处，后人在此建造“琵琶亭”，咸丰三年遭兵毁。1988年3月，九江市人民政府在长江大桥引桥东侧重建琵琶亭，该亭面对长江，背倚琵琵湖，占地3300平方米，系仿唐代园林式建筑，亭高20米，双层重檐，悬挂着刘海粟大师题写的“琵琶亭”金字大匾额，亭台前面巨大石碑上，雕该着毛泽东同志手书《琵琶行》长诗，亭院正中矗立着白乐天汉白玉塑像，亭院两侧建有碑廊，镶嵌着历代诗人题咏琵琶亭的56块诗赋碑刻。

白鹿洞书院：位于庐山五老峰南麓的后屏山之南。唐李渤始建“庐山国学”于此，北宋初扩展为书院，名“白鹿洞书院”，与岳麓、睢阳、石鼓并称为“天下四大书院”，后遭兵火。宋代朱熹重修书院，并在此讲学。

浪井：位于市区西园路浪井巷8号，西汉大将灌婴所凿，后湮没。三国孙权重开，取名为“瑞井”，因井与江通，“每遇江涛汹涌，人闻井中有涛声”，故又名浪井，宣统二年有一姓夏的人立碑题“浪井”二字，至今尚存。

【名优特产】九江得天独厚的自然条件产生了品种繁多、风味殊绝的土特名优产品，远销海外，深受欢迎，现略举几种：

宁红茶：“宁红”茶，历史悠史，品质精良，素以条索秀锋颖，金毫显露，香高醇浓，鲜爽而驰名中外，清朝光绪年间曾被列为贡品。新中国成立后，宁红茶多次获奖，1983年获经贸部颁发的“荣誉证书”，1984年荣获国家农牧渔业部“金杯奖”，1988年获首届食品博览会金奖。

庐山云雾茶：庐山云雾茶素以“香馨、味厚、色翠、汤清”为特色，明清两代曾列为贡品，1951年开始进入国际市场。1985年12月获得国家优质产品银质奖，1988年获首届食品博览会金奖。

九江陈年封缸酒：是以优质糯米为原料，采用先进工艺酿制而成。酒呈琥珀色，晶莹透亮，香气浓郁，柔和爽口，独具风格，多次获奖。

庐山“三石”：即庐山石耳、石鱼、石鸡。石耳野生，附着在悬崖绝壁上，形状扁平如人耳，故称“石耳”。石耳烹调佐餐，滑脆可口，鲜美甘香，具有较高的营养价值。石鱼，是一种名贵的水产珍品，因生产在石涧和因瀑布造成的潭穴中，故名“石鱼”。石鸡，并非是“鸡”，属棘蛙类，因肉质细嫩，肥美如鸡而得名。

星子金星砚：金星砚是星子县传统工艺品，迄今有1600余年的历史，据传第一方金星砚是东晋田园诗人陶渊明亲手刻琢而成。南唐中主李碌隐读秀峰，专用此砚，收为珍藏。宋徽宗皇帝酷爱丹青，得此砚大悦，称为“砚中之魁”而闻名天下，故又名金星宋砚。此砚石质坚韧，刚柔兼备，石色清莹，远销日本、东南亚等国家。

鄱阳湖银鱼：鄱阳湖银鱼形体细长光滑，头扁口大，晒干后，似雪白银条，故称“银鱼”。银鱼是淡水鱼类中之珍品，营养丰富，是上等滋补品。

吴城大板瓜子：因产于永修县吴城镇而得名。其粒大、瓣平、壳薄、肉厚、味香。久食不饱不腻，可助消化。畅销国内和东南亚等地。

武宁猕猴桃：“猕猴桃”，又名杨桃、仙桃、藤梨、芝麻桃等。猕猴桃含有丰富的维生素C，比柑桔高三到十倍，比梨和苹果高三十倍左右，同时含有有多种氨基酸和微量元素，是目前世界上唯一没有受到污染的水果。据医学临床试验，猕猴桃具有：滋补强身，清热利尿，生津润燥，祛风活血，散於消肿和健胃，催奶，止血等多种功效。1987年，国家正式将猕猴桃列入《中国药典》。

湖口豆豉：“湖口豆豉”分甜豆豉、汁豆豉、五香豆豉三种，其中五香豆豉最为人们喜爱。它以上等黑豆为原料，并用清澈见底的鄱阳湖水洗去黑豆霉衣，加上传统精湛的制作工艺，使其色、香、味俱佳。它是餐厅、家庭必备的调味品之一。

II

社会经济统计资料

SHEHUIJINGJITONGJIZILIAO

综　　合　1

- 全市面积19078平方公里，常住人口482.58万人。
- 全市辖9县2市、2区1局和九江开发区管委会、庐山西海风景名胜区管委会、八里湖新区管委会，辖181个乡镇，14个街道办事处。
- 2015年，全市生产总值1902.68亿元，其中第一产业增加值140.75亿元，第二产业增加值1014.59亿元，第三产业增加值747.34亿元。

1-1 主要年份国民经济主要指标

指　　标	单位	1978年	1980年	1985年	1990年	1995年	2000年	2014年	2015年
一、年末总人口	万人	339.93	349.53	372.5	405.23	436.69	448.83	480.69	482.58
二、年末社会从业人数	万人	112.25	116.94	164.89	189.6	222.61	246.31	310.02	310.82
#职工人数	万人	28.25	31.06	39.79	44.24	49.56	35.25	42.27	43.38
三、九江市生产总值	亿元	8.49	11.34	20.77	39.75	143.08	213.12	1779.96	1902.68
四、农业									
1.农林牧渔业产值	亿元	4.88	16.51	11.8	25.55	66.27	61.99	233.81	246.82
2.主要农产品产量									
粮　　食	万吨	90.05	98.93	133.89	137	95.93	107.96	165.2	165.86
棉　　花	万吨	1.71	2.42	4.04	3.77	6.95	3.93	9.5	8.74
油料折油	吨	8355	5500	19956	37219	47313	42048	77056	80407
茶　　叶	吨	1836	2000	2507	3115	2475	2123	6001	6335
水　　果	万吨	0.12	0.37	0.26	0.97	0.85	1.06	13.72	14.75
水 产 品	万吨	0.99	1.21	2.08	4.63	18.17	19.67	42.31	45.00
猪、牛、羊肉	万吨	3.45	3.52	5.71	9.62	16.34	13.06	21.76	21.24
猪年末存栏	万头	123.16	133.41	170.65	200.4	225.27	137.34	128.03	124.24
当年出栏肉猪	万头	65.55	70.64	101.23	143.71	234.03	172.53	221.64	215.1
五、工业									
1.工业总产值	亿元	7.49	10.18	23.47	55.45	233.93	227.35	4866.35	5159.49
2.主要工业产品产量									
纱	万吨	1.28	1.93	2.11	2.63	3.44	4.47	89.76	87.92
布	万米	4245	6434	5369	7317	6027	3892	2194	2915
机制纸及纸板	万吨	0.92	1.12	2.49	2.34	2.28	2.09	45.79	48.42
原油加工量	万吨		10.43	83.37	155.1	230.56	327.4	471	555
原　　煤	万吨	27.06	19.75	22.93	26.9	41.43	15.12	77	84.00
发 电 量	亿千瓦小时	6.76	8.88	23.58	25.16	43.23	38.36	91.8	102.57

1-1续表1

指　　标	单位	1978年	1980年	1985年	1990年	1995年	2000年	2014年	2015年
烧　　碱	万吨	2.04	2.40	2.49	2.63	4.03	6.74	4.27	4.02
水　　泥	万吨	19.52	22.58	32.86	48.66	97.13	154.50	1980.00	1602.00
3.规模以上工业企业财务指标									
固定资产原价	亿元	8.56	10.92	23.35	37.27	94.74	194.64	1826.14	2223.56
固定资产净值	亿元	6.72	8.44	18.38	26.52	67.37	134.41	879.13	1144.00
流动资产年平均余额	亿元				18.11	58.42	92.77	633.86	709.49
利税总额	亿元	0.91	1.05	2.85	3.63	9.13	7.12	485.50	570.07
六、运输、邮电									
1.货物运输量	**万吨**	**706**	**549**	**1131**	**1722**	**2714**	**1810**	**14096**	**14523**
铁　　路	万吨	109	99	150	150	212	308	1248	774
公　　路	万吨	106	139	457	1185	1943	1256	11415	12250
水　　路	万吨	491	472	506	378	545	239	1259	1262
管　　道	万吨			17	9	14	7	174	237
2.旅客运输量	**万人**	**1051**	**1541**	**3149**	**3585**	**5806**	**4184**	**10694**	**10906**
铁　　路	万人	216	241	291	194	184	296	976	995
公　　路	万人	559	951	2464	3081	5168	3718	9651	9863
水　　路	万人	276	349	394	308	453	171	42	45
3.邮电业务总量	**亿元**	**0.04**	**0.04**	**0.08**	**0.34**	**1.58**	**9.37**	**29.62**	**30.08**
七、固定资产投资									
1.完成投资额	**亿元**	**1.36**	**1.73**	**2.88**	**4.49**	**31.19**	**44.77**	**1812.22**	**2119.92**
国有单位	亿元	1.35	1.71	2.84	4.46	25.4	27.41	244.97	213.22
集体单位及其他	亿元	0.01	0.02	0.05	0.03	5.78	17.37	1567.25	1906.70
2.新增固定资产	**亿元**	**0.9**	**2.04**	**1.57**	**3.34**	**16.32**	**28.82**	**1129.92**	**1436.64**
3.房地产开发投资	**亿元**				**0.21**	**1.42**	**1.45**	**129.18**	**132.91**

1-1续表2

指　　标	单位	1978年	1980年	1985年	1990年	1995年	2000年	2014年	2015年
八、贸　易									
1. 社会消费品零售总额	亿元	3.89	6.31	10.40	17.95	45.98	63.18	512.22	581.45
2. 实际利用外资	万美元			262	24	4208	3031	145006	163019
3. 旅　游									
国际旅游人数	万人次			1.14	0.78	1.58	3.08	33.37	36.46
九、财　政									
财政总收入	亿元	0.78	1.16	1.97	3.89	13.28	20.50	328.53	385.61
地方公共财政预算收入	亿元	0.78	1.16	1.97	3.89	6.37	10.50	213.66	247.20
财政支出	亿元	0.89	1.30	2.30	4.40	9.67	20.75	383.53	442.87
十、物价指数(以上年价格为100)									
商品零售价格总指数	%	101.9	103.5	109.9	103.5	113.8	101.2	100.9	100.8
居民消费价格总指数	%	101.8	103.4	109.4	104.3	117.7	104.1	102.1	101.9
十一、教育、文化、卫生									
高等学校在校学生数	人	938	1277	2501	3363	5378	17075	83172	88784
中等专业学校在校学生数	人	2866	3792	6608	7933	9600	8303	21699	20074
普通中学在校学生数	万人	18.36	17.32	18.39	20.61	22.70	31.75	26.29	26.15
小学在校学生数	万人	55.42	57.07	62.15	53.12	49.94	45.89	39.55	39.90
图书馆藏书量	万册	58.70	75.00	118.30	128.08	132.39	133.20	201.00	212.10
卫生机构数	个	617	675	682	706	669	409	814	833
卫生技术人员数	人	7822	9435	11372	13227	13656	12108	22895	24046
#医　生	人	3705	3936	4891	6215	6549	5366	8145	8486
病床数	张	9067	10418	12000	13224	12985	12235	22001	23759
十二、人民生活									
在岗职工年平均工资	元	518	689	952	1633	3767	6236	44403	51065
城镇居民人均可支配收入	元	217	502	601	1107	3513	5081	25077	27635
农村居民人均可支配收入	元	136	164	351	642	1493	1851	10139	11143
城乡居民储蓄存款年末余额	亿元	0.41	0.82	3.38	12.84	60.60	115.15	1064.23	1193.18

1-2 主要年份国民经济主要指标发展速度

指　　标	2015年为下列各年%				平均每年递增%		
	1978年	1990年	2000年	2014年	1979年-2015年	1991年-2015年	2001年-2015年
一、年末总人口	**142.0**	**119.1**	**107.5**	**100.4**	**1.0**	**0.7**	**0.5**
二、年末社会从业人数	**276.9**	**163.9**	**126.2**	**100.3**	**2.8**	**2.0**	**1.6**
#职工人数	153.6	98.1	123.1	102.6	1.2	-0.1	1.4
三、九江市生产总值	**4714.8**	**1796.1**	**607.7**	**109.7**	**11.0**	**12.2**	**12.8**
四、农　　业							
主要产品产量							
粮　　食	184.2	121.1	153.6	100.4	1.7	0.8	2.9
棉　　花	511.1	231.8	222.4	92.0	4.5	3.4	5.5
油料折油	962.4	216.0	191.2	104.3	6.3	3.1	4.4
茶　　叶	345.0	203.4	298.4	105.6	3.4	2.9	7.6
水　　果	12291.7	1520.6	1391.5	107.5	13.9	11.5	19.2
水 产 品	4545.5	971.9	228.8	106.4	10.9	9.5	5.7
猪、牛、羊肉	615.7	220.8	162.6	97.6	5.0	3.2	3.3
猪年末存栏	100.9	62.0	90.5	97.0	0.0	-1.9	-0.7
当年出栏肉猪	328.1	149.7	124.7	97.0	3.3	1.6	1.5
五、工　　业							
主要产品产量							
纱	6868.8	3343.0	1966.9	98.0	12.1	15.1	22.0
布	68.7	39.8	74.9	132.9	-1.0	-3.6	-1.9
机制纸及纸板	5263.0	2069.2	2316.7	105.7	11.3	12.9	23.3
原油加工量		357.8	169.5	117.8		5.2	3.6
原　　煤	310.4	312.3	555.6	109.1	3.1	4.7	12.1
发 电 量	1517.3	407.7	267.4	111.7	7.6	5.8	6.8

1-2续表1

指　标	2015年为下列各年%				平均每年递增%		
	1978年	1990年	2000年	2014年	1979年-2015年	1991年-2015年	2001年-2015年
烧　碱	197.1	152.9	59.6	94.1	1.9	1.7	-3.4
水　泥	8207.0	3292.2	1036.9	80.9	12.7	15.0	16.9
规模以上工业企业财务指标							
固定资产原价	25976.2	5966.1	1142.4	121.8	16.2	17.8	17.6
固定资产净值	17023.8	4313.7	851.1	130.1	14.9	16.3	15.3
流动资产年平均余额		3917.7	764.8	111.9		15.8	14.5
利税总额	62645.1	15704.4	8006.6	117.4	19.0	22.4	33.9
六、运输、邮电							
1.货物运输量	**2057.1**	**843.4**	**802.4**	**103.0**	**8.5**	**8.9**	**14.9**
铁　路	710.1	516.0	251.3	62.0	5.4	6.8	6.3
公　路	11556.6	1033.8	975.3	107.3	13.7	9.8	16.4
水　路	257.0	333.9	528.0	100.2	2.6	4.9	11.7
管　道		2633.3	3385.7	136.2		14.0	26.5
2.旅客运输量	**1037.7**	**304.2**	**260.7**	**102.0**	**6.5**	**4.6**	**6.6**
铁　路	460.6	512.9	336.1	101.9	4.2	6.8	8.4
公　路	1764.4	320.1	265.3	102.2	8.1	4.8	6.7
水　路	16.3	14.6	26.3	107.1	-4.8	-7.4	-8.5
3.邮电业务总量	**75200.0**	**8847.1**	**321.0**	**101.6**	**19.6**	**19.6**	**8.1**
七、固定资产投资							
1.完成投资额	**155876.5**	**47214.3**	**4735.1**	**117.0**	**22.0**	**27.9**	**29.3**
国有单位	15794.1	4780.7	777.9	87.0	14.7	16.7	14.7
集体单位及其他	19067000.0	6355666.7	10977.0	121.7	38.9	55.6	36.8
2.新增固定资产	**159626.7**	**43013.2**	**4984.9**	**127.1**	**22.1**	**27.5**	**29.8**
3.房地产开发投资		**63290.5**	**9166.2**	**102.9**		**29.4**	**35.1**

1-2续表2

指标	2015年为下列各年%				平均每年递增%		
	1978年	1990年	2000年	2014年	1979年-2015年	1991年-2015年	2001年-2015年
八、贸　易							
1. 社会消费品零售总额	14947.3	3239.3	920.3	113.5	14.5	14.9	15.9
2. 实际利用外资		679245.8	5378.4	112.4		42.3	30.4
3. 旅游							
国际旅游人数		4674.4	1183.8	109.3		16.6	17.9
九、财　政							
财政总收入	49437.2	9912.9	1881.0	117.4	18.3	20.2	21.6
地方公共财政预算收入	31692.3	6354.8	2354.3	115.7	16.8	18.1	23.4
地方财政支出	49760.7	10065.2	2134.3	115.5	18.3	20.3	22.6
十、教育、文化、卫生							
高等学校在校学生数	9465.2	2640.0	520.0	106.7	13.1	14.0	11.6
中等专业学校在校学生	700.4	253.0	241.8	92.5	5.4	3.8	6.1
普通中学在校学生	142.4	126.9	82.4	99.5	1.0	1.0	-1.3
小学在校学生数	72.0	75.1	86.9	100.9	-0.9	-1.1	-0.9
图书馆藏书量	361.3	165.6	159.2	105.5	3.5	2.0	3.1
卫生机构数	135.0	118.0	203.7	102.3	0.8	0.7	4.9
卫生技术人员数	307.4	181.8	198.6	105.0	3.1	2.4	4.7
#医　生	229.0	136.5	158.1	104.2	2.3	1.3	3.1
病 床 数	262.0	179.7	194.2	108.0	2.6	2.4	4.5
十一、人民生活							
在岗职工平均工资	9858.1	3127.1	818.9	115.0	13.2	14.8	15.0
城镇居民人均可支配收入	12735.0	2496.4	543.9	110.2	14.0	13.7	12.0
农村居民人均可支配收入	8193.4	1735.7	602.0	109.9	12.6	12.1	12.7
城乡居民储蓄存款年末余额	291019.5	9292.7	1036.2	112.1	24.1	19.9	16.9

1-3 九 江 一 日

指　　标	单位	1978年	1980年	1985年	1990年	1995年	2000年	2014年	2015年
一、生产总值	万元	232	330	569	1089	3974	5839	48766	52128
二、农业总产值	万元	134	182	323	700	1841	1698	6406	6762
三、工业总产值	万元	205	293	643	1519	6489	6229	133325	141356
四、地方公共财政预算收入	万元	21	33	54	107	177	288	5854	6773
五、主要工业产品产量									
纱	吨	35.0	52.8	57.9	72.0	102.0	122.3	2459.2	2408.8
布	万米	11.6	17.6	14.7	20.1	17.1	10.7	6.0	8.0
原油加工量	吨		285	2284	4249	6404	8970	12904	15205
原　　煤	吨	741	541	628	737	1151	415	2110	2301
烧　　碱	吨	56	52	68	72	112	185	117	110
水　　泥	吨	535	619	900	1333	2968	4233	54247	43890
六、主要农产品产量									
粮　　食	吨	2467	2710	3668	3780	2665	2958	4526	4544
棉　　花	吨	47	66	111	103	193	108	260	239
油料折油	吨	23	15	55	102	131	115	211	220
茶　　叶	吨	5.0	5.5	6.9	8.5	6.9	5.8	16.4	17.4
水　　果	吨	3.5	10.2	12.7	26.5	23.5	28.9	375.9	404.1
水 产 品	吨	27.2	33.0	57.0	126.8	504.7	539.1	1159.2	1232.9
猪牛羊肉	吨	94.5	96.4	156.6	263.6	45.9	357.8	596.2	581.9
当年出栏肉猪	头	1796	1935	2773	3937	6501	4727	6072	5893

1-3续表

指　　标	单位	1978年	1985年	1990年	1995年	2000年	2014年	2015年
七、消费品零售额	万元	109	285	492	1277	1731	14033	15930
八、主要能源物资消费量								
原　煤	吨	1739	3880	5078	7136	6869	20002	21052
柴　油	吨	2	49	29	60	24	152	86
汽　油	吨	10	57	60	67	8	9	9.5
电　力	万千瓦小时		178	268	451	512	2893	3029
九、其他经济活动								
货物运输量	吨	17778	30498	46942	75389	49479	386192	397890
#铁　路	吨	2995	4114	4125	5889	8438	34192	21205
公　路	吨	1325	12524	32461	53972	34411	312740	335616
水　路	吨	13458	13860	10356	15139	6438	34493	34575
旅客运输量	人次	28797	86270	98185	161306	114630	292986	298795
#铁　路	人次	5902	7963	5336	5111	8110	27096	27260
公　路	人次	15323	67515	84411	143583	101863	264411	270219
水　路	人次	7572	10792	8438	12583	4685	1151	1233
固定资产投资	万元	37	79	117	866	1227	49650	58080
房地产开发房屋竣工面积	平方米	252	593	366	3173	3548	3690	4395
十、人口变动与婚姻								
出　生	人	237	145	196	128	163	344	191
死　亡	人	69	59	65	51	67	66	38
结　婚	对			74	91	98	136	115
离　婚	对			3	3	4	29	31

注:出生、死亡人数1995年后为抽样调查数。

1-4 主要年份主要指标每人年平均水平

指标	单位	1978年	1980年	1985年	1990年	1995年	2000年	2014年	2015年
一、生产总值(当年价格)	元	252	330	561	989	3372	4771	37097	39505
二、农林牧渔业总产值	元	145	182	319	363	1562	1385	4873	5125
三、工业总产值	元	222	293	634	1379	5513	5079	101420	107126
四、地方公共财政预算收入	元	23	33	53	97	150	235	4453	5133
五、主要农产品产量									
粮食	千克	264.47	284.93	361.91	343.24	231.75	241.20	344.30	344.40
棉花	千克	5.07	6.97	10.93	9.38	16.38	8.78	19.80	18.10
油料折油	千克	2.48	1.58	5.39	9.26	11.15	9.39	16.07	16.69
茶叶	千克	0.55	0.58	0.68	0.78	0.58	0.47	1.25	1.32
水果	千克	0.38	1.07	1.25	2.41	1.99	2.36	28.59	30.63
水产品	千克	2.95	3.47	5.63	11.51	42.82	43.97	88.18	93.44
猪牛羊肉	千克	10.25	10.13	15.45	23.92	38.51	29.18	45.35	44.10
六、主要工业产品产量									
纱	千克	3.80	5.56	5.72	6.54	8.65	9.98	187.07	182.55
布	米	12.61	18.53	14.51	18.20	14.53	8.70	4.57	6.05
原油加工量	千克		30.35	225.18	385.90	543.36	729.45	981.62	1152.34
原煤	千克	80.37	56.89	61.98	66.93	97.64	33.80	160.48	174.41
烧碱	千克	6.06	6.93	5.09	6.54	9.50	15.06	8.90	8.35
水泥	千克	57.98	65.03	88.82	121.07	251.80	345.18	4126.55	3326.20
七、商业									
社会消费品零售额	元	94	128	250	432	1084	1412	10675	12073
八、人民生活									
职工年平均工资	元	518	689	952	1633	3767	6236	44403	51065
城市居民人均年可支配收入	元	217	502	601	1106	3513	5081	25077	27635
农村住户人均年纯收入	元	136	164	351	642	1493	1851	10139	11143
城乡居民储蓄存款年末余额	元	12	24	91	319	1428	2573	21766	24725

1-5 主要年份生产总值

（按当年价格计算） 单位:万元

年　份	生产总值	第一产业	第二产业	第三产业	人均生产总值（元/人）
1978	84901	34906	32816	17179	252
1979	106783	50228	37073	19482	312
1980	113445	52142	41809	19494	330
1981	121320	56018	42919	22383	345
1982	145263	75386	44922	24955	408
1983	153762	68936	58629	26197	426
1984	174643	82106	62513	30025	478
1985	207716	91792	82818	33106	561
1986	236488	103200	87821	45467	631
1987	264441	104641	104230	55570	695
1988	328216	100975	147157	80084	846
1989	350346	129211	131448	89687	886
1990	397467	172265	133954	91248	989
1991	502507	176871	186325	139311	1233
1992	609409	194352	231792	183265	1481
1993	787720	239385	317247	231088	1897
1994	1107116	409026	410698	287392	2639
1995	1430763	443598	582093	405072	3372
1996	1700533	479624	699657	521252	3934
1997	1929646	534028	773801	621817	4351
1998	1701469	322683	757963	620823	3797
1999	1919469	390819	839550	689100	4241
2000	2131237	430901	959387	740949	4717
2001	2322018	464690	1063220	794108	5158
2002	2632728	499962	1222279	910487	5814
2003	3076242	598255	1466032	1011955	6760
2004	3602200	624500	1789100	1188600	7874
2005	4289161	720579	2148325	1420257	9325
2006	5062201	781853	2628587	1651761	10952
2007	5925614	811200	3155211	1959203	12754
2008	7248728	838574	3813682	2596472	15514
2009	8313636	920000	4410953	2982683	17699
2010	10320647	980356	5797054	3543237	21862
2011	12564149	1076917	7359410	4127822	26464
2012	14201046	1182912	8088391	4929743	29785
2013	16139600	1254618	9005644	5879338	33756
2014	17799599	1313805	9849505	6636289	37097
2015	19026783	1407502	10145888	7473393	39505

注：2013年GDP为经济普查后的调整数,2013年一产服务业调整到三产。

1-6 历年生产总值构成

（以生产总值为100）

年份	第一产业	第二产业	工业	建筑业	第三产业	#交通运输仓储和邮政业	批发零售住宿餐饮	金融保险业
1978	41.1	38.7			20.2			
1979	47.0	34.7			18.3			
1980	46.0	36.9						
1981	46.2	35.4			18.4			
1982	51.9	30.9			17.2			
1983	44.8	38.1			17.1			
1984	47.0	35.8			17.2			
1985	44.2	39.9			15.9			
1986	43.6	39.6	33.3	6.3	19.2	3.3	5.9	2.2
1987	39.6	39.4	32.6	6.8	21.0	3.5	6.2	3.7
1988	30.8	44.8	38.1	6.7	24.4	3.9	6.1	3.4
1989	36.9	37.5	33.4	4.1	25.6	3.7	7.1	2.7
1990	43.3	33.7	29.3	4.4	23.0	3.4	6.1	2.8
1991	35.2	37.1	30.2	6.9	27.7	4.8	5.7	3.7
1992	31.9	38.0	30.6	7.4	30.1	5.3	6.0	4.4
1993	30.4	40.3	32.6	7.7	29.3	5.8	6.0	4.3
1994	36.9	37.2	30.7	6.5	25.9	4.5	4.9	4.2
1995	31.0	40.7	34.2	6.5	28.3	4.9	6.5	4.3
1996	28.2	41.1	31.8	9.3	30.7	5.2	6.6	4.3
1997	27.7	40.1	30.8	9.3	32.2	6.0	7.0	4.3
1998	19.0	44.5	34.1	10.4	36.5	7.2	11.2	5.0
1999	20.4	43.7	31.9	11.8	35.9	7.3	10.4	4.7
2000	20.2	45.0	32.4	12.6	34.8	7.3	10.0	4.1
2001	20.0	45.8	32.4	13.4	34.2	7.7	10.0	2.6
2002	19.0	46.4	33.0	13.4	34.6	8.1	10.0	2.2
2003	19.4	47.7	32.5	15.2	32.9	7.4	9.6	1.6
2004	17.3	49.7	34.8	14.9	33.0	8.0	9.6	1.1
2005	16.8	50.1	35.3	14.8	33.1	8.0	9.5	1.0
2006	15.4	51.9	37.8	14.1	32.7	8.6	9.2	1.0
2007	13.7	53.2	41.2	12.0	33.1	8.8	9.3	0.9
2008	11.6	52.6	41.1	11.5	35.8	7.2	10.1	0.7
2009	11.0	53.1	42.3	10.8	35.9	7.0	10.4	0.8
2010	9.5	56.2	46.4	9.8	34.3	6.6	10.1	0.7
2011	8.6	58.6	49.2	9.4	32.8	5.5	9.5	0.7
2012	8.3	57.0	47.9	9.1	34.7	5.8	10.7	1.1
2013	7.8	55.8	46.9	8.9	36.4	5.6	11.0	1.9
2014	7.4	55.3	46.7	8.6	37.3	5.3	11.0	2.0
2015	7.4	53.3	44.9	8.4	39.3	5.1	11.2	2.8

1-7 生产总值

指标	绝对值(万元)		构成(%)	
	2014年	2015年	2014年	2015年
全市生产总值	**17799599**	**19026783**	**100.0**	**100.0**
第一产业	**1313805**	**1407502**	**7.4**	**7.4**
第二产业	**9849505**	**10145888**	**55.3**	**53.3**
工业	8311054	8542841	46.7	44.9
建筑业	1538451	1603047	8.6	8.4
第三产业	**6636289**	**7473393**	**37.3**	**39.3**
交通运输仓储和邮政业	939190	966344	5.3	5.1
信息业	447740	540671	2.5	2.8
批发和零售业	1395665	1505522	7.8	7.9
住宿和餐饮业	555038	619233	3.1	3.3
金融保险业	354182	531941	2.0	2.8
房地产业	655190	672413	3.7	3.5
其他服务业	2235915	2579094	12.6	13.6
农、林、牧、渔服务业	53369	58175	0.3	0.3

1-8 生产总值生产、分配及使用情况

（2015年）

单位:万元

指标	实际	指标	实际
1.总产出	61871203	1.总消费	9175347
2.中间投入	42844420	居民消费	7102431
3.固定资产折旧	2944706	政府消费	2072916
4.劳动者报酬	7123043	2.总投资	9712540
5.生产税净额	2607954	固定资本形成	8564247
6.营业盈余	6351080	存货增加	1148293
		3.货物和服务净流出	138896
生产总值	**19026783**	**生产总值的使用**	**19026783**

1-9 生产总值指数

年份	以1978年为100				以上年为100			
	生产总值	第一产业	第二产业	第三产业	生产总值	第一产业	第二产业	第三产业
1978	100.0	100.0	100.0	100.0	112.0	98.2	130.8	113.3
1979	105.1	106.9	102.6	103.4	105.1	106.9	102.6	103.4
1980	113.9	99.4	121.3	119.2	108.4	93.0	118.2	115.3
1981	121.8	106.5	124.1	131.4	106.9	107.1	102.3	110.2
1982	141.9	127.9	133.2	149.9	116.5	120.1	107.4	114.1
1983	149.5	115.5	146.6	165.3	105.4	90.3	110.0	110.3
1984	164.8	134.2	156.5	179.4	110.2	116.2	106.8	108.5
1985	188.2	144.6	170.5	216.4	114.2	107.8	108.9	120.6
1986	198.7	150.1	187.9	253.8	105.6	103.8	110.2	117.3
1987	206.1	152.7	220.4	273.1	103.7	101.7	117.3	107.6
1988	231.0	137.4	254.7	323.3	112.1	90.0	115.6	118.4
1989	246.5	145.9	227.5	367.0	106.7	106.2	89.3	113.5
1990	262.5	153.8	246.4	402.2	106.5	105.4	108.3	109.6
1991	292.2	165.1	298.3	460.5	111.3	107.3	121.1	114.5
1992	337.8	174.5	371.1	535.6	115.6	105.7	124.4	116.3
1993	397.9	183.2	486.2	605.2	117.8	105.0	131.0	113.0
1994	471.9	194.5	624.7	722.6	118.6	106.2	128.5	119.4
1995	543.2	193.0	767.8	865.7	115.1	99.2	122.9	119.8
1996	616.5	202.8	874.5	1039.7	113.5	105.1	113.9	120.1
1997	690.5	221.1	970.7	1201.9	112.0	109.0	111.0	115.6
1998	616.6	134.4	939.7	1188.7	89.3	60.8	96.8	98.9
1999	705.4	168.2	1062.7	1326.6	114.4	125.1	113.1	111.6
2000	775.9	173.7	1193.5	1459.2	110.0	103.3	112.3	110.0
2001	848.1	183.6	1292.5	1654.7	109.3	105.7	108.3	113.4
2002	959.2	195.9	1483.8	1901.3	113.1	106.7	114.8	114.9
2003	1103.1	208.5	1783.5	2146.6	115.0	106.4	120.2	112.9
2004	1270.8	223.5	2115.3	2466.4	115.2	107.2	118.6	114.9
2005	1466.5	237.5	2487.6	2883.2	115.4	106.3	117.6	116.9
2006	1667.4	253.9	2880.6	3289.8	113.7	106.9	115.8	114.1
2007	1902.5	266.6	3364.6	3763.5	114.1	105.0	116.8	114.4
2008	2140.3	275.2	3886.1	4200.0	112.5	103.2	115.5	111.6
2009	2435.6	293.9	4488.4	4783.9	113.8	106.8	115.5	113.9
2010	2783.9	305.1	5251.4	5453.6	114.3	103.8	117.0	114.0
2011	3151.4	317.9	6065.4	6091.7	113.2	104.2	115.5	111.7
2012	3529.6	331.3	6860.0	6834.9	112.0	104.2	113.1	112.2
2013	3896.6	344.5	7683.2	7450.0	110.4	104.0	112.0	109.0
2014	4297.9	362.4	8528.4	8209.9	110.3	105.2	111.0	110.2
2015	4714.8	376.9	9321.5	9154.0	109.7	104.0	109.3	111.5

1-10 各县（市、区）生产总值及构成

（2015年）

地区	生产总值	第一产业	第二产业	#工业	第三产业	#交通运输仓储和邮政业	批发零售业	住宿餐饮业	金融保险业	人均生产总值(元/人)	增速(%)
一、绝对数(万元)											
全市	19026783	1407502	10145888	8542841	7473393	966344	1505522	619233	531941	39505	9.7
浔阳区	3730722	3368	1381767	1107374	2345587	275822	722063	126047	133872	118133	8.9
庐山区	2533946	49393	1297585	987239	1186968	303874	195979	139850	65990	95245	9.3
开发区	1633515	18721	1034220	880794	580574	25934	105517	42820	45387	115445	9.8
九江县	972242	125820	555802	477983	290620	33866	38339	8708	24018	32521	9.7
武宁县	970055	144675	485059	417921	340321	46067	65025	70903	26192	26453	10.0
修水县	1301678	173896	636599	517950	491183	71468	86463	42843	34899	17300	9.7
永修县	1212530	143417	780682	709119	288431	43669	52085	17669	39679	32996	9.2
德安县	835400	55183	574660	515294	205557	44377	25705	12702	10184	53086	9.9
星子县	675629	62790	295804	261833	317035	60718	47286	51977	19009	27011	9.8
都昌县	951197	190187	454179	357572	306831	30224	30958	8051	33005	13059	9.5
湖口县	1089997	112961	776021	706783	201015	23107	21406	8593	28242	38775	10.4
彭泽县	845009	163364	465088	399509	216557	31714	34952	9235	22094	23518	9.8
瑞昌市	1500359	136888	1015416	920502	348055	40064	34175	18925	36314	35205	10.2
共青城市	788681	24691	602001	495144	161989	4024	32763	34210	20988	93167	9.9
二、构成(%)											
全市	100.0	7.4	53.3	44.9	39.3	5.1	7.9	3.3	2.8		
浔阳区	100.0	0.1	37.0	29.7	62.9	7.4	19.4	3.4	3.6		
庐山区	100.0	1.9	51.2	39.0	46.8	12.0	7.7	5.5	2.6		
开发区	100.0	1.1	63.3	53.9	35.5	1.6	6.5	2.6	2.8		
九江县	100.0	12.9	57.2	49.2	29.9	3.5	3.9	0.9	2.5		
武宁县	100.0	14.9	50.0	43.1	35.1	4.7	6.7	7.3	2.7		
修水县	100.0	13.4	48.9	39.8	37.7	5.5	6.6	3.3	2.7		
永修县	100.0	11.8	64.4	58.5	23.8	3.6	4.3	1.5	3.3		
德安县	100.0	6.6	68.8	61.7	24.6	5.3	3.1	1.5	1.2		
星子县	100.0	9.3	43.8	38.8	46.9	9.0	7.0	7.7	2.8		
都昌县	100.0	20.0	47.7	37.6	32.3	3.2	3.3	0.8	3.5		
湖口县	100.0	10.4	71.2	64.8	18.4	2.1	2.0	0.8	2.6		
彭泽县	100.0	19.3	55.0	47.3	25.6	3.8	4.1	1.1	2.6		
瑞昌市	100.0	9.1	67.7	61.4	23.2	2.7	2.3	1.3	2.4		
共青城市	100.0	3.1	76.3	62.8	20.5	0.5	4.2	4.3	2.7		

注：本表按当年价格计算。

主要统计指标解释

地区生产总值（GDP） 指一个国家（或地区）所有常住单位在一定时期内生产活动的最终成果。它不仅能够反映物质生产的发展情况，而且能够反映各种劳务的增长情况，能够全面反映国民经济和社会发展的规模和水平。从生产角度来说，是国民经济各部门的增加值之和；从分配角度来说，是这些部门劳动者报酬、生产税净额、营业盈余和固定资产折旧四个项目之和；从使用角度来说，是最终使用于消费、资本形成以及净出口的产品和劳务之和。在实际核算中，国内生产总值有三种计算方法，即生产法、收入法和支出法。三种方法分别从不同的方面反映国内生产总值及其构成。

劳动者报酬 指劳动者从事生产活动所获得的全部报酬。包括劳动者获得的各种形式的工资、奖金和津贴，既包括货币形式的，也包括实物形式的；还包括劳动者所享受的公费医疗和医药卫生费、上下班交通补贴和单位支付的社会保险费等。对于个体经济来说，其所有者所获得的劳动报酬和经营利润不易区分，这两部分统一作为劳动者报酬处理。

生产税净额 指生产税减生产补贴后的余额。生产税指政府对生产单位生产、销售和从事经营活动以及因从事生产活动使用某些生产要素(如固定资产、土地、劳动力)所征收的各种税、附加费和规费。生产补贴与生产税相反，指政府对生产单位的单方面收入转移，因此视为负生产税，包括政策亏损补贴、粮食系统价格补贴、外贸企业出口退税收入等。

固定资产折旧 指一定时期内为弥补固定资产损耗按照核定的固定资产折旧率提取的固定资产折旧，或按国民经济核算统一规定的折旧率虚拟计算的固定资产折旧。它反映了固定资产在当期生产中的转移价值。各类企业和企业化管理的事业单位的固定资产折旧是指实际计提并计入成本费用中的折旧费；不计提折旧的政府机关、非企业化管理的事业单位和居民住房的固定资产折旧是按照统一规定的折旧率和固定资产原值计算的虚拟折旧。原则上，固定资产折旧应按固定资产的重置价值计算，但是目前我国尚不具备对全社会固定资产进行重估价的基础，所以暂时只能采用上述办法。

营业盈余 指常住单位创造的增加值扣除劳动者报酬、生产税净额和固定资产折旧后的余额。它相当于企业的营业利润加上生产补贴，但要扣除从利润中开支的工资和福利等。

最终消费 指常住单位在一定时期内对于货物和服务的全部最终消费支出，也就是常住单位为满足物质、文化和精神生活的需要，从本国经济领土和国外购买的货物和服务的支出。不包括非常住单位在本国经济领土内的消费支出。最终消费分为居民消费和政府消费。

居民消费 指常住住户对货物和服务的全部最终消费支出。居民消费按市场价格计算，即按居民支付的购买者价格计算。购买者价格是购买者取得货物所支付的价格，包括购买者支付的运输和商业费用。居民消费除了直接以货币形式购买货物和服务的消费之外，还包括以其他方式获得的货物和服务的消费支出，即所谓的虚拟消费支出。居民虚拟消费支出包括以下几种类型：单位以实物报酬及实物转移的形式提供给劳动者的货物和服务；住户生产并由本住户消费了的货物和服务，其中的服务仅指住户的自有住房服务；金融机构提供的金融媒介服务；保险公司提供的保险服务。

政府消费 指政府部门为全社会提供公共服务的消费支出和免费或以较低价格向住户提供的货物和服务的净支出。前者等于政府服务的产出价格减去政府单位所获得的经营收入的价格，政府服务的产出价值等于它的经常性业务支出加上固定资产折旧；后者等于政府部门免费或以较低价格向住户提供的货物和服务的市场价值减去向住户收取的价值。

资本形成总额 指常住单位在一定时期内获得的减去处置的固定资产加存货的变动，包括固定资本形成总额和存货增加。

固定资本形成总额 指常住单位在一定时期内购置、转入和自产自用的固定资产，扣除固定资产的销售和转出后的价值，可分为有形固定资本形成总额和无形固定资本形成总额。有形固定资本形成总额包括一定时期内完成的建筑工程、安装工程和设备工器具购置(减处置)价值，以及土地改良、新增役、种、奶、毛、娱乐用牲畜和新增经济林木价值。无形固定资本形成总额包括矿藏的勘探、计算机软件、娱乐和文学艺术品原件等获得减处置。

存货增加 指常住单位在一定时期内存货实物量变动的市场价值，即期末价值减期初价值的差额。存货增加可以是正值，也可以是负值；正值表示存货上升，负值表示存货下降。它包括生产单位购进的原材料、燃料和储备物资等存货，以及生产单位生产的产成品、在制品和半成品等存货。

货物和服务净出口 指货物和服务出口减货物和服务进口的差额。出口包括常住单位向非常住单位出售和无偿转让的各种货物和服务的价值；进口包括常住单位从非常住单位购买或无偿得到的各种货物和服务的价值。由于服务活动的提供与使用同时发生，因此服务的进出口业务并不发生出入境现象，一般把常住单位从国外得到的服务作为进口，非常住单位从本国得到的服务作为出口。货物的出口和进口都按离岸价格计算。在计算地区货物和服务净出口时，还包括地区间货物和服务的流入流出。用公式表示：

货物和服务净出口(净流出)=货物和服务出口(流出)—进口(流入)

三次产业 是根据社会生产活动历史发展的顺序对产业结构的划分，产品直接取自自然界的部门称为第一产业，对初级产品进行再加工的部门称为第二产业，为生产和消费提供各种服务的部门称为第三产业。它是世界上较为通用的产业结构分类，但各国的划分不尽一致。

我国的三次产业划分是：

第一产业：农业(包括农业、林业、牧业和渔业，不含农、林、牧、渔服务业)。

第二产业：工业(包括采掘业，制造业，电力、煤气及水的生产和供应业)和建筑业。

第三产业：除第一、第二产业以外的其他各业。

现行价格(或称当年价格) 指报告期的实际价格，如工业品的出厂价格，农副产品的收购价格，商业的零售价格等。它反映当年的实际情况，使国民经济各项指标互相衔接，便于对生产、流通、分配、消费之间进行综合平衡。

可比价格 指计算各种总量指标所采用的扣除了价格变动因素的价格，可进行不同时期总量指标的对比。按可比价格计算总量指标有两种方法：一种是直接用产品产量乘某一年的不变价格计算；另一种是用价格指数进行缩减。

平均增长速度 我国计算平均增长速度有两种方法：一种是习惯上经常使用的“水平法”，又称几何平均法，是以间隔期最后一年的水平同基期水平对比来计算平均每年增长(或下降)速度；另一种是“累计法”，又称代数平均法或方程法，是以间隔期内各年水平的总和同基期水平对比来计算平均每年增长(或下降)速度。在一般正常情况下，两种方法计算的平均每年增长速度比较接近；但在经济发展不平衡、出现大起大落时，两种方法计算的结果差别较大。

平均增长速度，除固定资产投资用“累计法”计算外，其余均用“水平法”计算。从某年到某年平均增长速度的年份，均不包括基期年在内。

人　口　2

● 2015年末，根据1%人口抽样调查统计，全市常住总人口482.58万人，人口密度253人/平方公里。

2-1 主要年份户数和人口数

指　　标	单 位	1980年	1988年	1990年	1995年	2000年	2003年	2005年	2007年
年末总户数	万户	71.76	90.76	94.74	107.22	114.54	123.88	133.36	144.68
年末总人口数	万人	349.53	392.11	405.23	426.91	446.83	460.82	466.20	479.58
#男	万人	180.80	203.31	209.96	219.04	231.38	238.88	242.67	249.74
女	万人	168.73	188.72	195.27	207.87	215.38	211.93	223.53	229.84
#城镇人口	万人	53.44	67.69	71.19	82.51	96.09	109.83	122.83	129.06
乡村人口	万人	296.09	324.42	334.04	344.40	350.74	358.99	343.37	350.52
年平均人口	万人	347.50	387.82	401.93	424.30	447.59	457.96	465.51	476.13
人口出生率	‰	18.37	12.86	17.69	10.86	13.29	11.39	19.04	16.39
人口死亡率	‰	6.73	5.04	5.85	4.34	5.47	2.99	6.31	4.53
人口自然增长率	‰	11.64	7.82	11.84	6.52	7.82	8.40	12.73	11.86
人口密度	人/平方公里	186	208	215	227	237	245	248	255

指　　标	单 位	2008年	2009年	2010年	2011年	2012年	2013年	2014年	2015年
年末总户数	万户	150.08	153.54	156.8544	162.36	164.47	165.91	168.01	164.25
年末总人口数	万人	484.67	491.04	497.9132	502.43	508.61	508.09	513.13	516.59
#男	万人	252.09	255.38	259.1534	261.02	264.17	264.49	267.01	268.9
女	万人	232.58	235.66	238.7598	241.42	244.44	243.6	246.12	247.69
#城镇人口	万人	133.10	133.61	135.57	137.14	138.68	139.17	139.5	195.4
乡村人口	万人	351.57	357.43	362.3447	365.29	369.93	368.92	373.63	321.19
年平均人口	万人	482.13	487.86	494.475	500.17	505.52	508.35	510.61	514.86
人口出生率	‰	15.01	13.93	17.06	15.76	17.36	16.73	24.6	13.53
人口死亡率	‰	3.46	3.42	6.89	3.12	4.20	10.13	4.71	2.66
人口自然增长率	‰	11.55	10.51	10.17	12.64	13.16	6.60	19.89	10.87
人口密度	人/平方公里	257	260	264	266	269	270	269	271

注：本表为公安年报数。2014年及以前年份城镇人口为非农业人口、乡村人口为农业人口。

2-2 人口自然变动情况

指 标	单 位	1980年	1985年	1990年	1995年	2000年	2003年	2005年	2007年
年末人口	万人	349.53	372.20	405.23	436.69	448.83	456.14	461.14	465.96
年平均人口	万人	347.50	369.95	401.93	434.26	446.69	455.08	459.96	464.62
人口出生率	‰	18.37	14.27	17.69	18.41	15.54	14.10	13.84	13.60
人口死亡率	‰	6.73	5.77	5.85	7.20	6.03	6.01	6.27	6.00
人口自然增长率	‰	11.64	8.50	11.84	11.21	9.51	8.09	7.57	7.60
人口密度	人/平方公里	186	198	215	232	238	242	245	248

指 标	单 位	2008年	2009年	2010年	2011年	2012年	2013年	2014年	2015年
年末人口	万人	468.50	470.90	473.25	476.27	477.31	478.94	480.69	482.58
年平均人口	万人	467.23	469.70	472.07	474.76	476.79	478.13	479.82	481.63
人口出生率	‰	13.68	13.64	13.51	13.49	13.23	13.12	13.16	13.10
人口死亡率	‰	6.01	5.97	6.06	5.98	6.09	6.18	6.14	6.17
人口自然增长率	‰	7.67	7.67	7.45	7.51	7.14	6.94	7.02	6.93
人口密度	人/平方公里	249	250	251	253	254	254	252	253

2-3 各县（市、区）户数和人口数

（2015年末）

地区	总户数（万户）	总人口（万人）	按性别分		按农业、非农业分		平均每户人口数（人）	人口密度（人/平方公里）
			男	女	城镇人口	乡村人口		
全市合计	**164.25**	**516.59**	**268.90**	**247.69**	**195.40**	**321.18**	**3.15**	**271**
市区	23.94	66.95	33.68	33.27	53.45	13.50	2.80	1118
#庐山区	8.06	22.86	11.74	11.12	13.71	9.15	2.84	416
浔阳区	10.47	28.94	14.36	14.59	28.94		2.76	5906
九江开发区	4.68	13.30	6.66	6.64	9.14	4.16	2.84	
庐山管理局	0.73	1.85	0.93	0.92	1.66	0.19	2.53	
九江县	11.37	33.37	17.62	15.75	15.07	18.31	2.93	364
武宁县	11.9	40.39	20.84	19.55	5.22	35.16	3.39	115
修水县	23.59	87.07	45.51	41.56	28.30	58.77	3.69	193
永修县	13.92	39.63	20.76	18.87	16.77	22.86	2.85	194
德安县	5.63	17.49	9.05	8.44	8.37	9.13	3.11	201
星子县	7.88	28.12	14.84	13.28	10.48	17.64	3.57	389
都昌县	25.64	81.85	43.13	38.71	14.15	67.69	3.19	368
湖口县	8.8	30.10	15.70	14.39	7.03	23.07	3.42	447
彭泽县	13.82	38.31	19.76	18.55	13.82	24.49	2.77	250
瑞昌市	14.39	46.06	24.27	21.79	19.84	26.22	3.20	325
共青城市	3.39	7.25	3.74	3.51	2.90	4.35	2.14	1133

2-4 各县（市、区）人口自然变动情况

（2015年）

地区	年平均人口（万人）	出生		死亡		自然变动	
		人数（人）	率（‰）	人数（人）	率（‰）	人数（人）	率（‰）
全市合计	**514.86**	**69680**	**13.53**	**13719**	**2.66**	**55961**	**10.87**
市区	66.55	7516	11.29	2355	3.54	5161	7.76
#庐山区	22.72	3086	13.58	903	3.97	2183	9.61
浔阳区	28.88	2533	8.77	949	3.29	1584	5.48
九江开发区	13.09	1756	13.41	381	2.91	1375	10.50
庐山管理局	1.85	141	7.61	122	6.58	19	1.03
九江县	33.26	4123	12.39	566	1.70	3557	10.69
武宁县	40.26	6022	14.96	2242	5.57	3780	9.39
修水县	86.78	11011	12.69	1866	2.15	9145	10.54
永修县	39.76	4135	10.40	953	2.40	3182	8.00
德安县	17.44	2053	11.77	551	3.16	1502	8.61
星子县	27.90	5000	17.92	512	1.83	4488	16.08
都昌县	81.45	14484	17.78	2012	2.47	12472	15.31
湖口县	29.99	3858	12.87	912	3.04	2946	9.82
彭泽县	38.25	4828	12.62	759	1.98	4069	10.64
瑞昌市	45.98	5679	12.35	869	1.89	4810	10.46
共青城市	7.23	971	13.43	122	1.69	849	11.74

注：本页表中数据为公安年报数据。

2-5 各县（市、区）人口数

（2015年末）

地区	总人口（万人）	按性别分		城镇化率（%）	6岁及以上人口平均受教育年限（年）
		男	女		
全市合计	**482.58**	**245.38**	**237.20**	**50.56**	**9.26**
#庐山区	26.66	13.55	13.11	77.02	10.36
浔阳区	31.63	15.89	15.74	99.60	10.77
九江开发区	14.21	7.19	7.02	76.00	9.32
庐山管理局	2.03	1.03	1.00	99.46	9.35
九江县	29.95	15.21	14.75	45.90	9.34
武宁县	36.73	18.72	18.02	45.76	9.29
修水县	75.36	38.27	37.09	39.70	8.71
永修县	36.82	18.80	18.02	50.74	8.97
德安县	15.79	8.07	7.72	52.13	9.01
星子县	25.06	12.81	12.25	46.84	8.81
都昌县	72.96	36.95	36.01	33.62	8.51
湖口县	28.17	14.41	13.75	44.46	9.39
彭泽县	36.00	18.30	17.70	46.15	8.72
瑞昌市	42.69	21.83	20.86	47.58	9.27
共青城市	8.51	4.35	4.16	70.81	9.22

2-6 各县（市、区）人口自然变动情况

（2015年）

地区	年平均人口（万人）	出生率（‰）	死亡率（‰）	自然变动率（‰）
全市合计	**481.63**	**13.10**	**6.17**	**6.93**
#庐山区	26.60	11.58	6.14	5.44
浔阳区	31.58	10.09	6.15	3.94
九江开发区	14.15	12.29	5.89	6.40
庐山管理局	2.03	10.09	6.05	4.04
九江县	29.90	13.54	6.21	7.33
武宁县	36.67	13.63	6.20	7.43
修水县	75.24	13.44	6.19	7.25
永修县	36.75	13.39	6.18	7.21
德安县	15.74	13.48	6.15	7.33
星子县	25.01	13.46	6.16	7.30
都昌县	72.84	13.45	6.19	7.26
湖口县	28.11	13.39	6.17	7.22
彭泽县	35.93	13.63	6.18	7.45
瑞昌市	42.62	13.52	6.19	7.33
共青城市	8.47	12.92	6.13	6.79

注：本页数据为人口变动抽样调查数据。

2-7 育龄妇女节育情况

（2015年）

地　　区	已婚育龄妇女人数（人）	采取节育措施育龄妇女人数（人）	节育率（%）
全市合计	**1077166**	**892993**	**82.90**
庐山区	44851	36479	81.33
浔阳区	55727	49450	88.74
九江开发区	28002	23860	85.21
庐山管理局	3601	3088	85.75
九江县	67152	56483	84.11
武宁县	82531	64420	78.06
修水县	185836	151962	81.77
永修县	80775	66614	82.47
德安县	38302	31398	81.97
星子县	58284	50577	86.78
都昌县	173943	144475	83.06
湖口县	64080	53629	83.69
彭泽县	78487	63745	81.22
瑞昌市	98806	82743	83.74
共青城市	16789	14070	83.80

2-8 计划生育情况

（2015年）

地　　区	现有一孩育龄妇女人数（人）	领取独生子女证人数（人）	独生子女领证率（%）
全市合计	**419684**	**145702**	**34.72**
庐山区	25745	7378	28.66
浔阳区	42642	31884	74.77
九江开发区	16480	8305	50.39
庐山管理局	2574	1106	42.97
九江县	25637	6989	27.26
武宁县	34066	11235	32.98
修水县	60355	15129	25.07
永修县	29060	9392	32.32
德安县	16698	5768	34.54
星子县	15400	3668	23.82
都昌县	47236	7059	14.94
湖口县	24427	7321	29.97
彭泽县	33358	14319	42.93
瑞昌市	38511	13752	35.71
共青城市	7495	2397	31.98

主要统计指标解释

常住人口　指实际经常居住在某地域一定时间的人口。

主要包括：

①户籍在本市且现居住本市的人；

②户籍在外市现在本市居住且离开户籍登记地半年以上的人；

③调查时居住在本市，但在任何地方都没有登记常住户口，如手续户口、迁移证、出生证、退伍证、劳改劳教释证等尚未办理常住户口登记的人，即所谓的“口袋户口”的人口；

④户籍在本市现在国外工作、学习和居住的人员。

户籍人口　指公民依照《中华人民共和国户口登记条例》已在其经常居住地的公安户籍管理机关登记了常住户口的人。这类人口不管其是否外出，也不管外出时间长短，只要在某地注册有常住户口，则为该地区的户籍人口。

人口密度　指一定时点一定地区的人口数与该地区的土地面积之比，通常以每平方公里的居民人数来表示。

人口出生率　指在一定时期内（通常为一年）一定地区的出生人数与同期平均人数（或期中人数）之比，一般用千分率表示。

计算公式：人口出生率=（年出生人数/年平均人数）×1000‰

人口死亡率　指一定时期内(通常为一年)，一定地区的死亡人数与同期平均人数(或期中人数)之比；一般用千分率表示。

计算公式为：人口死亡率=(年死亡人数/年平均人数)×1000‰

人口自然增长率　指在一定时期内(通常为一年）人口自然增加数（出生人数减死亡人数）与该时期内平均人数（或期中人数）之比，一般用千分率表示。

计算公式：人口自然增长率=〔(本年出生人数－本年死亡人数) / 年平均人数〕×1000‰

人口自然增长率=人口出生率－人口死亡率。

就业人员和职工工资 3

- 2015年末，全市社会从业人员310.82万人，其中城镇从业人员122.40万人，乡村从业人员188.42万人。
- 2015年末，全市在岗职工人数43.38万人，在岗职工工资总额218.81亿元，在岗职工年平均工资51065元。

3-1 主要年份劳动力资源总数

（年 末 数）

单位：万人

年 份	劳动力资源总数	社会从业人员	职工人数				劳动力资源总数占人口数（%）	劳动力资源利用率（%）
				# 国有单位	城镇集体单位	其他单位		
1978	159.22	112.25	28.25	24.01	4.24		46.8	70.5
1980	161.74	116.94	30.06	26.08	4.98		46.3	72.3
1985	209.59	181.88	40.10	32.01	8.09		56.3	86.8
1988	231.38	187.78	43.70	35.08	8.61	0.01	59.0	81.2
1990	236.21	189.60	44.24	36.18	8.01	0.05	58.3	80.3
1991	240.92	194.86	45.85	37.60	8.19	0.06	57.9	80.8
1992	248.24	198.56	46.75	38.37	8.21	0.17	60.1	80.0
1993	250.27	201.97	47.41	39.55	7.45	0.41	60.0	80.7
1994	252.19	211.07	47.45	39.98	7.45	0.54	60.1	83.7
1995	257.02	222.61	49.56	41.31	7.34	0.91	58.9	86.6
1996	262.50	226.39	48.75	41.28	6.90	0.57	59.5	86.2
1997	268.36	231.34	49.31	41.31	7.48	0.52	61.3	86.2
1998	273.10	236.51	38.45	29.08	4.54	4.82	61.6	86.6
1999	280.24	242.43	35.93	27.75	4.19	3.99	62.5	86.6
2000	287.50	246.81	35.25	26.90	4.20	4.15	64.3	85.8
2001	293.61	251.01	34.23	26.09	3.85	4.29	65.3	85.5
2002	301.50	257.80	32.47	25.78	2.98	3.71	67.1	85.5
2003	312.87	271.17	31.15	22.83	2.21	6.10	67.7	86.7
2004	323.73	279.61	31.69	22.69	1.95	7.05	69.9	86.4
2005	334.75	289.83	33.26	23.48	2.36	7.42	71.8	86.6
2006	343.25	295.05	34.65	23.71	2.44	8.50	73.1	86.0
2007	339.71	302.72	31.76	21.89	1.88	7.98	71.9	89.1
2008	344.20	307.26	29.57	18.75	1.93	8.89	72.4	89.3
2009	346.76	307.87	29.79	18.58	1.87	9.35	72.4	88.8
2010	348.95	308.25	30.71	18.93	1.99	9.78	73.8	88.3
2011	342.10	308.80	34.71	19.54	2.62	12.55	72.1	90.3
2012	341.95	309.15	38.19	19.80	2.94	15.45	71.6	90.4
2013	338.50	309.53	39.13	18.13	2.72	18.28	70.7	91.4
2014	339.78	310.02	42.27	18.36	2.92	20.99	70.7	91.2
2015	340.07	310.82	43.38	18.63	2.43	22.32	70.5	91.4

3-2 主要年份按三次产业划分的社会从业人员和构成

（年 末 数）

年 份	合 计	第一产业	第二产业	第三产业
一、绝对数（万人）				
1978	112.25	86.66	14.59	11.00
1980	116.94	90.86	14.38	11.70
1985	181.88	118.80	29.62	33.46
1990	189.60	123.26	31.86	38.48
1995	222.61	124.63	43.09	54.89
2000	246.81	114.74	42.08	89.99
2001	251.01	119.38	41.24	90.39
2002	257.80	127.44	45.97	84.39
2003	271.17	127.07	54.71	89.39
2004	279.61	126.40	59.61	93.60
2005	289.83	131.53	64.42	93.88
2006	295.05	121.86	72.52	100.67
2007	302.72	122.14	77.19	103.39
2008	307.26	123.62	75.90	107.74
2009	307.87	120.65	77.75	109.47
2010	308.25	113.23	88.57	106.45
2011	308.80	106.19	96.22	106.38
2012	309.15	98.16	102.99	108.00
2013	309.53	95.54	107.99	106.00
2014	310.02	94.71	107.95	107.36
2015	310.82	94.29	108.15	108.38
二、构成（%）				
1978	100	74.10	15.40	10.50
1980	100	73.00	15.50	11.50
1985	100	66.50	16.90	16.60
1990	100	65.00	16.80	18.20
1995	100	56.00	19.30	24.70
2000	100	46.50	17.00	36.50
2001	100	47.60	16.40	36.00
2002	100	49.40	17.80	32.80
2003	100	46.90	20.20	32.90
2004	100	45.20	21.30	33.50
2005	100	45.40	22.20	32.40
2006	100	41.30	24.60	34.10
2007	100	40.30	25.50	34.20
2008	100	40.23	24.70	35.07
2009	100	39.20	25.20	35.60
2010	100	36.70	28.70	34.60
2011	100	34.39	31.16	34.45
2012	100	31.75	33.31	34.93
2013	100	30.87	34.89	34.24
2014	100	30.55	34.82	34.63
2015	100	30.33	34.80	34.87

3-3 社会从业人员

（2015年末）

单位：万人

行业	合计	城镇	乡村
总计	310.82	122.40	188.42
农林牧渔业	94.29	1.83	92.46
采矿业	1.35	0.79	0.56
制造业	73.99	42.93	31.06
电力、燃气及水的生产和供应业	1.76	1.59	0.17
建筑业	31.05	12.72	18.33
交通运输、仓储和邮政业	14.35	2.85	11.50
信息传输、计算机服务业	2.23	0.73	1.50
批发和零售业	39.33	28.86	10.47
住宿和餐饮业	9.85	5.43	4.42
金融业	1.33	1.32	0.01
房地产业	4.13	1.08	3.05
租赁和商务服务业	7.34	1.33	6.01
科研、技术和地质勘探业	1.52	0.93	0.59
水利、环境和公共设施管理业	1.08	0.81	0.27
居民服务和其他服务业	11.76	4.13	7.63
教育	5.77	5.76	0.01
卫生、社会保障和社会福利业	2.96	2.94	0.02
文化、体育和娱乐业	0.99	0.63	0.36
公共管理和社会组织	5.74	5.74	

3-4 私营企业从业人员情况

（2015年末） 单位：人

行 业	合 计	#城 镇
合 计	**543050**	**350941**
农、林、牧、渔业	39668	12449
采 矿 业	4141	536
制 造 业	174543	87290
电力、燃气及水的生产和供应业	5873	1002
建 筑 业	34184	28592
批发和零售业	132730	99796
交通运输、仓储和邮政业	12652	6928
住宿和餐饮业	10137	8257
信息传输、计算机服务和软件业	6789	5152
金 融 业	7529	6128
房 地 产 业	38299	33431
租赁和商务服务业	47949	38899
科学研究、技术服务和地质勘查业	7229	5954
水利、环境和公共设施管理业	1910	1378
居民服务和其他服务业	13513	10835
教育	1376	937
卫生、社会保障和社会福利业	643	615
文化、体育和娱乐业	3885	2762

3-5 个体工商业从业人员情况

（2015年末） 单位：人

行 业	合 计	#城 镇
合 计	**390971**	**251350**
农、林、牧、渔业	21281	6179
采 矿 业	1127	264
制 造 业	46247	23476
电力、燃气及水的生产和供应业	329	41
建 筑 业	902	470
批发和零售业	224486	144760
交通运输、仓储和邮政业	3060	2024
住宿和餐饮业	44589	37368
信息传输、计算机服务和软件业	2786	1220
房 地 产 业	144	131
租赁和商务服务业	4416	2586
科学研究、技术服务和地质勘查业	868	567
水利、环境和公共设施管理业	28	10
居民服务和其他服务业	37252	29264
教育	131	115
卫生、社会保障和社会福利业	815	706
文化、体育和娱乐业	2311	2025
其 他 行 业	199	144

3-6 在岗职工年末人数

单位：人

分类	2014年	2015年	2015年比2014年增长%
总计	**422724**	**433811**	**2.6**
一、按经济类型分组			
国有单位	183551	186275	1.5
城镇集体单位	29195	24286	-16.8
其他单位	209978	223250	6.3
二、按企业、事业、机关分组			
企业	282878	284562	0.6
事业	92692	101091	9.1
机关	46307	47375	2.3
民间非盈利组织	5	15	200.0
其他	842	768	-8.8
三、按国民经济行业分组			
农、从、牧、渔业	7481	6567	-12.2
采矿业	3645	3860	5.9
制造业	146352	148398	1.4
电力、燃气及水的生产和供应业	10998	10663	-3.0
建筑业	57859	55209	-4.6
批发和零售业	12936	13126	1.5
交通运输、仓储和邮政业	15249	15547	2.0
住宿和餐饮业	4672	5356	14.6
信息传输、计算机服务和软件业	4445	4608	3.7
金融业	11065	10820	-2.2
房地产业	5831	6529	12.0
租赁和商务服务业	7360	7826	6.3
科学研究、技术服务和地质勘查业	6361	6494	2.1
水利、环境和公共设施管理业	5049	4701	-6.9
居民服务和其他服务业	960	1096	14.2
教育	48926	53459	9.3
卫生、社会保障和社会福利业	19818	23995	21.1
文化、体育和娱乐业	3382	3059	-9.6
公共管理和社会组织	50335	52498	4.3
四、按地区分组			
市区	128007	130667	2.1
#市直	54962	55909	1.7
庐山区	19794	19409	-1.9
浔阳区	20580	21950	6.7
九江开发区	27733	28702	3.5
庐山管理局	4938	4697	-4.9
九江县	24855	25497	2.6
武宁县	12857	12671	-1.4
修水县	30365	33020	8.7
永修县	40977	44382	8.3
德安县	19537	19830	1.5
星子县	19746	22229	12.6
都昌县	29840	32046	7.4
湖口县	38142	26706	-30.0
彭泽县	22357	24001	7.4
瑞昌市	33258	35698	7.3
共青城市	22783	27064	18.8

3-7 各种分组的在岗职工人数

（2015年末）　　单位:人

分　　类	合 计	国 有	城镇集体	其 他
总　　计	**433811**	**186275**	**24286**	**223250**
一、按企业、事业、机关分组				
企　　业	284562	40411	21880	222271
事　　业	101091	98532	2279	280
机　　关	47375	47259	116	
民间非盈利组织	15	9		6
其　　他	768	64	11	693
二、按国民经济行业分组				
农、林、牧、渔业	6567	6496	71	
# 农　　业	2910	2910		
林　　业	2217	2217		
畜 牧 业	243	243		
渔　　业	572	572		
农、林、牧、渔服务业	625	554	71	
采 矿 业	3860	620	475	2765
# 煤炭开采与洗选业	396	346	50	
黑色金属矿采选业	285			285
有色金属矿采选业	2082		425	1657
非金属矿采选业	916	93		823
其他采矿业	181	181		
制 造 业	148398	8782	1334	138282
# 农副食品加工业	5717	508	183	5026
食品制造业	1684	348	49	1287
酒、饮料和精制茶制造业	2107	322	39	1746
纺织业	15973	156	45	15772
纺织服装、服饰业	23298	280	206	22812
皮革、毛皮、羽毛及其制品和制鞋业	2738	197	50	2491
木材加工及木竹、藤、棕、草制品业	1580	223	41	1316
家具制造业	1082	343	32	707
造纸及纸制品业	2304	715	53	1536
印刷业和记录媒介的复制	1213	122	93	998
文教、工美、体育和娱乐用品制造业	7467	210	54	7203
石油加工、炼焦及核燃料加工业	3644			3644
化学原料及化学制品制造业	11430	2033	50	9347
医药制造业	3274	210		3064

3-7续表1

分类	合计	国有	城镇集体	其他
化学纤维制造业	3856			3856
橡胶和塑料制品业	1891		26	1865
非金属矿物制品业	12217	286	353	11578
黑色金属冶炼和压延加工业	6957			6957
有色金属冶炼和压延加工业	3869			3869
金属制品业	3247	698		2549
通用设备制造业	3505		60	3445
专用设备制造业	2938	625		2313
汽车制造业	2889	198		2691
铁路、船舶、航空航天和其他运输设备制造业	4120			4120
电气机械和器材制造业	8961	293		8668
计算机、通信和其他电子设备制造业	7697	270		7427
仪器仪表制造业	1073	580		493
其他制造业	1459	165		1294
废弃资源综合利用业	208			208
电力、热力、燃气及水生产和供应业	10663	5075		5588
# 电力、热力生产和供应业	8535	4455		4080
燃气生产和供应业	283	18		265
水的生产和供应业	1845	602		1243
建筑业	55209	4372	17121	33716
# 房屋建筑业	41213	3264	15520	22429
土木工程建筑业	12901	978	1601	10322
建筑安装业	589	50		539
建筑装饰和其他建筑业	506	80		426
批发和零售业	13126	2596	1463	9067
# 批发业	4270	2119	933	1218
零售业	8856	477	530	7849
交通运输、仓储和邮政业	15547	6916	575	8056
# 铁路运输业	34		34	
道路运输业	8736	4432		4304
水上运输业	3645		433	3212
装卸搬运和其他运输服务业	678	93	95	490
仓储业	366	303	13	50
邮政业	2088	2088		

3-7续表2

分　　类	合　计	国　有	城镇集体	其　他
住宿和餐饮业	5356	1480	79	3797
# 住宿业	3872	1187		2685
餐饮业	1484	293	79	1112
信息传输、软件和信息技术服务业	4608	1167	55	3386
# 电信、广播电视和卫星传输服务	4327	1130	55	3142
互联网和相关服务	22	22		
软件和信息技术服务业	259	15		244
金 融 业	10820	5019	1620	4181
# 货币金融服务	8162	4063	1620	2479
资本市场服务	25			25
保险业	2595	918		1677
其他金融业	38	38		
房地产业	6529	410	29	6090
# 房地产开发经营	5328	172		5156
物业管理	978	101		877
租赁和商务服务业	7826	3354	181	4291
# 租赁业	498			498
商务服务业	7328	3354	181	3793
科学研究和技术服务业	6494	5480	38	976
# 研究和试验发展	1250	1187		63
专业技术服务业	3049	2162	38	849
科技推广和应用服务	2195	2131		64
水利、环境和公共设施管理业	4701	3234	274	1193
# 水利管理业	646	646		
生态保护和环境治理业	413	310		103
公共设施管理业	3642	2278	274	1090
居民服务、修理和其他服务业	1096	764	89	243
# 居民服务业	345	182	83	80
机动车、电子产品和日用产品修理业	235	117		118
其他服务业	516	465	6	45

3-7续表3

分　　类	合　计	国　有	城镇集体	其　他
教　　育	53459	52643	11	805
# 初等教育	22644	22644		
中等教育	17572	16887		685
高等教育	3470	3470		
卫生和社会工作	23995	22765	871	359
# 卫生	23670	22459	866	345
社会工作	325	306	5	14
文化、体育和娱乐业	3059	2608		451
# 新闻和出版业	222	127		95
广播、电视、电影和影视录音制作业	1435	1362		73
文化艺术业	1074	1074		
体育	281	30		251
娱乐业	47	15		32
公共管理、社会保障和社会组织	52498	52494		4
# 中国共产党机关	2134	2134		
国家机构	48015	48015		
人民政协和民主党派	811	811		
社会保障	525	525		
群众社团、社会团体和其他成员组织	1013	1009		4
三、按地区分组				
市　　区	130667	58210	8909	63548
# 市　　直	55909	32988	3031	19890
庐 山 区	19409	6883	4391	8135
浔 阳 区	21950	6748	1310	13892
九江开发区	28702	7457	156	21089
庐山管理局	4697	4134	21	542
九 江 县	25497	11410	2390	11697
武 宁 县	12671	8561	330	3780
修 水 县	33020	15429	22	17569
永 修 县	44382	26380	3008	14994
德 安 县	19830	6099	2393	11338
星 子 县	22229	7150	711	14368
都 昌 县	32046	16918	549	14579
湖 口 县	26706	8008	3805	14893
彭 泽 县	24001	10258	2116	11627
瑞 昌 市	35698	12702	319	22677
共青城市	27064	5056	29	21979

3-8 在岗职工工资总额

单位：万元

分　　类	2014年	2015年	2015年比2014年增长%
总　　计	**1857875**	**2188089**	**17.8**
一、按经济类型分组			
国有单位	848896	1034224	21.8
城镇集体单位	109371	104302	-4.6
其他单位	899609	1049563	16.7
二、按企业、事业、机关分组			
企　业	1209010	1348968	11.6
事　业	432737	568672	31.4
机　关	213390	267702	25.5
民间非盈利组织	20	81	304.5
其　他	2718	2667	-1.9
三、按国民经济行业分组			
农、林、牧、渔业	28093	26690	-5.0
采 矿 业	15823	17818	12.6
制 造 业	617718	663795	7.5
电力、燃气及水的生产和供应业	66417	74541	12.2
建 筑 业	210933	258380	22.5
批发和零售业	53670	60767	13.2
交通运输、仓储和邮政业	64618	70089	8.5
住宿和餐饮业	15123	18666	23.4
信息传输、计算机服务和软件业	24248	27028	11.5
金 融 业	79490	87740	10.4
房地产业	24045	31091	29.3
租赁和商务服务业	29973	31366	4.6
科学研究、技术服务和地质勘查业	32598	37723	15.7
水利、环境和公共设施管理业	17462	20026	14.7
居民服务和其他服务业	3603	4587	27.3
教　育	225752	302418	34.0
卫生、社会保障和社会福利业	105824	145832	37.8
文化、体育和娱乐业	12842	15238	18.7
公共管理和社会组织	229644	294295	28.2
四、按地区分组			
市　区	655196	788736	20.4
#市　直	320017	405793	26.8
庐 山 区	86101	95943	11.4
浔 阳 区	105313	119089	13.1
九江开发区	120364	141699	17.7
庐山管理局	23401	26213	12.0
九 江 县	100191	113831	13.6
武 宁 县	58115	70192	20.8
修 水 县	115788	145381	25.6
永 修 县	170419	202376	18.8
德 安 县	80654	103687	28.6
星 子 县	73397	93291	27.1
都 昌 县	95064	131510	38.3
湖 口 县	177301	135736	-23.4
彭 泽 县	79486	99659	25.4
瑞 昌 市	150654	175918	16.8
共青城市	101610	127773	25.7

3-9 各种分组的在岗职工工资总额

(2015年) 单位:万元

分类	合计	国有	城镇集体	其他
总计	2188089	1034224	104302	1049563
一、按企业、事业、机关分组				
企业	1348968	209457	93486	1046025
事业	568672	557185	10297.6	1189
机关	267702	267229	473.6	
民间非营利组织	80.5	47		34
其他	2667	307	45.1	2315
二、按国民经济行业分组				
农、林、牧、渔业	26690	26449	241	
# 农业	12207	12207		
林业	9200	9200		
畜牧业	1009	1009		
渔业	1954	1954		
农、林、牧、渔服务业	2320	2080	241	
采矿业	17818	2786	1892	13141
# 煤炭开采与洗选业	1869	1613	256	
黑色金属矿采选业	1693			1693
有色金属矿采业	10195		1636	8559
非金属矿采选业	3298	410		2888
其他采矿业	764	764		
制造业	663795	39087	5957	618751
# 农副食品加工业	22008	2021	582	19406
食品制造业	9684	1399	188	8097
酒、饮料制造业	7602	1368	151	6082
纺织业	66671	637	144	65890
纺织服装、鞋、帽制造业	95501	1143	664	93695
皮革、毛皮、羽毛（绒）及其制品业	10296	849	160	9286
木材加工及木、竹、藤、棕、草制品业	6149	1157	164	4828
家具制造业	4043	1442	177	2423
造纸及纸制品业	11297	2974	165	8158
印刷业和记录媒介的复制	4645	519	270	3856
文教、工美、体育和娱乐用品制造业	28445	907	111	27428
石油加工、炼焦及核燃料加工业	26911			26911
化学原料及化学制品造业	54746	8689	164	45893
医药制造业	15260	1008		14252

3-9续表1

分　类	合 计	国 有	城镇集体	其 他
化学纤维制造业	15806			15806
塑料制品业	9319		152	9167
非金属矿物制品业	56119	1299	2683	52136
黑色金属冶炼及压延加工业	40582			40582
有色金属冶炼及压延加工业	18100			18100
金属制品业	14964	2908		12057
通用设备制造业	19305		183	19122
专用设备制造业	14371	3171		11201
汽车制造业	11530	977		10553
铁路、船舶、航空航天和其他运输设备	20391			20391
电气机械及器材制造业	37043	1263		35781
通信设备、计算机及其他电子设备制造业	29691	476		29214
仪器仪表及文化、办公用机械制造业	7005	4044		2961
其他制造业	5647	838		4809
废弃资源和废旧材料回收加工业	668			668
电力、燃气及水的生产和供应业	74541	38362		36179
# 电力、热力的生产和供应业	63995	35816		28179
燃气生产和供应业	1276	155		1120
水的生产和供应业	9270	2391		6879
建　筑　业	258380	16156	69161	173063
# 房屋建筑业	177672	12854	63954	100864
土木工程建筑业	77122	3034	5207	68881
建筑安装业	1572	67		1505
建筑装饰业	2014	201		1813
批发和零售业	60767	20522	4957	35287
# 批　发　业	27974	18412	3143	6419
零　售　业	32793	2111	1814	28868
交通运输、仓储和邮政业	70089	32620	2484	34985
# 铁路运输业	111		111	
道路运输业	35229	20043		15186
水上运输业	19921		2087	17834
装卸搬运和其他运输服务业	2481	622	162	1697
仓　储　业	1971	1579	123	268
邮　政　业	10376	10376		

3-9续表2

分　类	合 计	国 有	城镇集体	其 他
住宿和餐饮业	18666	6207	119	12340
# 住　宿　业	14557	5148		9409
餐　饮　业	4109	1059	119	2931
信息传输、计算机服务和软件业	27028	4927	312	21790
# 电信、广播电视和卫星传输服务	25881	4844	312	20725
互联网和相关服务	50	50		
软件和信息技术服务业	1097	33		1065
金　融　业	87740	37755	12274	37711
# 货币金融服务业	70601	31344	12274	26983
资本市场服务	89			89
保　险　业	16890	6251		10639
其他金融活动	161	161		
房地产业	31091	1823	114	29155
# 房地产开发经营	26868	754		26113
物业管理	3204	378		2827
租赁和商务服务业	31366	12039	706	18621
# 租赁业	1616			1616
商务服务业	29751	12039	706	17006
科学研究、技术服务和地质勘查业	37723	31625	439	5659
# 研究与试验发展	5609	5350		259
专业技术服务	17650	12063	439	5148
科技推广和应用服务业	14464	14212		252
水利、环境和公共设施管理业	20026	15016	979	4030
# 水利管理业	3526	3526		
生态保护和环境治理业	2343	1943		400
公共设施管理业	14157	9548	979	3630
居民服务和其他服务业	4587	3444	357	786
# 居民服务业	1354	860	347	147
机动车、电子产品和日用产品修理业	925	444		481
其他服务业	2309	2141	10	158
教育	302418	297984	45	4389

3-9续表3

分　类	合计	国有	城镇集体	其他
# 初等教育	118838	118838		
中等教育	97450	93560		3890
高等教育	34828	34828		
卫生、社会保障和社会福利业	145832	140115	4265	1452
# 卫生	144008	138413	4239	1355
社会工作	1824	1701	26	96
文化、体育和娱乐业	15238	13031		2207
# 新闻和出版业	1588	998		590
广播、电视、电影和影视录音制作业	6610	6347		264
文化艺术业	5446	5446		
体育	1389	151		1238
娱乐业	206	90		116
公共管理和社会组织	294295	294276		19
# 中国共产党机关	12760	12760		
国家机构	267245	267245		
人民政协和民主党派	5562	5562		
社会保障	2924	2924		
群众社团、社会团体和宗教组织	5804	5785		19
三、按地区分组				
市　区	788736	400208	38760	349768
# 市　直	405793	251637	10388	143768
庐山区	95943	38395	23812	33736
浔阳区	119089	42917	3888	72284
九江开发区	141699	43171	588	97941
庐山管理局	26213	24089	84	2040
九江县	113831	48527	12480	52824
武宁县	70192	54150	1250	14792
修水县	145381	74171	76	71133
永修县	202376	119271	13316	69789
德安县	103687	35643	6954	61091
星子县	93291	34832	3501	54958
都昌县	131510	74651	1946	54913
湖口县	135736	42699	17053	75985
彭泽县	99659	50610	6696	42353
瑞昌市	175918	75812	2140	97966
共青城市	127773	23651	130	103992

3-10 在岗职工平均工资

单位:元

分类	2014年	2015年	2015年比2014年增长%
总计	**44403**	**51065**	**15.0**
一、按经济类型分组			
国有单位	46381	56331	21.5
城镇集体单位	39497	45047	14.1
其他单位	43314	47334	9.3
二、按企业、企业、机关分组			
企业	43344	47834	10.4
事业	46858	57744	23.2
机关	46100	56700	23.0
民间非盈利组织	39800	53667	34.8
其他	32510	34728	6.8
三、按国民经济行业分组			
农、林、牧、渔业	37861	41144	8.7
采矿业	45067	47338	5.0
制造业	42614	45180	6.0
电力、燃气及水的生产和供应业	59992	69554	15.9
建筑业	37760	47188	25.0
批发和零售业	41802	46769	11.9
交通运输、仓储和邮政业	42448	44731	5.4
住宿和餐饮业	31369	34695	10.6
信息传输、计算机服务和软件业	54417	58884	8.2
金融业	72428	81596	12.7
房地产业	42400	48878	15.3
租赁和商务服务业	41629	40218	-3.4
科学研究、技术服务和地质勘查业	51400	58358	13.5
水利、环境和公共设施管理业	34703	42635	22.9
居民服务和其他服务业	38532	43318	12.4
教育	46323	57727	24.6
卫生、社会保障和社会福利业	53819	64895	20.6
文化、体育和娱乐	37938	49717	31.0
公共管理和社会组织	45640	56431	23.6
四、按地区分组			
市区	48745	60781	24.7
#市直	59258	74257	25.3
庐山区	43688	48940	12.0
浔阳区	51315	54279	5.8
九江开发区	43426	49357	13.7
庐山管理局	46038	53924	17.1
九江县	41497	44156	6.4
武宁县	45670	55863	22.3
修水县	38923	47966	23.2
永修县	41645	45933	10.3
德安县	41835	52764	26.1
星子县	37329	42320	13.4
都昌县	32232	41454	28.6
湖口县	46795	50657	8.3
彭泽县	35737	42004	17.5
瑞昌市	46236	50178	8.5
共青城市	44693	47288	5.8

3-11 各种分组的在岗职工平均工资

（2015年）　　　　单位：元

分　　类	合 计	国 有	城镇集体	其 他
总　　计	**51065**	**56331**	**45047**	**47334**
一、按企业、事业、机关分组				
企　　业	47834	51719	45045	47384
事　　业	57744	58084	45284	42479
机　　关	56700	56738	41183	
民间非盈利组织	53667	51889		56333
其　　他	34728	47906	41000	33411
二、按国民经济行业分组				
农、林、牧、渔业	41144	41224	33901	
#农　业	42356	42356		
林　业	41914	41914		
畜牧业	43478	43478		
渔　业	34519	34519		
农、林、牧、渔服务业	37912	38438	33901	
采 矿 业	47338	47621	41398	48275
#煤炭开采与洗选业	51919	51692	53396	
黑色金属矿采选业	59199			59199
有色金属矿采选业	50047		39990	52574
非金属矿采选业	36522	43105		35748
其他采矿业	42893	42893		
制 造 业	45180	45172	41982	45213
#农副食品加工业	39188	41408	43074	38866
食品制造业	56563	41883	45756	60562
酒、饮料和精制茶制造业	33996	43567	43171	32233
纺织业	42368	45149	45063	42338
纺织服装、服饰业	41373	42007	36883	41401
皮革、毛皮、羽毛及其制品和制鞋业	38302	45640	37279	37765
木材加工和木、竹、藤、棕、草制品业	37861	45743	45500	36161
家具制造业	38576	44656	43268	35424
造纸和纸制品业	51140	43798	42282	54715
印刷和记录媒介复制业	39095	40827	38056	38947
文教、工美、体育和娱乐用品制造业	38367	41393	44200	38254
石油加工、炼焦和核燃料加工业	72713			72713
化学原料和化学制品制造业	50569	43227	32700	52354
医药制造业	46061	43090		46286

3-11续表1

分　　类	合 计	国 有	城镇集体	其 他
化学纤维制造业	41011			41011
塑料制品业	49729		42306	49874
非金属矿物制品业	45239	43455	45250	45284
黑色金属冶炼及压延加工业	56687			56687
有色金属冶炼及压延加工业	47505			47505
金属制品业	46487	42825		47467
通用设备制造业	56481		29484	56980
专用设备制造业	49987	52408		49342
汽车制造业	39405	45231		38941
铁路、船舶、航空航天和其他运输设备	48619			48619
电气机械及器材制造业	42114	44625		42030
计算机、通信和其他电子设备制造业	40406	17641		41275
仪器仪表制造业	68204	74202		61423
其他制造业	39685	47602		38568
废弃资源综合利用业	33209			33209
电力、燃气及水的生产和供应业	69554	75456		64227
# 电力、热力的生产和供应业	74909	80268		69049
燃气生产和供应业	46901	86278		44110
水的生产和供应业	48738	39579		53000
建筑业	47188	34655	43206	50772
# 房屋建筑业	43096	35597	44072	43655
土木工程建筑业	61644	32947	34805	68240
建筑安装业	32211	13380		34361
建筑装饰和其他建筑业	38068	25125		40374
批发和零售业	46769	79237	36263	39052
# 批发业	65945	87301	33686	53493
零售业	37473	43877	41804	36840
交通运输、仓储和邮政业	44731	46368	39422	43710
铁路运输业	32735		32735	
道路运输业	40322	44869		35565
水上运输业	53293		42940	54840
装卸搬运和其他运输服务业	40018	66892	17053	39282
仓储业	53546	52109	82267	53640
邮政业	47771	47771		

3-11续表2

分　　类	合计	国有	城镇集体	其他
住宿和餐饮业	34695	40329	15101	32801
住宿业	36937	41284		34925
餐饮业	28552	36250	15101	27443
信息传输、计算机服务和软件业	58884	42580	56691	64504
电信、广播电视和卫星传输服务	59455	43250	56691	65213
互联网和相关服务	22727	22727		
软件和信息技术服务业	51033	21667		53235
金融业	81596	75224	76667	91243
货币金融服务业	86702	76766	76667	109732
资本市场服务	38565			38565
保险业	66182	69376		64439
其他金融活动	45857	45857		
房地产业	48878	45794	37967	49140
# 房地产开发经营	51838	45168		52060
物业管理	33482	38938		32866
租赁和商务服务业	40218	35192	39674	44336
# 租赁业	32375			32375
商务服务业	40755	35192	39674	45948
科学研究、技术服务和地质勘查业	58358	58038	115447	57921
# 研究与试验发展	45050	45260		41111
专业技术服务	58098	56135	115447	60495
科技交流和推广服务业	66317	67101		39968
水利、环境和公共设施管理业	42635	46376	36808	33783
# 水利管理	54744	54744		
生态保护和环境治理业	54881	59972		38864
公共设施管理业	39043	42061	36808	33303
居民服务和其他服务业	43318	46420	42524	33725
# 居民服务业	41158	50281	44513	18388
机动车、电子产品和日用产品修理业	39682	38617		40720
其他服务业	46453	46941	16667	45200
教育	57727	57776	41000	54798

3-11续表3

分　　类	合 计	国 有	城镇集体	其 他
# 初等教育	53001	53001		
中等教育	55816	55790		56462
高等教育	100339	100339		
卫生、社会保障和社会福利业	64895	65853	49540	43461
# 卫生	65018	65996	49525	42356
社会工作	56458	55964	52200	68714
文化、体育和娱乐业	49717	49927		48512
# 新闻和出版业	71518	78559		62105
广播、电视、电影和影视录音制作业	46160	46701		36096
文化艺术业	50566	50566		
体育	48387	47094		48549
娱乐业	43787	60000		36188
公共管理和社会组织	56431	56432		47250
# 中国共产党机关	61230	61230		
国家机构	55963	55963		
人民政协和民主党派	70939	70939		
社会保障	56238	56238		
群众社团、社会团体和宗教组织	57522	57563		47250
三、按地区分组				
市　　区	60781	68650	48480	55149
# 市　　直	74257	77094	48333	72706
庐 山 区	48940	54407	54614	41207
浔 阳 区	54279	63328	29701	52175
九江开发区	49357	57278	38162	46598
庐山管理局	53924	56400	38364	35908
九 江 县	44156	43876	53358	42668
武 宁 县	55863	63856	39063	39289
修 水 县	47966	55472	34682	42051
永 修 县	45933	45699	20957	46654
德 安 县	52764	58613	31467	53777
星 子 县	42320	48956	50083	38621
都 昌 县	41454	44188	36302	38417
湖 口 县	50657	53386	46656	50182
彭 泽 县	42004	49487	32022	37125
瑞 昌 市	50178	59845	67514	44381
共 青 城 市	47288	44457	44828	47987

3-12 工业分行业在岗职工人数和在岗职工平均工资

(2015年) 单位:人、万元、元

分　　类	在岗职工人数	在岗职工工资总额	在岗职工平均工资
总　　计	**162921**	**756154**	**46849**
一、按行业分组			
采　矿　业	3860	17818	47338
# 煤炭开采与洗选业	396	1869	51919
黑色金属矿采选业	285	1693	59199
有色金属矿采选业	2082	10195	50047
非金属矿采选业	916	3298	36522
其他采矿业	181	764	42893
制造业	148398	663795	45180
# 农副食品加工业	5717	22008	39188
食品制造业	1684	9684	56563
酒、饮料和精制茶制造业	2107	7602	33996
纺织业	15973	66671	42368
纺织服装、服饰业	23298	95501	41373
皮革、毛皮、羽毛（绒）及其制品业	2738	10296	38302
木材加工及木、竹、藤、棕、草制品业	1580	6149	37861
家具制造业	1082	4043	38576
造纸及纸制品业	2304	11297	51140
印刷业和记录媒介的复制	1213	4645	39095
文教教育用品制造业	7467	28445	38367
石油加工、炼焦及核燃料加工业	3644	26911	72713
化学原料及化学制品制造业	11430	54746	50569
医药制造业	3274	15260	46061
化学纤维制造业	3856	15806	41011
橡胶和塑料制品业	1891	9319	49729
非金属矿物制造业	12217	56119	45239
黑色金属冶炼及压延加工业	6957	40582	56687
有色金属冶炼及压延加工业	3869	18100	47505
金属制品业	3247	14964	46487

3-12续表

分　　类	在岗职工人数	在岗职工工资总额	在岗职工平均工资
通用设备制造业	3505	19305	56481
专用设备制造业	2938	14371	49987
汽车制造业	2889	11530	39405
铁路、船舶、航空航天和其他运输设备	4120	20391	48619
电气机械及器材制造业	8961	37043	42114
通信设备、计算机及其他电子设备制造业	7697	29691	40406
仪器仪表制造业	1073	7005	68204
其他制造业	1459	5647	39685
废弃资源和废旧材料回收加工业	208	668	33209
电力、燃气及水的生产和供应业	10663	74541	69554
# 电力、热力的生产和供应业	8535	63995	74909
燃气生产和供应业	283	1276	46901
水的生产和供应业	1845	9270	48738
二、按地区分组			
市　　区	28987	155763	53120
# 市　　直	816	9835	85522
庐 山 区	6138	41976	26075
浔 阳 区	7471	53372	70738
九江开发区	14464	66138	46199
庐山管理局	98	343	34280
九 江 县	9590	41729	43828
武 宁 县	2590	11096	43927
修 水 县	14265	59774	43409
永 修 县	19526	92928	47776
德 安 县	10895	57678	52824
星 子 县	11699	44912	38674
都 昌 县	10360	37709	38447
湖 口 县	12704	67188	52003
彭 泽 县	8395	33695	41071
瑞 昌 市	15952	66592	42957
共 青 城 市	17958	87090	49084

3-13 单位从业人员年末人数

单位:人

分　　类	2014年	2015年	2015年比2014年增长%
总　　计	**454424**	**468092**	**3.0**
一、按经济类型分组			
国有单位	200516	206676	3.1
城镇集体单位	34130	27792	-18.6
其他单位	219778	233624	6.3
二、按企业、事业、机关分组			
企　业	300901	303059	0.7
事　业	102988	112714	9.4
机　关	49686	51535	3.7
民间非盈利组织	5	15	200.0
其　他	844	769	-8.9
三、按国民经济行业分组			
农、林、牧、渔业	7556	6670	-11.7
采矿业	3668	3877	5.7
制造业	148888	150910	1.4
电力、燃气及水的生产和供应业	11629	11279	-3.0
建筑业	68743	65092	-5.3
批发和零售业	13060	13403	2.6
交通运输、仓储和邮政业	16432	16908	2.9
住宿和餐饮业	4835	5466	13.1
信息传输、计算机服务和软件业	4725	4899	3.7
金融业	12026	12223	1.6
房地产业	5958	6724	12.9
租赁和商务服务业	8454	9500	12.4
科学研究、技术服务和地质勘查业	6867	7088	3.2
水利、环境和公共设施管理业	7510	7225	-3.8
居民服务和其他服务业	1050	1190	13.3
教育	51308	57147	11.4
卫生、社会保障和社会福利业	23740	27750	16.9
文化、教育和娱乐业	3630	3374	-7.1
公共管理和社会组织	54345	57367	5.6
四、按地区分组			
市　　区	138612	140993	1.7
#市　　直	59632	59616	0.0
庐　山　区	21086	21600	2.4
浔　阳　区	22935	24531	7.0
九江开发区	29818	30337	1.7
庐山管理局	5141	4909	-4.5
九　江　县	25632	26177	2.1
武　宁　县	15150	15485	2.2
修　水　县	34363	37089	7.9
永　修　县	41955	45439	8.3
德　安　县	20434	21060	3.1
星　子　县	20408	22865	12.0
都　昌　县	34461	37132	7.8
湖　口　县	41479	29943	-27.8
彭　泽　县	24329	26956	10.8
瑞　昌　市	34605	37604	8.7
共青城市	22996	27349	18.9

3-14 各种分组的单位从业人员人数

（2015年末） 单位:人

分　　类	合 计	国 有	城镇集体	其 他
总　　计	**468092**	**206676**	**27792**	**233624**
一、按企业、事业、机关分组				
企　　业	303059	45308	25107	232644
事　　业	112714	109886	2548	280
机　　关	51535	51409	126	6
民间非盈利组织	15	9		694
其　　他	769	64	11	
二、按国民经济行业分组				
农、林、牧、渔业	6670	6598	72	
采 矿 业	3877	629	476	2772
制 造 业	150910	8806	1468	140636
电力、燃气及水的生产和供应业	11279	5151		6128
建筑业	65092	6403	19918	38771
批发和零售业	13403	2786	1487	9130
交通运输、仓储和邮政业	16908	7851	677	8380
住宿和餐饮业	5466	1485	112	3869
信息传输、计算机服务和软件业	4899	1222	95	3582
金融业	12223	5816	1666	4741
房地产业	6724	417	30	6277
租赁和商务服务业	9500	4179	203	5118
科学研究、技术服务和地质勘查业	7088	5973	52	1063
水利、环境和公共设施管理业	7225	5535	477	1213
居民服务和其他服务业	1190	839	93	258
教育	57147	56293	11	843
卫生、社会保障和社会福利业	27750	26430	955	365
文化、体育和娱乐业	3374	2900		474
公共管理和社会组织	57367	57363		4
三、按地区分组				
市　　区	140993	64664	9577	66752
# 市　直	59616	35314	3414	20888
庐 山 区	21600	8696	4560	8344
浔 阳 区	24531	8630	1409	14492
九江开发区	30337	7688	172	22477
庐山管理局	4909	4336	22	551
九 江 县	26177	11416	2390	12371
武 宁 县	15485	10417	330	4738
修 水 县	37089	18002	22	19065
永 修 县	45439	26743	3172	15524
德 安 县	21060	6957	2393	11710
星 子 县	22865	7338	765	14762
都 昌 县	37132	19366	2067	15699
湖 口 县	29943	10423	4490	15030
彭 泽 县	26956	12381	2492	12083
瑞 昌 市	37604	13816	360	23428
共 青 城 市	27349	5057	29	22263

3-15 各种分组的单位从业人员女性人数

(2015年末) 单位:人

分　　类	合 计	国 有	城镇集体	其 他
总　　计	**177716**	**76143**	**5471**	**96102**
一、按企业、事业、机关分组				
企　　业	116353	16457	4417	95479
事　　业	47237	46156	1006	75
机　　关	13542	13504	38	
民间非盈利组织	4	3		1
其　　他	580	23	10	547
二、按行业分组				
农、林、牧、渔业	2136	2109	27	
采 矿 业	737	121	39	577
制 造 业	71019	3374	605	67040
电力、燃气及水的生产和供应业	3078	1571		1507
建 筑 业	10432	1765	2001	6666
批发和零售业	7203	1005	776	5422
交通运输、仓储和邮政业	4727	2620	250	1857
住宿和餐饮业	3243	723	55	2465
信息传输、计算机服务和软件业	2098	366	40	1692
金 融 业	5593	2546	679	2368
房地产业	2697	160	7	2530
租赁和商务服务业	3142	1002	57	2083
科学研究、技术服务和地质勘查业	2009	1689	16	304
水利、环境和公共设施管理业	3633	2528	330	775
居民服务和其他服务业	493	290	66	137
教育	23419	23158	10	251
卫生、社会保障和社会福利业	15668	14977	513	178
文化、体育和娱乐业	1409	1162		247
公共管理和社会组织	14980	14977		3
三、按地区分组				
市　　区	50342	25670	1288	23384
#市　　直	21157	13946	385	6826
庐 山 区	6563	3098	523	2942
浔 阳 区	8444	3557	302	4585
九江开发区	12362	3511	74	8777
庐山管理局	1816	1558	4	254
九 江 县	10365	4093	168	6104
武 宁 县	5212	3859	26	1327
修 水 县	13012	5355	9	7648
永 修 县	16437	10642	1331	4464
德 安 县	9397	2917	67	6413
星 子 县	10788	3111	367	7310
都 昌 县	13604	6012	480	7112
湖 口 县	8882	3232	1041	4609
彭 泽 县	10059	4173	576	5310
瑞 昌 市	15498	4936	103	10459
共青城市	14120	2143	15	11962

3-16 单位从业人员劳动报酬

单位：万元

分　　类	2014年	2015年	2015年比2014年增长%
总　　计	**1945204**	**2291705**	**17.8**
一、按经济类型分组			
国有单位	887856	1087041	22.4
城镇集体单位	123325	115237	-6.6
其他单位	934023	1089427	16.6
二、按企业、企业、机关分组			
企　业	1267395	1413266	11.5
事　业	454650	598237	31.6
机　关	220407	277450	25.9
民间非盈利组织	20	81	304.5
其　他	2733	2671	-2.3
三、按国民经济行业分组			
农、林、牧、渔业	28216	26861	-4.8
采矿业	15897	17883	12.5
制造业	626782	674049	7.5
电力、燃气及水的生产和供应业	69222	77683	12.2
建筑业	245287	290139	18.3
批发和零售业	54134	61457	13.5
交通运输、仓储和邮政业	67518	74730	10.7
住宿和餐饮业	15417	19058	23.6
信息传输、计算机服务和软件业	25063	27688	10.5
金融业	82035	91726	11.8
房地产业	24787	32168	29.8
租赁和商务服务业	33994	38488	13.2
科学研究、技术服务和地质勘查业	33881	39230	15.8
水利、环境和公共设施管理业	21523	25490	18.4
居民服务和其他服务业	3965	5018	26.6
教育	229627	311193	35.5
卫生、社会保障和社会福利业	116900	156937	34.2
文化、体育和娱乐业	13329	16193	21.5
公共管理和社会组织	237627	305716	28.7
四、按地区分组			
市　　区	687088	821235	19.5
# 市　　直	334531	416651	24.5
庐　山　区	89559	103695	15.8
浔　阳　区	109999	126001	14.5
九江开发区	129108	147989	14.6
庐山管理局	23892	26863	12.4
九　江　县	103098	116874	13.4
武　宁　县	63742	76873	20.6
修　水　县	124349	155519	25.1
永　修　县	173331	205815	18.7
德　安　县	82839	107129	29.3
星　子　县	75168	94862	26.2
都　昌　县	106763	146908	37.6
湖　口　县	186692	144324	-22.7
彭　泽　县	84234	109572	30.1
瑞　昌　市	154067	182523	18.5
共青城市	103834	130108	25.3

3-17 单位从业人员平均劳动报酬

单位:元

分　　类	2014年	2015年	2015年比2014年增长%
总　　计	**43200**	**49560**	**14.7**
一、按经济类型分组			
国有单位	44378	53404	20.3
城镇集体单位	37763	43481	15.1
其他单位	42934	46887	9.2
二、按企业、事业、机关分组			
企　业	42648	47077	10.4
事　业	44318	54352	22.6
机　关	44378	54029	21.7
民间非盈利组织	39800	53667	34.8
其　他	32418	34737	7.2
三、按国民经济行业分组			
农、林、牧、渔业	37797	40928	8.3
采矿业	44945	47271	5.2
制造业	42466	45112	6.2
电力、燃气及水的生产和供应业	59144	68618	16.0
建筑业	36736	44785	21.9
批发和零售业	41712	46264	10.9
交通运输、仓储和邮政业	41734	44650	7.0
住宿和餐饮业	30958	34582	11.7
信息传输、计算机服务和软件业	52920	56727	7.2
金融业	68804	76077	10.6
房地产业	41771	48540	16.2
租赁和商务服务业	40116	41274	2.9
科学研究、技术服务和地质勘查业	49324	55732	13.0
水利、环境和公共设施管理业	28708	35521	23.7
居民服务和其他服务业	38679	43523	12.5
教育	44910	55500	23.6
卫生、社会保障和社会福利业	49711	59916	20.5
文化、体育和娱乐业	36677	47922	30.7
公共管理和社会组织	43739	53536	22.4
四、按地区分组			
市　　区	47247	58700	24.2
#市　　直	56973	71209	25.0
庐　山　区	42700	48505	13.6
浔　阳　区	48502	51312	5.8
九江开发区	42913	48753	13.6
庐山管理局	45147	52682	16.7
九　江　县	41241	44093	6.9
武　宁　县	42443	50050	17.9
修　水　县	36907	45255	22.6
永　修　县	41347	45700	10.5
德　安　县	41085	51411	25.1
星　子　县	36949	41848	13.3
都　昌　县	31394	39885	27.0
湖　口　县	45207	48183	6.6
彭　泽　县	34774	41250	18.6
瑞　昌　市	45394	49316	8.6
共青城市	45214	47519	5.1

3-18 城镇就业和再就业主要指标

指　　标	单 位	2014年	2015年
新增就业人数	万人	6.23	6.3
下岗失业人员再就业	万人	2.72	2.74
"4050"再就业	万人	0.57	0.6
城镇登记失业率	%	4.5	3.5

3-19 社会保障主要指标

指　　标	单 位	2014年	2015年
养老保险			
参保职工人数	万人	77.9	88.5
征缴基金	万元	259810	310960
失业保险			
参保职工人数	万人	34	34
征缴基金	万元	10945	10007
医疗保险			
参保职工人数	万人	60.1	64.29
征缴基金	万元	100166	119223

主要统计指标解释

劳动力资源 指全部人口中可能或已经参加社会劳动的人口，即一定劳动年龄以上有劳动能力的人。

社会从业人员 指在劳动年龄内，有劳动能力，参加社会劳动并取得劳动报酬或经营收入的人员。

单位从业人员 指在各级国家机关、政党机关、社会团体及企业、事业单位中工作，取得工资或其他形式的劳动报酬的全部人员。包括在岗职工和其他从业人员。不包括离开本单位仍保留劳动关系的职工。各单位的从业人员反映了各单位实际参加生产或工作的全部劳动力。

城镇私营和个体从业人员 城镇私营从业人员指在工商管理部门注册登记，其经营地址设在县城关镇(含城关镇)以上的私营企业从业人员；包括私营企业投资者和雇工。城镇个体从业人员指在工商管理部门注册登记，并持有城镇户口或在城镇长期居住，经批准从事个体工商经营的从业人员；包括个体经营者和在个体工商户劳动的家庭帮工和雇工。

在岗职工 在本单位工作并由单位支付工资的人员，包括有工作岗位但由于学习、参军、出国援外、派出外单位以及按国家规定休病、伤、产假、哺乳假暂未工作仍由单位支付工资的人员，还包括派往多种经营单位工作但仍由原单位支付工资的人员。不包括反聘的离退休人员、民办教师和在各单位工作的外方人员和港澳台人员。

单位其他从业人员 指按劳动统计规定不作为在岗职工统计，但实际参加本单位生产或工作并取得劳动报酬的人员。包括再就业的离退休人员、民办教师以及在各单位工作的外方人员和港澳台人员、兼职人员、借用的外单位人员和从事第二职业人员。

单位从业人员劳动报酬 指在岗职工工资总额和其他从业人员劳动报酬两项之和，不包括不在岗职工生活费。

在岗职工工资总额 指各单位在一定时期内直接支付给本单位在岗职工的全部劳动报酬总额。

其他从业人员劳动报酬 指各单位在一定时期内直接支付给本单位其他从业人员的全部劳动报酬。

在岗职工平均工资 指在企业、事业、机关单位的在岗职工在一定时期内平均每人所得的货币工资额。

$$\text{在岗职工平均工资}=\frac{\text{报告期实际支付的全部在岗职工工资总额}}{\text{报告期全部在岗职工平均人数}}$$

固定资产投资 4

- 2015年，全市固定资产投资2119.92亿元，其中工业投资1543.90亿元。
- 2015年，全市新增固定资产1436.64亿元，固定资产交付使用率67.8%。
- 2015年，全市固定资产投资建设项目975个，其中全部建成投产项目670个，建成项目投产率68.7%。

4-1 固定资产投资

指　　标	单位	2014年	2015年	2015年比 2014年增长%
一、固定资产投资完成额	**万元**	**18122162**	**21199205**	**17.0**
# 工业	万元	12482246	15438999	23.7
# 住宅	万元	1124033	993408	-11.6
1、按登记注册类型分				
内资企业	万元	17035930	20623995	21.1
国有企业	万元	2449704	2132208	-13.0
集体企业	万元	9960	31954	220.8
股份合作企业	万元	78000	57589	-26.2
联营企业	万元	20682	22721	9.9
有限责任公司	万元	5756994	7558799	31.3
股份有限公司	万元	385329	124728	-67.6
私营企业	万元	8279605	10296941	24.4
其他企业	万元	55656	399055	617.0
港、澳、台商投资企业	万元	952176	450538	-52.7
外商投资企业	万元	102961	91157	-11.5
个体经营		31095	33515	7.8
2、按建设性质分	万元			
# 新建	万元	16859667	19909194	18.1
扩建	万元	418720	581176	38.8
改建和技术改造		802623	652835	-18.7
3、按投资构成分	万元			
建筑工程	万元	11895237	15061418	26.6
安装工程	万元	795873	784520	-1.4
设备工器具购置	万元	4032897	4158937	3.1
其他费用		1398155	1194330	-14.6
5、按产业分	万元			
第一产业	万元	150197	137627	-8.4
第二产业	万元	12496764	15475735	23.8
第三产业	万元	5475201	5585843	2.0

4-1续表

指　　标	单位	2014年	2015年	2015年比2014年增长%
二、其他主要指标				
本年资金来源合计	万元	22274195	22115903	-0.7
1、上年末结余资金	万元	1079527	607884	-43.7
2、本年资金来源小计	万元	21194668	21508019	1.5
(1)国家预算内资金	万元	653808	608607	-6.9
(2)国内贷款	万元	504994	320436	-36.5
(3)债券	万元	350001		-100.0
(4)利用外资	万元	46218		-100.0
(5)自筹资金	万元	18834352	19635189	4.3
(6)其他资金来源	万元	805295	943787	17.2
本年新增固定资产	平方米	11299172	14366356	27.1
本年施工房屋面积	平方米	23999390	17770694	-26.0
# 住宅	平方米	9388283	10306048	9.8
本年竣工房屋面积	平方米	3700292	4077710	10.2
# 住宅		1279136	1600353	25.1

4-2 分行业固定资产投资

单位：万元

指　　标	2014年	2015年	2015年比2014年增长%
一、计划投资			
1、计划总投资	42724085	46501785	8.8
其中：本年新开工项目	35096464	35198782	0.3
2、自开始建设至本年底累计完成投资	28218013	34841794	23.5
二、本年完成投资	**18122162**	**21199205**	**17.0**
其中：国有经济控股	2933680	2734464	-6.8
其中：住宅	1124033	993408	-11.6
1、按登记注册类型分			
内资企业	17035930	20623995	21.1
国有企业	2449704	2132208	-13.0
集体企业	9960	31954	220.8
股份合作企业	78000	57589	-26.2
联营企业	20682	22721	9.9
国有联营企业	20682	22721	9.9
有限责任公司	5756994	7558799	31.3
国有独资公司	1000	379307	37830.7
其他有限责任公司	5755994	7179492	24.7
股份有限公司	385329	124728	-67.6
私营企业	8279605	10296941	24.4
其他企业	55656	399055	617.0
港、澳、台商投资企业	952176	450538	-52.7
外商投资企业	102961	91157	-11.5
个体经营	31095	33515	7.8
2、按建设性质分			
其中：新建	16859667	19909194	18.1
扩建	418720	581176	38.8
改建和技术改造	802623	652835	-18.7

4-2续表

指　　标	2014年	2015年	2015年比2014年增长%
3、按投资构成分			
建筑工程	11895237	15061418	26.6
安装工程	795873	784520	-1.4
设备工器具购置	4032897	4158937	3.1
4、按国民经济行业分			
（一）农、林、牧、渔业	150477	143127	-4.9
（二）采矿业	376659	118261	-68.6
（三）制造业	11569724	14278767	23.4
（四）电力、热力、燃气及水生产和供应业	535863	1041971	94.4
（五）建筑业	14518	36736	153.0
（六）批发和零售业	830148	1134124	36.6
（七）交通运输、仓储和邮政业	589752	400046	-32.2
（八）住宿和餐饮业	226661	145826	-35.7
（九）信息传输、软件和信息技术服务业	88026	162200	84.3
（十一）房地产业	1940677	1733935	-10.7
（十二）租赁和商务服务业	82992	124487	50.0
（十三）科学研究和技术服务业	3988	4000	0.3
（十四）水利、环境和公共设施管理业	853844	832899	-2.5
（十五）居民服务、修理和其他服务业	51561	95783	85.8
（十六）教育	78258	144140	84.2
（十七）卫生和社会工作	27767	25673	-7.5
（十八）文化、体育和娱乐业	273403	350335	28.1
（十九）公共管理、社会保障和社会组织	427844	417400	-2.4
三、本年新增固定资产	**11299172**	**14366356**	**27.1**
四、项目个数			
（1）施工项目个数	1040	975	-6.3
其中：本年新开工	574	514	-10.5
（2）本年投产项目个数	617	670	8.6

4-3 按各行业登记注册类型分固定资产投资(一)

(2015年)

单位:万元

行业	本年合计	内资企业	国有企业	集体企业	股份合作企业	有限责任公司
本年完成投资	**21199205**	**20623995**	**2132208**	**31954**	**57589**	**7558799**
(一)农、林、牧、渔业	143127	129491				35500
农业	117477	103841				30000
林业	12000	12000				
畜牧业	8150	8150				
(二)采矿业	118261	105796				13100
(三)制造业	14278767	13854267		31954		4526098
农副食品加工业	449153	449153				129000
食品制造业	265277	265277				141169
酒、饮料和精制茶制造业	126566	126566				850
纺织业	846529	816529				330349
纺织服装、服饰业	750539	722539				405469
皮革、毛皮、羽毛及其制品和制鞋业	755432	746032				471183
木材加工及木、竹、藤、棕、草制品业	369019	369019				358457
家具制造业	224889	224889				112775
造纸和纸制品业	418259	404855				297100
印刷业和记录媒介的复制	211579	211579				36200
文教、美工、体育和娱乐用品制造业	287292	226669				125329
石油加工、炼焦和核燃料加工业	65478	65478				1800
化学原料和化学制品制造业	1880377	1824954				246132
医药制造业	530152	530152				68774
橡胶和塑料制品业	275213	275213				72049
黑色金属冶炼和压延加工业	87596	87596				18000
有色金属冶炼和压延加工业	787272	787272				30422
金属制品业	562455	562455				223676
通用设备制造业	634002	629002				344645
专用设备制造业	362697	362697		31954		72241
汽车制造业	559172	506557				48300
铁路、船舶、航空航天和其他运输设备制	207289	207289				56000
电气机械及器材制造业	1043154	882619				129775
计算机、通信和其他电子设备制造业	571029	571029				91052
仪器仪表制造业	69890	69890				10300
其他制造业	150453	150453				27210

4-3续表

行业	本年合计	内资企业				
			国有企业	集体企业	股份合作企业	有限责任公司
（四）电力、热力、燃气及水生产和供应业	1041971	957971	137786			688271
电力、热力的生产和供应业	824854	740854	82032			573374
燃气生产和供应业	22776	22776				13040
水的生产和供应业	194341	194341	55754			101857
（五）建筑业	36736	36736	34736			
（六）批发和零售业	1134124	1134124	248660			608966
批发业	815616	815616	246000			568616
零售业	318508	318508	2660			40350
（七）交通运输、仓储和邮政业	400046	400046	152411			177135
道路运输业	177556	177556	141611			35945
水上运输业	100290	100290				100290
仓储业	107600	107600	10800			40900
（八）住宿和餐饮业	145826	145376	35099			107777
住宿业	145826	145376	35099			107777
（九）信息传输、软件和信息技术服务业	162200	162200				132200
（十）金融业	9495	9495	9495			
（十一）房地产业	1733935	1715186	398331			894894
房地产开发投资	1329104	1310355	9985			883621
房地产业	404831	404831	388346			11273
（十二）租赁和商务服务业	124487	124487				95330
（十三）科学研究和技术服务业	4000	4000				
（十四）水利、环境和公共设施管理业	832899	813639	558597		57589	108000
水利管理业	305	305	305			
生态保护和环境治理业	1200	1200	1200			
公共设施管理业	831394	812134	557092		57589	108000
（十五）居民服务、修理和其他服务业	95783	93633				25483
（十六）教育	144140	144140	68940			
（十七）卫生和社会工作	25673	25673	22063			
（十八）文化、体育和娱乐业	350335	350335	48690			146045
文化艺术业	48690	48690	48690			
娱乐业	301645	301645				146045
（十九）公共管理、社会保障和社会组织	417400	417400	417400			
国家机构	417400	417400	417400			

4-4 按各行业登记注册类型分固定资产投资(二)

(2015年)

单位:万元

行业	内资企业			港、澳、台商投资企业	外商投资企业
	股份有限公司	私营企业	其他企业		
本年完成投资	**124728**	**10296941**	**399055**	**450538**	**91157**
(一)农、林、牧、渔业		93991		13636	
农业		73841		13636	
林业		12000			
畜牧业		8150			
(二)采矿业		92696			
(三)制造业	113100	8856560	326555	334168	71432
农副食品加工业		320153			
食品制造业		124108			
酒、饮料和精制茶制造业		125716			
纺织业		486180			30000
纺织服装、服饰业		317070		28000	
皮革、毛皮、羽毛及其制品和制鞋业		274849			
木材加工及木、竹、藤、棕、草制品业		10562			
家具制造业		5920	106194		
造纸和纸制品业		107755		13404	
印刷业和记录媒介的复制		175379			
文教、美工、体育和娱乐用品制造业		101340		60623	
石油加工、炼焦和核燃料加工业		63678			
化学原料和化学制品制造业	100	1466326	112396	13991	41432
医药制造业	61000	400378			
橡胶和塑料制品业		203164			
黑色金属冶炼和压延加工业		69596			
有色金属冶炼和压延加工业		756000	850		
金属制品业		338779			
通用设备制造业		284357		5000	
专用设备制造业		258502			
汽车制造业	52000	406257		52615	
铁路、船舶、航空航天和其他运输设备制造业		134489	16800		
电气机械及器材制造业		707844	45000	160535	
计算机、通信和其他电子设备制造业		440512	39465		
仪器仪表制造业		59590			
其他制造业		123243			

4-4续表

行　　业	内资企业			港、澳、台商投资企业	外商投资企业
	股份有限公司	私营企业	其他企业		
（四）电力、热力、燃气及水生产和供应业		109193		84000	
电力、热力的生产和供应业		62727		84000	
燃气生产和供应业		9736			
水的生产和供应业		36730			
（五）建筑业		2000			
（六）批发和零售业		276498			
批发业		1000			
零售业		275498			
（七）交通运输、仓储和邮政业		70500			
道路运输业					
水上运输业					
仓储业		55900			
（八）住宿和餐饮业		2500			450
住宿业		2500			450
（九）信息传输、软件和信息技术服务业		30000			
（十）金融业					
（十一）房地产业	11628	410333		18734	15
房地产开发投资	11628	405121		18734	15
房地产业		5212			
（十二）租赁和商务服务业		29157			
（十三）科学研究和技术服务业		4000			
（十四）水利、环境和公共设施管理业		89453			19260
水利管理业					
生态保护和环境治理业					
公共设施管理业		89453			19260
（十五）居民服务、修理和其他服务业		68150			
（十六）教育		2700	72500		
（十七）卫生和社会工作		3610			
（十八）文化、体育和娱乐业		155600			
文化艺术业					
娱乐业		155600			
（十九）公共管理、社会保障和社会组织					
国家机构					

4-5 各县(市、区)固定资产投资

（2015年）　　　　单位：万元

地　　区	固定资产投资	# 工业投资
全市合计	**21199205**	**15438999**
浔阳区	249211	1300
庐山区	2582144	1440977
九江开发区	2472047	1979358
庐山管理局	34806	2000
九江县	1198319	964924
武宁县	1323617	760149
修水县	1587496	1286931
永修县	2092272	1786409
德安县	993751	834490
星子县	728389	555835
都昌县	889723	680098
湖口县	1994894	1425240
彭泽县	1316150	1168825
瑞昌市	2273485	1528679
共青城市	1462901	1023784

4-6 分行业资金来源情况

（2015年） 单位:万元

指标名称	本年资金来源合计	1.上年末结余资金	2.本年资金来源小计	国家预算内资金	国内贷款	自筹资金	其中：企、事业单位自有资金	其他资金来源
合　　计	**22115903**	**607884**	**21508019**	**608607**	**320436**	**19635189**	**5393316**	**943787**
按国民经济行业分								
（一）农、林、牧、渔业	143534		143534			143534	122324	
（二）采矿业	133536		133536			129871	32611	3665
（三）制造业	14313564	14800	14298764		12001	14244963	4219278	41800
（四）电力、燃气及水的生产和供应业	962875		962875	48110	71236	842529	310460	1000
（五）建筑业	41554		41554			41554		
（六）批发零售业	1024651	1416	1023235			1023235	173000	
（七）交通运输	432139	3837	428302	48500	39141	340661	27000	
（八）住宿餐营业	154257		154257			154257	11000	
（九）信息传输软件业	86000		86000			86000	86000	
（十）金融业	9500		9500			9500		
（十一）房地产业	2785575	582931	2202644	153524	198058	957215	284430	893847
（十二）租赁和商务服务业	128174		128174			128174		
（十三）科学研究、技术服务和地质勘查业	4200		4200			4200		
（十四）水利、环境和公共设施管理业	847762	4100	843662	290309		552018	106388	1335
（十五）居民服务和其他服务业	96301		96301			96301		
（十六）教育	145752	800	144952	100		142712	7301	2140
（十七）卫生、社会保障和社会福利业	24673		24673	2500		22173	950	
（十八）文化、体育和娱乐业	352614		352614	27149		325465	7073	
（十九）公共管理和社会组织	429242		429242	38415		390827	5501	

4-7 固定资产投资施工及投产项目个数

（2015年）　　　　单位:个

指　　标	施工项目个数	投产项目个数
合　　计	975	670
（一）农、林、牧、渔业	9	8
农业	6	6
林业	1	
畜牧业	1	1
农、林、牧、渔服务业	1	1
（二）采矿业	18	10
黑色金属矿采选业	1	1
有色金属矿采选业	1	
非金属矿采选业	16	9
（三）制造业	639	429
农副食品加工业	15	12
食品制造业	8	7
酒、饮料和精制茶制造业	6	2
纺织业	83	41
纺织服装、服饰业	64	50
皮革、毛皮、羽毛及其制品和制鞋业	38	23
木材加工及木、竹、藤、棕、草制品业	4	3
家具制造业	12	8
造纸和纸制品业	10	7
印刷业和记录媒介的复制	9	4
文教、美工、体育和娱乐用品制造业	13	9
石油加工、炼焦和核燃料加工业	4	3
化学原料和化学制品制造业	60	42
医药制造业	20	9
化学纤维制造业	1	1
橡胶和塑料制品业	16	12
非金属矿制品业	78	58
黑色金属冶炼和压延加工业	6	4
有色金属冶炼和压延加工业	10	8
金属制品业	24	17
通用设备制造业	26	22
专用设备制造业	18	10
汽车制造业	20	13
铁路、船舶、航空航天和其他运输设备制造	7	4
电气机械及器材制造业	37	25
计算机、通信和其他电子设备制造业	28	19
仪器仪表制造业	7	5
其他制造业	8	6
废弃资源综合利用业	7	5

4-7续表

指　　　标	施工项目个数	投产项目个数
（四）电力、热力、燃气及水生产和供应业	39	28
电力、热力的生产和供应业	16	8
燃气生产和供应业	4	3
水的生产和供应业	19	17
（五）建筑业	12	8
土木工程建筑业	11	11
建筑装饰和其他建筑业	1	
（六）批发和零售业	19	11
批发业	11	6
零售业	8	5
（七）交通运输、仓储和邮政业	29	21
道路运输业	19	16
水上运输业	2	1
装卸搬运和运输代理业	1	
仓储业	6	3
邮政业	1	1
（八）住宿和餐饮业	15	6
住宿业	15	6
（九）信息传输、软件和信息技术服务业	2	2
软件和信息技术服务业	2	2
（十）金融业	1	1
货币金融服务	1	1
（十一）房地产业	45	34
（十二）租赁和商务服务业	8	7
租赁业	1	1
商务服务业	7	6
（十四）水利、环境和公共设施管理业	73	50
水利管理业	1	
生态保护和环境治理业	1	1
公共设施管理业	71	49
（十五）居民服务、修理和其他服务业	6	5
机动车、电子产品和日用产品修理业	5	4
其他服务业	1	1
（十六）教育	10	8
（十七）卫生和社会工作	6	5
卫生	4	4
社会工作	2	1
（十八）文化、体育和娱乐业	16	13
文化艺术业	5	5
娱乐业	11	8
（十九）公共管理、社会保障和社会组织	27	24
国家机构	27	24

4-8 各县(市、区)工业投资

地区	工业投资	采矿业	制造业	电力、燃气及水的生产和供应业
总计	**15438999**	**118261**	**14278767**	**1041971**
浔阳区	1300		1300	
庐山区	1440977		1436777	4200
九江开发区	1979358		1979358	
庐山管理局	2000			2000
九江县	964924		960471	4453
武宁县	760149	61096	697833	1220
修水县	1286931		1116381	170550
永修县	1786409	3665	1722649	60095
德安县	834490	16800	729438	88252
星子县	555835	800	528150	26885
都昌县	680098		629641	50457
湖口县	1425240		998120	427120
彭泽县	1168825	22800	1093468	52557
瑞昌市	1528679	13100	1372667	142912
共青城市	1023784		1012514	11270

主要统计指标解释

固定资产投资额 是以货币表现的建造和购置固定资产的工作量，它是反映固定资产投资规模、速度、比例关系和使用方向的综合指标。

固定资产投资分为全社会固定资产投资和固定资产投资两个口径。全社会固定资产投资的统计范围包括国有经济单位投资、城乡集体所有制单位投资、其他所有制单位投资和城乡个人投资。固定资产投资的统计范围包括国有经济单位投资、城镇集体所有制单位投资和其他所有制单位投资。按照管理渠道，全社会固定资产投资总额为基本建设、更新改造、房地产开发投资和其他固定资产四个部分。

基本建设投资 指企业、事业、行政单位以扩大生产能力或工程效益为主要的新建、扩建、改建和恢复工程以及设备购置等有关活动。其综合范围为总投资 500 万元以上(含 500 万元)的基本建设项目。基本建设投资额是以货币表现的基本建设工作量，是反映一定时期内基本建设规模和建设进度的综合指标。

更新改造措施投资 指企事业单位利用自有的基本折旧基金、国家更新改造拨款和国内外技术改造贷款等资金，对原有设施进行技术改造和更新，以及相应配套的辅助性生产、生活福利设施等工程(不包括大修理和维护工程)的投资额。其目的是要在技术进步的前提下，通过采取新技术、新工艺、新设备、新材料，努力提高产品质量、增加品种，促进产品升级换代，降低能源和原材料消耗，增强资源综合利用和污染治理等，提高社会综合经济效益和实现以内涵为主的扩大再生产。其综合范围为总投资500万元以上(含500万元)的更新改造项目。更新改造措施投资额是以货币表现的更新改造措施完成的工作量。

其他固定资产投资 指不划分基本建设和更新改造的固定资产投资，包括国有经济单位按规定不纳入基本建设计划和更新改造措施计划管理，总投资在 500 万元以上(含 500 万元)的固定资产投资。即：用油田维护费和石油开发基金进行的油田维护和开发工程；矿山、森林等采掘、采伐工业用维持简单再生产费用进行的开拓延伸工程；交通部门用养路费对原有公路、桥梁进行的改建工程和商业部门用简易建筑费建造的仓库工程。还包括城镇集体所有制及其它经济类型企业、事业单位建造和购置固定资产投资在 500 万元以上未列人基本建设计划和更新计划的项目的固定资产投资。

固定资产投资按构成分组：

建筑工程 指各种房屋建筑物的建造工程，又称建筑工程量。这部分投资额必须兴工动料，通过施工才能实现。建筑工程包括各种房屋的建造，设备基础及各种窑炉的砌筑和金属结构工程，为施工而进行的建筑场地布置、地质勘探、平整场地、施工用水、电、气、路和清理绿化等。矿井的开凿、铁路、公路、桥梁、水利及防空、地下建筑等特殊工程。

安装工程 指各种设备、装置的安装工程，又称安装工作量。在安装工程投资额中，不包括被安装设备本身的价值。安装工程包括生产、动力、起重、运输、传动和医疗试验等各种需安装设备的装配与设备相连的工作台、梯子栏杆以及管线敷设、保温、油漆、防腐和单机试运系统联动无负簧试运(不包括投料试运)。

设备、工具、器具购置 指购置和自制达到固定资产标准的设备、工具、器具的价值。但新建单位、扩建单位的新建车间，按照设计和计划要求购置或自制的全部设备、工具、器具，不论是否达到固定资产标准均计入“设备、工具、器具购置”中。

其他费用 是指在固定资产建造和购置过程中发生的，除上述几项内容以外的各种应分摊计入固定资产的费用。**其中土地购置费**是指建设项目通过划拨方式或出让方式取得土地使用权而支付的各项费用。包括通过划拨方式取得土地使用权所支付的土地补偿费、附着物和青苗补偿费、安置补偿费及土地征收管理费等（计入新增固定资产）；以及通过出让方式取得土地使用权所支付的出让金（不计入新增固定资产）。有些项目中的土地购置费，在做预算时费用比较高，而在实际建设过程中，政府给予了特殊政策，以优惠价出让土地，在统计中应按实际发生额进行统计。**旧建筑物购置费**是指购置已使用过的各种旧房屋及其他建筑物的费用（单纯购置房屋建筑物不纳入固定资产投资统计）。

固定资产投资按建设性质分组 是反映固定资产投资使用方向，研究各类性质的比重和对比分析投资效果。

具体包括：

新建 一般指从无到有“平地起家”新开始建设的企事业和行政单位及新建输电线路、输油管道、铁路、公路等独立工程。有的项目原有基础很小，经扩大建设后，其新增加的固定资产价值(原值)超过原有固定资产价值三倍以上的也应算为新建。

扩建 指为扩大原有产品生产能力或新的产品能力，在厂内或其他地点增建主要生产车间(或主要工程)，独立的生产线等。事业单位和行政单位在原单位增建业务用房，也作为扩建。

改建或更新 现有企事业单位为了技术进步对现有设施、工艺条件进行技术改造或更新(包括相应配套的辅助性生产、生活设施建设)。有的还充分发挥现有的生产能力，进行填平补齐而增建不直接增加本单位主要产品生产能力的车间等，也属于改建。

新增固定资产 指报告期内交付使用的固定资产价值，包括建成投入生产或交付使用的工程投资和达到固定资产标准的设备、工具器具的投资以及有关的摊入费用和属于增加固定资产价值的其他建设费用。

对外经济贸易 5

- 2015年，全市外贸出口商品总额493406万美元。
- 2015年，全市批准外资项目79个，实际利用外资163019万美元。

5-1 主要商品直接进出口额

（2015年，按类别分） 单位：万美元

指标	进口额
机电产品（包括本目录已具体列名的机电产品）	65098.64
高新技术产品	23886.69
集成电路	19968.19
纸浆	19262.06
农产品	3875.20
废纸	2480.49
初级形状的塑料	932.89
纺织纱线、织物及制品	831.56
非泡沫塑料的板、片、膜、箔	690.57
二极管及类似半导体器件	525.32
天然橡胶(包括胶乳)	311.77
合成橡胶(包括胶乳)	213.74
未锻轧铜及铜材	128.04
牛皮革及马皮革	117.56
废塑料	64.55
塑料制品	33.16
铜矿砂及其精矿	6.39

指标	出口额
机电产品（包括本目录已具体列名的机电产品）	231286.55
高新技术产品	58927.58
服装及衣着附件	37650.15
纺织纱线、织物及制品	27562.44
家具及其零件	26210.08
灯具、照明装置及零件	24503.33
数字式相机	20148.33
鞋类	15880.93
塑料制品	12974.65
箱包及类似容器	12788.96
足球、篮球、排球	6278.64
农产品	5018.57
纸及纸板(未切成形的)	2753.56
玻璃制品	2308.74
医药品	1577.34
床垫、寝具及类似品	1341.29
未锻轧铜及铜材	578.47
二极管及类似半导体器件	492.51
手持或车载无线电话机	358.06
太阳能电池	313.03
家用或装饰用木制品	164.09
船舶	110.41

注：本表部分商品类别有重叠。

5-2 进出口商品直接进出口额

（2015年，按出口国别及地区分） 单位：万美元

国别及地区	出口额	进口额	国别及地区	出口额	进口额
阿尔巴尼亚	224		俄罗斯联邦	4120	40
阿尔及利亚	920		厄瓜多尔	257	
阿富汗	17		法国	3205	253
阿根廷	922		法属波利尼西亚	31	
阿拉伯联合酋长国	11151		菲律宾	7359	1302
阿鲁巴岛	110		斐济	153	
阿曼	1547	44	芬兰	478	81
阿塞拜疆	931		佛得角	2	
埃及	3147	1	冈比亚	96	
埃塞俄比亚	150	115	刚果（布）	620	
爱尔兰	1122		刚果（金）	503	268
爱沙尼亚	65		哥伦比亚	954	
安哥拉	4346		哥斯达黎加	106	
安提瓜和巴布达	16		格鲁吉亚	80	
奥地利	212	558	古巴	22	
澳大利亚	6890	2596	瓜德罗普岛	16	
澳门	491		圭亚那	11	
巴布亚新几内亚	86		哈萨克斯坦	191	
巴哈马	8		海地	5	
巴基斯坦	5278		韩国	7905	3025
巴拉圭	54		荷兰	16695	378
巴勒斯坦	8		荷属安地列斯群岛	85	
巴林	411	6	黑山	1	
巴拿马	2684		洪都拉斯	103	
巴西	2806	15458	基里巴斯	22	
白俄罗斯	12		吉布提	1013	
保加利亚	29	1	吉尔吉斯斯坦	99	
贝宁	1268		几内亚	821	
比利时	2363	294	几内亚（比绍）	15	
冰岛	1		加拿大	5127	185
波多黎各	54		加纳	3223	
波兰	1811	2	加蓬	295	
玻利维亚	6		柬埔寨	1214	28
伯利兹	62		捷克	138	150
博茨瓦那	70		津巴布韦	68	
不丹	6		喀麦隆	2761	
布隆迪	75	66	卡塔尔	1211	9
朝鲜	466		科摩罗	37	
赤道几内亚	25		科特迪瓦共和国	227	
丹麦	1097	106	科威特	1225	
德国	14271	2447	克罗地亚	79	
东帝汶	24		肯尼亚	3485	
多哥	865		拉脱维亚	42	
多米尼加共和国	223		老挝	42	

5-2 续表

国别及地区	出口额	进口额	国别及地区	出口额	进口额
黎巴嫩	1018	5	圣马力诺	6	
立陶宛	628		圣文森特和格林纳丁斯	15	
利比里亚	220		斯里兰卡	1305	1
利比亚	715		斯洛伐克	155	
留尼汪	17		斯洛文尼亚	300	2
卢森堡	21		斯威士兰	10	
卢旺达	19	729	苏丹	545	
罗马尼亚	694	37	苏里南	76	
马达加斯加	553		所罗门群岛	96	
马尔代夫	106		索马里	44	
马耳他	390		塔吉克斯坦	6	231
马拉维	1238		台湾省	8731	21804
马来西亚	30202	17408	泰国	9499	602
马里	31		坦桑尼亚	5862	
马绍尔群岛共和国	2		特立尼达和多巴哥	43	
马约特岛	23		突尼斯	99	4
毛里求斯	455		土耳其	3827	5
毛里塔尼亚	161		土库曼斯坦	11	
美国	55034	3173	危地马拉	434	
蒙古	44	40	委内瑞拉	877	
孟加拉国	10209	74	文莱	1607	
秘鲁	869		乌干达	54	
密克罗尼西亚联邦	8		乌克兰	764	
缅甸	1003	9	乌拉圭	216	
摩尔多瓦	1		乌兹别克斯坦	139	
摩洛哥	1324		西班牙	3211	62
莫桑比克	2031	191	希腊	583	
墨西哥	2367	1	香港	58821	1361
纳米比亚	197		新加坡	40070	16218
南非	1705	110	新喀里多尼亚	1	
尼加拉瓜	39		新西兰	1997	426
尼日尔	45		匈牙利	412	13
尼日利亚	8123	930	叙利亚	464	
挪威	393	168	牙买加	294	
葡萄牙	854	2	亚美尼亚	47	
前南马其顿	56		也门共和国	553	
日本	14639	2581	伊拉克	1107	
瑞典	1209	387	伊朗	4003	
瑞士	368	801	以色列	2400	110
萨尔瓦多	29		意大利	4271	100
萨摩亚	13		印度	16579	1829
塞尔维亚	2		印度尼西亚	19384	3805
塞拉利昂	135		英国	12231	323
塞内加尔	1021		约旦	1243	
塞浦路斯	93		越南	12789	308
塞舌尔	15		赞比亚	87	
沙特阿拉伯	7765	120	智利	1583	

5-3 主要年份外贸进出口商品总值

年份	按人民币计算(万元)				按美元计算(万美元)			
	进出口总额	出口总额	进口总额	差额出超(+)入超(-)	进出口总额	出口总额	进口总额	差额出超(+)入超(-)
1992	22699	10967	11732	-765	4127	1994	2133	-139
1993	93594	18554	75040	-56486	16420	3255	13165	-9910
1994	120927	43120	77807	-34687	14210	5067	9145	-4076
1995	191719	41899	149820	-107921	23057	5039	18018	-12979
1996	71455	41160	32095	10865	8609	4959	3650	1309
1997	74376	48372	26004	22368	8961	5828	3133	2695
1998	42330	24053	18277	5777	5100	2898	2202	696
1999	53859	18111	35748	-17637	6489	2182	4307	-2125
2000	64773	31448	33325	-1877	7804	3789	4015	-226
2001	94071	28692	65379	-36687	11334	3457	7877	-4420
2002	147682	35026	112656	-77630	17793	4220	13573	-9353
2003	200192	41392	158800	-117408	24185	5000	19185	-14185
2004	152296	71823	80473	-8650	18401	8678	9723	-1045
2005	155912	94674	61239	33435	19380	11768	7612	4156
2006	188900	117577	71323	46254	23691	14746	8945	5801
2008	332141	182619	149522	33097	47928	26352	21576	4776
2009	484657	315737	168926	146811	70960	46228	24733	21495
2010	1201563	802589	398974	403615	181505	121237	60268	60969
2011	2385413	1654657	730756	923901	378637	262644	115993	146651
2012	2803150	2186052	617098	1568953	452121	352589	99532	253057
2013	2909591	2475724	433867	2041857	474060	403370	70690	332680
2014	3532480	2844000	688480	2155520	577297	464781	112516	352265
2015	3704395	3046672	657724	2388948	599545	493406	106139	387267

5-4 主要年份利用外资情况

单位：万美元

年份	协议(合同)外资		实际利用外资
	项目(个)	金额	
1990	8	2011	24
1992	88	8761	2544
1993	144	14147	3064
1994	74	7101	3903
1995	60	6253	4208
1997	42	13904	7000
1998	24	1371	7002
1999	19	2216	3728
2000	39	3083	3031
2005	111	54555	32292
2006	146	54182	34143
2007	130	66785	41342
2008	88	55774	43649
2009	172	59012	52072
2010	173	102966	66535
2011	141	108034	77258
2012	119	136785	98826
2013	140	173098	123107
2014	144	224297	145006
2015	79	125721	163019

5-5 分县(市、区)利用外资情况

（2015年） 单位：万美元

指　　　标	批准外资项目（个）	合同外资金额	实际利用外资
全　市	79	125720	163019
浔阳区	11	5625	8047
庐山区	5	8739	12052
九江开发区	4	5491	21295
九江县	2	3750	10137
武宁县	3	9335	8607
修水县	1	5691	8603
永修县	6	6907	11589
德安县	10	8540	10222
星子县	8	10876	8522
都昌县	13	14073	8502
湖口县	3	29431	11593
彭泽县	8	7652	11014
瑞昌市	3	3307	20405
共青城市	2	6303	11805

5-6 分县(市、区)外贸出口额

单位：万美元

指　　标	2014年	2015年	2015年比2014年增长%
全　　市	464781	493406	6.2
庐山区	29209	33890	16.0
浔阳区	26292	21528	-18.1
开发区	98587	123365	25.1
九江县	22380	21457	-4.1
武宁县	18547	20782	12.1
修水县	37111	44005	18.6
永修县	27647	28374	2.6
德安县	22045	22514	2.1
星子县	18085	24282	34.3
都昌县	23933	24026	0.4
湖口县	35887	22312	-37.8
彭泽县	26257	27274	3.9
瑞昌市	38368	37942	-1.1
共青城市	40426	41654	3.0

主要统计指标解释

利用外资　包括三部分，一是对外借款；二是客商直接投资；三是客商其他投资。外资包括现金、实物、工业产权或专有技术等。对外借款指由我国政府、部门、企业(不含外资企业)和中国银行等单位向境外借入的外资，借款按不同渠道划分为：①外国政府贷款；②国际金融组织贷款；③外国银行商业贷款；④买方信贷；⑤其他：包括对外发行债券、股票等。

客商直接投资　指外国企业和经济组织或个人(包括华侨、港澳台同胞)以及我国在境外注册的企业，按我国有关政策、法规，用现汇、实物、技术等在我国境内开办独资企业、合资企业、合作经营企业或合作开发资源的投资。

客商其他投资　凡不属上述两类方式吸收的外资，均列入本类。主要有：①补偿贸易；②加工装配客商作价提供设备；③国际租赁；④其他。凡是本年内实际投资，不论是执行本年签订的或是执行过去几年签订的协议均应计算在内。

外商直接投资协议(合同)外资额　指按直接投资项目协议(合同)规定，外方认缴的出资额，包括外方直接注入资金、提供设备和外方承诺的企业对外借款金额。

实际利用外资　指根据投资协议(合同)实际执行的投资额。贷款按实际提取或拨交的使用数；客商直接投资项目(合同)的实际投资额；外商其他投资按到货数计算。

口岸进出口总额　指实际进出我国国境的货物总金额。进出口货物的贸易方式以海关监管方式为基础，分为：一般贸易；国家间、国际组织无偿援助和增资；华侨、港澳台同胞、外籍华人捐赠的物资；补偿贸易；来料加工装配贸易；进料加工贸易；寄售、代销贸易；边境小额贸易；来料加工装配进口的设备；对外承包工程出口货物；租赁贸易商投资企业作为投资进口的设备、物品；来料加工贸易；易货贸易；免税外汇商品；保税区进出境货物；保税仓库进出境货物以及其它。

6 能　　源

- 2015年，全市规模以上工业能源生产总量881.34万吨标准煤。
- 2015年，规模以上工业增加值综合能耗0.8100吨标准煤/万元。
- 2015年，万元GDP能耗0.6751吨标准煤/万元。

6-1 主要年份能源生产量

指　　标	单　位	1995年	2000年	2005年	2010年	2012年	2013年	2014年	2015年
生产总量	**万吨标准煤**	**259.80**	**369.78**	**543.15**	**866.31**	**707.26**	**747.30**	**748.40**	**881.34**
原　　煤	万吨	48.91	15.13	13.60	88.20	84.23	58.17	76.92	84.10
燃料油	万吨	43.27	54.27	40.00	20.89	4.29	5.38	1.40	0.20
汽　　油	万吨	64.56	82.51	86.00	108.59	130.61	159.33	162.02	192.76
煤　　油	万吨	2.12	4.44	5.00		3.24	2.19	24.35	34.17
柴　　油	万吨	83.17	127.09	133.00	190.85	229.01	204.73	179.61	211.92
液化石油气	万吨	6.94	16.92	27.00	24.27	26.18	31.45	26.51	32.18
电　　力	亿千瓦小时	43.18	38.36	83.25	75.27	55.44	89.61	91.80	102.57

6-2 工业企业能源购进、消费与库存情况

（2015年）

能源名称	计量单位	年初	购进量	消费量			年末
		库存量	实物量	合计	工业生产消费	非工业生产消费	库存量
原煤	吨	612110	7546120	7684117	7683908	209	458079
煤制品	吨	1740	38374	38561	38561		1254
焦炭	吨	44481	1978694	1982878	1982878		40325
高炉煤气	万立方米		30955	729317	729317		
转炉煤气	万立方米			68293	68293		
发生炉煤气	万立方米		19576	19576	19576		
天然气（气态）	万立方米	1	20718	21666	21662	4	
液化天然气（液态）	吨		545	548	548		
原油	吨	90748	5619330	5559658	5559658		150420
汽油	吨	52	3259	3477	2279	1198	63
煤油	吨	8	59	59	59		
柴油	吨	692	30883	31422	29828	1595	465
燃料油	吨						
液化石油气	吨		2480	2985	2480	505	
炼厂干气	吨		2221	220570	220570		
润滑油	吨	8	36	40	40		3
石蜡	吨	5	127	64	64		
溶剂油	吨	89	61	128	128		22
石油焦	吨	101	12738	18015	18015		766
其它石油制品	吨		557634	946846	946846		
热力	百万千焦		2314299	7791024	7790158	866	
电力	万千瓦时		846209	1105462	1092022	13440	
煤矸石用于燃料	吨			5	4	1	
生物质废料用于燃料	吨		6578	6578	6578		
余热余压	百万千焦		618504	6927106	6927106		
其他燃料	吨标准煤			539	539		1

6-3 规模以上工业主要能源分行业消费量

（2015年）

指标	原煤 (吨)	焦炭 (吨)	原油 (吨)	汽油 (吨)	柴油 (吨)	电力 (万千瓦小时)
总计	**7684117**	**1982878**	**5559658**	**3477**	**31422**	**1105462**
煤炭开采和洗选业						591
黑色金属矿采选业	5016			13	9	1262
有色金属矿采选业	10631			32	39	12551
非金属矿采选业	71469			50	18969	7239
农副食品加工业	29544			76	153	8737
食品制造业	12417			52	16	2364
酒、饮料和精制茶制造业	21567			37	13	5143
纺织业	37260			185	126	93145
纺织服装、服饰业	1391			297	124	17269
皮革、毛皮、羽毛及其制品和制鞋业	1749			8	2	4104
木材加工和木、竹、藤、棕、草制品业				56	153	7206
家具制造业	592			16	7	5527
造纸和纸制品业	264264			22	15	30950
印刷和记录媒介复制业	6877			152	146	2688
文教、工美、体育和娱乐用品制造业	711			82	52	11188
石油加工、炼焦和核燃料加工业	393460		5559658	116	199	55450
化学原料和化学制品制造业	400799			97	167	135687
医药制造业	22918			370	423	9135
化学纤维制造业	629420			15	186	52898
橡胶和塑料制品业	19260			114	2	10727
非金属矿物制品业	1938831			290	8036	226688
黑色金属冶炼和压延加工业	814689	1972542			256	140175
有色金属冶炼和压延加工业	116592	686		299	261	96124
金属制品业	23			4		12867
通用设备制造业				65	152	7140
专用设备制造业					701	4670
汽车制造业				24	6	7005
铁路、船舶、航空航天和其他运输设备制造业	23			145	471	6063
电气机械和器材制造业	11879			95	81	53105
计算机、通信和其他电子设备制造业	170			47	18	6081
仪器仪表制造业				23		1442
其他制造业						1793
废弃资源综合利用业		9650				385
电力、热力生产和供应业	2872565			240	569	53805
燃气生产和供应业				79		285
水的生产和供应业				375	70	13974

6-4 规模以上工业能源分行业消费量

（2015年）　　单位：吨标准煤

指　　标	合　　计	工业生产消费	非工业生产消费
总　　计	**8600080**	**8578374**	**21707**
煤炭开采和洗选业	766	766	
黑色金属矿采选业	5166	5166	
有色金属矿采选业	22554	21986	569
非金属矿采选业	97237	97019	218
农副食品加工业	36152	36091	61
食品制造业	12663	12603	60
饮料制造业	23950	23773	177
纺织业	142363	142026	337
纺织服装、鞋、帽制造业	22773	22710	63
皮革、毛皮、羽毛(绒)等	6322	6322	
木材加工及木、竹、藤等	16224	16224	
家具制造业	7250	7250	
造纸及纸制品业	179611	179611	
印刷业和记录媒介的复制	9106	9078	28
文教体育用品制造业	14371	14289	82
石油加工炼焦及核燃料	1089497	1088631	866
化学原料及化学制品制造	474197	474022	175
医药制造业	28574	27464	1110
化学纤维制造业	439215	428346	10869
橡胶和塑料制品业	24165	24134	31
非金属矿物制品业	1706079	1704146	1933
黑色金属冶炼及压延	2510699	2510699	
有色金属冶炼及压延	232652	232582	70
金属制品业	43418	43130	288
通用设备制造业	9044	8956	88
专用设备制造业	6758	6755	2
汽车制造业	8955	8948	7
交通运输设备制造业	8271	8115	156
电气机械及器材制造业	75352	75189	164
通信设备、计算机及其他	7857	7742	116
仪器仪表及文化、办公用	1765	1723	41
工艺品及其他制造业	2201	2198	2
废弃资源和废旧材料回收	9847	9847	
电力、热力的生产和供应	1307900	1304919	2982
燃气生产和供应业	368	269	99
水的生产和供应业	16759	15646	1113

6-5 规模以上工业分县(市、区)综合能源产值能耗变动情况

指标	2014年			2015年			产值能耗变动幅度(+-%)
	综合能源消费量(吨标准煤)	工业总产值(万元)	产值能耗(吨标准煤/万元)	综合能源消费量(吨标准煤)	工业总产值(万元)	产值能耗(吨标准煤/万元)	
全市合计	**8136963**	**45601570**	**0.18**	**8600080**	**48751142**	**0.18**	
浔阳区	1978986	3454548	0.57	2300823	3214514	0.72	26.32
庐山区	245942	3813867	0.06	322250	4307767	0.07	16.67
九江开发区	274947	4901860	0.06	308265	4960023	0.06	
九江县	325342	2499140	0.13	228015	2552002	0.09	-30.77
武宁县	63747	2713584	0.02	61244	3025339	0.02	
修水县	199817	3131609	0.06	190674	3109440	0.06	
永修县	298182	4000528	0.07	222651	4618647	0.05	-28.57
德安县	200466	3412733	0.06	180207	4099286	0.04	-33.33
星子县	15909	2016379	0.01	13950	2009785	0.01	
都昌县	30724	2030931	0.02	23222	1879219	0.01	-50.00
湖口县	2757715	3351048	0.82	3020732	3473190	0.87	6.10
彭泽县	295853	2483603	0.12	225449	2741370	0.08	-33.33
瑞昌市	1421346	4108954	0.35	1467927	4464239	0.33	-5.71
共青城市	27986	3682788	0.01	34672	4296322	0.01	

6-6 各县(市、区)规模以上工业主要能源消费量

（2015年）

指　标	原　煤（吨）	焦　炭（吨）	原　油（吨）	汽油（吨）	柴　油（吨）	液化石油气（吨）	炼厂干气（吨）	其他石油制品（吨）	热　力（百万千焦）	电　力（万千瓦时）
全市合计	**7684117**	**1982878**	**5559658**	**3477**	**31422**	**2985**	**220570**	**946846**	**7791024**	**1105462**
浔 阳 区	3266025		5559658	356	963	505	220570	946846	2191092	104038
庐 山 区	153375			232	814				2174804	61743
九江开发区	283297			34	110	40				93385
九 江 县	232090	20		188	349					46957
武 宁 县	1109	686		373	696					48351
修 水 县	182811			1160	767	39				45002
永 修 县	113792			47	18191				1256991	59001
德 安 县	153513			342	2130					56036
星 子 县	8			20	92					10256
都 昌 县	187			10	224					18515
湖 口 县	1197250	1976511		86	1545	34			15943	290254
彭 泽 县	223541			87	791					49896
瑞 昌 市	1854258	5661		60	4486	2366			2152194	207920
共青城市	22862			483	263					14107

6-7 各县（市、区）规模以上工业增加值能耗

（2015年） 单位：吨标准煤/万元

地区	规上工业增加值能耗	2015年比2014年增长%	六大高耗能行业能耗占规上工业能耗比重%
全市合计	**0.8100**	**-3.99**	**85.10**
浔阳区	3.4817	1.05	99.39
庐山区	0.3478	1.21	54.65
九江开发区	0.3023	-4.00	24.95
九江县	0.4315	-4.96	80.04
武宁县	0.0967	-4.25	25.15
修水县	0.2839	-4.16	56.96
永修县	0.2289	-5.23	79.32
德安县	0.2280	-4.73	56.44
星子县	0.0329	-4.58	20.07
都昌县	0.0557	-5.62	8.61
湖口县	4.5721	1.11	93.04
彭泽县	0.3935	-5.11	82.50
瑞昌市	1.5018	-3.76	81.39
共青城市	0.0441	-3.98	1.73

6-8 各县（市、区）万元GDP能耗

单位：吨标准煤/万元

地区	2014年	2015年	2015年比2014年增长%
全市合计	**0.6961**	**0.6751**	**-3.02**
浔阳区	1.2299	1.1961	-2.75
庐山区	0.1608	0.1978	-2.46
九江开发区	0.2662	0.2580	-3.09
九江县	0.5890	0.5707	-3.11
武宁县	0.2765	0.2672	-3.35
修水县	0.3842	0.3721	-3.16
永修县	0.7061	0.6821	-3.39
德安县	0.5364	0.5188	-3.27
星子县	0.2077	0.2005	-3.43
都昌县	0.3657	0.3523	-3.66
湖口县	2.4774	2.4283	-1.98
彭泽县	0.7175	0.6943	-3.24
瑞昌市	1.0262	0.9989	-2.66
共青城市	0.1077	0.1040	-3.40

主要统计指标解释

能源生产总量 指一定时期内地区一次能源生产量的总和，是观察地区能源生产水平、规模、构成和发展速度的总量指标。一次能源生产量包括原煤、原油、天然气、水电及其他动力能（如风能、地热能等）发电量。不包括低热值燃料生产量、生物质能、太阳能等的利用和由一次能源加工转换而成的二次能源产量。

能源消费总量 指一定时期内地区物质生产部门、非物质生产部门和生活消费的各种能源的总和。是观察能源消费水平、构成和增长速度的总量指标。能源消费总量包括原煤和原油及其制品、天然气、电力。不包括低热值燃料、生物质和太阳能等的利用。能源消费总量分为三部分，即终端能源消费量、能源加工转换损失量和损失量。

（一）终端能源消费量 指一定时期内地区物质生产部门，非物质生产部门和生活消费的各种能源在扣除了用于加工转换二次能源消费量和损失量以后的数量。

（二）能源加工转换损失量 指一定时期内地区投入加工转换的各种能源数量之和与产出各种能源产品之和的差额。它是观察能源在加工转换过程中损失量变化的指标。

（三）能源损失量 指一定时期内能源在输送、分配、储存过程中发生的损失和由于客观原因造成的各种损失量。不包括各种气体能源放空、放散量。

能源生产弹性系数 是研究能源生产量的增长与国民经济增长之间关系的指标。计算公式：

$$能源生产弹性系数=\frac{能源生产总量年平均增长速度}{国民经济年平均增长速度}$$

电力生产弹性系数 是研究电力生产量的增长与国民经济增长之间关系的指标。一般来说，电力的发展应快于国民经济的发展，也就是说电力应超前发展。其计算公式为：

$$电力生产弹性系数=\frac{能源消费量年平均增长速度}{国民经济年平均增长速度}$$

能源消费弹性系数 是反映能源消费增长速度与国民经济增长速度之间比例关系的指标。其计算公式为：

$$能源消费弹性系数=\frac{电力生产量年平均增长速度}{国民经济年平均增长速度}$$

电力消费弹性系数 是反映电力消费增长速度与国民经济增长速度之间比例关系的指标。其计算公式为：

$$电力消费弹性系数\ \frac{电力消费量年平均增长速度}{国民经济年平均增长速度}$$

7 财　　政

● 2015年，全市财政总收入385.61亿元，比上年增长17.4%，其中地方公共财政预算收入247.20亿元，比上年增长15.7%；全市财政支出442.87亿元，比上年增长15.5%。

7-1 主要年份地方公共财政预算收入及财政支出

单位：万元

年　　　份	地方公共财政预算收入	财　政　支　出
1978	7778	8884
1980	11595	13018
1981	13015	12999
1982	12671	14110
1983	12112	15463
1984	15403	16596
1985	19704	22657
1986	22941	30016
1987	26544	32442
1988	30075	36149
1989	35599	43960
1990	38889	44051
1991	40846	48830
1992	44147	54686
1993	53050	61750
1994	50530	73024
1995	63715	96706
1996	77516	116257
1997	89111	128504
1998	85058	145880
1999	98492	228771
2000	105040	207506
2001	107964	252977
2002	126283	318483
2003	152926	310578
2004	188059	384650
2005	224542	521068
2006	260377	579964
2007	320749	780938
2008	384210	1044200
2009	524566	1346264
2010	710634	1665230
2011	1010299	2252232
2012	1418709	2980139
2013	1761519	3382022
2014	2136612	3835284
2015	2472022	4428680

7-2 财 政 收 入

单位：万元

指 标	2014年	2015年	2015年比2014年增长%
财政总收入	**3285327**	**3856058**	**17.4**
# 上划中央两税	907757	1115301	22.9
入库中央所得税	240958	230066	-4.5
地方公共财政预算收入	**2136612**	**2472022**	**15.7**
# 税收收入	**1611910**	**1830693**	**13.6**
国内增值税	217849	267297	22.7
营业税	520269	583308	12.1
企业所得税	126043	117615	-6.7
个人所得税	34595	35762	3.4
资源税	82857	96915	17.0
城市维护建设税	66279	78844	19.0
房产税	37748	64860	71.8
印花税	16867	15688	-7.0
城镇土地使用税	53966	63360	17.4
土地增值税	145696	175085	20.2
车船税	8361	10234	22.4
耕地占用税	114941	136271	18.6
契税	186439	185404	-0.6
# 非税收入	**524702**	**641329**	**22.2**
专项收入	50315	89345	77.6
行政事业性收费收入	160865	203028	26.2
罚没收入	109524	148113	35.2
国有资本经营收入	5378	9292	72.8
国有资源（资产）有偿使用收入	186380	174972	-6.1
其他收入	12240	16579	35.4

7-3 财　　政　　支　　出

单位：万元

指　　标	2014年	2015年	2015年比2014年增长%
公共财政预算支出	**3835284**	**4428680**	**15.5**
# 一般公共服务	400322	472414	18.0
国防	9872	9518	-3.6
公共安全	153365	179544	17.1
教育	715781	823120	15.0
科学技术	47498	51819	9.1
文化体育与传媒	45456	52991	16.6
社会保障和就业	445533	580940	30.4
医疗卫生与计划生育	369034	438745	18.9
节能环保	77657	82474	6.2
城乡社区事务	301230	405951	34.8
农林水事务	572563	607516	6.1
交通运输	55930	136594	144.2
资源勘探电力信息等事务	109190	131669	20.6
商业服务业等事务	33644	25783	-23.4
金融监管支出	1602	4693	192.9
国土资源气象等事务	22336	27624	23.7
住房保障支出	261210	271035	3.8
粮油物资储备管理事务	9945	10554	6.1
其他支出	203116	115696	-43.0

7-4 各县(市、区)地方公共财政预算收入

单位：万元

地　　区	2014年	2015年	2015年比2014年增长%
全市合计	**2136612**	**2472022**	**15.7**
市本级	264192	382756	44.9
浔阳区	126226	135467	7.3
庐山区	164005	163638	-0.2
九江开发区	135540	114012	-15.9
庐山管理局	75318	41956	-44.3
九江县	120633	144295	19.6
武宁县	108610	135921	25.1
修水县	159054	183331	15.3
永修县	143819	171571	19.3
德安县	106139	128135	20.7
星子县	87857	115458	31.4
都昌县	99941	116762	16.8
湖口县	149704	155285	3.7
彭泽县	112570	136244	21.0
瑞昌市	182141	217309	19.3
共青城市	100863	129882	28.8

7-5 各县(市、区)财政支出

单位：万元

地　　区	2014年	2015年	2015年比2014年增长%
全市合计	**3835284**	**4428680**	**15.5**
市本级	620867	726172	17.0
浔阳区	123483	167108	35.3
庐山区	155230	170853	10.1
九江开发区	172357	181889	5.5
庐山管理局	95140	62189	-34.6
九江县	198639	232141	16.9
武宁县	247441	291775	17.9
修水县	385557	455412	18.1
永修县	290603	330942	13.9
德安县	174270	215184	23.5
星子县	168585	205173	21.7
都昌县	307539	336270	9.3
湖口县	232157	245646	5.8
彭泽县	219472	264213	20.4
瑞昌市	286808	345679	20.5
共青城市	157136	198034	26.0

7-6 主要年份各县(市、区)财政总收入

单位：万元

地　　区	2000年	2003年	2004年	2005年	2006年	2007年	2008年
全市合计	**205150**	**286023**	**350802**	**398130**	**458538**	**575185**	**661678**
浔阳区	12706	20844	26198	33052	38650	42035	45040
庐山区	6520	10193	13011	16331	20016	26099	34166
九江开发区	2652	6628	10533	10665	13221	20170	28071
庐山管理局	3323	4699	8689	10001	12503	14845	17224
九江县	6136	9413	12266	15610	20088	26218	32188
武宁县	8013	13087	16427	20038	22048	26612	31408
修水县	11213	17977	22690	30695	37016	50059	52016
永修县	9268	16869	19163	26167	32877	40069	45115
德安县	4604	8120	11449	14382	16706	20149	23378
星子县	3988	6851	9034	11422	13474	16540	20010
都昌县	7357	12005	14546	17503	20168	21617	25017
湖口县	5745	8379	10483	13416	16166	23002	38036
彭泽县	5341	8673	10464	12607	15601	17500	21500
瑞昌市	10424	17157	23565	28770	34008	38245	48282
共青城市	1480	2894	4114	6042	7490	10019	14031

地　　区	2009年	2010年	2011年	2012年	2013年	2014年	2015年
全市合计	**861926**	**1167006**	**1618036**	**2208576**	**2802013**	**3285327**	**3856058**
浔阳区	70848	100260	134465	161602	206252	222791	337011
庐山区	52399	72399	111008	151088	202000	233905	266080
九江开发区	50021	75900	156847	200199	210815	260568	502475
庐山管理局	21589	27011	37310	50367	59525	76435	43148
九江县	38188	50169	71841	100388	125100	148492	170826
武宁县	40033	54371	75319	100103	126022	144552	173659
修水县	55016	75046	106236	140068	184819	210398	231566
永修县	57208	67216	90777	120780	151049	185266	215166
德安县	31593	45979	67069	86564	110758	133008	157139
星子县	26048	41743	50188	70336	104268	114977	144608
都昌县	32338	46490	63061	81241	102128	124568	148508
湖口县	60166	100518	140898	165313	200303	227183	240866
彭泽县	31506	46056	64497	90016	117171	152326	183212
瑞昌市	63537	93630	126600	168169	206968	237669	268069
共青城市	20219	35022	54470	81488	109719	131806	151921

主要统计指标解释

财政收入 指国家可直接支配的财力，主要包括税收收入和其他收入两大类。1994 年我国统一实行分税制财政体制，按税种分为上划中央收入和地方财政收入。上划中央收入包括：增值税的 75%和消费税的 100%等；地方财政收入包括：增值税的 25%、营业税(不含银行总行、铁道、保险总公司的营业税)、地方企业交纳的企业所得税、外商投资企业和外国企业所得税、个人所得税、土地使用税、固定资产投资方向调节税、城市维护建设税(不含银行总行、铁道、保险总公司集中交纳的部分)、资源税(不包括海洋石油资源税)、房产税、车船使用税、印花税、屠宰税、农牧业税、耕地占用税、契税、遗产和赠与税、土地增值税、国有土地有偿使用收入以及基金收入等。地方财政收入加上划中央收入为全市财政收入。需要指出的是，1994 年以后地方财政收入与以前实行的总额分成财政体制下的地方财政收入在内容和范围上有一定差别，从 2002 年 1 月 1 日起，我国所得税收入分配方式又有重大改革，2002 年所得税收人中央分享 50%，地方分享 50%。因此，历年数据不完全可比。

一般预算财政收入 是通过一定的形式和程序，由各级财政部门组织并纳入预算管理的各项收入，也就是会计制度改革以前所称的“预算收入”。

基金预算收入 是按规定收取，转入或通过当年财政安排，由财政管理并具有指定用途的政府性基金预算收入等。一般预算财政支出是各级财政部门对集中的一般预算收入有计划地分配和使用而安排的支出。

财政支出 国家财政将筹集起来的资金进行分配使用，以满足经济建设和各项事业的需要，主要包括一般公共服务、外交、国防、教育、公共安全、科学技术、文化体育与传媒、社会保障和就业、医疗卫生、环境保护、城乡社区事务、农林水事务、交通运输、工业商业金融等事务和其他支出等科目。

基金预算支出 是各级财政部门用基金预算收入安排的支出。

价　格　指　数　8

- 2015年，居民消费价格上涨1.9%；商品零售价格上涨0.8%。
- 2015年，工业生产者出厂价格下降7.1%；工业生产者购进价格下降9.7%。

8-1 主要年份市区居民消费价格类指数

（以上年价格为100）　　单位：%

类　　别	1978年	1980年	1985年	1990年	1995年	2000年	2005年
居民消费价格总指数	**101.8**	**103.4**	**109.4**	**104.3**	**117.7**	**104.1**	**102.6**
一、食品	103.7	106.3	112.9	101.9	123.1	101.4	104.4
肉禽及其制品	100.0	126.8	126.0	98.0	123.1	104.2	101.3
蛋					118.4	4.0	108.3
水产品	100.0	140.6	136.0	97.1	115.1	101.5	106.8
鲜菜	163.0	92.7	123.2	111.8	155.6	125.1	117.0
二、烟酒及用品							101.3
三、衣着	100.0	99.3	103.6	111.1	114.0	102.8	94.5
四、家庭设备用品及维修服务	100.0	101.1	103.9	104.4	105.1	98.6	98.7
五、医疗保健和个人用品	100.0	101.1	115.0	108.9	113.7	98.4	102.5
六、交通和通讯					101.0	91.5	97.8
七、娱乐教育文化用品及服务	100.0	100.0	100.8	97.5	108.8	102.1	100.5
八、居住				105.5	104.5	105.4	108.5

类　　别	2009年	2010年	2011年	2012年	2013年	2014年	2015年
居民消费价格总指数	**100.0**	**103.2**	**105.1**	**102.8**	**102.5**	**102.1**	**101.9**
一、食品	104.7	107.2	112.1	105.6	105.0	103.8	102.8
肉禽及其制品	91.5	101.9	123.0	103.4	104.6	99.9	107.6
蛋	106.2	110.5	116.1	96.7	108.9	108.9	103.3
水产品	111.5	106.9	109.0	110.4	105.2	101.0	100.8
鲜菜	128.0	124.4	99.1	118.1	106.4	95.9	105.9
二、烟酒及用品	101.0	100.3	102.1	104.0	100.6	99.1	102.4
三、衣着	96.4	98.7	101.0	101.1	104.0	103.8	104.1
四、家庭设备用品及维修服务	101.9	97.9	101.2	98.1	99.4	98.2	103.5
五、医疗保健和个人用品	99.5	103.0	105.2	103.7	99.1	101.0	102.6
六、交通和通讯	97.0	92.7	99.8	99.8	98.7	99.3	100.1
七、娱乐教育文化用品及服务	98.2	101.6	101.5	100.4	99.1	99.2	102.5
八、居住	94.4	107.0	102.0	102.3	104.4	103.2	98.3

8-2 市区商品零售物价类指数

(2015年) 单位:%

类别	以1995年价格为100	以2000年价格为100	以2010年价格为100
商品零售价格总指数	**142.2**	**126.4**	**107.8**
一、食品类	261.6	212.2	131.7
二、饮料、烟酒	133.7	127.5	114.4
三、服装、鞋帽类	93.4	83.6	113.1
四、纺织品类	110.4	99.8	126.2
五、家用电器及音像器材	59.9	58.7	65.5
六、文化办公用品			86.1
七、日用品	121.3	112.0	106.1
八、体育娱乐用品			86.0
九、交通、通讯用品			84.8
十、家具			97.5
十一、化妆品类	104.2	98.6	97.5
十二、金银珠宝类	159.6	149.9	88.4
十三、中西药品及医疗保健用品类	118.7	102.0	114.0
十四、书报杂志及电子出版物类	118.2	100.6	95.9
十五、燃料类	180.4	208.6	87.1
十六、建筑材料及五金电料类	126.6	126.2	111.1

8-3 市区居民消费价格类指数

(2015年) 单位:%

类别	以1995年价格为100	以2000年价格为100	以2010年价格为100
居民消费价格总指数	**164.3**	**138.5**	**114.6**
一、食品	258.0	211.0	131.7
肉禽及其制品	295.6	250.9	144.7
水产品	265.6	186.2	126.6
鲜菜	353.5	264.4	127.2
二、烟酒		109.4	110.2
三、衣着	98.7	83.7	113.5
四、家庭设备用品及维修服务	109.7	97.2	100.1
五、医疗保健和个人用品	138.2	110.4	112.2
六、交通和通讯	79.8	74.1	96.3
七、娱乐教育文化用品及服务	114.4	105.3	101.9
八、居住	151.1	150.2	110.0

8-4 主要年份市区居民消费价格及商品零售价格总指数

(以上年价格为100)　　单位:%

年份	居民消费价格总指数	商品零售价格总指数	年份	居民消费价格总指数	商品零售价格总指数
1978	101.8	101.9	2004	103.4	102.3
1979	99.1	99.0	2005	102.6	101.2
1980	103.4	103.5	2007	104.2	103.1
1983	101.6	101.6	2008	105.7	105.7
1985	109.4	109.9	2009	100.0	99.7
1988	125.1	126.6	2010	103.2	102.6
1990	104.3	103.5	2011	105.1	104.3
1995	117.7	113.8	2012	102.8	101.8
1997	103.4	100.0	2013	102.5	100.9
2000	104.1	101.2	2014	102.1	100.9
2002	98.9	98.5	2015	101.9	100.8

8-5 不同基期年份的消费及零售价格指数

单位:%

年　份	居民消费价格总指数	商品零售价格总指数
以1978年价格为100	674.1	474.6
以1980年价格为100	658.7	462.9
以1985年价格为100	586.3	413.1
以1990年价格为100	329.2	230.0
以1995年价格为100	164.3	142.2
以2000年价格为100	139.8	126.4
以2005年价格为100	139.4	125.5
以2008年价格为100	118.9	111.5
以2009年价格为100	118.9	111.8
以2010年价格为100	115.8	108.6
以2011年价格为100	109.7	104.5
以2012年价格为100	106.6	102.6
以2013年价格为100	104.0	101.7
以2014年价格为100	101.9	100.8

8-6 市区居民消费价格类指数

(2015年,以上年价格为100)　　　　单位:%

类　　别	指　数	类　　别	指　数
居民消费价格总指数	**101.9**	衣着加工服务	123.7
非食品价格指数	**101.3**	**四、家庭设备用品及维修服务**	**103.5**
服务项目价格指数	**102.4**	耐用消费品	100.5
工业品价格指数	**100.7**	# 家具	101.9
扣除鲜菜鲜果总指数	**102.4**	家庭设备	99.9
消费品价格指数	**101.7**	室内装饰品	98.3
一、食品	**102.8**	床上用品	104.8
粮食	102.3	家庭日用杂品	100.7
淀粉及制品	105.5	家庭服务及加工维修服务	120.7
干豆类及豆制品	102.7	**五、医疗保健和个人用品**	**102.6**
油脂	91.4	医疗保健	101.7
肉禽及其制品	107.6	# 医疗器具及用品	100.0
# 食用畜肉及副产品	109.8	中药材及中成药	101.3
禽	101.5	西药	101.5
肉禽加工制品	102.5	保健器具及用品	97.3
蛋	103.3	医疗保健服务	105.4
# 鲜蛋	100.3	个人用品及服务	104.2
水产品	100.8	# 化妆美容用品	100.1
# 鱼	100.1	清洁化妆用品	99.9
淡水鱼	99.6	个人饰品	94.8
其它水产品	102.2	个人服务	121.1
菜	105.9	**六、交通和通讯**	**100.1**
# 鲜菜	107.5	交通	99.1
调味品	100.8	# 交通工具	102.7
糖	99.4	车用燃料及零配件	84.5
茶及饮料	101.5	车辆使用及维修	109.6
# 茶叶	99.6	市区公共交通	98.5
饮料	102.3	城市间交通	98.1
干鲜瓜果	96.0	通信	100.9
# 鲜果	93.3	# 通信工具	107.3
糕点饼干面包	102.5	通信服务	100.1
液体乳及乳制品	106.1	**七、娱乐教育文化用品及服务**	**102.5**
在外用膳食品	103.0	文娱用耐用消费品及服务	102.7
其它食品	98.8	教育	102.9
二、烟酒	**102.4**	# 教材及参考书	100.2
烟草	104.6	教育服务	103.4
酒	99.4	文化娱乐类	101.2
三、衣着	**104.1**	# 文化娱乐用品	97.9
服装	104.1	书报杂志	101.7
# 男式服装	102.8	文娱费	103.4
女式服装	103.9	旅游	102.7
儿童服装	109.2	**八、居住**	**98.3**
衣着材料	104.9	建房及装修材料	102.7
鞋袜帽	102.0	住房租金	99.6
# 鞋	102.3	自有住房	97.3
袜子	98.6	水、电、燃料	96.3
帽子	113.2		

8-7 市区商品零售价格类指数

(2015年，以上年价格为100)　　单位:%

类　　别	指　数	类　　别	指　数
商品零售价格总指数	**100.8**	帽子	113.2
一、食品类	**102.9**	其它	111.5
粮食	102.9	**四、纺织品类**	**105.5**
淀粉及制品	105.5	衣着材料	105.2
干豆类及豆制品	102.7	床上用品	105.8
油脂	91.7	**五、家用电器及音像器材**	**99.8**
肉禽及其制品	107.4	家庭设备	100.0
#食用畜肉及副产品	109.4	文娱用耐用消费品	101.3
禽	101.5	音像器材类	94.9
肉禽加工制品	103.2	**六、文化办公用品**	**100.6**
蛋	102.9	**七、日用品**	**101.3**
#鲜蛋	100.3	日用百货	103.2
水产品	100.8	日用杂品	98.2
#鱼	100.1	洗涤用品	100.9
淡水鱼	99.6	其它日用品	101.5
#其它水产品	102.3	**八、体育娱乐用品**	**97.4**
菜	105.8	体育用品	98.2
#鲜菜	107.5	娱乐用品	96.7
调味品	100.8	**九、交通、通信用品**	**100.5**
糖	99.8	交通运输机械	98.9
干鲜瓜果	96.1	通信器材类	103.9
#鲜果	93.3	**十、家具**	**101.9**
糕点饼干面包	102.5	**十一、化妆品类**	**100.0**
液体乳及乳制品	105.9	**十二、金银珠宝类**	**87.1**
在外用膳食品	103.2	**十三、中西药品及医疗保健用品类**	**100.7**
其它食品	98.8	医疗器具及用品	100.0
二、饮料、烟酒	**102.3**	中药材及中成药	101.2
茶及饮料	102.1	西药	101.5
#茶叶	99.6	保健器具及用品	97.3
饮料	103.5	**十四、书报杂志及电子出版物类**	**101.1**
烟草	104.6	教材及参考书	100.8
酒	99.5	书报杂志	102.0
三、服装、鞋帽类	**104.0**	电子音像制品	98.8
服装	104.1	**十五、燃料类**	**85.0**
#男式服装	102.8	煤炭及制品类	101.9
女式服装	103.8	石油及制品类	81.7
儿童服装	108.9	**十六、建筑材料及五金电料类**	**102.6**
鞋袜帽	101.9	建筑装璜材料	102.4
#鞋	102.1	五金电料类	103.2
袜子	98.6		

8-8　工业生产者出厂价格指数

（以上年价格为100）

类　　别	2014年	2015年
全部工业品（总指数）	**98.9**	**92.9**
按轻重工业分		
轻工业	100.1	97.8
以农产品为原料	101.2	96.7
以非农产品为原料	96.7	101.1
重工业	98.4	90.9
采　掘	93.8	88.0
原　料	98.3	87.2
加　工	99.5	97.0
按生产生活资料		
生产资料	98.4	91.1
采　掘	93.8	88.0
原　料	97.9	88.1
加　工	99.7	95.4
生活资料	101.2	100.2
食　品	99.6	99.4
衣　着	103.8	101.2
一般日用品	98.2	99.6
耐用消费品	100.0	99.0

8-9　工业生产者出厂价格指数

（按工业部门分组，以上年价格为100）

按工业部门分组	2014年	2015年
冶金工业	95.7	90.9
电力工业	98.5	98.2
煤炭及炼焦工业	92.3	98.5
石油工业	97.5	76.7
化学工业	98.4	97.7
机械工业	99.7	99.3
建筑材料工业	99.6	95.0
森林工业	104.0	102.2
食品工业	99.8	98.3
纺织工业	99.4	89.9
缝纫工业	103.8	101.3
皮革工业	101.5	98.7
造纸工业	100.0	99.1
文教艺术用品工业	100.0	100.0
其它工业	97.1	100.0

8-10　工业生产者购进价格指数

（以上年价格为100）

分　组　名　称	2014年	2015年
全部原材料（总指数）	98.2	90.3
（一）燃料、动力类	97.0	83.1
（二）黑色金属材料类	94.7	90.0
其中：钢　材	94.5	89.8
其　它	97.5	94.1
（三）有色金属材料和电线类	98.2	92.0
（四）化工原料类	98.5	98.7
（五）木材及纸浆类	104.8	102.8
（六）建筑材料及非金属矿类	102.3	97.1
（七）其它工业原材料及半成品类	101.6	101.6
（八）农副产品类	98.4	94.5
（九）纺织原料类	100.4	97.4

8-11 工业生产者出厂价格指数

（按新行业分组，以上年价格为100）

按新行业分组	2014年	2015年
煤炭开采和洗选业	92.3	98.5
有色金属矿采选业	89.8	76.4
非金属矿采选业	98.8	99.4
农副食品加工业	98.6	95.1
食品制造业	100.6	100.3
饮料制造业	100.8	100.0
纺织业	99.4	90.9
纺织服装、鞋、帽制造业	104.6	101.9
皮革、毛皮、羽毛(绒)及其制品业	101.1	99.0
木材加工及木、竹、藤、棕、草制品业	106.7	103.7
家具制造业	100.0	100.0
造纸及纸制品业	100.0	99.1
印刷业和记录媒介的复制	100.0	100.0
文教体育用品制造业	100.0	100.0
石油加工、炼焦及核燃料加工业	97.5	76.5
化学原料及化学制品制造业	100.3	96.0
医药制造业	99.6	99.4
化学纤维制造业	89.4	104.3
橡胶制品业	98.9	87.8
塑料制品业	99.7	97.5
非金属矿物制品业	99.8	94.2
黑色金属冶炼及压延加工业	99.0	96.9
有色金属冶炼及压延加工业	95.2	92.4
金属制品业	98.6	97.1
通用设备制造业	100.3	99.8
专用设备制造业	100.0	100.0
交通运输设备制造业	99.5	99.1
电气机械及器材制造业	100.0	100.0
通信设备、计算机及其他电子设备制造业	100.0	97.7
仪器仪表及文化、办公用机械制造业	100.0	100.0
工艺品及其他制造业	96.0	98.3
电力、热力的生产和供应业	98.5	98.2
燃气生产和供应业	100.2	98.5
水的生产和供应业	101.1	103.0

8-12 市区住宅销售价格类指数

(2015年，以上年同期价格为100)　　单位:%

类　　别	1月	2月	3月	4月	5月	6月
新建住宅销售价格同比指数	**94.5**	**94.1**	**93.7**	**93.4**	**93.9**	**94.3**
一、保障性住房						
二、新建商品住宅	94.2	93.1	93.6	93.6	93.6	94.0
（一）90平方米以下	94.0	92.5	93.3	93.3	93.3	93.5
（二）90-144平方米	94.4	93.5	93.9	93.9	93.9	94.4
（三）144平方米以上	93.8	92.8	93.1	93.1	93.1	93.7
二手住宅	**95.5**	**96.1**	**95.9**	**96.7**	**96.7**	**97.3**
一、90平方米以下	95.4	96.5	96.3	96.9	96.9	97.7
二、90-144平方米	96.3	95.8	95.6	96.9	96.9	97.3
三、144平方米以上	92.0	94.0	94.1	94.2	94.2	94.5

类　　别	7月	8月	9月	10月	11月	12月
新建住宅销售价格同比指数	**95.0**	**95.7**	**96.5**	**96.7**	**96.9**	**97.5**
一、保障性住房						
二、新建商品住宅	94.8	95.5	96.3	96.6	96.7	97.4
（一）90平方米以下	94.5	95.3	95.8	96.0	96.1	96.8
（二）90-144平方米	95.3	96.0	96.8	97.0	97.0	97.7
（三）144平方米以上	93.9	94.6	96.0	96.4	97.2	97.4
二手住宅	**97.9**	**99.0**	**100.0**	**101.1**	**101.7**	**101.7**
一、90平方米以下	98.3	99.5	100.8	101.9	102.5	102.5
二、90-144平方米	97.7	98.9	99.3	100.4	101.1	101.3
三、144平方米以上	94.5	95.9	96.7	97.2	97.1	96.8

主要统计指标解释

城市商品零售价格指数 是反映本市市场零售物价水平变运趋势和程度的相对数。按现行分类有食品、饮料烟酒、服装鞋帽、纺织品、家用电器及音像器材、文化办公用品、日用品、体育娱乐用品、交通通信用品、家具、化妆品、金银珠宝、中西药品及医疗保健用品、书报杂志及电子出版物、燃料、建筑材料及五金电料十六个大类，229 个基本分类的商品零售价格。以实际调查的综合平均价格，按加权算术平均公式计算。权数是社会商品零售额中各类商品零售额的构成比重。

城市居民消费价格指数 是反映城市居民购买生活消费品和支付服务收费的价格变动趋势和变动程度的相对数。调查范围和内容是居民用于日常生活消费品的全部商品和服务项目价格。包括食品、烟酒及用品、衣着、家庭设备用品及维修服务、医疗保健和个人用品、交通和通讯、娱乐教育文化用品及服务、居住等八大类商品及服务项目价格。既包括居民从商店、工厂、集市所购买商品的价格，也包括从餐饮行业购买商品的价格。该指数以实际调查的综合平均单价和根据住户调查有关资料确定的权数，按加权算术平均公式计算。

工业生产者出厂价格指数 是反映全部工业产品出厂价格总水平的变动趋势和程度的相对数。它是反映某一时期生产领域价格变动情况的重要经济指标，也是制定有关经济政策和国民经济核算的重要依据。

工业生产者购进价格指数 是工业企业通过各种形式购进的主要原材料、燃料、动力价格水平变动趋势和程度的相对数。工业生产者购进价格是反映工业企业作为生产投入，而从物资交易市场和能源、原材料生产企业购买原材料、燃料和动力产品时，所支付的价格水平变动趋势和程度的统计指标，是扣除工业企业物质消耗成本中的价格变动影响的重要依据。

房屋销售价格指数 是以翔实的数据资料反映本市房地产市场的价格变化趋势，服务于各级党政决策，服务于国民经济核算，服务于企业和社会公众的信息需求，引导和促进房地产业持续、健康发展；同时满足国民经济宏观调控及预警和完善我国价格统计指标体系的需要。按房屋类型分，房屋销售包括新建房销售和二手房销售两大类。其中，新建房大类包括住宅、非住宅两个中类。二手房大类包括住宅、非住宅两个中类。

房屋租赁、物业管理价格指数 是科学地计算各种房地产价格，准确反映房地产价格变动幅度和市场发展趋势。按房屋类型分，房屋租赁价格包括住宅和非住宅两大类，其中，住宅包括经济适用房、廉租房和商品住宅三个中类；非住宅包括办公楼、商业营业用房和其他三个中类。物业管理价格包括住宅和非住宅两个大类，其中，住宅包括经济适用房和商品住宅两个中类；非住宅包括办公楼、商业营业用房和其他三个中类。

人 民 生 活 9

- 2015年，城镇居民人均可支配收入27635元，农村居民人均纯收入11143元。
- 2015年，城镇居民人均居住面积41.84平方米，农村居民人均住房面积46.57平方米。

9-1 主要年份人民物质文化生活情况

类别	单位	1978年	1990年	1995年	2000年	2005年	2010年	2014年	2015年
一、城乡居民每人年收入									
职工年平均工资	元	518	1633	3767	6236	12223	24744	44403	51065
城市居民可支配收入	元	217	1106	3513	5081	8713	15764	25077	27635
农村居民纯收入	元	136	642	1493	1851	3269	5588	10139	11143
二、居民平均消费水平	**元**	**145**	**601**	**1588**	**2331**	**3619**	**7743**	**13076**	**14747**
城市居民	元	292	1139	2565	4161	5830	12404	17929	19592
农村居民	元	120	481	1215	1840	2326	4295	8527	9934
三、社会消费品零售总额	**亿元**		**17.95**	**45.98**	**63.18**	**121.25**	**284.08**	**512.22**	**581.45**
四、平均每人居住面积									
城市居民	平方米		9.77	11.57	13.2	20.93	32.12	41.91	41.84
农村居民	平方米	7.82	19.9	22.57	27.31	35.89	40.84	46.57	46.57
五、交通									
城市居民每百户拥有摩托车	辆			4	3	7	16	48	47
农村居民每百户拥有摩托车	辆		0.1	1.9	15.7	38	60	78	77
六、通讯电信									
每万人拥有移动电话	部				381	2055	5615	6803	7750
每万人拥有固定电话	部	39.9	71.7	291	999	2160	1820	1541	1495
城市居民每百户拥有家用电脑	台				4	23	67	59	65
七、文化									
城市居民每百户拥有彩色电视机	台		42	79	110	132	151	134	135
农村居民每百户拥有电视机	台		47	89	113	122	121	124	128
八、教育									
每万人拥有大学生	人	2.8	8.4	15.8	38.1	168	173	173	184
九、卫生									
每万人拥有医院床位	张	22.6	25.8	30.6	16.9	22.5	18.1	30	33.1
每万人拥有医生	人	11	15.1	15.4	12	10.2	12.8	17	17.6
十、就业									
城市每一就业者赡养人数	人		1.70	1.77	2.02	1.81	1.69	1.68	1.63
农村每一就业者赡养人数	人	2.50	1.82	1.7	1.52	1.41	1.35	1.68	1.56
十一、储蓄									
平均每人储蓄存款余额	元	12	319	1428	2573	5359	12273	21766	24725

9-2 主要年份城镇居民家庭基本情况

指标	单位	1978年	1980年	1985年	1990年	1995年
调查户数	户		50	100	100	100
户均家庭人口	人		4.62	4.08	3.54	2.87
户均就业人口	人		2.10	2.33	2.08	1.62
就业面	%		45.45	57.05	58.78	56.57
每一就业者赡养人数（含本人）	人		2.20	1.75	1.70	1.77
人均实际收入	元		510	655	1197	3887
人均可支配收入	元	217	502	601	1106	3513
人均实际支出	元	292	450	605	1038	3367
人均生活消费支出	元		418	557	946	3044
人均居住面积	平方米			8.68	9.77	11.57

指标	单位	2000年	2005年	2010年	2014年	2015年
调查户数	户	100	100	100	437	437
户均家庭人口	人	3.02	2.86	2.62	3.20	2.97
户均就业人口	人	1.51	1.58	1.55	1.91	1.82
就业面	%	49.53	55.24	59.16	56.68	61.28
每一就业者赡养人数（含本人）	人	2.02	1.81	1.69	1.68	1.63
人均实际收入	元	5102	9268	16722	26960	29765
人均可支配收入	元	5081	8713	15764	25077	27635
人均实际支出	元	4911	7259	14670	20031	22223
人均生活消费支出	元	3975	5810	10823	15718	17483
人均居住面积	平方米	13.20	20.93	32.12	41.91	41.84

9-3 全省各设区市城镇居民人均可支配收入

单位:元

地区	2014年	2015年	2015年比2014年	
			增加额	增长（%）
全省	**24309**	**26500**	**2191**	**9.0**
南昌市	29091	31942	2851	9.8
景德镇市	26625	29101	2476	9.3
萍乡市	26019	28335	2316	8.9
九江市	25077	27635	2558	10.2
新余市	27626	29836	2210	8.0
鹰潭市	24591	26952	2361	9.6
赣州市	22935	24999	2064	9.0
吉安市	24797	27078	2281	9.2
宜春市	23221	25381	2160	9.3
抚州市	23101	25065	1964	8.5
上饶市	24656	26924	2268	9.2

9-4 各县（市、区）城镇居民人均可支配收入

单位:元

地区	2014年	2015年	2015年比2014年	
			增加额	增长（%）
全市	**25077**	**27635**	**2558**	**10.2**
庐山区	27950	30689	2739	9.8
浔阳区	28206	31914	2708	9.6
开发区	28270	31003	2733	9.7
九江县	23868	26303	2435	10.2
武宁县	23151	25582	2431	10.5
修水县	20185	22224	2039	10.1
永修县	23908	26299	2391	10.0
德安县	24135	26621	2486	10.3
星子县	20478	22587	2109	10.3
都昌县	18984	20882	1898	10.0
湖口县	24350	26882	2532	10.4
彭泽县	22881	25192	2311	10.1
瑞昌市	23554	25933	2379	10.1
共青城市	26101	28654	2553	9.8

9-5 城镇居民人均可支配收入及构成

单位：元

指　　标	2014年	2015年	2015年比2014年增长%
可支配收入	**25077.04**	**27634.86**	**10.2**
（一）工资性收入	17807.85	19030.03	6.9
1、工资	16309.64	17671.20	8.4
2、实物福利	31.14	40.31	29.5
3、其他	1467.07	1318.51	-10.1
（二）经营净收入	2825.34	3264.25	15.5
1、第一产业经营净收入	618.75	673.51	8.9
2、第二产业经营净收入	358.10	275.60	-23.0
3、第二产业经营净收入	1848.49	2315.14	25.2
（三）财产净收入	1955.11	2406.52	23.1
1、利息净收入	268.98	317.33	18.0
2、红利收入	294.07	557.22	89.5
3、储蓄性保险净收益	8.09	3.52	-56.5
4、出租房屋财产性收入	147.98	166.63	12.6
5、其他财产净收入	94.20	84.82	-10.0
6、房屋虚拟租金	1109.71	1256.92	13.3
（四）转移净收入	2488.75	2934.06	17.9
1、养老金或离退休金	2247.27	2732.27	21.6
2、社会救济和补助	29.26	33.38	14.1
3、政策性生活补助	15.30	22.07	44.2
4、报销医药费	56.75	135.11	138.1
5、家庭外出从业人员寄回带回收入	427.79	774.90	81.1
6、赡养收入	282.18	175.77	-37.7
7、经常性捐赠收入	38.02	6.92	-81.8
8、现金政策性惠农补助	30.07	32.51	8.1

9-6　城镇居民人均生活消费支出及构成

单位：元

指　　标	2014年	2015年	2015年比2014年增长%
生活消费支出	**15717.74**	**17483.44**	**11.2**
（一）食品烟酒	5273.64	5609.61	6.4
1、食品	3863.25	4056.48	5.0
2、烟酒	584.37	589.36	3.8
3、饮食服务	744.84	887.95	19.2
（二）衣着	1629.47	1743.34	7.0
1、衣类	1298.95	1385.84	6.7
2、鞋类	330.52	357.51	8.2
（三）居住	3599.36	3505.78	-2.6
1、租赁房房租	80.73	58.08	-28.1
2、住房维修及管理	527.77	368.04	-30.3
3、水电燃料及其他	882.50	861.11	-2.4
（四）生活用品及服务	994.44	1098.40	10.5
1、家具及室内装饰品	43.87	84.29	92.1
2、家用器具	271.58	287.83	6.0
3、家用纺织品	138.42	117.93	-14.8
4、个人用品	107.93	138.52	28.3
5、家庭服务	30.04	31.93	6.3
（五）交通通信	1757.14	2454.03	39.7
1、交通	997.31	1635.94	64.0
2、通信	759.83	818.09	7.7
（六）教育文化娱乐	1596.97	1830.87	14.6
1、教育	932.57	1044.18	12.0
2、.文化娱乐	664.40	786.69	18.4
（七）医疗保健	466.04	727.32	56.1
1、医疗器具及药品	198.69	217.18	9.3
2、.医疗服务	282.18	510.14	80.8
（八）其他用品和服务	400.68	514.10	28.3
1、其他用品	199.07	229.71	15.4
2、其他服务	201.62	284.39	41.1

9-7 城镇居民人均食品消费支出

单位：元

指　　标	2014年	2015年	2015年比2014年增长%
食品烟酒消费	5273.64	5609.61	6.4
（一）食品	3615.42	4056.48	12.2
1、谷　　物	603.32	566.46	-6.1
2、薯　　类	22.32	36.21	62.2
3、豆　　类	60.16	61.97	3.0
4、食 用 油	212.66	212.41	-0.1
5、蔬菜和食用菌	704.78	755.16	7.1
6、肉　　类	766.77	817.64	6.6
7、禽　　类	163.94	187.22	14.2
8、水 产 品 类	284.74	316.94	11.3
9、蛋　　类	99.13	114.26	15.3
10、奶　　类	223.92	213.03	-4.9
11 、干鲜瓜果类	357.96	401.39	12.1
12、糖果糕点类	142.54	157.37	10.4
（二）烟酒	584.37	589.36	0.9
1、烟　　草	391.15	398.56	1.9
2、酒　　类	193.23	190.80	-1.3
（三）饮食服务	744.84	887.95	19.2
1、食堂用餐	55.28	63.65	15.1
2、其他在外饮食	664.05	818.75	23.3
3 、食品加工服务费	25.51	5.56	-78.2

9-8 百户城镇居民年末耐用消费品拥有量

指　　标	单　位	2014年	2015年
家用汽车	辆	19	21
摩托车	辆	48	47
助力车	辆	37	39
洗衣机	台	79	83
电冰箱	台	88	93
彩色电视机	台	134	135
家用电脑	台	59	65
组合音响	套	8	9
摄像机	台	4	4
照相机	台	25	22
洗碗机	台	1	1
中高档乐器	架	3	3
空调器	台	116	122
淋浴热水器	台	88	90
微波炉	台	54	57
消毒碗柜	台	9	9
健身器材	台	3	5
移动电话	部	215	229

9-9 全省各设区市农村居民人均可支配收入

单位:元

地　　区	2014年	2015年	2015年比2014年	
			增加额	增长（%）
全　省	**10117**	**11139**	**1022**	**10.1**
南昌市	12414	13693	1279	10.3
景德镇市	11547	12736	1189	10.3
萍乡市	12769	14046	1277	10.0
九江市	10139	11143	1004	9.9
新余市	12831	13986	1155	9.0
鹰潭市	11350	12383	1033	9.1
赣州市	6946	7786	840	12.1
吉安市	9262	10355	1093	11.8
宜春市	10526	11621	1095	10.4
抚州市	10410	11441	1031	9.9
上饶市	9102	10112	1010	11.1

9-10 各县（市、区）农村居民人均可支配收入

单位:元

地　　区	2014年	2015年	2015年比2014年	
			增加额	增长（%）
全　市	**10139**	**11143**	**1004**	**9.9**
庐山区	14058	15422	1364	9.7
浔阳区	14852	16233	1381	9.3
开发区	14460	15801	1370	9.3
九江县	10956	12030	1074	9.8
武宁县	10707	11810	1103	10.3
修水县	6689	7599	910	13.6
永修县	11521	12662	1141	9.9
德安县	11526	12713	1187	10.3
星子县	9738	10712	974	10.0
都昌县	5461	6253	792	14.5
湖口县	11166	12271	1105	9.9
彭泽县	10745	11830	1085	10.1
瑞昌市	11050	12144	1094	9.9
共青城市	13139	14460	1321	9.6

9-11 农村居民人均可支配收入及构成

单位：元

指　　标	2014年	2015年	2015年比2014年增长%
可支配收入	**10139.12**	**11142.76**	**9.9**
（一）工资性收入	4784.18	5268.33	10.1
1、工资	3383.37	3945.17	16.6
2、实物福利	0.42	0.33	-21.4
3、其他	1880.63	1322.83	-29.7
（二）经营净收入	3248.46	3381.26	4.1
1、第一产业经营净收入	2239.22	1980.85	-11.5
2、第二产业经营净收入	294.57	654.61	122.2
3、第二产业经营净收入	714.67	745.81	4.4
（三）财产净收入	169.94	222.53	30.9
1、利息净收入	16.67	27.43	64.5
2、红利收入	60.87	80.43	32.1
3、储蓄性保险净收益	0.19	0.07	-63.2
4、出租房屋财产性收入	12.56	5.91	-52.9
5、其他财产净收入	69.09	97.55	41.2
（四）转移净收入	1936.55	2270.64	17.3
1、养老金或离退休金	250.64	329.75	31.6
2、社会救济和补助	47.73	75.10	57.3
3、政策性生活补助	18.89	15.67	-17.0
4、报销医药费	91.22	151.58	66.2
5、家庭外出从业人员寄回带回收入	1306.46	1499.54	14.8
6、赡养收入	202.79	184.92	9.7
7、经常性捐赠收入	0.15	5.95	-97.5
8、现金政策性惠农补助	88.69	136.79	54.2

9-12 农村居民人均生活消费支出及构成

单位：元

指　　标	2014年	2015年	2015年比2014年增长%
生活消费支出	**7921.52**	**8687.78**	**9.7**
（一）食品烟酒	2954.93	3157.99	6.9
1、食品	2308.72	2297.98	-0.5
2、烟酒	420.99	503.73	19.7
3、饮食服务	174.31	302.03	73.3
（二）衣着	429.11	471.19	9.8
1、衣类	348.92	357.31	2.4
2、鞋类	110.18	113.88	3.4
（三）居住	1882.91	2010.61	6.8
1、租赁房房租	12.83	2.65	-79.3
2、住房维修及管理	232.36	251.67	8.3
3、水电燃料及其他	488.97	470.16	-3.8
（四）生活用品及服务	479.68	542.35	13.1
1、家具及室内装饰品	57.34	92.56	61.4
2、家用器具	138.14	139.11	0.7
3、家用纺织品	55.56	52.67	-5.2
4、个人用品	20.57	28.76	39.8
5、家庭服务	12.61	12.43	-1.4
（五）交通通信	770.72	911.52	18.3
1、交通	441.91	566.33	28.2
2、通信	328.81	345.18	5.0
（六）教育文化娱乐	699.72	857.79	22.6
1、教育	495.04	616.10	24.5
2、文化娱乐	204.68	241.69	18.1
（七）医疗保健	522.69	566.54	8.4
1、医疗器具及药品	125.97	153.80	22.1
2、医疗服务	396.72	412.73	4.0
（八）其他用品和服务	151.77	169.81	11.9
1、其他用品	100.52	125.10	24.5
2、其他服务	51.25	44.70	-12.8

9-13 农村居民人均食品消费支出

单位：元

指　　标	2014年	2015年	2015年比2014年增长%
食品烟酒消费	**2954.93**	**3157.99**	**6.9**
（一）食品	**2308.72**	**2297.98**	**-0.5**
1、谷　　物	360.40	393.66	9.3
2、薯　　类	91.52	110.49	20.7
3、豆　　类	32.74	31.71	-3.1
4、食　用　油	167.96	162.31	-3.4
5、蔬菜和食用菌	361.05	351.32	-2.7
6、肉　　类	587.06	461.30	-21.4
7、禽　　类	104.43	71.94	-31.1
8、水 产 品 类	115.91	124.05	7.0
9、蛋　　类	105.31	82.12	-22.0
10、奶　　类	125.73	132.17	5.1
11、干鲜瓜果类	106.94	138.71	29.7
12、糖果糕点类	55.34	58.10	5.0
（二）烟酒	**420.99**	**503.73**	**19.7**
1、烟　　草	281.15	338.97	20.6
2、酒　　类	139.84	164.76	17.8
（三）饮食服务	**174.31**	**302.03**	**73.3**
1、食堂用餐	9.27	4.93	-46.8
2、其他在外饮食	155.78	287.71	84.7
3、食品加工服务费	9.26	9.39	1.4

9-14 百户农村居民年末耐用消费品拥有量

单位：元

指　　标	单　位	2014年	2015年
家用汽车	辆	12	14
摩托车	辆	78	77
助力车	辆	36	43
洗衣机	台	50	55
电冰箱	台	82	86
彩色电视机	台	124	128
家用电脑	台	26	25
组合音响	套	7	6
摄像机	台	1	1
照相机	台	7	7
洗碗机	台	2	1
中高档乐器	架	1	1
空调器	台	63	73
淋浴热水器	台	63	72
微波炉	台	20	25
消毒碗柜	台	3	3
健身器材	台	1	1
移动电话	部	224	228

主要统计指标解释

可支配收入 指调查户在调查期内获得的、可用于最终消费支出和储蓄的总和，即调查户可以用来自由支配的收入。它包含工资性收入、经营净收入、财产净收入、转移净收入和自有住房折算净租金。

计算公式为：可支配收入=工资性收入+经营净收入+财产净收入+转移净收入+自有住房折算净租金

工资性收入 指就业人员通过各种途径获得的全部劳动报酬和各种福利。

经营净收入 指住户或住户成员从事生产经营活动所获得的净收入。

财产净收入 指住户或住户成员将其所拥有的金融资产和自然资源交由其他机构单位、住户或个人支配而获得的回报并扣除相关的费用之后得到的净收入。

转移性收入 指国家、单位、社会团体对住户的各种经常性转移支付和住户之间的经常性收入转移。

自有住房折算净租金 指现有住房产权为自有住房的住户为自身消费提供住房服务的折算价值扣除缴纳的各种税费后得到的净租金。

消费支出 指住户用于满足家庭日常生活消费需要的全部支出，包括食品烟酒、衣着、居住、生活用品及服务、交通通信、教育文化娱乐、医疗保健、其他用品及服务八大类。

城市建设和环境保护 10

- 2015年，市区水厂日综合生产能力34万吨，全年供水总量8403万吨，生活用水人口66.1万人。
- 2015年末，市区公交营运车辆1033辆，公共汽车载客数16765万人次，年末共有出租汽车2717 辆。
- 2015年，工业废水排放总量16786万吨，工业废气排放总量3518亿标立方米，工业烟（粉）尘排放量50987吨，工业固体废物产生量1215万吨。
- 2015年末，全市有国家级自然保护区3个，省级自然保护区6个。

10-1 城市公用事业基本情况

指　标	单　位	2014年	2015年	2015年比2014年增长%
水厂综合生产能力	万吨/日	34	34	
全年供水总量	万吨	8212	8403	2.3
# 生活用水	万吨	3252	3713	14.2
生活用水人口	万人	65.9	66.1	0.3
液化石油气供气总量	吨	15300	15000	-2.0
# 家庭用量	吨	10200	10000	-2.0
天然气供气总量	万立方米	4323	4510	4.3
用天然气人口	万人	30	30.22	0.7
年末实有公共汽车营运车辆	辆	984	1033	5.0
全年公共汽车客运人数	万人次	15626	16765	7.3
年末实有出租汽车数	辆	2620	2717	3.7
年末实有铺装道路面积	万平方米	1530	1546	1.0
城市排水管道总长度	公里	1144	1161	1.5
建成区园林绿地面积	公顷	5011	5053	0.8
城市建成区土地面积	平方公里	102.82	105.63	2.7
生活垃圾粪便清运量	万吨	22.2	21.6	-2.7

注：由于建成区面积扩大，以上指标数据为中心城区.

10-2 环境保护情况

指　　标	单　位	2014年	2015年	2015年比2014年增长%
一、工业废水				
工业废水排放总量	万吨	10739	16786	56.3
其中：直接排入环境	万吨	10568	15709	48.6
工业废水处理量	万吨	8869	16264	83.4
二、工业废气				
工业废气排放总量	万标立方米	29361983	35182475	19.8
二氧化硫排放量	吨	79681	79995	0.4
氮氧化物排放量	吨	55595	52753	-5.1
烟（粉）尘排放量	吨	50286	50987	1.4
三、工业固体废物				
工业固体废物产生量	万吨	977	1215	24.4
工业固体废物综合利用量	万吨	592	740	25.0

10-3 污染治理项目建设情况

(2015年)

指　　标	单位	2015年	指　　标	单位	2015年
一、汇总工业企业数	个	15	四、施工项目本年投资来源合计	万元	52125
			# 企业自筹	万元	51215
二、本年施工项目总数	个	31	五、本年竣工项目数	个	31
# 废水治理项目	个	8	# 废水治理项目	个	8
废气治理项目	个	12	废气治理项目	个	12
三、施工项目本年完成投资额	万元	51215	六、本年竣工项目新增设计处理能力		
# 废水治理项目	万元	32855	# 治理废水	吨/日	15200
废气治理项目	万元	15970	治理废气	万标立方米/时	103

10-4 生活及其他污染情况

指　　标	单　位	2015年
一、基本情况		
城镇人口总数	万人	244
污水处理厂数	座	13
煤炭消费总量	万吨	833
# 工业煤炭消费量	万吨	823
生活及其他煤炭消费量	万吨	10
生活及其他煤炭含硫量	%	2
生活及其他煤炭灰份	%	21
二、污染排放情况		
城镇生活污水中化学需氧量产生量	吨	80512
城镇生活污水中化学需氧量排放量	吨	42659
城镇生活污水中氨氮产生量	吨	6234
城镇生活污水中氨氮排放量	吨	5236
生活及其他二氧化硫排放量	吨	3187
生活及其他烟尘排放量	吨	2318

10-5 各县（市、区）工业污染排放及处理利用情况

（2015年）

地区	汇总工业企业数（个）	工业废水排放量(万吨)	工业废气排放量(亿标立方米)	二氧化硫排放量(吨)	烟尘排放量(吨)	工业固体废物产生量(万吨)	工业固体废物综合利用量(万吨)
全市合计	1200	16786	3518	79995	50987	1215	740
#庐山区	93	2030	218	5220	1689	29	25
浔阳区	14	483	367	10705	678	96	91
九江县	116	347	91	2063	3210	299	22
武宁县	113	579	12	1578	310	12	6
修水县	74	417	46	2667	1003	64	45
永修县	69	778	71	5961	1180	10	10
德安县	80	231	41	2246	2437	60	31
星子县	102	152	2	325	130	0.3	0.3
都昌县	106	453	62	1281	1055	125	101
湖口县	77	8350	1219	32771	29545	306	302
彭泽县	102	931	848	1912	4310	5	3
瑞昌市	225	1977	537	8158	5314	209	104
共青城市	29	57	5	659	125	1	1

10-6 国家级、省级自然保护区

(2015年)

名　　称	地点	面积（公顷）	批准机关	主要保护内容	级别	建区时间	主管部门
江西省桃红岭梅花鹿国家级自然保护区	彭泽县中部	12500	国务院	野生梅花鹿南方亚种	国家级	2001.6	林业部门
江西省鄱阳湖国家级自然保护区	永修吴城	22400	国务院	候鸟与湿地	国家级	1988	林业部门
江西省庐山国家级自然保护区	庐　山	20120	国务院	森林植被、野生动植物、第四纪冰川遗迹、自然历史文化遗迹	国家级	1981.8	林业部门
江西省都昌候鸟自然保护区	都昌所属鄱阳湖湖区	41100	省政府	白鹤等候鸟	省级	2004.1	其他部门
江西省云居山自然保护区	永修县	2480	省政府	中亚热带常绿阔叶林森林生态系统	省级	1997.10	林业部门
江西省修河源三梅山自然保护区	修水县	14485	省政府	珍稀动植物	省级	2010	林业部门
江西省江豚自然保护区	都昌	6800	省政府	动物	省级	2004	其他部门
江西省武宁伊山自然保护区	武宁县	11340	省政府	森林	省级	2011	林业部门
江西省瑞昌南方红豆杉自然保护区	瑞昌市	2500	省政府	植物	省级	2011	林业部门

主要统计指标解释

工业废水排放量 指经过企业厂区所有排放口排到企业外部的工业废水量。包括生产废水、外排的直接冷却水、超标排放的矿井地下水和与工业废水混排的厂区生活污水，不包括外排的间接冷却水(清污不分流的间接冷却水应计算在内)。

工业废水排放达标量 指报告期内废水中各项污染物指标都达到国家或地方排放标准的外排工业废水量，包括未经处理外排达标的，经废水处理设施处理后达标排放的，以及经污水处理厂处理后达标排放的。

工业废水排放达标率 指工业废水排放达标量占工业废水排放量的百分率，计算公式为：

工业废水排放达标率=工业废水排放达标量/工业废水排放量×100%

化学需氧量(COD) 测量有机和无机物质化学所消耗氧的质量浓度的水污染指数。

工业废气排放量 指报告期内企业厂区内燃料燃烧和生产工艺过程中产生的各种排入大气的含有污染物的气体的总量，以标准状态(273K，101325Pa)计算。测算公式为：

工业废气排放量=燃料燃烧过程中废气排放量+生产工艺过程中废气排放量

工业 S02 排放量 指报告期内企业在燃料燃烧和生产工艺过程中排入大气的S02 总量。

工业烟尘排放量 指企业厂区内燃料燃烧过程中产生的烟气中夹带的颗粒物排放量。

工业粉尘排放量 指企业在生产工艺过程中排放的能在空气中悬浮一定时间的固体颗粒物排放量。如钢铁企业的耐火材料粉尘、焦化企业的筛焦系统粉尘、烧结机的粉尘、石灰窑的粉尘、建材企业的水泥粉尘等。不包括电厂排入大气的烟尘。

工业固体废物产生量 指报告期内企业在生产过程中产生的固体状、半固体状和高浓度液体状废弃物的总量，包括危险废物、冶炼废渣、粉煤灰、炉渣、煤矸石、尾矿、放射性废物和其他废物等；不包括矿山开采的剥离废石和掘进废石（煤矸石和呈酸性或碱性的废石除外）。酸性或碱性废石指采掘的废石其流经水、雨淋水的PH值小于 4 或 PH 值大于 10.5 者。

工业固体废物综合利用量 指报告期内企业通过回收、加工、循环、交换等方式，从固体废物中提取或者使其转化为可以利用的资源、能源和其他原材料的固体废物量（包括当年利用往年的工业固体废物贮存量），如用作农业肥料、生产建筑材料、筑路等。综合利用量由原产生固体废物的单位统计。

工业固体废物综合利用率 指工业固体废物综合利用量占工业固体废物产生量（包括综合利用往年贮存量）的百分率。计算公式为：

工业固体废物综合利用率=工业固体废物综合利用量/工业固体废物产生量+综合利用往年贮存量×100%

工业固体废物排放量 指报告期内企业将所产生的固体废物排到固体废物污染防治设施、场所以外的数量，不包括矿山开采的剥离废石和掘进废石（煤矸石和呈酸性或碱性的废石除外）。

“三废”综合利用产品产值 指报告期内利用“三废”作为主要原料生产的产品价值（现行价）；已经销售或准备销售的应计算产品价值，留作生产自用的不应计算产品价值。

自然保护区 指对有代表性的自然生态系统、珍稀濒危野生动植物物种的天然分布区、水源涵养区、有特殊意义的自然历史遗迹等保护对象所在陆地、陆地水体或海域，依法划出一定面积进行特殊保护和管理的区域。以县及县以上各级人民政府正式批准建立的自然保护区为准(包括“六五”以前由部门或“革委会”批准且现仍存在的自然保护区)。风景名胜区、文物保护区不计在内。

生态示范区 指省级以上环境保护行政主管部门批准，以省、地、县政府为主按批准的生态示范区建设规划实施的行政区域。包括已经过国家或省级环境保护行政主管部门验收的和正在开展试点工作的。

农　业　11

- 2015年，全市181个乡镇，乡镇总户数94.06万户，总人口381.50万人，其中乡镇从业人员189.64万人。
- 2015年，全市农业总产值246.82亿元，其中种植业产值110.95亿元。
- 2015年，全市农业商品产值168.03亿元，农业商品率 68.07%。
- 2015年，全市粮食总产量165.86万吨，棉花产量8.74万吨，油料产量22.75万吨，肉类总产量21.24万吨，水产品总产量45.00万吨。

11-1 农村乡（镇）组织情况

指　　标	单　　位	2014年	2015年
一、乡（镇）政府	个	181	181
#镇政府	个	102	102
二、村民委员会	个	1751	1746
三、村民小组	个	23453	23765
四、乡村总户数	万户	92.31	94.06
五、乡村总人口	万人	378.67	381.50
六、乡村从业从员	万人	190.61	189.64
#女劳动力	万人	89.07	88.07

11-2 各县（市、区）乡（镇）组织情况

（2015年末）

地　　区	乡（镇）政府个数（个）	#镇政府	村民委员会（个）	村民小组（个）	乡镇总户数（户）	乡镇总人口（人）
全市合计	181	102	1746	23765	940621	3814958
浔阳区			9	51	3329	12093
庐山区	7	6	59	567	30257	111691
九江开发区	1		19	180	12143	45826
庐山管理局	1	1	2	17	576	1729
九江县	11	7	100	1708	71178	281466
武宁县	19	8	183	1940	83259	324418
修水县	36	19	361	5778	172016	746197
永修县	15	11	146	1587	76111	300029
德安县	13	5	83	990	29404	119655
星子县	10	7	73	838	54946	233933
都昌县	24	12	259	4352	176417	704240
湖口县	12	6	122	1653	56016	222560
彭泽县	13	10	150	1910	77660	322503
瑞昌市	16	8	157	1990	84991	340425
共青城市	3	2	23	204	12318	48193

11-3 各县（市、区）乡（镇）劳动力

（2015年末）

单位：人

地　　区	乡村从业人员合计	#男	#女	农　业	外出(离乡)的从业人员
全市合计	**1896406**	**1015685**	**880721**	**877036**	**912725**
浔阳区	6518	3255	3263	1343	117
庐山区	50553	25680	24873	19599	8964
九江开发区	25204	13872	11332	9317	9403
庐山管理局	950	446	504	541	118
九江县	142458	76844	65614	49575	85653
武宁县	158443	82379	76064	94946	63450
修水县	370673	202484	168189	184923	170314
永修县	153722	80185	73537	94408	80489
德安县	61229	32758	28471	27949	26100
星子县	116009	62582	53427	51377	44490
都昌县	339040	182663	156377	146620	179316
湖口县	111924	58205	53719	51562	58913
彭泽县	169608	90986	78622	73640	90418
瑞昌市	164304	89434	74870	60814	87851
共青城市	25771	13912	11859	10422	7129

11-4 主要年份农业总产值和商品产值

单位:万元

指　　标	1978年	1985年	1990年	1995年	2000年	2010年	2014年	2015年
农业总产值	**42836**	**117954**	**255474**	**662700**	**619902**	**1657157**	**2338051**	**2468243**
种植业产值	31457	74028	153458	343837	315437	768921	1031794	1109491
林业产值	2649	6849	21522	32159	31697	91010	141744	153370
牧业产值	5556	23394	64320	185186	142742	351509	504516	468726
副业产值	2491	9408						
渔业产值	683	4275	16174	101518	130026	402088	590264	661837
农林牧渔服务业产值						43629	69733	74819
农业商品产值	9450	58217	139423	418125	365177	1159469	1624900	1680330
农业商品率（%）	22.10	49.40	54.60	63.10	58.90	70.00	69.50	68.07

11-5 历年农业总产值指数

(以上年为100)

年　份	农业总产值	种植业产值	林业产值	牧业产值	副业产值	渔业产值	农林牧渔服务业产值
1978	99.7	95.4	139.8	104.1	125.6	100.7	
1980	93.1	84.9	89.5	109.9	145.6	152.9	
1981	107.3	113.3	120.1	96.8	70.6	105.3	
1982	121.1	120.4	88.0	124.5	149.7	120.9	
1983	90.5	81.6	112.9	97.8	147.7	133.9	
1984	123.3	131.5	137.3	112.3	92.5	97.4	
1985	109.4	104.5	115.7	131.9	110.2	105.4	
1986	104.0	101.2	100.1	111.1	105.6	132.6	
1987	103.9	105.9	89.4	101.6	98.9	112.5	
1988	90.5	81.6	96.5	106.1	115.1	112.9	
1989	114.9	117.9	115.8	109.3	102.9	120.8	
1990	106.5	106.8	107.5	103.8	109.0	108.2	
1991	108.7	107.8	105.6	105.7		130.4	
1992	106.9	100.4	109.7	106.7		149.9	
1993	105.1	99.5	85.0	108.1		142.8	
1994	114.6	112.5	105.7	118.3		120.9	
1995	99.7	87.8	97.9	108.9		124.5	
1996	106.7	109.9	101.2	96.0		114.3	
1997	109.2	107.7	90.6	113.4		113.8	
1998	68.0	64.4	102.9	61.6		73.2	
1999	115.7	119.6	76.4	114.0		123.5	
2000	103.4	110.0	94.8	98.8		97.8	
2001	106.4	107.0	110.9	100.0		109.4	
2002	107.4	96.9	114.0	102.6		128.7	
2003	106.0	100.4	115.7	95.3		113.2	105.3
2004	110.5	109.6	96.3	111.4		113.0	122.2
2005	114.1	108.8	117.4	110.8		121.1	107.1
2006	103.8	108.5	98.1	97.9		103.6	89.4
2007	108.7	104.7	110.1	111.8		113.2	101.7
2008	109.2	119.8	108.6	104.0		109.0	107.5
2010	106.7	108.1	103.7	105.6		105.8	107.7
2011	104.2	103.4	103.3	109.6		101.6	102.2
2012	104.3	103.2	104.7	104.5		106.3	101.8
2013	104.0	104.7	105.3	103.2		103.0	105.8
2014	104.6	103.5	108.9	104.9		104.3	108.8
2015	104.1	106.4	107.9	95.1		106.4	105.8

11-6 历年农业总产值指数

（以1952年为100）

年　　份	农业总产值	种植业产值	林业产值	牧业产值	副业产值	渔业产值
1978	180.2	206.4	354.2	253.7	46.5	229.4
1980	200.5	217.3	270.0	339.2	75.4	476.9
1981	215.1	246.1	324.1	328.3	53.2	502.2
1982	260.5	296.4	285.2	408.8	79.7	607.4
1983	235.9	241.0	322.1	400.0	117.7	813.5
1984	290.7	317.0	442.3	449.1	108.9	792.0
1985	318.2	331.3	511.8	592.3	119.9	834.6
1986	331.0	335.3	512.4	658.3	126.7	1107.0
1987	365.4	355.0	458.3	668.7	125.4	1245.8
1988	311.2	289.8	442.4	709.3	144.3	1406.1
1989	357.6	341.8	512.3	775.0	148.5	1699.0
1990	380.8	366.8	550.6	804.3	161.8	1838.5
1991	413.9	395.4	581.4	850.1	165.4	2397.8
1992	442.4	397.0	637.8	907.1	161.6	3594.3
1993	456.0	395.0	542.1	980.6		5132.7
1994	532.9	444.4	573.0	1160.0		6205.4
1995	531.3	390.2	561.0	1263.2		7725.7
1996	566.9	428.8	567.7	1212.7		8830.5
1997	619.1	461.8	514.3	1375.2		10049.1
1998	421.0	297.4	529.2	847.1		735.6
1999	487.1	355.7	404.3	965.7		908.5
2000	503.7	391.3	383.3	954.1		888.5
2001	535.9	418.6	425.3	954.7		972.0
2002	575.6	405.6	484.8	979.5		1251.0
2003	610.1	407.2	560.9	933.5		1416.3
2004	674.2	446.3	540.1	1039.9		1600.4
2005	768.6	485.6	634.1	1152.2		1938.1
2006	797.8	526.9	622.1	1128.0		2007.9
2007	867.2	551.7	698.1	1261.1		2272.9
2008	947.0	660.9	758.1	1311.5		2477.5
2010	1111.5	777.3	990.5	1623.2		2665.8
2011	1158.2	803.7	1023.2	1779.0		2708.4
2012	1208.0	829.5	1071.3	1859.0		2879.0
2013	1256.3	868.5	1128.1	1918.5		2965.4
2014	1314.1	898.9	1228.5	2012.5		3092.9
2015	1368.0	956.4	1325.6	1913.9		3290.8

11-7 农业分项产值

(2015年)

指标	按当年价格计算	
	绝对数(万元)	构成(%)
农、林、牧、渔业总产值	**2468243**	**100.0**
一、农业产值	**1109491**	**45.0**
1.谷物及其他作物	803057	32.5
谷物	435946	17.7
#小麦	3909	0.2
稻谷	394248	16.0
玉米	13176	0.5
薯类	30716	1.2
油料	110429	4.5
#花生	11056	0.4
油菜籽	89840	3.6
豆类	14180	0.6
#大豆	8320	0.3
棉花	189345	7.7
麻类	1114	
糖类	2479	0.1
其他农作物	18848	0.8
#饲料作物	4388	0.2
2、蔬菜及园艺作物	226236	9.2
蔬菜(含菜用瓜)	221551	9.0
花卉	704	
其他园艺作物	335	
3、水果、坚果、饮料和香料作物	65729	2.7
水果、坚果(含果用瓜)	53112	2.2
#梨	11093	0.4
柑桔	12928	0.5
坚果	608	
茶及其他饮料	12009	0.5
#茶	12008	0.5
4、中药材	14469	0.6
二、林业产值	**153370**	**6.2**
1.林木的培育和种植	82294	3.3
育种育苗	20749	0.8

11-7续表

指标	按当年价格计算	
	绝对数(万元)	构成(%)
造　　林	37321	1.5
抚育和管理	24224	1.0
2.竹木采运	40661	1.6
村及村以下	22268	0.9
3.林产品	30415	1.2
三、牧业产值	**468726**	**19.0**
(一)牲畜饲养	20502	0.8
1.牛的饲养	10445	0.4
2.羊的饲养	9753	0.4
3.其他牲畜饲养	13	
4.奶产品	249	
5.其他牲畜副产品	42	
(二)猪的饲养	344715	14.0
(三)家禽的饲养	90612	3.7
1.肉禽	37202	1.5
2.禽蛋	53410	2.2
(四)其他畜牧业	12852	0.5
#:蚕茧	7878	0.3
兔	1045	
四、渔业产值	**661837**	**26.8**
#:养殖	552138	22.4
(一)鱼　类	479622	19.4
(二)虾蟹类	140610	5.7
(三)贝　类	12621	0.5
(四)其　他	28984	1.2
五、农林牧渔服务业产值	**74819**	**3.0**

11-8 各县（市、区）农林牧渔业产值

（2015年）

单位：万元

地　　区	农林牧渔业总产值	农业产值	林业产值	牧业产值	渔业产值	农林牧渔服务业产值
全市合计	**2468243**	**1109491**	**153370**	**468726**	**661837**	**74819**
浔阳区	9567	185		231	4836	4315
庐山区	79395	29763	12628	18828	17022	1154
九江开发区	43540	16370	73	2779	6282	18036
庐山管理局	3759	1635	404	506	528	686
九江县	233527	86236	12834	36517	91583	6357
武宁县	241899	101470	30436	51596	56404	1993
修水县	253820	117751	26611	82014	21152	6292
永修县	269205	131890	11513	31919	83883	10000
德安县	103538	42946	8318	39896	9849	2529
星子县	125370	48190	6060	25042	44703	1375
都昌县	335869	189526	2618	49557	92777	1391
湖口县	188678	91876	4898	18745	71743	1416
彭泽县	316008	137186	26551	48226	93150	10895
瑞昌市	226666	104649	10044	50431	53354	8188
共青城市	37402	9818	382	12439	14571	192

11-9 各县（市、区）粮食作物和多种经营产值

（2015年）

地　　区	绝对数（万元）			构成（%）		
	农业总产值	粮食作物产值	多种经营产值	农业总产值	粮食作物产值	多种经营产值
全市合计	**2468243**	**480842**	**1987401**	**100**	**19.5**	**80.5**
庐山区	79395	8586	70809	100	10.8	89.2
九江开发区	43540	1580	41960	100	3.6	96.4
庐山管理局	3759	192	3567	100	5.1	94.9
九江县	233527	21596	211931	100	9.2	90.8
武宁县	241899	44676	197223	100	18.5	81.5
修水县	253820	68997	184823	100	27.2	72.8
永修县	269205	62510	206695	100	23.2	76.8
德安县	103538	16246	87292	100	15.7	84.3
星子县	125370	21380	103990	100	17.1	82.9
都昌县	335869	128253	207616	100	38.2	61.8
湖口县	188678	33112	155566	100	17.5	82.5
彭泽县	316008	36184	279824	100	11.5	88.5
瑞昌市	226666	30900	195766	100	13.6	86.4
共青城市	37402	6630	30772	100	17.7	82.3

11-10 农林牧渔业商品产值和商品率

(2015年)

指　　标	农林牧渔业商品产值(万元)	农林牧渔业商品率(%)
总　　计	**1680330**	**68.1**
按经济分		
#粮食作物	255018	53.0
多种经营	1425312	71.7
按行业分		
农　　业	673468	60.7
林　　业	92061	60.0
牧　　业	367672	78.4
渔　　业	504620	76.2
农林牧渔服务业	42509	

11-11 各县(市、区)农林牧渔业商品产值和商品率

(2015年)

地　区	农林牧渔业商品产值(万元)						商品率(%)
		农业商品产值	林业商品产值	牧业商品产值	渔业商品产值	农林牧渔服务业商品产值	
全市合计	**1680330**	**673468**	**92061**	**367672**	**504620**	**42509**	**68.1**
浔阳区	6336	113		162	3386	2675	66.2
庐山区	57792	21894	7977	15081	12000	840	72.8
九江开发区	38580	12978	62	2362	5340	17838	88.6
庐山管理局	2649	1144	291	364	370	480	70.5
九江县	183804	50077	9217	35127	88582	801	78.7
武宁县	157125	62546	26456	35244	31570	1309	65.0
修水县	155462	69512	12064	60133	13753		61.2
永修县	193830	94386	8290	24422	58956	7776	72.0
德安县	61964	22036	1621	28348	7612	2347	59.8
星子县	80677	28537	3090	17601	31449		64.4
都昌县	207520	91792	1073	45717	68465	473	61.8
湖口县	129435	44118	1168	16429	67720		68.6
彭泽县	213299	101129	15784	31353	57183	7850	67.5
瑞昌市	168171	67582	4735	47668	48186		74.2
共青城市	23686	5624	233	7661	10048	120	63.3

11-12 主要年份主要农产品产量

年份	粮食（万吨）	棉花（吨）	油料折油（含油茶籽）（吨）	油料合计（吨）	油菜籽（万吨）	花生（吨）	芝麻（吨）
1978	90.04	17069	8355	20073	1.58	1975	2340
1980	98.93	24197	5492	14892	1.07	2485	1690
1985	133.89	40443	19956	56721	4.11	9964	5679
1990	137.96	37695	37219	111862	9.57	12525	3598
1995	95.93	69516	47313	145609	13.01	11659	3769
2000	107.96	39291	42048	128337	10.72	16855	3979
2005	126.78	58738	35968	108156	9.20	13311	2824
2006	134.72	66919	36254	111457	9.28	15114	3452
2007	137.17	71356	37600	117499	9.94	14307	3565
2008	144.98	82058	43421	135352	11.61	15387	3495
2009	153.48	91173	55714	175895	15.52	16304	4057
2010	153.47	96130	60714	191381	17.04	16660	4289
2012	158.32	107611	70269	209131	18.71	17403	4676
2013	160.80	91442	74040	217008	19.50	17147	4812
2014	165.20	94988	77056	228073	20.64	16266	5442
2015	165.86	87358	80407	227492	20.66	15896	5009

年份	茶叶（吨）	水果（吨）	蚕茧（吨）	出栏肉猪（万头）	肉类总产量（吨）	水产品总产量（吨）
1978	1836	1268	6	65.55	34500	9920
1980	2018	3724	16	70.64	35165	12051
1985	2507	4641	253	101.23	57141	20811
1990	3115	9675	574	143.71	96152	46268
1995	2475	8450	2573	234.03	163080	181697
2000	2123	10555	3508	172.53	130604	196790
2005	2416	44279	4498	160.51	135936	287336
2006	2468	78484	4499	158.72	131346	297755
2007	2844	90036	4711	159.62	138151	330773
2008	2970	106707	3488	171.64	145518	347059
2009	4079	116604	4122	189.59	179165	349139
2010	5337	112045	4380	198.94	189705	369373
2012	5675	128184	4440	211.68	206287	397175
2013	5780	129829	4352	215.72	211989	405679
2014	6001	137245	4355	221.64	217645	423079
2015	6335	147528	4445	215.10	212432	450016

11-13 农作物播种面积和产量

单位：公顷、吨

品名	播种面积			单位播种面积产量（千克/公顷）		总产量		
	2014年	2015年	增长%	2014年	2015年	2014年	2015年	增长%
一、粮食作物	**278742**	**277842**	**-0.3**	**5926**	**5969**	**1651935**	**1658551**	**0.4**
（一）谷物	243166	243361	0.1	6137	6171	1492213	1501795	0.6
稻谷	222349	222368	0.0	6434	6454	1430485	1435142	0.3
#早稻	67215	66442	-1.2	5718	5721	384362	380142	-1.1
中稻及一季晚	86307	88211	2.2	7003	7008	604405	618224	2.3
二季晚稻	68827	67715	-1.6	6418	6450	441718	436776	-1.1
小麦	7689	7247	-5.7	2231	2321	17151	16822	-1.9
玉米	12118	13001	7.3	3512	3728	42562	48464	13.9
（二）豆类	13613	13755	1.0	1914	1898	26049	26107	0.2
大豆	8698	8388	-3.6	2041	2040	17753	17113	-3.6
绿豆	1308	1298	-0.8	1638	1706	2142	2214	3.4
（三）薯类（折粮计算）	21963	20726	-5.6	6086	6304	133673	130649	-2.3
二、油料合计	**133426**	**132546**	**-0.7**	**1709**	**1716**	**228073**	**227492**	**-0.3**
花生	7508	7462	-0.6	2166	2130	16266	15896	-2.3
油菜籽	122350	121471	-0.7	1687	1701	206365	206587	0.1
芝麻	3568	3613	1.3	1525	1386	5442	5009	-8.0
三、棉花	**63368**	**61400**	**-3.1**	**1499**	**1423**	**94988**	**87358**	**-8.0**
四、麻类合计	**994**	**516**	**-48.1**	**1400**	**2514**	**1392**	**1297**	**-6.8**
#苎麻	994	516	-48.1	1400	2514	1392	1297	-6.8
五、甘蔗	**599**	**559**	**-6.7**	**26990**	**26669**	**16167**	**14908**	**-7.8**
六、药材类合计	**3438**	**3259**	**-5.2**	**3077**	**3091**	**10580**	**10072**	**-4.8**
七、蔬菜（含菜用瓜）	**45743**	**48199**	**5.4**	**20274**	**20031**	**927394**	**965455**	**4.1**
八、瓜果类	**6085**	**5601**	**-8.0**	**21366**	**22254**	**130011**	**124646**	**-4.1**
#西瓜	4557	4780	4.9	23029	22902	104943	109470	4.3
甜瓜	493	524	6.3	16982	16550	8372	8672	3.6
草莓	138	187	35.5	13420	11556	1852	2161	16.7
九、其他农作物	**12829**	**12355**	**-3.7**	**6080**	**6408**	**77995**	**79168**	**1.5**
#莲子	109	435	299.1	3055	2761	333	1201	260.7
青饲料	5857	6148	5.0	10691	10276	62616	63176	0.9

11-14 各县（市、区）农作物播种面积

(2015年)　　单位：公顷

指标	全市合计	浔阳区	庐山区	九江开发区	庐山管理局	九江县	武宁县	修水县
一、粮食作物	**257116**		**3915**	**124**	**94**	**10731**	**24086**	**49141**
（一）谷　物	243361		3584	119	91	9583	21116	45268
稻　谷	222368		3441	116	91	7650	18202	39493
#早　稻	66442		552			1667	2165	10157
中稻及一季晚	88211		2077	116	91	3182	14191	19504
二季晚稻	67715		812			2801	1846	9832
小　麦	7247		94			1202	738	1785
玉　米	13001		49	3		621	2047	3647
（二）豆　类	13755		331	5	3	1148	2970	3873
大　豆	8388		205	2	2	382	1841	2680
绿　豆	1298		46		1	65	228	415
（三）薯类（折粮计算）	20726		440	12	4	1258	3657	3272
#红　薯	18358		413		3	866	3373	3047
二、油料合计	**132546**	**17**	**2750**	**1237**	**37**	**10217**	**9547**	**10420**
花　生	7462		211	1	1	284	980	2190
油菜籽	121471	17	2456	1235	35	9660	8471	7987
芝　麻	3613		83	1	1	273	96	243
三、棉　花	**61400**	**12**	**867**	**712**	**16**	**11254**	**1229**	**599**
四、麻类合计	**516**					**108**	**24**	
#苎　麻	516					108	24	
五、甘　蔗	**559**					**51**	**50**	**40**
六、药材类合计	**3259**					**88**	**869**	**1547**
七、蔬菜（含菜用瓜）	**48199**	**31**	**2230**	**124**	**24**	**9612**	**4121**	**6565**
八、瓜果类	**5601**		**118**	**45**	**3**	**851**	**492**	**898**
#西　瓜	4780		90	39		723	454	720
甜　瓜	524		9	1		95	16	71
草　莓	187		19	4		33	22	21
九、其他农作物	**12355**		**225**	**1**		**13**	**420**	**5121**
#莲　子	435						25	356
青饲料	6148						395	3917

11-14续表

指标	永修县	德安县	星子县	都昌县	湖口县	彭泽县	瑞昌市	共青城市
一、粮食作物	**34457**	**8054**	**11672**	**59404**	**18694**	**17223**	**16919**	**2602**
(一)谷物	33788	7760	11265	57060	18378	16629	16139	2581
稻谷	33354	6788	10507	55683	17706	15100	11732	2505
#早稻	7378	504	2551	24851	7595	5300	3407	315
中稻及一季晚	18551	5780	5667	5517	2438	4500	4788	1809
二季晚稻	7425	504	2289	25315	7673	5300	3537	381
小麦	329	97	336	1213	66	455	925	7
玉米	105	871	422	164	597	928	3478	69
(二)豆类	669	294	407	2344	316	594	780	21
大豆	154	92	193	1862	98	375	491	11
绿豆	26	52	82	175	77	40	91	
(三)薯类(折粮计算)	757	484	1106	8413	340	300	606	77
#红薯	684	374	493	8128	297	168	512	
二、油料合计	**13766**	**4883**	**5163**	**26074**	**14116**	**19355**	**14315**	**649**
花生	658	124	380	1844	248	100	348	93
油菜籽	12897	4671	4701	22954	13423	18977	13515	472
芝麻	211	88	82	1276	445	278	452	84
三、棉花	**3938**	**5765**	**2070**	**6758**	**7414**	**18060**	**2325**	**381**
四、麻类合计							**384**	
#苎麻							384	
五、甘蔗	**68**	**20**	**16**	**225**	**54**	**22**	**6**	**7**
六、药材类合计	**9**	**23**	**120**	**60**	**407**	**75**	**61**	
七、蔬菜(含菜用瓜)	**5137**	**2372**	**1474**	**6132**	**1882**	**3091**	**5083**	**321**
八、瓜果类	**774**	**231**	**347**	**660**	**258**	**163**	**590**	**171**
#西瓜	670	207	317	579	187	135	499	160
甜瓜	73	14	27	51	66	24	74	3
草莓	31	10	3	10	5	4	17	8
九、其他农作物	**4585**	**41**	**567**	**547**	**258**	**80**	**312**	**185**
#莲子		1					53	
青饲料	359	15	507	547	229	12	107	60

11-15 各县(市、区)主要农作物单位播种面积产量

(2015年) 单位：公斤/公顷

指标	全市合计	浔阳区	庐山区	九江开发区	庐山管理局	九江县	武宁县	修水县
一、粮食作物	**6451**		**5989**	**3306**	**6574**	**6380**	**6160**	**5492**
（一）谷　物	6171		5777	2202	6593	6007	5892	5528
稻　谷	6454		5935	2121	6593	6644	6326	5955
#早　稻	5721		4230			5853	5570	5555
中稻及一季晚	7008		6548	6103	6593	6889	6458	6440
二季晚稻	6450		5527			6838	6190	5406
小　麦	2321		1394			2376	1702	2526
玉　米	3728		3082	5333		5984	3687	2786
（二）豆　类	1898		1937	5800	1333	1831	1951	1788
大　豆	2040		2141	3000	1000	2490	2185	1840
绿　豆	1706		2283		2000	492	1807	1716
（三）薯类（折粮计算）	6304		4775	9917	3500	6993	4963	3890
#红　薯	6411		4768		4333	8600	5025	3825
二、油料合计	**1716**	**1529**	**1893**	**2239**	**1730**	**2069**	**1510**	**1580**
花　生	2130		2417	2000	2000	1155	2338	1868
油菜籽	1701	1529	1869	2240	1743	2121	1414	1519
芝　麻	1386		1265	1000	1000	1176	1563	979
三、棉　花	**1423**	**1500**	**2062**	**1785**	**1313**	**1522**	**1800**	**1025**
四、麻类合计	**2514**					**4389**	**667**	
#苎　麻	2514					4389	667	
五、甘　蔗	**26669**					**21569**	**23740**	**18825**
六、药材类合计	**3091**					**1500**	**5926**	**2758**
七、蔬菜（含菜用瓜）	**20031**	**15645**	**16452**	**34339**	**5333**	**19989**	**21392**	**13012**
八、瓜果类	**22254**		**23831**	**60533**	**16667**	**22655**	**19404**	**14482**
#西　瓜	22902		26167	68564		22855	19004	14776
甜　瓜	16550		23444	12000		22842	32188	11944
草　莓	11556		12947	9500		5606	18364	7905
九、其他农作物	**6408**		**1338**				**12943**	**9499**
#莲　子	2761						3200	2612
青饲料	10276						13532	8685

11-15续表

指　　标	永修县	德安县	星子县	都昌县	湖口县	彭泽县	瑞昌市	共青城市
一、粮食作物	7417	6545	7074	6968	6152	6293	5753	8400
(一) 谷　物	7339	6396	6602	6053	6150	6324	5639	8316
稻　谷	7390	6859	6762	6160	6182	6708	6310	8333
#早　稻	6164	8002	5401	5560	5486	6687	5584	6248
中稻及一季晚	8192	6678	7347	7183	6735	5778	7190	8802
二季晚稻	6603	7794	6830	6525	6694	7519	5818	7827
小　麦	3106	2433	2634	1636	2894	2884	2609	3714
玉　米	4429	3254	5768	2543	5606	2444	4181	8174
(二) 豆　类	1966	1850	3037	1666	1728	1719	2555	2381
大　豆	2506	2109	3482	1795	1765	1403	2939	2273
绿　豆	1846	2269	2305	1103	1558	1875	2286	
(三) 薯类（折粮计算）	8304	5250	6298	7682	4209	7350	7163	4481
#红　薯	8604	4813	6454	7690	4215	6732	7623	
二、油料合计	1429	1832	1946	1157	1786	2132	2172	1578
花　生	2549	3065	2700	1665	4927	2550	2190	3000
油菜籽	1372	1803	1890	1135	1715	2128	2179	1311
芝　麻	1422	1636	1634	808	2166	2201	1951	1500
三、棉　花	1304	1380	1846	1213	1389	1361	1657	1226
四、麻类合计							2102	
#苎　麻							2102	
五、甘　蔗	50735	22250	20938	21209	28074	33000	24333	68000
七、药材类合计	556	4348	333	950		4133	180	
八、蔬菜（含菜用瓜）	30825	17020	19253	13203	35670	16397	25112	14539
九、瓜果类	29810	31948	23911	14792	19795	34675	26637	13105
#西　瓜	32812	32995	24804	12119	19369	39000	28269	12269
甜　瓜	9466	21429	14630	4412	21924	15000	19243	24667
草　莓	12839	25000	12667	4300	7600	6750	10941	17750
十、其他农作物		26463	13478	17570	13957	16875	2990	3065
#莲　子		21000					3208	
青饲料		8200	13379	17570	15231	31667	27804	7500

11-16 各县(市、区)主要农作物产量

(2015年)　　　　单位：吨

指标	全市合计	浔阳区	庐山区	九江开发区	庐山管理局	九江县	武宁县	修水县
一、粮食作物	**1658551**		**23448**	**410**	**618**	**68466**	**148361**	**269883**
(一) 谷　物	1501795		20706	262	600	57567	124417	250229
稻　谷	1435142		20424	246	600	50830	115137	235183
#早　稻	380142		2335	2		9757	12058	56427
中稻及一季晚	618224		13601	244	600	21921	91652	125605
二季晚稻	436776		4488			19152	11427	53151
小　麦	16822		131			2856	1256	4509
玉　米	48464		151	16		3716	7548	10161
(二) 豆　类	26107		641	29	4	2102	5795	6925
大　豆	17113		439	6	2	951	4023	4931
绿　豆	2214		105		2	32	412	712
(三) 薯类（折粮计算）	130649		2101	119	14	8797	18149	12729
#红　薯	117696		1969		13	7448	16951	11656
二、油料合计	**227492**	**26**	**5206**	**2770**	**64**	**21137**	**14420**	**16465**
花　生	15896		510	2	2	328	2291	4091
油菜籽	206587	26	4591	2767	61	20488	11979	12136
芝　麻	5009		105	1	1	321	150	238
三、棉　花	**87358**	**18**	**1788**	**1271**	**21**	**17130**	**2212**	**614**
四、麻类合计	**1297**					**474**	**16**	
#苎　麻	1297					474	16	
五、甘　蔗	**14908**			**2**		**1100**	**1187**	**753**
六、药材类合计	**10072**					**132**	**5150**	**4267**
七、蔬菜（含菜用瓜）	**965455**	**485**	**36687**	**4258**	**128**	**192137**	**88156**	**85426**
八、瓜果类	**124646**		**2812**	**2724**	**50**	**19279**	**9547**	**13005**
#西　瓜	109470		2355	2674		16524	8628	10639
甜　瓜	8672		211	12		2170	515	848
草　莓	2161		246	38		185	404	166
九、其他农作物	**79168**		**301**				**5436**	**48642**
#莲　子	1201						80	930
青饲料	63176						5345	34021

11-16续表

指　　标	永修县	德安县	星子县	都昌县	湖口县	彭泽县	瑞昌市	共青城市
一、粮食作物	**255562**	**52716**	**82571**	**413925**	**115010**	**108385**	**97338**	**21858**
（一）谷　　物	247961	49631	74369	345394	113033	105159	91004	21463
稻　　谷	246474	46561	71050	342992	109450	101290	74032	20873
#早　　稻	45477	4033	13779	138172	41668	35440	19026	1968
中稻及一季晚	151967	38600	41637	39627	16420	26000	34427	15923
二季晚稻	49030	3928	15634	165193	51362	39850	20579	2982
小　　麦	1022	236	885	1985	191	1312	2413	26
玉　　米	465	2834	2434	417	3347	2268	14543	564
（二）豆　　类	1315	544	1236	3906	546	1021	1993	50
大　　豆	386	194	672	3342	173	526	1443	25
绿　　豆	48	118	189	193	120	75	208	
（三）薯类（折粮计算）	6286	2541	6966	64625	1431	2205	4341	345
#红　　薯	5885	1800	3182	62506	1252	1131	3903	
二、油料合计	**19672**	**8948**	**10046**	**30158**	**25209**	**41259**	**31088**	**1024**
花　　生	1677	380	1026	3071	1222	255	762	279
油 菜 籽	17695	8424	8886	26056	23023	40392	29444	619
芝　　麻	300	144	134	1031	964	612	882	126
三、棉　　花	**5134**	**7956**	**3821**	**8195**	**10297**	**24581**	**3853**	**467**
四、麻类合计							**807**	
#苎　　麻							807	
五、甘　　蔗	**3450**	**445**	**335**	**4772**	**1516**	**726**	**146**	**476**
六、药材类合计	**5**	**100**	**40**	**57**		**310**	**11**	
七、蔬菜（含菜用瓜）	**158346**	**40372**	**28379**	**80960**	**67130**	**50682**	**127642**	**4667**
八、瓜果类	**23073**	**7380**	**8297**	**9763**	**5107**	**5652**	**15716**	**2241**
#西　　瓜	21984	6830	7863	7017	3622	5265	14106	1963
甜　　瓜	691	300	395	225	1447	360	1424	74
草　　莓	398	250	38	43	38	27	186	142
九、其他农作物		**1085**	**7642**	**9611**	**3601**	**1350**	**933**	**567**
#莲　　子		21					170	
青 饲 料		123	6783	9611	3488	380	2975	450

11-17 茶叶、水果生产情况

指　　标	单　位	2014年	2015年	2015年比2014年增长%
一、茶叶总产量	**吨**	**6001**	**6335**	**5.6**
红 毛 茶	吨	1563	1668	6.7
绿 毛 茶	吨	3587	3654	1.9
其 它 茶	吨	851	737	-13.4
二、园林水果总产量	**吨**	**137245**	**147528**	**7.5**
柑 桔 类	吨	72504	77308	6.6
# 柑	吨	16949	18254	7.7
桔	吨	54035	57141	5.7
橙	吨	1170	1420	21.4
柚	吨	350	493	40.9
梨	吨	30280	33200	9.6
# 雪花梨	吨	7533	8466	12.4
鸭　梨	吨	2327	3223	38.5
其他水果	吨	34461	37020	7.4
#桃	吨	15366	16553	7.7
三、年末实有茶园面积	**公顷**	**8797**	**10085**	**14.6**
# 当年采摘面积	公顷	5990	6943	15.9
当年新增面积	公顷	691	1049	51.8
四、年末实有果园面积	**公顷**	**19597**	**20111**	**2.6**
柑 桔 园	公顷	8424	8638	2.5
梨　园	公顷	5165	5306	2.7
桃　园	公顷	2464	2502	1.5
猕猴桃园	公顷	98	160	63.3
葡 萄 园	公顷	800	785	-1.9
其他果园	公顷	2646	2720	2.8

11-18 各县（市、区）茶叶、水果产量

（2015年） 单位：吨

地区	茶叶总产量	#红毛茶	绿毛茶	其他茶	水果总产量	#柑桔类	梨	其他水果
全市合计	**6335**	**1668**	**3654**	**737**	**147528**	**77308**	**33200**	**37020**
庐山区	205		205		6141	1679	312	4150
庐山管理局	96	3	93		393	153	40	200
九江县	170	8	160	2	15805	3548	5010	7247
武宁县	1674	940	488	246	7305	4836	1416	1053
修水县	3682	713	2240	482	3859	937	958	1964
永修县	234	3	227	1	73968	54443	8735	10790
德安县	63		63		7735	1503	2715	3517
星子县	57		55	2	3551	1565	970	1016
都昌县	54	1	25	4	2100	795	698	607
湖口县	31		31		6685	3701	2199	785
彭泽县	53		53		1300	269	446	585
瑞昌市	11		9		17924	3210	9697	5017
共青城市	5		5		762	669	4	89

11-19 各县(市、区)茶园、果园面积

（2015年） 单位：公顷

地区	年末实有茶园面积	当年新增面积	年末实有果园面积	当年新增面积
全市合计	**10085**	**1049**	**20111**	**573**
庐山区	511		691	
庐山管理局	130		78	
九江县	616		3279	
武宁县	421	50	2071	13
修水县	5634	451	2330	90
永修县	677	3	5294	5
德安县	42		941	
星子县	195	7	460	148
都昌县	787	321	1397	190
湖口县	184	7	1629	
彭泽县	272	10	324	
瑞昌市	593	200	1579	124
共青城市	23		38	3

11-20 林业生产情况

指标	单位	2014年	2015年	2015年比2014年增长%
一、当年荒山造林作业面积	公顷	16579	15849	-4.4
二、造林成活率85%以上面积	公顷	16435	15849	-3.6
（一）按造林方式分				
人工造林面积	公顷	15876	15849	-0.2
（二）按主要林种用途分				
用材林	公顷	8332	8683	4.2
经济林	公顷	4841	4604	-4.9
防护林	公顷	1601	2375	48.3
三、有林地造林面积	公顷	3267	5574	70.6
四、封山育林	公顷	454498	461106	1.5
五、零星（四旁）植树	万株	838	526	-37.2
六、林木种子采集量	吨	69	67	-2.9
七、育苗面积	公顷	9661	9585	-0.8
# 当年新育	公顷	1824	1054	-42.2
八、更新造林面积	公顷	1413	300	-78.8
九、成林抚育面积	公顷	56730	41097	-27.6
十、苗木产量	万株	27118	23551	-13.2

11-21 牧 业 生 产 情 况

指　　标	单　位	2014年	2015年	2015年比2014年增长%
一、当年出栏肉猪	头	2216371	2150902	-3.0
当年出售和自宰的肉用牛	头	26830	21625	-19.4
当年出售和自宰的肉用羊	只	177696	182315	2.6
当年出售和自宰的肉用兔	只	101748	95643	-6.0
当年出售和自宰的肉用禽	百只	192357	184810	-3.9
二、肉类总产量	吨	217645	212432	-2.4
猪　　肉	吨	182164	178094	-2.2
牛　　肉	吨	3167	2452	-22.6
羊　　肉	吨	2614	2942	12.5
兔　　肉	吨	179	147	-17.9
禽　　肉	吨	29256	28529	-2.5
其他肉产量	吨	265	268	1.1
三、牛奶产量	吨	188	310	64.9
四、养蜂箱数	箱	52087	53998	3.7
蜂蜜产量	吨	1590	1642	3.3
五、家禽产蛋量	吨	66647	67503	1.3
六、大牲畜(牛)年末存栏总头数	头	64175	60310	-6.0
年末存栏中能繁殖母牛	头	17609	17472	-0.8
七、年末生猪存栏	头	1280323	1242447	-3.0
# 能繁殖母猪	头	110064	103118	-6.3
八、羊年末数	只	158617	163427	3.0
九、兔年末数	只	66360	61714	-7.0
十、家禽年末数	百只	122343	121944	-0.3
十一、年末桑园面积	公顷	6108	7143	16.9
蚕茧产量	吨	4355	4445	2.1

11-22 各县(市、区)牧业生产情况

(2015年)

指标	单位	全市合计	浔阳区	庐山区	九江县	武宁县	修水县	永修县	德安县
一、当年出栏肉猪	**头**	**2150902**	**1773**	**70609**	**186776**	**221640**	**534417**	**146973**	**76698**
当年出售和自宰的肉用牛	头	21625			261	1231	5393	4012	780
当年出售和自宰的肉用羊	只	182315		350	755	10343	151604	4348	716
当年出售和自宰的肉用兔	只	95643			6522		720	6413	13687
当年出售和自宰的肉用禽	百只	184810	12	6255	10655	7783	21406	32663	28078
二、肉类总产量	**吨**	**212432**	**125**	**7102**	**17916**	**20690**	**47109**	**18535**	**11403**
猪肉	吨	178094	124	6002	16219	19090	40951	12865	6779
牛肉	吨	2452			36	177	569	418	85
羊肉	吨	2942		5	8	162	2457	72	14
兔肉	吨	147			17		1	16	22
禽肉	吨	28529	1	1095	1633	1261	3113	5126	4467
其他肉产量	吨	268			3		18	38	36
三、牛奶产量	**吨**	**310**		**301**					
四、养蜂箱数	**箱**	**53998**			**2455**	**5693**	**35552**	**4465**	**380**
蜂蜜产量	吨	1642			59	209	1155	103	18
五、家禽产蛋量	**吨**	**67503**		**713**	**1394**	**4278**	**4387**	**2859**	**30494**
六、大牲畜(牛)年末存栏总头数	**头**	**60310**		**53**	**410**	**15801**	**20225**	**2460**	**916**
年末存栏中能繁殖母牛	头	17472			93	4083	3249	1302	138
七、年末生猪存栏	**头**	**1242447**	**5810**	**34010**	**89358**	**129870**	**325618**	**92849**	**49912**
# 能繁殖母猪	头	103118	1189	3025	10064	9084	21808	9530	4329
八、羊年末数	**只**	**163427**		**461**	**778**	**10761**	**128230**	**7694**	**998**
九、兔年末数	**只**	**61714**			**3714**		**890**	**13643**	**1600**
十、家禽年末数	**百只**	**121944**		**3108**	**9965**	**8545**	**16158**	**12050**	**27127**
十一、年末桑园面积	**公顷**	**7143**				**17**	**6126**		
蚕茧产量	吨	4445				15	4424		

11-22续表

指标	单位	星子县	都昌县	湖口县	彭泽县	瑞昌市	共青城市	开发区	庐山管理局
一、当年出栏肉猪	头	92812	214414	92929	144200	300976	59158	4802	2725
当年出售和自宰的肉用牛	头	2080	714	1180	1200	4554	220		
当年出售和自宰的肉用羊	只	480	577	390	1050	11472	230		
当年出售和自宰的肉用兔	只	26862	21920		1200	18319			
当年出售和自宰的肉用禽	百只	21233	19978	7365	9250	12918	6520	638	56
二、肉类总产量	吨	11335	20541	9156	13849	27079	6897	479	216
猪肉	吨	8301	16800	7906	12325	24292	5817	413	210
牛肉	吨	209	114	140	150	529	25		
羊肉	吨	6	8	7	19	181	3		
兔肉	吨	30	35		5	21			
禽肉	吨	2789	3584	1103	1350	1883	1052	66	6
其他肉产量	吨					173			
三、牛奶产量	吨							9	
四、养蜂箱数	箱		328	500	2000	2625			
蜂蜜产量	吨		2	31	15	50			
五、家禽产蛋量	吨	4072	4800	5316	2180	3168	3743	33	66
六、大牲畜(牛)年末存栏总头数	头	1337	6237	1355	1280	9121	1030	85	
年末存栏中能繁殖母牛	头	329	1002	483	700	5604	489		
七、年末生猪存栏	头	49690	135880	55074	106750	113962	44097	8136	1431
# 能繁殖母猪	头	2769	10553	5570	9450	10784	4216	599	148
八、羊年末数	只	350	1095	944	750	10667	255	432	12
九、兔年末数	只	19729	14250		1300	6588			
十、家禽年末数	百只	5092	10258	5615	9600	7101	6510	731	84
十一、年末桑园面积	公顷					1000			
蚕茧产量	吨					6			

11-23 渔 业 生 产 情 况

指　　标	单　位	2014年	2015年	2015年比2014年增长%
一、渔业村	个	85	81	-4.7
二、渔业户	户	27443	27378	-0.2
三、渔业人口	人	112897	112880	0.0
四、渔业劳动力	人	75828	74463	-1.8
(一) 专业劳动力	人	44407	44426	0.0
# 捕捞专业劳动力	人	15428	15789	2.3
养殖专业劳动力	人	24550	23930	-2.5
后勤专业劳动力	人	4429	4707	6.3
(二) 兼职劳动力	人	25602	24320	-5.0
五、养殖面积	公顷	81530	82185	0.8
# 池　塘	公顷	26019	26310	1.1
水　库	公顷	20179	20117	-0.3
湖　泊	公顷	31811	32238	1.3
六、养殖单产				
# 池　塘	千克/公顷	7513	7983	6.3
水　库	千克/公顷	2495	2552	2.3
湖　泊	千克/公顷	3077	3339	8.5
七、水产品总产量	吨	423079	450016	6.4
# 养殖产量	吨	364030	390216	7.2
# 池　塘	吨	195490	210017	7.4
水　库	吨	50355	51321	1.9
湖　泊	吨	97883	107621	9.9
# 鱼　类	吨	318103	342128	7.6
虾蟹类	吨	38375	40228	4.8
贝　类	吨	4814	5097	5.9
八、珍　珠	吨	663	662	-0.2
九、鱼苗产量	亿尾	48	49	1.2

11-24 各县（市、区）渔业生产情况

（2015年）

地区	渔业劳动力（人）	专业劳动力	#捕捞劳动力	养殖劳动力	后勤劳动力	兼业劳动力	养殖面积（公顷）
全市合计	**74463**	**44426**	**15789**	**23930**	**4707**	**24320**	**82185**
浔阳区	1336	855	135	520	200	423	367
庐山区	1246	1030	362	515	153	167	1219
九江开发区	282	102	4	98		165	1344
九江县	5127	2996	332	2481	183	2014	13011
武宁县	3277	2615	1100	1515		493	9551
修水县	1159	195	97	98		181	5820
永修县	14781	10103	4682	4515	906	3441	10150
德安县	1510	875	69	515	291	574	1698
星子县	3914	2935	2144	583	208	646	2976
都昌县	19427	8831	4177	3596	1058	9966	13047
湖口县	8176	3590	622	2415	553	3281	6273
彭泽县	5086	3800	648	2857	295	773	7800
瑞昌市	7691	5279	1023	3584	672	2031	6501
共青城市	1451	1220	394	638	188	165	2429

地区	养殖单产（千克/公顷）	水产品总产量（吨）	#养殖产量	#鱼类	虾蟹类	贝类	珍珠产量（吨）
全市合计	**4748**	**450016**	**390216**	**342128**	**40228**	**5097**	**662**
浔阳区	5564	2418	2040	2040			
庐山区	5069	7510	6180	5905	244		
九江开发区	1034	1489	1389	1369	20		
九江县	4120	55518	53601	38447	13952	893	73
武宁县	3632	38352	34694	32882	1660	97	
修水县	2128	16716	12384	11957	320		
永修县	4717	52088	47873	40908	5302	774	
德安县	3529	6754	5994	5640	210	12	
星子县	8570	33666	25506	24794	323	145	20
都昌县	5145	86048	67128	64013	845	1948	270
湖口县	5358	42080	33615	27745	4604	683	290
彭泽县	6595	54730	51442	49576	1796		4
瑞昌市	5517	39265	35865	25803	9521	520	5
共青城市	5149	13382	12505	11049	1431	25	

11-25 各县(市、区)特种水产品产量

(2015年) 单位：吨

地区	彭泽鲫	鳜鱼	河蟹	甲鱼	蛙类	泥鳅	银鱼
全市合计	**47089**	**16503**	**7303**	**1037**	**1039**	**6068**	**420**
浔阳区	632	293				2	
庐山区	527	132	13	4	24	96	
九江开发区	60						
九江县	4706	1081	2074	91	110	787	
武宁县	1730	1898	15	11	30	123	200
修水县	1284	236	304	108	225	502	41
永修县	4822	4762	824	571	178	1054	90
德安县	438	106	15	52	71	95	
星子县	1378	2067	73	92	139	410	22
都昌县	2627	1891	195	14	25	617	37
湖口县	1827	1987	711	67	189	1105	30
彭泽县	23591	1194	486	21	42	245	
瑞昌市	2714	448	2517	6	6	892	
共青城市	753	408	76			140	

11-26 各县(市、区)鱼苗产量和投放鱼种

(2015年)

地区	淡水鱼苗(亿尾)	淡水鱼种(吨)	投放鱼种(吨)
全市合计	**48.97**	**23250**	**70048**
浔阳区			615
庐山区	4.05		901
九江开发区	0.07	500	705
九江县	5.30	1291	8095
武宁县	1.13		13200
修水县		320	1125
永修县	4.70	2159	5373
德安县	1.50	60	630
星子县	1.80	138	5206
都昌县	4.70	1334	9020
湖口县	7.00	3234	7019
彭泽县	7.30	8837	10057
瑞昌市	10.15	4156	6575
共青城市	1.27	1221	1527

11-27 主要农业机械年末拥有量

指　　标	单　位	2014年	2015年	2015年比2014年增长%
农业机械总动力	**千瓦（特）**	**214078**	**225089**	**5.1**
# 大中型拖拉机	混合台	21415	23198	8.3
	千瓦（特）	28295	33421	18.1
小型拖拉机	混合台	1585	2388	50.7
	万瓦（特）	6409	10519	64.1
农用排灌动力	**台**	**86972**	**87781**	**0.9**
	万瓦（特）	68411	69163	1.1
# 柴　油　机	台	58983	59393	0.7
	万瓦（特）	43659	44067	0.9
电　动　机	台	26389	26787	1.5
	万瓦（特）	22792	23141	1.5
农 用 水 泵	台	71622	72009	0.5
节水喷灌类机械	套	8343	8372	0.3
农产品初加工动力机械	**万瓦（特）**	**36646**	**35980**	**-1.8**
粮食加工机械	台	23764	21772	-8.4
油料加工机械	台	6562	5953	-9.3
棉花加工机械	台	7143	6543	-8.4
畜牧养殖机戒	**台**	**1643**	**1560**	**-5.1**
	万瓦（特）	1324	1347	1.7
渔业机械	**台**	**18989**	**19486**	**2.6**
	万瓦（特）	6126	6236	1.8
农用运输车	**辆**	**8149**	**7739**	**-5.0**
	万瓦（特）	17370	16101	-7.3

11-28 各县(市、区)主要农业机械年末拥有量

(2015年)

指　　标	单 位	全 市 合 计	庐山区	九江县	武宁县	修水县	永修县
农业机械总动力	**千瓦**	**2250895**	**83534**	**76920**	**217860**	**215517**	**262966**
# 大中型拖拉机	台	23198	338	438	1547	3542	5393
	千瓦	334206	4987	9765	18350	45997	86629
小型拖拉机	台	2388	50	118	83	132	846
	千瓦	105192	1527	5400	3252	4699	37270
农用排灌动力	**台**	**87781**	**2291**	**2880**	**286**	**6100**	**8055**
	千瓦	691627	23528	21600	4086	42000	66924
# 柴 油 机	台	59393	1300	1930	175	4600	4059
	千瓦	440674	11700	17000	2821	27500	19606
电 动 机	台	26787	991	950	111	1500	3396
	千瓦	231406	11693	4600	1265	14500	47318
农 用 水 泵	台	72009	3190	3100	150	5800	8055
节水喷灌类机械	套	8372	118	50		10	
农产品初加工动力机械	**台**	**36460**	**1014**		**3200**	**6700**	**3346**
	千瓦	359796	12085		41600	46900	45252
粮食加工机械	台	21772	98		2083	5300	1955
油料加工机械	台	5953	37		400	1300	453
棉花加工机械	台	6543	3		247	100	476
畜牧养殖机械	**台**	**1560**	**190**		**235**	**210**	**215**
	千瓦	13465	1400	372	2512	1575	645
渔业机械	**台**	**19486**	**314**	**529**	**649**	**563**	**2005**
	千瓦	62362	1043	822	1922	1460	3136
农用运输车	**辆**	**7739**	**601**		**1730**		
	千瓦	161010	15916		53689		

11-28续表

指　　标	单 位	德安县	星子县	都昌县	湖口县	彭泽县	瑞昌市	共青城市
农业机械总动力	千瓦	**90835**	**43821**	**675902**	**68600**	**162633**	**301352**	**50955**
# 大中型拖拉机	台	1139	676	5542	632	2130	1575	246
	千瓦	16460	7700	72785	9839	35040	23789	2865
小型拖拉机	台	59	55	412	93	354	162	24
	千瓦	2487	2015	19250	4263	16392	8214	423
农用排灌动力	台	**3116**	**551**	**30440**	**8400**	**21803**	**3469**	**390**
	千瓦	24530	10400	219023	18000	217657	43879	
# 柴 油 机	台	1908	223	22713	4500	16559	1212	214
	千瓦	11583	4600	131035	12000	191236	11593	
电 动 机	台	1208	328	7727	3900	5244	1256	176
	千瓦	12947	5800	87988	6000	26421	12874	
农 用 水 泵	台	2410	508	23262	8200	17165	169	
节水喷灌类机械	套	7680	5	261	180	6	62	
农产品初加工动力机械	台	**1562**	**225**	**13689**	**1950**	**3147**	**1627**	
	千瓦	15708	2710	142400	9000	27770	16371	
粮食加工机械	台	585	120	8630	1850	860	291	
油料加工机械	台	180	35	2730	160	630	28	
棉花加工机械	台	148	26	3442	48	2030	23	
畜牧养殖机械	台	**226**	**52**	**242**			**190**	
	千瓦	498	780	2871			2812	
渔业机械	台	**122**	**432**	**12118**	**1096**	**1238**	**164**	**256**
	千瓦	10568	3928	23578	1997	13428	480	
农用运输车	辆	**223**	**233**	**2037**	**280**	**1750**	**821**	**64**
	千瓦	4588	7220	41592	3700	17325	16980	

11-29 农业用电、化肥等农用物资情况

指　　标	单　位	2014年	2015年	2015年比2014年增长%
一、农村电气化情况				
农村用电量	万千瓦小时	120741	127330	5.46
二、农用化肥施用量				
按实物量计算	万吨	41.58	41.40	-0.43
氮　　肥	万吨	15.01	14.93	-0.53
磷　　肥	万吨	7.70	7.52	-2.34
钾　　肥	万吨	5.65	5.60	-0.88
复　合　肥	万吨	13.23	13.35	0.91
按折纯量计算	万吨	15.90	15.56	-2.14
氮　　肥	万吨	5.64	5.47	-3.01
磷　　肥	万吨	2.73	2.61	-4.40
钾　　肥	万吨	2.40	2.34	-2.50
复　合　肥	万吨	5.10	5.15	0.98
三、其它农用物资情况				
农用塑料薄膜使用量	吨	4066	4070	0.10
地膜覆盖面积	公顷	10266	10791	5.11
农用柴油使用量	吨	34059	33298	-2.23
农药使用量	吨	11147	11277	1.17

11-30 各县(市、区)农业用电、化肥等农用物资情况

(2015年)

指　　标	单　位	全市合计	浔阳区	庐山区	九江开发区	庐山管理局	九江县	武宁县	修水县
一、农村电气化情况		**127330**		**2612**	**667**	**5**	**7305**	**8217**	**15786**
农村用电量	万千瓦小时								
二、农用化肥施用量		**413952**	**6**	**4910**	**3768**	**76**	**35305**	**15303**	**40830**
按实物量计算	吨	149311		1902	780	10	12329	5758	16356
氮　　肥	吨	75198		894	68	8	5845	2280	5489
磷　　肥	吨	55981		601	1034	6	6041	1865	4283
钾　　肥	吨	133461	6	1513	1886	52	11090	5400	14703
复 合 肥	吨	155626	3	1695	1379	35	12495	5959	13980
按折纯量计算	吨	54683		522	359	5	3566	2354	5535
氮　　肥	吨	26057		233	31	4	1501	882	1884
磷　　肥	吨	23354		259	517	3	2610	734	1553
钾　　肥	吨	51532	3	681	472	23	4818	1989	5008
复 合 肥	吨								
三、其它农用物资情况		**4070**	**2**	**188**	**11**	**2**	**414**	**412**	**464**
农用塑料薄膜使用量	吨	2338	2	147	7	2	207	238	358
地膜覆盖面积	公顷	10791		730	253	8	991	947	3694
农用柴油使用量	吨	33298		141	120	2	2004	5393	6278
农药使用量	吨	11277	1	147	18		785	541	383

11-30续表

指　　标	单　位	永修县	德安县	星子县	都昌县	湖口县	彭泽县	瑞昌市	共青城市
一、农村电气化情况		7740	7908	11650	24508	5518	18417	14975	2022
农村用电量	万千瓦小时								
二、农用化肥施用量		78143	13372	14439	61608	52761	61549	25655	6226
按实物量计算	吨	18957	4319	6173	24931	25771	20560	9662	1804
氮　肥	吨	19463	1604	2959	10348	10739	12070	2536	896
磷　肥	吨	10647	1516	2090	6310	8808	10043	1888	849
钾　肥	吨	29076	5933	3218	20019	7443	18876	11569	2677
复合肥	吨	36893	3010	5746	22879	17777	21543	9875	2357
按折纯量计算	吨	9066	1177	2778	10706	7717	7196	3065	637
氮　肥	吨	8797	330	742	4219	2362	4225	507	340
磷　肥	吨	5145	310	940	2447	4138	3515	819	364
钾　肥	吨	13885	1193	1286	5507	3560	6607	5484	1016
复合肥	吨								
三、其它农用物资情况		309	136	52	476	237	1028	324	15
农用塑料薄膜使用量	吨	256	97	46	249	106	549	65	9
地膜覆盖面积	公顷	470	245	158	1885	143	189	790	288
农用柴油使用量	吨	3357	1319	3744	1460	1500	4007	3002	971
农药使用量	吨	2024	615	296	1780	937	3038	500	212

11-31 乡镇社会经济基本情况(一)

(2015年)

乡 镇 名 称	村(居)民委员会个数(个)	乡镇行政区域面积(公顷)	常住户数(户)	常住人口(人)	公共财政收入(万元)	公共财政支出(万元)
庐山区姑塘镇	8	4950	6880	18720	8000	980
庐山区威家镇	5	3570	2756	9922	3120	1061
庐山区新港镇	12	9600	7207	30505	20486	2500
庐山区莲花镇	7	2800	6137	16172	29866	5801
庐山区海会镇	10	10080	8239	22315	8313	2833
庐山区赛阳镇	5	2890	1862	7748	4600	1800
庐管局牯岭镇	0	4600	4943	12863	611	606
庐山区虞家河乡	7	3334	3154	13028	3712	400
九江县沙河街镇	3	2078	14380	52230	5849	285
九江县马回岭镇	9	10000	7215	27368	5000	3685
九江县江洲镇	11	8375	7426	33979	5123	4152
九江县城子镇	6	2784	3691	14238	3980	1800
九江县港口街镇	10	6228	9997	33756	7200	4011
九江县新合镇	7	4426	5721	18420	5210	4424
九江县狮子镇	8	5255	6001	22991	5026	2951
开发区永安乡	9	4658	7784	28590	1028	922
九江县涌泉乡	7	4962	4231	18064	3150	3085
九江县新塘乡	10	7760	5539	14325	4835	2568
九江县城门乡	8	4891	7356	27843	3006	3006
九江县岷山乡	15	11271	8824	33580	4039	4039
武宁县新宁镇	15	29290	6363	22816	1936	2672
武宁县泉口镇	9	14300	4586	16832	3362	3359
武宁县鲁溪镇	15	16842	9718	32143	17000	11325
武宁县船滩镇	16	24198	8062	31238	7017	9323
武宁县澧溪镇	15	28900	5047	21803	6188	6609
武宁县罗坪镇	5	24080	4023	16653	1536	1419
武宁县石门楼镇	12	16702	6911	16079	3348	2558
武宁县宋溪镇	10	29875	3399	9318	6554	6554
武宁县大洞乡	5	11714	2160	9132	2212	1843
武宁县横路乡	11	14113	4699	18840	3640	2856
武宁县官莲乡	8	12324	3784	16181	2135	1642
武宁县巾口乡	5	8616	2338	8666	2562	1910
武宁县东林乡	7	9165	2351	9570	2300	2205
武宁县上汤乡	7	11304	1532	6250	2627	1525
武宁县甫田乡	7	20310	3923	14387	3712	3687
武宁县清江乡	8	12054	2942	12107	2053	2053
武宁县石渡乡	8	16326	3480	12959	3514	2099
武宁县杨洲乡	6	20650	1997	8148	4784	4784
武宁县罗溪乡	10	19370	3826	14657	3363	3363
修水县义宁镇	7	8060	35353	113421	15000	3168
修水县白岭镇	11	7970	8140	35981	4149	4149
修水县全丰镇	14	10120	8219	31804	3693	3693
修水县古市镇	14	12450	8187	40150	1200	880
修水县大桥镇	16	12520	7862	31956	2180	2165
修水县渣津镇	16	14410	12520	71321	3800	3500
修水县马坳镇	24	34820	9050	40025	3100	2980

11-31续表1

乡镇名称	村（居）民委员会个数（个）	乡镇行政区域面积（公顷）	常住户数（户）	常住人口（人）	公共财政收入（万元）	公共财政支出（万元）
修水县杭口镇	10	5470	4441	19628	2600	2600
修水县港口镇	9	14400	6362	23613	5241	2517
修水县溪口镇	15	18850	8092	34754	950	916
修水县西港镇	10	5080	5905	23952	3556	3221
修水县山口镇	10	17750	4562	21222	3772	3762
修水县黄沙镇	12	20420	4539	18447	560	515
修水县黄港镇	8	32960	5205	19176	2360	2091
修水县何市镇	10	16230	5246	23800	3641	3641
修水县上奉镇	7	12181	4355	18121	2280	2280
修水县四都镇	11	13080	6886	28794	2800	2800
修水县太阳升镇	10	10360	8269	31835	5560	5420
修水县宁州镇	13	15190	5628	27106	4500	2750
修水县路口乡	6	3910	3463	16952	2504	2504
修水县黄龙乡	10	6280	3916	20170	1100	1100
修水县上衫乡	7	7710	3585	14256	655	655
修水县余段乡	5	3720	998	4511	433	410
修水县水源乡	8	4350	2780	13947	780	780
修水县石坳乡	8	4690	3790	17869	978	670
修水县东港乡	7	15170	2924	13698	1520	1345
修水县上杭乡	8	5860	4336	14500	1300	1300
修水县新湾乡	8	12890	2772	12670	1351	735
修水县布甲乡	7	10400	2357	9385	1536	1028
修水县漫江乡	7	9870	2466	9813	1480	1460
修水县复源乡	6	13920	1290	4990	585	560
修水县竹坪乡	6	5960	2179	9148	490	490
修水县征村乡	10	18710	4017	17219	555	555
修水县庙岭乡	6	12450	2342	8095	2480	1399
修水县黄坳乡	13	17540	3595	15202	607	607
修水县大椿乡	11	14593	4212	18130	301	291
永修县涂埠镇	6	2644	29566	72788	14760	9897
永修县吴城镇	5	35605	5861	16896	6513	6513
永修县三溪桥镇	6	12600	3357	11342	12541	5493
永修县虬津镇	8	5939	4027	18276	7268	1217
永修县艾城镇	12	6710	6801	31921	7616	6508
永修县滩溪镇	12	10820	4734	18810	6212	766
永修县白槎镇	9	5116	3356	12956	3283	3283
永修县梅棠镇	8	7846	3656	15580	6170	521
永修县燕坊镇	6	4700	3213	9750	4789	4672
永修县马口镇	14	5059	6091	30968	5057	4958
永修县柘林镇	2	1500	3586	10750	4372	4372
永修县三角乡	13	6838	6085	23864	4617	3912
永修县九合乡	12	5049	6283	23966	6541	6453
永修县立新乡	13	7822	6787	27126	6031	5569
永修县江上乡	6	10500	2689	10289	6623	6623
德安县蒲亭镇	4	2700	15355	56138	8232	652
德安县聂桥镇	6	5412	2495	9228	4603	1681

11-31续表2

乡镇名称	村（居）民委员会个数（个）	乡镇行政区域面积（公顷）	常住户数（户）	常住人口（人）	公共财政收入（万元）	公共财政支出（万元）
德安县车桥镇	9	12500	2690	10878	2806	2696
德安县丰林镇	8	2540	3390	14271	4050	4000
德安县宝塔乡	8	12600	4376	13738	7427	5151
德安县河东乡	8	9600	3100	12690	3910	3780
德安县高塘乡	4	3300	4803	13588	4350	1621
德安县林泉乡	5	3100	1866	7439	2180	2150
德安县吴山镇	5	7400	2394	7969	8244	4927
德安县磨溪乡	9	10400	3970	13411	2825	2105
德安县爱民乡	4	4274	2042	6799	4042	930
德安县邹桥乡	6	7000	2289	8675	2967	1251
德安县塘山乡	4	2700	1863	6816	3500	2620
星子县南康镇	3	6400	15306	49996	972	972
星子县白鹿镇	9	10800	7565	28325	4223	4025
星子县温泉镇	9	10400	8104	28338	7713	5502
星子县蓼花镇	6	4543	5228	21781	5757	5757
星子县华林镇	8	4900	6745	27826	4809	4809
星子县蛟塘镇	8	6100	5329	25688	3600	1895
星子县横塘镇	5	4330	5115	18716	5109	5109
星子县蓼南乡	9	11339	7088	26427	5608	5553
都昌县都昌镇	4	6910	49896	117383	1823	1823
都昌县周溪镇	17	5107	13036	45643	4100	4100
都昌县三汊港镇	10	3985	5998	21998	4160	4160
都昌县中馆镇	8	5132	5513	17125	3100	3100
都昌县大沙镇	10	4634	8100	32750	1660	1660
都昌县万户镇	8	3708	7789	33163	2718	2630
都昌县南峰镇	7	3500	5997	22010	1453	1450
都昌县土塘镇	20	13400	13345	61234	3050	3050
都昌县大港镇	11	14300	6489	26360	890	890
都昌县蔡岭镇	14	11700	9362	37627	3060	2600
都昌县徐埠镇	14	9300	8232	24888	3547	3547
都昌县左里镇	12	6500	5763	23651	1460	1460
都昌县和合乡	11	3412	7952	30192	1892	1758
都昌县阳峰乡	9	4938	8261	30620	4459	4459
都昌县西源乡	11	2757	7310	27581	1500	1450
都昌县芗溪乡	8	4104	3890	18660	2248	2206
都昌县狮山乡	7	4830	4145	20290	3143	1889
都昌县鸣山乡	7	6849	5356	21424	3413	2143
都昌县春桥乡	7	4900	4235	15811	2500	2500
都昌县苏山乡	11	6933	6322	19260	4273	4273
都昌县多宝乡	11	6900	5796	9038	360	360
都昌县汪墩乡	23	17190	15785	48983	840	840
都昌县北山乡	12	5617	6743	28661	3999	3999
都昌县大树乡	12	5500	8965	31865	1800	1800
湖口县双钟镇	4	2622	18875	66148	6309	6327
湖口县流泗镇	14	6200	9109	29882	8340	8178

11-31续表3

乡镇名称	村（居）民委员会个数（个）	乡镇行政区域面积（公顷）	常住户数（户）	常住人口（人）	公共财政收入（万元）	公共财政支出（万元）
湖口县马影镇	11	3690	5421	22197	6700	3696
湖口县武山镇	9	5035	4301	14151	9520	9531
湖口县城山镇	11	8795	5975	22656	6531	6522
湖口县均桥镇	19	6153	7488	32395	9753	4763
湖口县大垅乡	8	3157	3502	13845	8312	8312
湖口县凰村乡	10	3125	4289	17581	9146	3720
湖口县张青乡	11	3260	3892	15072	7337	7342
湖口县付垅乡	9	4437	3770	14244	7540	7543
湖口县舜德乡	10	9375	4160	15190	8323	8320
湖口县流芳乡	6	1500	2624	9982	8055	8068
彭泽县龙城镇	12	6360	24113	81246	4586	4974
彭泽县棉船镇	12	10500	8110	19860	2322	1556
彭泽县马档镇	12	12900	8579	29566	7533	6970
彭泽县芙蓉墩镇	13	14574	7868	31510	4666	4854
彭泽县定山镇	10	3870	3680	19870	4448	4798
彭泽县天红镇	11	11649	3706	15888	3517	3454
彭泽县杨梓镇	18	23950	7504	34549	5821	6937
彭泽县东升镇	8	10960	2976	13126	3600	3460
彭泽县浪溪镇	8	9020	2962	9282	4186	4653
彭泽县黄花镇	9	6062	4572	14090	4857	4808
彭泽县太平关乡	12	6562	4812	16533	5553	5553
彭泽县黄岭乡	10	11860	4212	10426	6218	6310
彭泽县浩山乡	11	15670	3515	14640	4290	4777
瑞昌市码头镇	15	10100	13668	51225	48689	39716
瑞昌市白杨镇	6	6100	6118	18548	7889	6395
瑞昌市南义镇	12	13700	6326	27399	8845	8840
瑞昌市横港镇	13	11000	6176	25005	6658	4950
瑞昌市范镇	13	11000	7897	25272	4325	4325
瑞昌市肇陈镇	6	5600	3796	14828	4700	4700
瑞昌市高丰镇	8	7000	5180	18962	4995	4230
瑞昌市夏畈镇	12	5300	3376	16416	8250	8035
瑞昌市乐园乡	7	9500	2539	13200	3464	3463
瑞昌市洪一乡	9	9700	3789	17004	2900	2307
瑞昌市花园乡	7	8800	3967	14498	2998	2758
瑞昌市洪下乡	6	7000	3115	12349	3835	3535
瑞昌市武蛟乡	7	3020	3568	13678	4488	4699
瑞昌市横立山乡	6	6400	2427	9712	3690	3184
瑞昌市黄金乡	6	6500	2507	10129	5730	5453
瑞昌市南阳乡	8	4100	3630	15006	3987	2896
共青城市甘露镇	8	4900	4273	16344	28562	12048
共青城市江益镇	11	9200	4137	15492	752	898
共青城市金湖乡	8	2800	2497	8920	2835	2478
共青城市苏家当乡	10	11200	5783	27102	6198	5278
共青城市泽泉乡	6	4370	3310	16812	5232	5232

11-32 乡镇社会经济基本情况(二)

（2015年）

乡镇名称	新型农村合作医疗参保人数(个)	工业企业个数(个)	住宿餐饮业企业个数(个)	小学(所)	医院、卫生院(所)	各种社会福利收养性单位数(个)
庐山区姑塘镇	13110	65	2	3	1	1
庐山区威家镇	8324	16	63	2	1	1
庐山区新港镇	23306	668		6	1	1
庐山区莲花镇	10087	117	78	4	1	1
庐山区海会镇	19886	10	22	3	2	1
庐山区赛阳镇	7100	6	6	2	4	1
庐管局牯岭镇	1497		56	1	3	
庐山区虞家河乡	11213	42		1	1	1
九江县沙河街镇	14132	8	5	5	5	1
九江县马回岭镇	29530	79	12	10	16	1
九江县江洲镇	28963	18	7	13	1	1
九江县城子镇	12419	20	10	7	1	1
九江县港口街镇	29837	37	80	13	11	1
九江县新合镇	16750	12	2	7	1	1
九江县狮子镇	22273	25	5	8	1	1
开发区永安乡	25375	3	11	6	1	1
九江县涌泉乡	16000	19	4	7	9	1
九江县新塘乡	19583	12		7	3	1
九江县城门乡	23223	5	5	8	8	1
九江县岷山乡	27481	72		12	2	1
武宁县新宁镇	22837	36	1	8	2	2
武宁县泉口镇	19023	3	9	7	1	2
武宁县鲁溪镇	31586	20	13	30	1	1
武宁县船滩镇	28654	43	27	22	1	1
武宁县澧溪镇	23224	16	24	19	1	1
武宁县罗坪镇	16115	17	14	12	1	1
武宁县石门楼镇	19878	14	13	16	1	1
武宁县宋溪镇	11739	8		5	2	1
武宁县大洞乡	8525	25	2	4	1	1
武宁县横路乡	21154			5	1	1
武宁县官莲乡	15968	22	6	1	1	1
武宁县巾口乡	8626	4		5	1	
武宁县东林乡	9222		4	7	1	1
武宁县上汤乡	7235	11	5	1	1	1
武宁县甫田乡	14123	7	4	1	1	1
武宁县清江乡	11865	22	16	1	1	1
武宁县石渡乡	13097	48	6	8	1	1
武宁县杨洲乡	8558	5	11	5	1	1
武宁县罗溪乡	14970	16	2	6	1	1
修水县义宁镇	12560	60	20	8	7	2
修水县白岭镇	35233	10	10	16	1	1
修水县全丰镇	28915	16	15	7	1	1
修水县古市镇	36500	52	10	17	1	1
修水县大桥镇	32840	21	13	16	17	2
修水县渣津镇	48785	45	17	19	1	3
修水县马坳镇	38392	32	1	20	1	1

11-32续表1

乡　镇　名　称	新型农村合作医疗参保人数(个)	工业企业个数(个)	住宿餐饮业企业个数(个)	小学(所)	医院、卫生院(所)	各种社会福利收养性单位数(个)
修水县杭口镇	19615	18	1	10	1	1
修水县港口镇	21872	5	12	11	11	1
修水县溪口镇	34202	20	6	24	1	1
修水县西港镇	22140	3	10	12	1	1
修水县山口镇	18594	12	22	8	1	1
修水县黄沙镇	20859	12	1	8	1	1
修水县黄港镇	15948	30	5	8	1	1
修水县何市镇	23000	10	5	10	1	1
修水县上奉镇	16750	10	7	5	1	1
修水县四都镇	26630	34	23	10	1	1
修水县太阳升镇	29734	32	8	9	1	1
修水县宁州镇	18271	16	10	16	1	1
修水县路口乡	16128	4	3	7	1	1
修水县黄龙乡	18908	10		11	11	1
修水县上衫乡	15168	1	4	9	1	1
修水县余段乡	4125		1	3	1	1
修水县水源乡	12167	10		7	1	1
修水县石坳乡	16800	9	3	8	1	1
修水县东港乡	11968	3	1	9	1	1
修水县上杭乡	18985	15	3	8	1	1
修水县新湾乡	12221	8		9	1	1
修水县布甲乡	9352	10	4	4	1	1
修水县漫江乡	8945	17		6	1	1
修水县复源乡	4852	3	2	3	1	1
修水县竹坪乡	9148		6	3	7	1
修水县征村乡	16351	17	2	10	1	1
修水县庙岭乡	10020	10	8	6	1	1
修水县黄坳乡	15738	18	1	13	1	1
修水县大椿乡	17784	13	3	8	1	1
永修县涂埠镇	14862	102	10	7	6	4
永修县吴城镇	13094	7		7	1	1
永修县三溪桥镇	12250	5	4	6	1	1
永修县虬津镇	18047	13	8	8	1	1
永修县艾城镇	20391	42		8	1	1
永修县滩溪镇	18870	21	2	10	1	1
永修县白槎镇	11883	5		6	1	1
永修县梅棠镇	14833	3	3	4	1	1
永修县燕坊镇	9697	15		4	1	1
永修县马口镇	26854	5		14	1	1
永修县柘林镇	7400	7	12	2	1	1
永修县三角乡	24186	3		10	1	1
永修县九合乡	22932			8	1	2
永修县立新乡	28105	17		9	1	1
永修县江上乡	9208	15	2	5	1	1
德安县蒲亭镇	7416	9	302	2	4	
德安县聂桥镇	8564	35		6	1	1

11-32续表2

乡镇名称	新型农村合作医疗参保人数（个）	工业企业个数（个）	住宿餐饮业企业个数（个）	小学（所）	医院、卫生院（所）	各种社会福利收养性单位数（个）
德安县车桥镇	10190	1	6	2	1	1
德安县丰林镇	12851	18	6	3	6	1
德安县宝塔乡	10589	46	1	5	3	1
德安县河东乡	9932	5	3	2	1	
德安县高塘乡	6888	30		4	1	1
德安县林泉乡	7195			5	1	
德安县吴山乡	8948	18	4	2	3	
德安县磨溪乡	10911	7	4	7	1	1
德安县爱民乡	6359	1	4	1	1	1
德安县邹桥乡	7998		8	3	1	1
德安县塘山乡	5998	7	2	2	1	1
星子县南康镇	5750	173	22	3	12	1
星子县白鹿镇	27705	144	15	9	2	1
星子县温泉镇	26106	55	27	7	2	1
星子县蓼花镇	21781	24	3	6	7	1
星子县华林镇	27942	24	5	8	1	1
星子县蛟塘镇	22312	5	15	9	1	1
星子县横塘镇	16580	180	1	6	6	1
星子县蓼南乡	28298	5	3	10	2	1
都昌县都昌镇	21700	52		11	4	3
都昌县周溪镇	46795	55	4	18	1	1
都昌县三汊港镇	25688	25	25	18	1	1
都昌县中馆镇	21742	10	22	8	1	1
都昌县大沙镇	31000	10	3	14	1	1
都昌县万户镇	29548	10	5	11	1	1
都昌县南峰镇	21393	8	5	7	1	1
都昌县土塘镇	52940		6	26	3	1
都昌县大港镇	23850	2	23	17	1	1
都昌县蔡岭镇	35200	12	15	19	2	1
都昌县徐埠镇	31386	7	8	17	1	1
都昌县左里镇	24441	6	8	14	1	1
都昌县和合乡	29015	5	3	12	1	1
都昌县阳峰乡	30008	3	2	15	1	1
都昌县西源乡	26794	1	7	13	13	1
都昌县芗溪乡	22468	20	4	10	1	1
都昌县狮山乡	19220	6	7	9	1	1
都昌县鸣山乡	22726	8	5	8	1	1
都昌县春桥乡	15931	7	3	9	1	1
都昌县苏山乡	23012	47		13	1	1
都昌县多宝乡	17880	10	7	11	1	1
都昌县汪墩乡	52217	24	12	29	1	1
都昌县北山乡	28661	1		14	1	1
都昌县大树乡	31687		9	11	1	1
湖口县双钟镇	9896	60	28	4	5	1
湖口县流泗镇	28500	36	6	11	1	1

11-33续表3

乡 镇 名 称	新型农村合作医疗参保人数(个)	工业企业个数(个)	住宿餐饮业企业个数(个)	小学(所)	医院、卫生院(所)	各种社会福利收养性单位数(个)
湖口县马影镇	21753	20	2	9	1	1
湖口县武山镇	13191	16	2	10	1	1
湖口县城山镇	23295	5	2	10	1	1
湖口县均桥镇	29876	23	5	13	2	1
湖口县大垅乡	14032	6		6	1	1
湖口县凰村乡	17772	3	1	10	1	1
湖口县张青乡	19000	7	1	11	1	1
湖口县付垅乡	15000	5	1	4	1	1
湖口县舜德乡	15112	10	1	8	1	1
湖口县流芳乡	9982	8	2	6	1	1
彭泽县龙城镇	25120	140	18	15	19	2
彭泽县棉船镇	37320	15	8	15	1	1
彭泽县马档镇	29509	6	11	11	2	2
彭泽县芙蓉墩镇	31276	26	2	2	2	1
彭泽县定山镇	15297	51	27	10	1	1
彭泽县天红镇	15304	20	13	12	1	1
彭泽县杨梓镇	30500	15	5	22	2	1
彭泽县东升镇	12230	16	12	8	1	1
彭泽县浪溪镇	12425	4		10	1	1
彭泽县黄花镇	18335	21	2	9	2	1
彭泽县太平关乡	20592	15	3	12	1	1
彭泽县黄岭乡	18100	21	2	11	1	1
彭泽县浩山乡	13489	25	6	10	1	1
瑞昌市码头镇	30671	181	26	7	3	1
瑞昌市白杨镇	10526	45	21	7	6	1
瑞昌市南义镇	21366	26	15	9	15	1
瑞昌市横港镇	23953	32	6	15	14	1
瑞昌市范镇	31988	30	9	8	16	1
瑞昌市肇陈镇	14235		3	2	7	
瑞昌市高丰镇	19900	70	3	9	9	1
瑞昌市夏畈镇	15075	12	2	12	1	1
瑞昌市乐园乡	12829	17	2	7	8	1
瑞昌市洪一乡	15597	10	5	8	10	2
瑞昌市花园乡	18849	16		9	8	1
瑞昌市洪下乡	11162	6		7	7	1
瑞昌市武蛟乡	13733	5	2	6	8	1
瑞昌市横立山乡	9296		3	6	7	1
瑞昌市黄金乡	10129	13	10	7	1	1
瑞昌市南阳乡	14100	2	1	6	1	1
共青城市甘露镇	14098	30	6	3	1	2
共青城市江益镇	14196	11	1	7	1	1
共青城市金湖乡	8639	14	1	2	1	
共青城市苏家当乡	26013	4	6	11	1	1
共青城市泽泉乡	16452	35	7	8	7	1

主要统计指标解释

农村总人口 指乡村户数中的常住人口。包括常住人口中外出的民工、合同工及户口在家的在外学生。但不包括户口在家领取工资的国家正式职工。

乡村从业人员 指乡村人口中16岁以上实际参加生产经营活动并取得实物或货币收入的人员，即包括劳动年龄内经常参加劳动的人员，也包括超过劳动年龄但经常参加劳动的人员，但不包括户口在家的在外学生、现役军人和丧失劳动能力的人，也不包括待业人员和家务劳动者。从业人员年龄为16岁以上。从业人员按从事主业时间最长(时间相同按收入算)，分为农业从业人员、工业从业人员、建筑业从业人员、交运仓储及邮电通讯业从业人员、批发零售及餐饮业从业人员、其它从业人员。

农林牧渔业总产值 指以货币表现的农林牧渔业全部产品总量。它用价值量形式综合说明了一定时期(通常指一年)农林牧渔业生产的总成果和总规模，是观察农林牧渔业生产水平和发展速度；研究农林牧渔业内部比例关系和农林牧渔业在国民经济中的产业布局的一个重要指标，同时，也是计算农林牧渔业劳动生产率和农林牧渔业增加值的基础资料。

农业机械总动力 指主要用于农、林、牧、渔业的各种动力机械的动力总和。包括耕作机械、收获机械、农产品加工机械、运输机械、植保机械、牧业机械、林业机械、渔业机械和其它农业机械的动力。

农村用电量 指在本年度内，农村生产上和生活上的全年用电总度数(全年累计数)。但不包括农村中的全民所有制工业、交通、基建单位的用电量，也不包括县办工业和城镇生活用电量。

造林面积 指报告期内在荒地、荒山、沙丘等一切可造林的土地上，采用人工播种、植苗、飞机播种等方法种植成片的乔木林和灌木林，经过检查验收符合技术规程要求，并按《中华人民共和国森林法实施细则》规定，成活率达85%以上的造林面积。包括四旁植树如一侧在四行以上，连续面积0.066公顷以上的面积，造林面积不包括补植面积和治沙及沿河种草面积。

当年出栏头数 指农林牧渔企业生产单位饲养的，供屠宰并已出栏的全部牲畜头数。包括交售给国家，集市上出售的部分。

肉类总产量 指当年出栏并已屠宰的猪、牛、羊、马、骡、驴、家禽、兔等肉产量。即屠宰后除去头、蹄、下水后带骨肉的重量，也叫胴体重。

水产品产量 指本年度内捕捞的水产品(包括人工养殖并捕捞的水产品和捕捞天然生长的水产品)产量。不论自食或出售的，都应计算在内。

用作继续扩大再生产的水产品(如鱼苗、鱼种、鱼饵及转塘鱼、存塘鱼等)不作水产品产量统计。在淡水生长的各种水生植物，如莲藕、菱角等，因属农作物范畴，均不包括在水产品产量之内。

工　业　12

- 2015年，全市规模以上工业企业1259家，其中国有企业12家，中央、省属企业23家，市及市以下企业1236家。
- 2015年，全市规模以上工业企业完成工业总产值4875.11亿元，工业增加值1035.60亿元。
- 2015年，全市有大中型企业305家，其中大型企业22家，中型企业283家。大中型企业完成工业总产值2651.21亿元，实现主营业务收入2824.12亿元。

12-1 各县（市、区）规模以上工业企业单位数

（2015年）　　　　单位：个

指　　标	全市合计	浔阳区	庐山区	九　江开发区	九江县	武宁县	修水县
总　　计	**1259**	**19**	**88**	**113**	**80**	**98**	**117**
# 国有控股企业	60	7	6	4	1	4	8
一、按登记注册类型分							
国有企业	12	1	2	1	1	2	
集体企业	5					1	
股份合作企业	1						
联营企业							
有限责任公司	478	10	21	44	45	5	64
股份有限公司	36	2	3	4	3		4
私营企业	619	6	55	41	28	86	45
港、澳、台商投资企业	72		4	12	3	4	4
外商投资企业	36		3	11			
二、按隶属关系分							
中央企业	13	3	3			1	2
省属企业	10		1				1
市属企业	18	5	7	5			
县属企业	114	1	2	3	4	6	6
乡属企业	12				1	2	2
其他	1092	10	75	105	75	89	106
三、按轻重工业分							
轻工业	636	5	32	37	49	65	69
重工业	623	14	56	76	31	33	48
四、按企业规模分							
大型企业	22	2	4	4			
中型企业	283	3	19	26	16	53	21
小型企业	929	14	62	82	63	45	96
微型企业	25		3	1	1		

12-1续表

指标	永修县	德安县	星子县	都昌县	湖口县	彭泽县	瑞昌市	共青城市
总计	112	115	68	80	72	105	111	81
# 国有控股企业	5	3	1	3	7	5	3	3
一、按登记注册类型分								
国有企业	2			1		1	1	
集体企业				2			2	
股份合作企业							1	
联营企业								
有限责任公司	34	29	30	42	28	54	33	39
股份有限公司	2	2	5	2	3	1	3	2
私营企业	61	71	31	30	34	43	54	34
港、澳、台商投资企业	7	8	2	3	5	6	12	2
外商投资企业	6	5			2		5	4
二、按隶属关系分								
中央企业	2					1	1	
省属企业	1	2		1	1	1	2	
市属企业			1					
县属企业	2		6	37	3	2	7	35
乡属企业							7	
其他	107	113	61	42	68	101	94	46
三、按轻重工业分								
轻工业	43	53	49	52	20	51	47	64
重工业	69	62	19	28	52	54	64	17
四、按企业规模分								
大型企业	1	1	2	1	2	1	1	3
中型企业	7	33	5	20	9	15	43	13
小型企业	102	78	57	58	60	87	60	65
微型企业	2	3	4	1	1	2	7	

12-2 规模以上工业企业单位总数和总产值、增加值

（2015年） 单位:万元

指标	企业单位数（个）	#亏损企业	工业总产值	工业销售产值（当年价格）	#出口交货值	全部从业人员年平均人数（人）	工业增加值（当年价格）
总计	1259	41	48751142	48302811	3092775	326198	10356000
# 国有控股企业	60	7	5160011	5119880	23402	22879	1073761
一、按登记注册类型分							
国有企业	12	1	584813	584792		4593	180649
集体企业	5		52724	52092		959	12440
股份合作企业	1		4838	4837		90	666
有限责任公司	478	20	13188185	12959433	829742	98204	2834069
股份有限公司	36	5	6770678	6728141	183939	23049	1321825
私营企业	619	12	21560443	21446567	874927	158445	4670279
港、澳、台商投资企业	72	2	4631384	4551657	1011607	28863	929700
外商投资企业	36	1	1958077	1975293	192560	11995	406373
二、按隶属关系分							
中央企业	13	1	3382704	3364088	23402	8542	707274
省属企业	10		918545	917124		4750	186847
市属企业	18	2	700840	700789		7618	143894
县属企业	114	6	3017154	2993903	313344	22809	654199
镇属企业	12	1	209775	189294		1877	46478
其他	1092	31	40522124	40137613	2756029	280602	8617308
三、按轻重工业分							
轻工业	636	17	21764313	21541524	2104724	174705	4579002
重工业	623	24	26986829	26761286	988051	151493	5776998
四、按企业规模分							
大型企业	22	1	9323385	9308837	419762	49850	1899231
中型企业	283	10	17188713	16905187	1669966	131718	3630642
小型企业	929	29	21932660	21783833	892143	143227	4760451
微型企业	25	1	306384	304953	110905	1403	65676
五、按工业行业大类分							
煤炭开采和选选业	8		44469	44468		881	17090
黑色金属矿采选业	3		26773	26760		588	6866
有色金属矿采选业	20		768407	755756		4350	250213
非金属矿采选业	31		525925	526964		3554	165673
农副食品加工业	48	1	2539044	2531381	102796	8749	483775

12-2续表

指　　标	企业单位数（个）	#亏损企业	工业总产值	工业销售产值（当年价格）	#出口交货值	全部从业人员年平均人数（人）	工业增加值（当年价格）
食品制造业	10		464683	461512	120068	7437	127354
酒、饮料和精制茶制造业	13		533723	534378		3724	107466
纺织业	160	8	4559371	4479248	108223	40078	897482
纺织服装、服饰业	181		4752460	4701560	734328	45467	991360
皮革、毛皮、羽毛及其制品和制鞋业	22		546676	522416	20528	7236	171807
木材加工和木、竹、藤、棕、草制品业	19	2	444992	447596	9475	3500	88065
家具制造业	10		487296	476861	73010	3177	125994
造纸和纸制品业	17		613196	608530	57820	5050	191847
印刷和记录媒介复制业	18	1	549566	551926		4651	54978
文教、工美、体育和娱乐用品制造业	30	1	1339451	1314484	401676	9115	225187
石油加工、炼焦和核燃料加工业	6		2889927	2867449		3387	509623
化学原料和化学制品制造业	107	7	4024412	3978332	52271	19290	813374
医药制造业	28	2	843304	841104	16164	6923	241551
化学纤维制造业	7		680642	676959	246	4425	129159
橡胶和塑料制品业	27	1	702258	692265	65842	6697	163737
非金属矿物制品业	139	7	4442999	4451466	163915	27165	1012430
黑色金属冶炼和压延加工业	13		2402439	2391598	933	8931	467504
有色金属冶炼和压延加工业	26	1	1570305	1518951		7822	280664
金属制品业	39		1313784	1304312	23866	9071	328804
通用设备制造业	32		1484829	1421310	140780	7168	314822
专用设备制造业	24		773098	763486	150852	4798	153200
汽车制造业	29	1	820594	822162	56393	7618	147827
铁路、船舶、航空航天和其他运输设备制造业	16	3	859383	859373	77567	10503	164429
电气机械和器材制造业	79	1	4476940	4475431	346532	29142	920071
计算机、通信和其他电子设备制造业	43		1423883	1418790	157249	10693	312123
仪器仪表制造业	11		406286	407736	1489	2985	108485
其他制造业	7	1	331869	325991	210753	2367	68560
废弃资源综合利用业	6	1	65234	63836		620	12315
电力、热力生产和供应业	20	1	872634	872707		7025	246843
燃气生产和供应业	5	1	100431	100431		689	25607
水的生产和供应业	5	1	69858	65282		1322	29714

12-3 各县（市、区）规模以上工业主要经济指标

（2015年）

指标	工业总产值		工业增加值		产品产销率
	绝对值（万元）	比上年增长（%）	绝对值（万元）	比上年增长（%）	（%）
全市合计	**48751142**	**4.1**	**10356000**	**9.9**	**99.1**
浔阳区	3214514	-6.8	681568	8.6	97.8
庐山区	4307767	12.4	955654	10.2	99.9
九江开发区	4960023	0.5	1051832	9.5	99.9
九江县	2552002	0.5	544976	9.9	97.3
武宁县	3025339	7.2	652890	10.0	100.1
修水县	3109440	-3.0	692788	10.1	100.0
永修县	4618647	8.7	1003365	10.2	101.6
德安县	4099286	11.3	815281	10.6	99.4
星子县	2009785	-1.2	436680	9.4	100.0
都昌县	1879219	-9.0	430143	9.3	100.0
湖口县	3473190	2.3	681416	10.8	99.1
彭泽县	2741370	7.5	590918	10.3	100.0
瑞昌市	4464239	8.1	1008088	10.5	94.5
共青城市	4296322	9.0	810402	10.0	98.5

12-4 规模以上工业企业增加值及增长速度

单位:万元

指标	2014年	2015年	2015年比2014年增长(%)
总计	**9455300**	**10356000**	**9.9**
# 国有控股企业	970026	1073761	13.3
一、按登记注册类型分			
国有企业	109166	180649	28.7
集体企业	23649	12440	-38.1
股份合作企业	406	666	19.1
有限责任公司	2440547	2834069	11.8
股份有限公司	1262287	1321825	15.9
私营企业	4295859	4670279	8.0
港、澳、台商投资企业	907159	929700	5.0
外商投资企业	416226	406373	4.0
二、按隶属关系分			
中央企业	603138	707274	16.4
省属企业	182391	186847	19.3
市属企业	134428	143894	10.1
县属企业	544140	654199	11.8
镇属企业	32800	46478	35.1
其他	7958402	8617308	8.8
三、按轻重工业分			
轻工业	3813770	4579002	7.0
重工业	5641530	5776998	12.1
四、按企业规模分			
大型企业	1961731	1899231	7.2
中型企业	3390636	3630642	4.9
小型企业	4095832	4760451	16.0
微型企业	7100	65676	-14.1
五、按工业行业大类分			
煤炭开采和洗选业	12529	17090	14.9
黑色金属矿采选业	36813	6866	-78.8
有色金属矿采选业	255779	250213	19.0
非金属矿采选业	120535	165673	13.2
农副食品加工业	374401	483775	13.1

注：增长速度按可比价计算

12-4 续表

指　　标	2014年	2015年	2015年比2014年增长(%)
食品制造业	112482	127354	0.1
酒、饮料和精制茶制造业	114557	107466	-7.7
纺织业	828788	897482	12.1
纺织服装、服饰业	884521	991360	2.7
皮革、毛皮、羽毛及其制品和制鞋业	115253	171807	8.2
木材加工和木、竹、藤、棕、草制品业	94887	88065	-17.7
家具制造业	73986	125994	49.4
造纸和纸制品业	167535	191847	16.7
印刷和记录媒介复制业	42191	54978	20.8
文教、工美、体育和娱乐用品制造业	222457	225187	5.1
石油加工、炼焦和核燃料加工业	474180	509623	12.7
化学原料和化学制品制造业	749161	813374	11.8
医药制造业	165818	241551	30.4
化学纤维制造业	122238	129159	5.2
橡胶和塑料制品业	142747	163737	9.3
非金属矿物制品业	968877	1012430	11.7
黑色金属冶炼和压延加工业	417206	467504	37.0
有色金属冶炼和压延加工业	282307	280664	1.9
金属制品业	284920	328804	7.1
通用设备制造业	263918	314822	16.1
专用设备制造业	135904	153200	9.9
汽车制造业	132380	147827	25.9
铁路、船舶、航空航天和其他运输设备制造业	218950	164429	-17.7
电气机械和器材制造业	956103	920071	0.7
计算机、通信和其他电子设备制造业	311407	312123	0.8
仪器仪表制造业	96827	108485	16.9
其他制造业	64349	68560	-1.1
废弃资源综合利用业	12573	12315	20.7
电力、热力生产和供应业	165659	246843	26.3
燃气生产和供应业	19349	25607	17.4
水的生产和供应业	13711	29714	36.6

12-5 主要工业产品产量

（2015年）

产品名称	单位	生产量	产品名称	单位	生产量
锡金属含量	吨	2150	初级形态的塑料	吨	254022
钨精矿折合量	吨	5678	#聚丙烯树脂	吨	105259
大　　米	万吨	11.42	中成药	吨	6838
配合饲料	吨	31464	化学纤维	万吨	37.77
精制食用油	万吨	175	#粘胶短纤维	万吨	37.04
鲜冷藏肉	吨	24759	橡胶轮胎外胎	万条	42.31
啤　　酒	千升	217734	塑料制品	吨	114454
软 饮 料	万吨	41.47	水　　泥	万吨	1602.13
#果汁饮料	万吨	41.47	商品混凝土	万平方米	766.40
精 制 茶	吨	901	砖	万块	154803
纱	万吨	87.92	天然石板材(大理石板材)	万平方米	84
布	万米	2915	钢化玻璃	万平方米	42
#棉　　布	万米	2915	玻璃纤维纱	万吨	43.63
印 染 布	万米	2765	生　　铁	万吨	464.97
蚕丝	吨	1962	铜　　材	吨	6382
梭织服装(不包括针织服装)	万件	21327	钢　　材	万吨	530.43
针织服装	万件	6145	#钢　　筋	万吨	263.03
羽绒服装	万件	8686	工业锅炉	蒸发量吨	801
人 造 板	万立方米	28.78	金属切削机床	台	2455
机制纸及纸板	万吨	48.42	汽车	辆	48083
实木木地板	万平方米	18.50	改装汽车	辆	916
原油加工量	万吨	555.50	民用钢质船舶	载重吨	73718
#汽　　油	万吨	192.76	交流电动机	千瓦	391195
柴　　油	万吨	211.92	灯具及照明装置	万套(台)	34.18
燃 料 油	万吨	0.20	移动通信手持机（手机）	万台	2872.30
液化石油气	万吨	32.18	发 电 量	亿千瓦小时	102.57
硫酸（折100%）	万吨	48.61	#火　　电	亿千瓦小时	95.39
盐酸(氯化氢)(含量31%以上)	万吨	8.37	水　　电	亿千瓦小时	4.50
烧碱(折100%)	万吨	4.02	供 电 量(全社会)	亿千瓦小时	148.10
纯　　苯	吨	58014	#工　　业	亿千瓦小时	108.45

12-6 主要年份主要工业产品产量

产品名称	单位	1978年	1980年	1990年	2000年	2010年	2012年	2013年	2014年	2015年
纱	吨	12788	19288	26272	44657	474721	703447	825816	897613	879183
布	万米	4245	6434	7317	3892	28188	27638	2589	2194	2915
印染布	万米	2363	3420	4514	3359	6083	3758	3330	806	2765
发电量	万千瓦小时	67615	88796	251573	383577	752557	554362	896075	917967	1025687
原油加工量	万吨		10.43	155.10	327.40	468.43	507.64	519.18	471	555
汽油	万吨		0.44	47.82	82.50	108.59	130.61	159.33	162	193
柴油	万吨		1.67	46.12	127.10	190.85	229.01	204.73	180	212
化学纤维	万吨					13.85	30.45	33.99	37	38
金属切削机床	台	288	121	891	1629	1342	1724	2058	2208	2455
汽车	辆					36703	7889	13080	42074	48083
烧碱	吨	20397	24044	26295	67442	88474	14821	44951	42672	40155
原煤	万吨	27.06	19.75	26.9	15.12	88.20	84.23	58.17	77	84
水泥	万吨	19.52	22.58	48.66	154.50	777.2	1169.42	1623.60	1980	1602
钢材	万吨					253.61	392.53	455.16	525	530
砖	万块	26858	34113	67664	148863	85471	140001	142685	136404	154803
机制纸及纸板	吨	9247	11210	23385	20857	126523	158533	336680	457901	484213

12-7 规模以上工业企业主营业务收入

（2015年）　　单位：万元

指　　标	主营业务收入	主营业务成本	主营业务税金及附加	销售费用
总　　计	**51091897**	**44691447**	**903713**	**744721**
# 国有控股企业	5206236	4062016	767616	35989
一、按登记注册类型分				
国有企业	587256	519648	3073	1133
集体企业	42622	37621	429	272
股份合作企业	3991	3284	291	110
联营企业				
有限责任公司	13599821	11995511	51280	197338
股份有限公司	7833906	6578076	766628	64639
私营企业	22241781	19492378	71262	378011
港、澳、台商投资企业	4734421	4268778	5211	61058
外商投资企业	2048100	1796152	5540	42160
二、按隶属关系分				
中央企业	3414068	2484579	761516	14550
省属企业	953100	870633	1502	17362
市属企业	717664	641914	2135	12187
县属企业	3122124	2780554	9385	16560
镇属企业	227560	200160	2606	7424
其　　他	42657382	37713608	126569	676638
三、按轻重工业分				
轻工业	22431450	19717448	74020	414095
重工业	28660447	24973999	829693	330625
四、按企业规模分				
大型企业	10605818	8962977	773986	153292
中型企业	17635427	15548607	41198	295736
小型企业	22548186	19894266	87859	295138
微型企业	302466	285598	669	554
五、按工业行业大类分				
煤炭开采和洗选业	48831	42438	442	807
黑色金属矿采选业	27334	22400	42	208
有色金属矿采选业	775784	650424	3157	12650
非金属矿采选业	538381	457771	4501	15909
农副食品加工业	2582568	2411662	3609	20938

12-7续表

指　　标	主营业务收入	主营业务成本	主营业务税金及附加	销售费用
食品制造业	467960	383277	4163	32319
酒、饮料和精制茶制造业	562661	477128	14005	9912
纺织业	4591692	4089846	11980	54515
纺织服装、服饰业	4959047	4395040	13465	81883
皮革、毛皮、羽毛及其制品和制鞋业	555531	474497	2247	11977
木材加工和木、竹、藤、棕、草制品业	493534	428550	1535	9614
家具制造业	534998	477575	1467	7393
造纸和纸制品业	642542	581245	560	7933
印刷和记录媒介复制业	558466	481710	1794	12820
文教、工美、体育和娱乐用品制造业	1372687	1165025	3487	13265
石油加工、炼焦和核燃料加工业	2914159	2032404	758853	6679
化学原料和化学制品制造业	4086794	3677572	6026	42665
医药制造业	853348	720916	2139	31144
化学纤维制造业	679854	623027	1925	8584
橡胶和塑料制品业	728392	643387	1190	9195
非金属矿物制品业	4551329	3974411	16555	83302
黑色金属冶炼和压延加工业	3423016	3218508	4178	15036
有色金属冶炼和压延加工业	1634732	1418393	7569	29610
金属制品业	1345884	1190702	6338	12974
通用设备制造业	1527844	1357471	3688	17061
专用设备制造业	807680	702960	1490	16456
汽车制造业	844197	752569	2890	11704
铁路、船舶、航空航天和其他运输设备制造业	889955	810824	1817	2029
电气机械和器材制造业	4778428	4105553	12420	131804
计算机、通信和其他电子设备制造业	1443838	1293592	2280	13148
仪器仪表制造业	408798	356046	1286	7609
其他制造业	349674	309755	1364	3166
废弃资源综合利用业	65417	54630	146	2217
电力、热力生产和供应业	874466	775151	3861	1060
燃气生产和供应业	102565	81538	1006	3914
水的生产和供应业	69509	53451	239	3222

12-8 规模以上工业企业利润和税金

（2015年） 单位：万元

指　　标	利润总额	亏损企业亏损总额	利税总额	本年应交增值税
总　　计	**3488268**	**87316**	**5700688**	**1308707**
# 国有控股企业	159735	68236	1118678	191327
一、按登记注册类型分				
国有企业	59263	202	91187	28851
集体企业	3413		6417	2575
股份合作企业	59		470	120
联营企业				
有限责任公司	984460	10806	1371218	335478
股份有限公司	237662	68335	1226206	221916
私营企业	1765926	2073	2383990	546802
港、澳、台商投资企业	307755	3290	433187	120221
外商投资企业	129730	2610	188013	52744
二、按隶属关系分				
中央企业	24107	62011	929046	143423
省属企业	31345		56822	23976
市属企业	40439	3175	54869	12295
县属企业	262323	4440	373607	101899
镇属企业	10970	1919	18276	4700
其　　他	3119085	15772	4268068	1022414
三、按轻重工业分				
轻工业	1677719	3972	2291828	540088
重工业	1810549	83344	3408860	768619
四、按企业规模分				
大型企业	422411	62011	1470840	274443
中型企业	1288710	7160	1793702	463794
小型企业	1765180	18124	2419114	566075
微型企业	11967	21	17032	4395
五、按工业行业大类分				
煤炭开采和洗选业	3485		4788	862
黑色金属矿采选业	4236		5527	1249
有色金属矿采选业	80571		118624	34896
非金属矿采选业	48802		75421	22119
农副食品加工业	105962	309	188872	79301

12-8续表

指　　标	利润总额	亏损企业亏损总额	利税总额	本年应交增值税
食品制造业	33184		48242	10895
酒、饮料和精制茶制造业	46855		75388	14528
纺织业	351323	1817	461034	97732
纺织服装、服饰业	383980		493169	95724
皮革、毛皮、羽毛及其制品和制鞋业	52849		68773	13677
木材加工和木、竹、藤、棕、草制品业	42023	2883	56557	12999
家具制造业	37396		52781	13918
造纸和纸制品业	40142		56008	15306
印刷和记录媒介复制业	40779	215	54659	12086
文教、工美、体育和娱乐用品制造业	171217	86	208717	34012
石油加工、炼焦和核燃料加工业	34384		907977	114741
化学原料和化学制品制造业	259898	66261	363601	97677
医药制造业	65331	1240	92282	24813
化学纤维制造业	28800		47523	16797
橡胶和塑料制品业	61577	97	83240	20473
非金属矿物制品业	348638	5071	494272	129079
黑色金属冶炼和压延加工业	131536		214455	78741
有色金属冶炼和压延加工业	143963	1919	195425	43893
金属制品业	108503		173384	58543
通用设备制造业	115202		148909	30019
专用设备制造业	61404		78693	15800
汽车制造业	47029	2960	73588	23670
铁路、船舶、航空航天和其他运输设备制造业	63107	528	84077	19153
电气机械和器材制造业	313628	51	413933	87885
计算机、通信和其他电子设备制造业	101564		139298	35454
仪器仪表制造业	33862		41535	6386
其他制造业	28038	21	35080	5678
废弃资源综合利用业	4271	46	6689	2272
电力、热力生产和供应业	73093	2479	112389	35435
燃气生产和供应业	12425	1131	14979	1549
水的生产和供应业	9214	202	10801	1348

12-9 规模以上工业企业固定资产

（2015年）　　单位：万元

指　　标	固定资产合计	固定资产原价	累计折旧	固定资产净值
总　计	**12124600**	**22235600**	**10795600**	**11440000**
# 国有控股企业	3085400	4460900	1463100	2997800
一、按登记注册类型分				
国有企业	416700	707400	293000	414400
集体企业	8600	9200	1500	7700
股份合作企业	200	600	400	200
联营企业				
有限责任公司	3391900	5599000	2437900	3161100
股份有限公司	2441300	4094000	1681100	2412900
私营企业	3702200	8264800	4732000	3532800
港、澳、台商投资企业	1074900	1741000	877400	863600
外商投资企业	1088900	1819500	772500	1047000
二、按隶属关系分				
中央企业	2014800	3010600	999600	2011000
地方企业	10109800	19225000	9796000	9429000
三、按轻重工业分				
轻工业	3866100	7347300	3748100	3599200
重工业	8258500	14888200	7047500	7840700
四、按企业规模分				
大型企业	3933500	6675600	2825100	3850500
中型企业	3837000	6864700	3424300	3440400
小型企业	4314700	8653200	4543100	4110100
微型企业	39300	42100	3100	39000
五、按工业行业大类分				
煤炭开采和洗选业	2000	3400	1400	2000
黑色金属矿采选业	4600	5700	1300	4400
有色金属矿采选业	315600	419700	126800	292900
非金属矿采选业	217600	334300	121400	212900
农副食品加工业	271000	378000	174700	203300

12-9续表

指　　　　　　标	固定资产合　　计	固定资产原　　价	累计折旧	固定资产净　　值
食品制造业	69600	179600	110200	69400
酒、饮料和精制茶制造业	510300	601100	103300	497800
纺织业	777100	1455600	760600	695000
纺织服装、服饰业	333600	1310000	1020500	289500
皮革、毛皮、羽毛及其制品和制鞋业	48900	55800	15500	40300
木材加工和木、竹、藤、棕、草制品业	157100	216200	68600	147600
家具制造业	121100	225000	105800	119200
造纸和纸制品业	190500	305800	118900	186900
印刷和记录媒介复制业	67700	176400	111700	64700
文教、工美、体育和娱乐用品制造业	265400	436100	182400	253700
石油加工、炼焦和核燃料加工业	928400	1381100	469000	912100
化学原料和化学制品制造业	1325600	2307900	1141000	1166900
医药制造业	104700	282700	185800	96900
化学纤维制造业	383100	600500	217400	383100
橡胶和塑料制品业	111900	167800	71800	96000
非金属矿物制品业	1227800	2381800	1219800	1162000
黑色金属冶炼和压延加工业	755600	1245100	497900	747200
有色金属冶炼和压延加工业	806500	1020100	260500	759600
金属制品业	346700	450400	114400	336000
通用设备制造业	181700	486600	311800	174800
专用设备制造业	87900	229400	143400	86000
汽车制造业	154600	238600	86600	152000
铁路、船舶、航空航天和其他运输设备制造业	175900	341200	189500	151700
电气机械和器材制造业	836300	2524200	1706700	817500
计算机、通信和其他电子设备制造业	390900	904000	517600	386400
仪器仪表制造业	62300	117900	55700	62200
其他制造业	39500	47600	11100	36500
废弃资源综合利用业	2700	3700	1000	2700
电力、热力生产和供应业	714500	1210000	503300	706700
燃气生产和供应业	29900	41200	11300	29900
水的生产和供应业	105800	151200	56900	94300

12-10 规模以上工业企业流动资产

（2015年） 单位：万元

指标	资产总计	负债合计	流动资产合计	# 应收帐款净额	存货	# 产成品
总计	24570000	10943000	7851300	1608900	2135200	1289700
# 国有控股企业	4558900	3192000	1032200	162000	364500	97300
一、按登记注册类型分						
国有企业	462900	313600	45300	23500	8700	100
集体企业	20700	3200	3900	200	100	100
股份合作企业	1100	1000	700	200	200	200
联营企业						
有限责任公司	7028700	3225000	2274600	512100	560600	313100
股份有限公司	3962700	2681800	1138700	167900	394000	168600
私营企业	8858400	2868100	2961500	534100	759100	602900
港、澳、台商投资企业	2369700	1137900	837500	288800	228700	137000
外商投资企业	1865900	712400	589000	82000	183800	67800
二、按隶属关系分						
中央企业	2825700	2050400	502900	107100	202100	55000
省属企业	1105800	669700	353700	14100	112600	13700
市属企业	819200	499900	406200	84500	104900	83300
县属企业	1411200	630800	490300	124100	101600	50400
镇属企业	85400	63500	27600	10500	4800	2500
其他	18322800	7028600	6070600	1268500	1609200	1084800
三、按轻重工业分						
轻工业	8987500	3465900	3131100	678500	983000	717700
重工业	15582500	7477100	4720100	930400	1152200	572000
四、按企业规模分						
大型企业	6710400	4240500	1928200	349600	573900	235900
中型企业	8587000	3073900	3121200	513800	905900	635300
小型企业	9053800	3567900	2746200	734900	644600	411900
微型企业	218900	60600	55700	10600	10800	6600
五、按工业行业大类分						
煤炭开采和洗选业	11500	5500	6900	200	100	100
黑色金属矿采选业	20300	4000	5800	300	5100	4900
有色金属矿采选业	539600	133600	161700	22700	38300	28100
非金属矿采选业	368300	89500	97100	16500	29100	23300
农副食品加工业	680200	195100	311300	22600	237900	227100

12-10续表

指标	资产总计	负债合计	流动资产合计	# 应收帐款净额	存货	# 产成品
食品制造业	202300	66500	91000	11900	17400	12300
酒、饮料和精制茶制造业	607200	377200	88600	8600	35600	31200
纺织业	2108300	734400	675500	141400	199500	138100
纺织服装、服饰业	1193600	416800	648200	191000	197700	161200
皮革、毛皮、羽毛及其制品和制鞋业	163600	43300	73900	19600	28800	24200
木材加工和木、竹、藤、棕、草制品业	253700	112200	66100	11900	22800	19500
家具制造业	172100	54300	27400	7400	10200	6800
造纸和纸制品业	353700	154700	126100	22700	27900	14500
印刷和记录媒介复制业	127100	63900	45900	17600	8300	3700
文教、工美、体育和娱乐用品制造业	717900	211800	121800	24300	25600	12500
石油加工、炼焦和核燃料加工业	1376300	869900	281400	63000	181700	70600
化学原料和化学制品制造业	2294200	1265600	565500	92200	157200	77100
医药制造业	256400	104900	95400	26800	29800	17700
化学纤维制造业	904200	600000	398800	56300	80500	18200
橡胶和塑料制品业	281400	60300	76700	21800	19100	7600
非金属矿物制品业	2468000	914400	762300	179800	169000	107600
黑色金属冶炼和压延加工业	1031800	625500	213200	13600	82100	20500
有色金属冶炼和压延加工业	1805400	827500	821500	56100	143500	49200
金属制品业	535500	105700	141200	26000	65100	55000
通用设备制造业	383000	127000	136100	72400	21900	11700
专用设备制造业	233200	81000	79600	26300	22800	18500
汽车制造业	292500	97500	102700	13200	36000	27300
铁路、船舶、航空航天和其他运输设备制造	644600	299300	356300	56600	74200	13300
电气机械和器材制造业	2200900	950200	630500	197900	101000	61400
计算机、通信和其他电子设备制造业	890700	485800	372400	105500	44400	21600
仪器仪表制造业	105600	59000	38900	15600	5700	1600
其他制造业	125400	20500	55800	32900	2800	2000
废弃资源综合利用业	31000	17000	13700	1900	1500	1200
电力、热力生产和供应业	940900	653800	121500	28200	9600	100
燃气生产和供应业	84600	42400	21800	2400	2200	200
水的生产和供应业	165100	72700	18700	1400	900	

12-11 规模以上工业企业全员劳动生产率

（2015年）

指标	全部从业人员年平均人数（人）	工业增加值（当年价）（万元）	全员劳动生产率（元/人）
总计	**326198**	**10356000**	**317476**
# 国有控股企业	22879	1073761	469322
一、按登记注册类型分			
国有企业	4593	180649	393314
集体企业	959	12440	129719
股份合作企业	90	666	73948
有限责任公司	98204	2834069	288590
股份有限公司	23049	1321825	573485
私营企业	158445	4670279	294757
港、澳、台商投资企业	28863	929700	322108
外商投资企业	11995	406373	338785
二、按隶属关系分			
中央企业	8542	707274	827996
省属企业	4750	186847	393363
市属企业	7618	143894	188887
县属企业	22809	654199	286816
镇属企业	1877	46478	247619
其他	280602	8617308	307101
三、按轻重工业分			
轻工业	174705	4579002	262099
重工业	151493	5776998	381338
四、按企业规模分			
大型企业	49850	1899231	380989
中型企业	131718	3630642	275637
小型企业	143227	4760451	332371
微型企业	1403	65676	468110
五、按工业行业大类分			
煤炭开采和洗选业	881	17090	193987
黑色金属矿采选业	588	6866	116766
有色金属矿采选业	4350	250213	575202
非金属矿采选业	3554	165673	466160
农副食品加工业	8749	483775	552949

12-11续表

指　　标	全部从业人员年平均人数（人）	工业增加值（当年价）（万元）	全员劳动生产率（元/人）
食品制造业	7437	127354	171244
酒、饮料和精制茶制造业	3724	107466	288576
纺织业	40078	897482	223934
纺织服装、服饰业	45467	991360	218039
皮革、毛皮、羽毛及其制品和制鞋业	7236	171807	237434
木材加工和木、竹、藤、棕、草制品业	3500	88065	251613
家具制造业	3177	125994	396583
造纸和纸制品业	5050	191847	379896
印刷和记录媒介复制业	4651	54978	118208
文教、工美、体育和娱乐用品制造业	9115	225187	247051
石油加工、炼焦和核燃料加工业	3387	509623	1504645
化学原料和化学制品制造业	19290	813374	421656
医药制造业	6923	241551	348911
化学纤维制造业	4425	129159	291884
橡胶和塑料制品业	6697	163737	244493
非金属矿物制品业	27165	1012430	372697
黑色金属冶炼和压延加工业	8931	467504	523462
有色金属冶炼和压延加工业	7822	280664	358814
金属制品业	9071	328804	362478
通用设备制造业	7168	314822	439205
专用设备制造业	4798	153200	319301
汽车制造业	7618	147827	194050
铁路、船舶、航空航天和其他运输设备制造业	10503	164429	156554
电气机械和器材制造业	29142	920071	315720
计算机、通信和其他电子设备制造业	10693	312123	291895
仪器仪表制造业	2985	108485	363433
其他制造业	2367	68560	289651
废弃资源综合利用业	620	12315	198624
电力、热力生产和供应业	7025	246843	351378
燃气生产和供应业	689	25607	371658
水的生产和供应业	1322	29714	224765

12-12 各县（市、区）规模以上工业企业主要经济指标

（2015年） 单位：万元

地区	企业单位数（个）	亏损企业	主营业务收入	销售费用	主营业务税金及附加
全市	1259	41	51091897	744721	903713
浔阳区	19	3	3240129	10612	761702
庐山区	88	3	4335500	72744	10300
九江开发区	113	2	5299087	170388	24420
九江县	80	6	2585171	37068	28688
武宁县	98	1	3053520	140723	10202
修水县	117	1	3279280	59776	7292
永修县	112	3	4668057	12351	2500
德安县	115	8	4106687	54304	7998
星子县	68		2150000	19048	12109
都昌县	80		2156325	3781	1521
湖口县	72	12	4466942	25509	5545
彭泽县	105		2741618	16547	6479
瑞昌市	111	2	4679988	58005	18727
共青城市	81		4329594	63864	6231

地区	利润总额	利税总额	流动资产	#产成品
全市	3488268	5700688	7851289	1289728
浔阳区	68238	961053	355600	26819
庐山区	195411	319012	934496	411806
九江开发区	331311	435810	1119887	100942
九江县	119309	196200	453080	94154
武宁县	308232	404620	181415	1177
修水县	430130	555411	447457	260560
永修县	323948	458745	431610	20398
德安县	211073	368997	314126	53631
星子县	276599	319436	376026	19680
都昌县	95454	192805	323581	11153
湖口县	207168	302483	1157870	72558
彭泽县	155077	238028	378439	45438
瑞昌市	410049	526024	617462	36709
共青城市	356271	422065	760241	134705

12-13 主要年份规模以上工业企业主要经济指标

指标	单位	1978年	1980年	1985年	1990年	1995年
企业单位数	个	292	316	378	408	578
#亏损企业	个	72	53	48	122	202
工业总产值(当年价)	万元	60976	82277	187253	409038	917739
主营业务收入	万元	53729	72538	160570	358925	877309
主营业务成本	万元			142757	315630	691422
主营业务税金及附加	万元	3891	4899	12678	26851	32104
利润总额	万元	3683	5632	13493	6128	17568
利税总额	万元	7547	10532	26172	32979	91273
固定资产原价	万元	79297	109243	215939	340835	947444
固定资产净值	万元	62453	84437	170848	143647	572877
流动资产年平均余额	万元	31847	37440	62489	152914	584223
资产总计	万元	94300	121877	233337	396561	1157100
每百元固定资产原值实现的产值(按当年价)	元	76.89	75.32	86.72	120.01	96.86
每百元固定资产原值实现的利税	元	9.55	9.64	12.12	9.68	9.63
资金利税率	%	8	8.6	11.2	8.3	7.9
主营业务收入利税率	%	14.1	14.5	16.3	9.2	10.4
主营业务成本利税率	%			18.3	10.5	13.2

12-13续表

指　　标	单位	2000年	2005年	2010年	2012年	2013年	2014年	2015年
企业单位数	个	456	495	904	846	1009	1121	1259
#亏损企业	个	177	123	48	48	56	47	41
工业总产值(当年价)	万元	1453515	3551373	14977463	27788363	35156906	45601570	48751142
工业销售值(当年价)	万元	1432734	3487398	14782156	27869214	34938323	45256741	48302811
#出口交货值	万元	92022	265061	1249899	2356588	2080084	3132322	3092775
全部从业人员年平均人数	人	137177	125599	249548	273960	278318	309994	326198
工业增加值(当年价)	万元	290542	936340	3606100	6212900	7848300	9455300	10356000
主营业务收入	万元	1432464	3381923	15493652	28999005	38597403	47310906	51091897
主营业务成本	万元	1236766	3079823	13394670	25172882	33938157	41686115	44691447
主营业务税金及附加	万元	49670	61930	431025	524474	574399	579974	903713
利润总额	万元	-37216	67947	821853	1643763	2597957	3073195	3488268
亏损企业亏损总额	万元	52074	88145	132330	280601	86921	120908	87316
本年应交增值税	万元	52636	109262	385572	634189	942833	1201847	1308707
利税总额	万元	65090	241823	1638450	2802426	4115188	4855016	5700688
固定资产原价	万元	1855724	2705783	5159128	11913481	15414015	18261400	22235600
固定资产净值	万元	1272734	1816681	3651964	6282507	7608163	8791300	11440000
流动资产年平均余额	万元	857456	1182257	3559541	4597462	5935630	6338565	7094933
资产总计	万元	2607151	3516821	9499446	12291333	16288284	18650154	24570000
每百元固定资产原值实现的产值(按当年价)	元	78.33	131.25	290.31	233.3	228.1	249.7	219.2
每百元固定资产原值实现的利税	元	3.51	8.94	31.76	23.5	26.7	26.6	25.6
资金利税率	%	2.50	6.88	17.25	22.8	25.3	26.0	23.2
主营业务收入利税率	%	4.54	7.15	10.57	9.7	10.7	10.3	11.2
主营业务成本利税率	%	5.26	7.85	12.23	11.1	12.1	11.6	12.8

12-14 国有控股工业企业单位个数和总产值

（2015年） 单位：万元

指标	企业单位数（个）	#亏损企业	工业总产值（当年价格）	工业销售产值（当年价格）
总计	**60**	**7**	**5160011**	**5119880**
一、按隶属关系分				
中央企业	13	1	3382704	3364088
地方企业	47	6	1777307	1755792
二、按轻重工业分				
轻工业	13	3	171397	165685
重工业	47	4	4988614	4954195
三、按企业规模分				
大型企业	3	1	3095046	3079203
中型企业	24	3	1293011	1273213
小型企业	31	3	684361	679873
微型企业	2		87591	87591
四、按工业行业大类分				
煤炭开采和洗选业	1		7465	7465
有色金属矿采选业	3		202973	202060
非金属矿采选业	1		28515	28505
农副食品加工业	4		90886	90880
酒、饮料和精制茶制造业	1		15024	14590
纺织服装，服饰业	1		20655	20655
印刷和记录媒介复制业	1	1	2787	2787
石油加工、炼焦和核燃料加工业	1		2510888	2620688
化学原料和化学制品制造业	2	1	359696	228362
橡胶和塑料制品业	1		3697	3407
非金属矿物制品业	8	2	318519	315122
有色金属冶炼和压延加工业	4		473612	468924
金属制品业	2		11627	11937
通用设备制造业	1		28014	25003
专用设备制造业	2		28413	28413
汽车制造业	1	1	24474	24500
铁路、船舶、航空航天和其他运输设备制造业	1		72037	72037
电力、热力生产和供应业	19	1	859659	858051
燃气生产和供应业	2		69574	69574
水的生产和供应业	4	1	31497	26921

12-15 国有控股工业企业主营业务收入

（2015年） 单位：万元

指标	主营业务收入	主营业务成本	销售费用	主营业务税金及附加
总计	**5206236**	**4062016**	**35989**	**767616**
一、按隶属关系分				
中央企业	3414068	2484579	14550	761516
地方企业	1792168	1577437	21440	6100
二、按轻重工业分				
轻工业	190792	162925	5154	2027
重工业	5015444	3899092	30835	765589
三、按企业规模分				
大型企业	3124491	2242145	10840	760785
中型企业	1303560	1157128	11835	2808
小型企业	690104	579757	13314	4013
微型企业	88081	82986		10
四、按工业行业大类分				
煤炭开采和洗选业	7881	6553	229	24
有色金属矿采选业	216884	183619	816	870
非金属矿采选业	29015	24610	969	23
农副食品加工业	91874	84230	426	39
酒、饮料和精制茶制造业	14590	11222	106	1682
纺织服装、服饰业	21151	19360	32	9
印刷和记录媒介复制业	5009	4322	37	6
石油加工、炼焦和核燃料加工业	2660308	1805579	3569	758328
化学原料和化学制品制造业	234030	240266	7271	1
橡胶和塑料制品业	7305	6799	108	19
非金属矿物制品业	313076	271636	9001	601
有色金属冶炼和压延加工业	484466	429546	1023	755
金属制品业	12611	11601	52	58
通用设备制造业	28513	25053	195	227
专用设备制造业	29204	18960	3500	176
汽车制造业	23285	21934	1055	77
铁路、船舶、航空航天和其他运输设备制造业	71110	63826	279	
电力、热力生产和供应业	859402	762188	1032	3790
燃气生产和供应业	68878	52640	3068	791
水的生产和供应业	27643	18074	3222	140

12-16 国有控股工业企业利润和税金

（2015年） 单位：万元

指标	利润总额	利税总额	本年应交增值税
总计	159735	1118678	191327
一、按隶属关系分			
中央企业	24107	929046	143423
地方企业	135629	189632	47904
二、按轻重工业分			
轻工业	12487	21064	4443
重工业	147249	1097614	186884
三、按企业规模分			
大型企业	-3207	886305	128727
中型企业	85562	125598	37228
小型企业	75027	104322	25281
微型企业	2353	2453	90
四、按工业行业大类分			
煤炭开采和洗选业	575	875	276
有色金属矿采选业	24331	37539	12338
非金属矿采选业	2697	3429	708
农副食品加工业	6698	9708	2971
酒、饮料和精制茶制造业	334	2629	613
纺织服装、服饰业	1692	1801	100
印刷和记录媒介复制业	-215	-145	64
石油加工、炼焦和核燃料加工业	16592	883843	108923
化学原料和化学制品制造业	-48966	-46920	2045
橡胶和塑料制品业	17	194	159
非金属矿物制品业	24115	36588	11873
有色金属冶炼和压延加工业	38380	50694	11559
金属制品业	793	860	9
通用设备制造业	2814	4571	1530
专用设备制造业	2445	3098	478
汽车制造业	-2960	-2482	402
铁路、船舶、航空航天和其他运输设备制造业	4514	5495	981
电力、热力生产和供应业	71144	109735	34802
燃气生产和供应业	11035	12858	1032
水的生产和供应业	3701	4308	467

12-17 国有控股工业企业固定资产

（2015年）　　单位：万元

指　　标	固定资产合计	固定资产原价	累计折旧	固定资产净值
总　　计	**3085449**	**4460884**	**1463057**	**2997827**
一、按隶属关系分				
中央企业	2014801	3010596	999601	2010995
地方企业	1070649	1450288	463456	986832
二、按轻重工业分				
轻工业	147427	209540	75671	133869
重工业	2938022	4251344	1387387	2863958
三、按企业规模分				
大型企业	2075889	3016180	982328	2033853
中型企业	639102	892158	292048	600110
小型企业	341038	520533	186089	334444
微型企业	29421	32013	2592	29421
四、按工业行业大类分				
煤炭开采和洗选业	640	1450	810	640
有色金属矿采选业	194234	261711	86239	175472
非金属矿采选业	7228	9036	1988	7048
农副食品加工业	11828	14505	3139	11366
酒、饮料和精制茶制造业	24362	26521	2685	23836
纺织业	4694	11411	6717	4694
纺织服装、服饰业	2987	3891	1176	2715
印刷和记录媒介复制业	1568	3074	1506	1568
石油加工、炼焦和核燃料加工业	881783	1337382	455600	881783
化学原料和化学制品制造业	594565	779432	184867	594565
非金属矿物制品业	156233	200089	50191	149898
有色金属冶炼和压延加工业	286494	326444	81437	245007
金属制品业	15900	16250	350	15900
通用设备制造业	5446	5513	280	5233
专用设备制造业	9191	14069	4968	9101
汽车制造业	38918	41860	2942	38918
铁路、船舶、航空航天和其他运输设备制造业	16656	27144	10489	16656
计算机、通信和其他电子设备制造业	2210	4866	2656	2210
其他制造业	5	6	1	5
电力、热力生产和供应业	705223	1197712	500278	697434
燃气生产和供应业	28145	39050	10905	28145
水的生产和供应业	97141	139471	53835	85636

12-18 国有控股工业企业流动资产

（2015年）　　单位：万元

指　　标	资产总计	负债合计	流动资产合计	应收账款净额	存　货	# 产成品
总　　计	**4558855**	**3192019**	**1032193**	**162006**	**364480**	**97268**
一、按隶属关系分						
中央企业	2825676	2050432	502855	107114	202057	54969
地方企业	1733179	1141587	529338	54892	162422	42299
二、按轻重工业分						
轻工业	226494	116939	51651	4728	22528	9817
重工业	4332361	3075080	980542	157278	341952	87451
三、按企业规模分						
大型企业	2914878	2295352	591676	89736	256455	40229
中型企业	953887	494692	279430	45866	76983	36308
小型企业	652911	374285	153949	23962	30876	20731
微型企业	37179	27690	7139	2442	166	
四、按工业行业大类分						
煤炭开采和洗选业	3463	1909	2267			
有色金属矿采选业	309928	102222	115694	16610	18053	12139
非金属矿采选业	13408	2103	6180	217	5963	5916
农副食品加工业	16432	1869	4216	552	2612	2475
酒、饮料和精制茶制造业	36675	17006	6864	330	2403	555
纺织业	17172	7619	10982	1547	7511	4453
纺织服装、服饰业	7052	6000	3825	90	2801	
印刷和记录媒介复制业	7641	4091	3991	1	524	
石油加工、炼焦和核燃料加工业	1262445	823721	223108	58997	130267	20094
化学原料和化学制品制造业	848596	791917	175429	8101	36912	14684
非金属矿物制品业	281420	167542	81743	16050	30292	16605
有色金属冶炼和压延加工业	477403	416171	179300	3099	93925	14009
金属制品业	19458	9091	3424	148	57	29
通用设备制造业	10227	6597	4612	1878	1128	462
专用设备制造业	20105	7082	9723	4890	743	53
汽车制造业	58584	58985	18658	1259	9665	5034
铁路、船舶、航空航天和其他运输设备制造业	47591	22032	29651	13367	8319	
计算机、通信和其他电子设备制造业	7488	1988	5094	2941	1194	629
其他制造业	837	626	832	367	291	15
电力、热力生产和供应业	931102	653671	120934	28243	9577	115
燃气生产和供应业	47292	23073	10417	1936	1694	
水的生产和供应业	134538	66708	15249	1383	550	

12-19 国有控股工业企业全员劳动生产率

（2015年）

指　　标	工业增加值（当年价）（万元）	全部从业人员年平均人数（人）	全员劳动生产率（元/人）
总　　计	**1073761**	**22879**	**469322**
一、按隶属关系分			
中央企业	707274	8542	827996
地方企业	366487	14337	255623
二、按轻重工业分			
轻工业	39123	2913	134304
重工业	1034639	19966	518200
三、按企业规模分			
大型企业	634521	5886	1078017
中型企业	261713	11390	229774
小型企业	157480	4784	329180
微型企业	20048	819	244790
四、按工业行业大类分			
煤炭开采和洗选业	2869	346	82919
有色金属矿采选业	54989	1247	440973
非金属矿采选业	7409	190	389949
农副食品加工业	16024	482	332458
酒、饮料和精制茶制造业	2562	239	107201
纺织服装、服饰业	4140	320	129370
印刷和记录媒介复制业	631	354	17837
石油加工、炼焦和核燃料加工业	464085	2367	1960645
化学原料和化学制品制造业	70757	1867	378989
橡胶和塑料制品业	813	280	29039
非金属矿物制品业	71174	2265	314234
有色金属冶炼和压延加工业	73750	2342	314902
金属制品业	2896	140	206857
通用设备制造业	7614	240	317236
专用设备制造业	7297	331	220460
汽车制造业	473	932	5077
铁路、船舶、航空航天和其他运输设备制造业	13348	610	218822
电力、热力生产和供应业	242527	6740	359833
燃气生产和供应业	17154	367	467421
水的生产和供应业	13247	1220	108586

12-20 各县(市、区)规模以上国有控股工业企业主要经济指标

（2015年）

单位：万元

地区	企业单位数（个）	# 亏损企业	主营业务收入	# 销售费用	主营业务税金及附加
全市	**60**	**7**	**5206236**	**35989**	**767616**
浔阳区	7	1	3024891	8921	761326
庐山区	6		175273	4204	2152
九江开发区	4	1	96752	5392	620
九江县	1		55356		109
武宁县	4		51987	447	246
修水县	8	1	506664	3798	1905
永修县	5	1	199891	7465	82
德安县	3		89108	295	144
星子县	1		44525	665	97
都昌县	3		155644	61	39
湖口县	7	2	493521	2383	77
彭泽县	5		201511	2125	483
瑞昌市	3	1	69300	195	296
共青城市	3		41814	37	41

地区	利润总额	利税总额	流动资产合计	# 产成品
全市	**159735**	**1118678**	**1032193**	**97268**
浔阳区	68815	959530	283404	20094
庐山区	14421	25730	65656	10573
九江开发区	3811	6342	3568	5102
九江县	2945	4147	33201	
武宁县	821	2419	8811	
修水县	65072	91607	77717	37094
永修县	-59273	-58946	177433	14800
德安县	5873	10186	8098	817
星子县	5974	6958	1675	
都昌县	2363	5879	111109	103
湖口县	28826	32651	224544	8409
彭泽县	15207	24519	25108	248
瑞昌市	2659	5078	6166	
共青城市	2222	2578	5704	29

12-21 规模以上非国有工业企业单位个数和总产值

（2015年） 单位：万元

指标	企业单位数（个）	#亏损企业	工业总产值	工业销售产值（当年价格）	#出口交货值
总计	**1247**	**40**	**48166329**	**47718019**	**3092775**
一、按隶属关系分					
中央企业	11	1	3044451	3025836	23402
地方企业	1236	39	45121878	44692183	3069373
二、按轻重工业分					
轻工业	633	16	21751889	21529431	2104724
重工业	614	24	26414440	26188588	988051
三、按企业规模分					
大型企业	21	1	9018282	9003735	419762
中型企业	280	10	17092460	16808933	1669966
小型企业	922	28	21827758	21678952	892143
微型企业	24	1	227829	226398	110905
四、按工业行业大类分					
煤炭开采和洗选业	7		37004	37003	
黑色金属矿采选业	3		26773	26760	
有色金属矿采选业	20		768407	755756	
非金属矿采选业	31		525925	526964	
农副食品加工业	46	1	2529766	2522103	102796
食品制造业	10		464683	461512	120068
酒、饮料和精制茶制造业	13		533723	534378	
纺织业	159	8	4559371	4479248	108223
纺织服装、服饰业	181		4752460	4701560	734328
皮革、毛皮、羽毛及其制品和制鞋业	22		546676	522416	20528
木材加工和木、竹、藤、棕、草制品业	19	2	444992	447596	9475
家具制造业	10		487296	476861	73010
造纸和纸制品业	17		613196	608530	57820
印刷和记录媒介复制业	18	1	549566	551926	
文教、工美、体育和娱乐用品制造业	30	1	1339451	1314484	401676
石油加工、炼焦和核燃料加工业	6		2889927	2867449	
化学原料和化学制品制造业	107	7	4024412	3978332	52271
医药制造业	28	2	843304	841104	16164
化学纤维制造业	7		680642	676959	246
橡胶和塑料制品业	27	1	702258	692265	65842
非金属矿物制品业	139	7	4442999	4451466	163915
黑色金属冶炼和压延加工业	13		2402439	2391598	933
有色金属冶炼和压延加工业	27	1	1570305	1518951	
金属制品业	38		1308411	1298628	23866
通用设备制造业	32		1484829	1421310	140780
专用设备制造业	23		765919	756306	150852
汽车制造业	29	1	820594	822162	56393
铁路、船舶、航空航天和其他运输设备制造业	16	3	859383	859373	77567
电气机械和器材制造业	79	1	4476940	4475431	346532
计算机、通信和其他电子设备制造业	43		1423883	1418790	157249
仪器仪表制造业	11		406286	407736	1489
其他制造业	7	1	331869	325991	210753
废弃资源综合利用业	6	1	65234	63836	
电力、热力生产和供应业	14	1	320264	320336	
燃气生产和供应业	5	1	100431	100431	
水的生产和供应业	4		66712	62466	

12-22 规模以上非国有工业企业主营业务收入

（2015年） 单位：万元

指标	主营业务收入	主营业务成本	销售费用	主营业务税金及附加
总计	**50504642**	**44171799**	**743589**	**900641**
一、按隶属关系分				
中央企业	3075328	2201275	14415	758924
地方企业	47429314	41970524	729174	141717
二、按轻重工业分				
轻工业	22419357	19705925	413906	74018
重工业	28085284	24465875	329682	826623
三、按企业规模分				
大型企业	10300716	8705035	153292	771530
中型企业	17538278	15455656	295508	40960
小型企业	22442227	19804379	294234	87490
微型企业	223421	206729	554	660
四、按工业行业大类分				
煤炭开采和洗选业	40951	35885	578	418
黑色金属矿采选业	27334	22400	208	42
有色金属矿采选业	775784	650424	12650	3157
非金属矿采选业	538381	457771	15909	4501
农副食品加工业	2573290	2402870	20749	3606
食品制造业	467960	383277	32319	4163
酒、饮料和精制茶制造业	562661	477128	9912	14005
纺织业	4591692	4089846	54515	11980
纺织服装、服饰业	4959047	4395040	81883	13465
皮革、毛皮、羽毛及其制品和制鞋业	555531	474497	11977	2247
木材加工和木、竹、藤、棕、草制品业	493534	428550	9614	1535

12-22续表

指标	主营业务收入	主营业务成本	销售费用	主营业务税金及附加
家具制造业	534998	477575	7393	1467
造纸和纸制品业	642542	581245	7933	560
印刷和记录媒介复制业	558466	481710	12820	1794
文教、工美、体育和娱乐用品制造业	1372687	1165025	13265	3487
石油加工、炼焦和核燃料加工业	2914159	2032404	6679	758853
化学原料和化学制品制造业	4086794	3677572	42665	6026
医药制造业	853348	720916	31144	2139
化学纤维制造业	679854	623027	8584	1925
橡胶和塑料制品业	728392	643387	9195	1190
非金属矿物制品业	4551329	3974411	83302	16555
黑色金属冶炼和压延加工业	3423016	3218508	15036	4178
有色金属冶炼和压延加工业	1634732	1418393	29610	7569
金属制品业	1340014	1185339	12927	6282
通用设备制造业	1527844	1357471	17061	3688
专用设备制造业	800097	697229	15923	1422
汽车制造业	844197	752569	11704	2890
铁路、船舶、航空航天和其他运输设备制造	889955	810824	2029	1817
电气机械和器材制造业	4778428	4105553	131804	12420
计算机、通信和其他电子设备制造业	1443838	1293592	13148	2280
仪器仪表制造业	408798	356046	7609	1286
其他制造业	349674	309755	3166	1364
废弃资源综合利用业	65417	54630	2217	146
电力、热力生产和供应业	320637	284673	925	940
燃气生产和供应业	102565	81538	3914	1006
水的生产和供应业	66693	50719	3222	239

12-23 规模以上非国有工业企业利润和税金

（2015年） 单位：万元

项目	利润总额	利税总额	本年应交增值税
总计	**3429006**	**5608117**	**1278472**
一、按隶属关系分			
中央企业	-25770	851527	118374
地方企业	3454776	4756591	1160098
二、按轻重工业分			
轻工业	1677489	2288826	537449
重工业	1751516	3319291	741023
三、按企业规模分			
大型企业	380199	1406091	254362
中型企业	1285188	1786628	460479
小型企业	1751681	2398497	559326
微型企业	11937	16902	4305
四、按工业行业大类分			
煤炭开采和洗选业	2910	3913	586
黑色金属矿采选业	4236	5527	1249
有色金属矿采选业	80571	118624	34896
非金属矿采选业	48802	75421	22119
农副食品加工业	105837	188476	79032
食品制造业	33184	48242	10895
酒、饮料和精制茶制造业	46855	75388	14528
纺织业	351323	461034	97732
纺织服装、服饰业	383980	493169	95724
皮革、毛皮、羽毛及其制品和制鞋业	52849	68773	13677
木材加工和木、竹、藤、棕、草制品业	42023	56557	12999

12-23续表

项目	利润总额	利税总额	本年应交增值税
家具制造业	37396	52781	13918
造纸和纸制品业	40142	56008	15306
印刷和记录媒介复制业	40779	54659	12086
文教、工美、体育和娱乐用品制造业	171217	208717	34012
石油加工、炼焦和核燃料加工业	34384	907977	114741
化学原料和化学制品制造业	259898	363601	97677
医药制造业	65331	92282	24813
化学纤维制造业	28800	47523	16797
橡胶和塑料制品业	61577	83240	20473
非金属矿物制品业	348638	494272	129079
黑色金属冶炼和压延加工业	131536	214455	78741
有色金属冶炼和压延加工业	143963	195425	43893
金属制品业	108196	173012	58534
通用设备制造业	115202	148909	30019
专用设备制造业	60794	77748	15532
汽车制造业	47029	73588	23670
铁路、船舶、航空航天和其他运输设备制造业	63107	84077	19153
电气机械和器材制造业	313628	413933	87885
计算机、通信和其他电子设备制造业	101564	139298	35454
仪器仪表制造业	33862	41535	6386
其他制造业	28038	35080	5678
废弃资源综合利用业	4271	6689	2272
电力、热力生产和供应业	15243	23588	7405
燃气生产和供应业	12425	14979	1549
水的生产和供应业	9416	11003	1348

12-24 规模以上非国有工业企业固定资产

（2015年） 单位：万元

指标	固定资产合计	固定资产原价	累计折旧	固定资产净值
总计	**11707908**	**21528124**	**10502658**	**11025466**
一、按隶属关系分				
中央企业	1617555	2327320	711534	1615786
地方企业	10090353	19200804	9791124	9409680
二、按轻重工业分				
轻工业	3863965	7341824	3744582	3597242
重工业	7843943	14186300	6758076	7428224
三、按企业规模分				
大型企业	3536283	5992325	2537075	3455249
中型企业	3836395	6863227	3423528	3439700
小型企业	4295896	8630515	4538996	4091519
微型企业	39334	42056	3059	38997
四、按工业行业大类分				
煤炭开采和洗选业	1394	1904	541	1363
黑色金属矿采选业	4595	5744	1264	4480
有色金属矿采选业	315578	419674	126797	292877
非金属矿采选业	217591	334297	121417	212879
农副食品加工业	270703	377587	174639	202948
食品制造业	69595	179553	110224	69328
酒、饮料和精制茶制造业	510313	601081	103250	497831
纺织业	777128	1455605	760613	694992
纺织服装、服饰业	333631	1310003	1020518	289485
皮革、毛皮、羽毛及其制品和制鞋业	48945	55791	15533	40258
木材加工和木、竹、藤、棕、草制品业	157140	216160	68616	147544

12-24续表

指　　　　标	固定资产合　计	固定资产原　价	累计折旧	固定资产净　值
家具制造业	121135	224963	105818	119145
造纸和纸制品业	190453	305776	118863	186914
印刷和记录媒介复制业	67703	176373	111713	64660
文教、工美、体育和娱乐用品制造业	265362	436098	182389	253709
石油加工、炼焦和核燃料加工业	928449	1381096	468980	912115
化学原料和化学制品制造业	1325607	2307871	1140952	1166919
医药制造业	104734	282744	185751	96993
化学纤维制造业	383054	600471	217417	383054
橡胶和塑料制品业	111930	167817	71764	96053
非金属矿物制品业	1227825	2381753	1219835	1161918
黑色金属冶炼和压延加工业	755602	1245129	497942	747187
有色金属冶炼和压延加工业	806527	1020112	260517	759595
金属制品业	330771	434187	114089	320098
通用设备制造业	181729	486630	311840	174790
专用设备制造业	87106	228462	143201	85261
汽车制造业	154629	238590	86588	152003
铁路、船舶、航空航天和其他运输设备制造业	175944	341163	189475	151688
电气机械和器材制造业	836259	2524198	1706719	817480
计算机、通信和其他电子设备制造业	390858	904036	517607	386429
仪器仪表制造业	62289	117920	55678	62241
其他制造业	39456	47624	11126	36498
废弃资源综合利用业	2729	3721	992	2729
电力、热力生产和供应业	317283	526772	215241	311531
燃气生产和供应业	29889	41218	11329	29889
水的生产和供应业	103973	146004	53423	92581

12-25 规模以上非国有工业企业流动资产

（2015年） 单位：万元

指　标	资产总计	负债合计	流动资产合计	#应收账款净额	存货	#产成品
总计	**24107085**	**10629405**	**7805939**	**1585335**	**2126503**	**1289674**
一、按隶属关系分						
中央企业	2389938	1750717	464362	83907	193538	54969
地方企业	21717147	8878688	7341577	1501429	1932965	1234705
二、按轻重工业分						
轻工业	8984157	3463401	3129985	678199	982971	717724
重工业	15122928	7166004	4675954	907136	1143532	571950
三、按企业规模分						
大型企业	6274670	3940797	1889665	326363	565400	235910
中型企业	8583524	3072018	3118894	513817	905946	635306
小型企业	9030013	3555965	2741643	734571	644393	411861
微型企业	218878	60625	55737	10585	10765	6597
四、按工业行业大类分						
煤炭开采和洗选业	8083	3588	4675	231	121	121
黑色金属矿采选业	20321	4005	5842	331	5066	4862
有色金属矿采选业	539552	133568	161731	22732	38338	28052
非金属矿采选业	368280	89497	97103	16502	29142	23305
农副食品加工业	679701	194638	311144	22554	237858	227140
食品制造业	202340	66511	91024	11936	17376	12262
酒、饮料和精制茶制造业	607176	377197	88605	8611	35573	31167
纺织业	2108251	734419	675475	141413	199518	138086
纺织服装、服饰业	1193605	416758	648241	190991	197712	161193
皮革、毛皮、羽毛及其制品和制鞋业	163567	43286	73866	19600	28837	24211
木材加工和木、竹、藤、棕、草制品业	253667	112248	66066	11917	22794	19479

12-25续表

指　　标	资产总计	负债合计	流动资产合　计	#应收账款净　额	存　货	#产成品
家具制造业	172050	54307	27393	7423	10192	6838
造纸和纸制品业	353749	154727	126094	22683	27858	14527
印刷和记录媒介复制业	127061	63917	45918	17643	8271	3668
文教、工美、体育和娱乐用品制造业	717906	211757	121817	24319	25623	12537
石油加工、炼焦和核燃料加工业	1376268	869928	281377	63049	181669	70562
化学原料和化学制品制造业	2294196	1265618	565452	92243	157174	77059
医药制造业	256434	104916	95417	26792	29782	17707
化学纤维制造业	904241	599979	398797	56314	80502	18224
橡胶和塑料制品业	281366	60323	76713	21816	19082	7610
非金属矿物制品业	2468015	914354	762316	179766	169039	107563
黑色金属冶炼和压延加工业	1031807	625521	213236	13615	82139	20540
有色金属冶炼和压延加工业	1805437	827510	821483	56074	143478	49195
金属制品业	516518	96756	138095	25966	65053	54969
通用设备制造业	383042	126998	136119	72445	21914	11706
专用设备制造业	231745	80473	79238	26272	22594	18463
汽车制造业	292547	97549	102660	13233	36004	27270
铁路、船舶、航空航天和其他运输设备制造业	644551	299332	356261	56550	74226	13266
电气机械和器材制造业	2200906	950176	630502	197914	101029	61411
计算机、通信和其他电子设备制造业	890668	485796	372390	105509	44390	21582
仪器仪表制造业	105639	59049	38947	15569	5657	1564
其他制造业	125382	20546	55771	32893	2763	1963
废弃资源综合利用业	31013	17031	13730	1919	1531	1239
电力、热力生产和供应业	505193	354081	82965	5036	1057	115
燃气生产和供应业	84572	42446	21828	2395	2241	222
水的生产和供应业	162238	70603	17651	1081	901	0

12-26 规模以上非国有工业企业全员劳动生产率

（2015年）　　单位：万元

指　　标	工业增加值（当年价）	全部从业人员年平均人数（人）	全员劳动生产率（元/人）
总　　计	**10175351**	**321605**	**316393**
一、按隶属关系分			
中央企业	580499	6548	886529
地方企业	9594852	315057	304543
二、按轻重工业分			
轻工业	6695073	174388	383918
重工业	3480278	147217	236405
三、按企业规模分			
大型企业	1784880	48049	371471
中型企业	3608941	130453	276647
小型企业	4732515	142482	332148
微型企业	49014	621	789279
四、按工业行业大类分			
煤炭开采和洗选业	14221	535	265820
黑色金属矿采选业	6866	588	116766
有色金属矿采选业	250213	4350	575202
非金属矿采选业	165673	3554	466160
农副食品加工业	482144	8656	557006
食品制造业	127354	7437	171244
酒、饮料和精制茶制造业	107466	3724	288576
纺织业	897482	39610	226580
纺织服装、服饰业	991360	45467	218039
皮革、毛皮、羽毛及其制品和制鞋业	171807	7236	237434
木材加工和木、竹、藤、棕、草制品业	88065	3500	251613
家具制造业	125994	3177	396583
造纸和纸制品业	191847	5050	379896
印刷和记录媒介复制业	54978	4651	118208
文教、工美、体育和娱乐用品制造业	225187	9115	247051
石油加工、炼焦和核燃料加工业	509623	3387	1504645
化学原料和化学制品制造业	813374	19290	421656
医药制造业	241551	6923	348911
化学纤维制造业	129159	4425	291884
橡胶和塑料制品业	163737	6697	244493
非金属矿物制品业	1012430	27165	372697
黑色金属冶炼和压延加工业	467504	8931	523462
有色金属冶炼和压延加工业	280664	8290	338557
金属制品业	327465	9026	362802
通用设备制造业	314822	7168	439205
专用设备制造业	151930	4730	321205
汽车制造业	147827	7618	194050
铁路、船舶、航空航天和其他运输设备制造业	164429	10503	156554
电气机械和器材制造业	920071	29142	315720
计算机、通信和其他电子设备制造业	312123	10693	291895
仪器仪表制造业	108485	2985	363433
其他制造业	68560	2367	289651
废弃资源综合利用业	12315	620	198624
电力、热力生产和供应业	74654	3208	232711
燃气生产和供应业	25607	689	371658
水的生产和供应业	28363	1098	258317

12-27 各县(市、区)规模以上非国有工业企业主要经济指标

(2015年) 单位：万元

地区	企业单位数(个)	#亏损企业	主营业务收入	销售费用	主营业务税金及附加
全市	**1247**	**40**	**50504642**	**743589**	**900641**
浔阳区	18	3	2935026	10612	759246
庐山区	86	3	4255087	72609	10058
九江开发区	112	2	5291504	169854	24351
九江县	79	6	2529815	37068	28579
武宁县	96	1	3011727	140495	10073
修水县	117	1	3279280	59776	7292
永修县	110	3	4659853	12157	2443
德安县	115	8	4106687	54304	7998
星子县	68		2150000	19048	12109
都昌县	79		2077280	3781	1512
湖口县	72	12	4466942	25509	5545
彭泽县	104		2734675	16504	6477
瑞昌市	110	1	4677172	58005	18727
共青城市	81		4329594	63864	6231

地区	利润总额	利税总额	流动资产合计	#产成品
全市	**3429006**	**5608117**	**7805939**	**1289674**
浔阳区	26026	896581	317108	26819
庐山区	182750	299062	934496	411806
九江开发区	330702	434865	1119527	100888
九江县	116364	192052	453080	94154
武宁县	307655	402799	179149	1177
修水县	430130	555411	447457	260560
永修县	323639	458092	428430	20397
德安县	211073	368734	314126	53631
星子县	276599	319436	376026	19680
都昌县	95424	192675	323581	11153
湖口县	207168	302483	1157870	72558
彭泽县	154954	237636	378439	45438
瑞昌市	410252	526227	616412	36709
共青城市	356271	422065	760241	134705

12-28 大中型工业企业单位数和总产值

（2015年） 单位：万元

指标	企业单位数（个）	#亏损企业	工业总产值（当年价格）	工业销售产值（当年价格）	#出口交货值
总计	305	11	26512098	26214024	2089728
#国有控股企业	27	4	4388058	4352416	23402
一、按登记注册类型分					
国有企业	4		401356	401356	
集体企业	2		16340	16340	
股份制企业	97	6	11154742	10975532	389928
私营企业	161	5	10600929	10498405	566103
外商及港澳台商投资企业	41		4338732	4322390	1133696
二、按隶属关系分					
中央企业	7	1	3192070	3173485	23402
地方企业	298	10	23320028	23040538	2066326
三、按轻重工业分					
轻工业	181	6	12547626	12350253	1670018
重工业	124	5	13964472	13863771	419710
四、按企业规模分					
大型企业	22	1	9323385	9308837	419762
中型企业	283	10	17188713	16905187	1669966
五、按工业行业大类分					
煤炭开采和洗选业	1		7465	7465	
有色金属矿采选业	8		491865	490937	
非金属矿采选业	2		67909	67909	
农副食品加工业	8	1	1621943	1617606	64868
食品制造业	5		366360	363202	120068
酒、饮料和精制茶制造业	4		228764	228680	
纺织业	49	3	2671496	2589146	72524
纺织服装、服饰业	33		2414362	2377942	428063
皮革、毛皮、羽毛及其制品和制鞋业	5		257791	233978	20528
木材加工和木、竹、藤、棕、草制品业	4		203991	203989	
家具制造业	4		256722	249449	73010
造纸和纸制品业	6		413413	406390	57820
印刷和记录媒介复制业	6	1	294500	294465	
文教、工美、体育和娱乐用品制造业	8	1	712475	685181	387406
石油加工、炼焦和核燃料加工业	2		2811664	2789294	
化学原料和化学制品制造业	14	1	1111189	1099665	25264
医药制造业	10		453439	453480	13958
化学纤维制造业	4		502440	501018	246
橡胶和塑料制品业	9	1	436801	427646	44182
非金属矿物制品业	21		1555298	1572962	148347
黑色金属冶炼和压延加工业	3		2132556	2124007	933
有色金属冶炼和压延加工业	11		1043031	993506	
金属制品业	3		311171	311171	23866
通用设备制造业	8		597366	586440	129499
专用设备制造业	4		170677	170678	39947
汽车制造业	6	1	357582	357220	55982
铁路、船舶、航空航天和其他运输设备制造业	9	1	637283	637273	77567
电气机械和器材制造业	33		2597981	2599514	72214
计算机、通信和其他电子设备制造业	7		658693	657505	21196
仪器仪表制造业	3		165324	166580	1489
其他制造业	4		310696	304120	210753
废弃资源综合利用业	1		44971	44971	
电力、热力生产和供应业	8	1	578722	578722	
水的生产和供应业	2		26160.1	21914.6	

12-29 大中型工业企业主营业务收入

（2015年）　　单位：万元

指　　标	主营业务收入	主营业务成本	主营业务税金及附加	销售费用
总　　计	**28241245**	**24511584**	**815184**	**449028**
#国有控股企业	4428051	3399273	763593	22675
一、按登记注册类型分				
国有企业	402252	350893	2694	229
集体企业	3985	2832	31	101
股份制企业	12368119	10570740	782462	138029
私营企业	10949911	9547138	22778	231179
外商及港澳台商投资企业	4516978	4039981	7221	79491
二、按隶属关系分				
中央企业	3221946	2327574	761082	11809
地方企业	25019299	22184010	54102	437219
三、按轻重工业分				
轻工业	12948625	11381532	27922	279801
重工业	15292621	13130052	787262	169228
四、按企业规模分				
大型企业	10605818	8962977	773986	153292
中型企业	17635427	15548607	41198	295736
五、按工业行业大类分				
煤炭开采和洗选业	7881	6553	24	229
有色金属矿采选业	495384	409098	1571	11103
非金属矿采选业	70143	59093	1189	3146
农副食品加工业	1624964	1541388	1294	9235
食品制造业	368301	295859	664	31601

12-29续表

指　　标	主营业务收　入	主营业务成　本	主营业务税金及附　加	销售费用
酒、饮料和精制茶制造业	255158	227065	911	6039
纺织业	2658542	2361559	5956	35737
纺织服装、服饰业	2532546	2251788	4697	55026
皮革、毛皮、羽毛及其制品和制鞋业	260182	228097	547	4466
木材加工和木、竹、藤、棕、草制品业	205905	170716	685	5713
家具制造业	278557	252921	211	896
造纸和纸制品业	440227	395902	388	6210
印刷和记录媒介复制业	298963	252553	1030	10964
文教、工美、体育和娱乐用品制造业	729556	621478	1270	7160
石油加工、炼焦和核燃料加工业	2829411	1958567	758364	4216
化学原料和化学制品制造业	1138858	1019613	1974	22214
医药制造业	455598	391831	1139	12212
化学纤维制造业	505501	457456	1774	7283
橡胶和塑料制品业	440191	386761	515	5985
非金属矿物制品业	1596316	1361026	4502	41359
黑色金属冶炼和压延加工业	3156114	2978040	3152	12754
有色金属冶炼和压延加工业	1100758	961238	5990	17900
金属制品业	312067	275807	460	2076
通用设备制造业	600856	546688	1321	3794
专用设备制造业	172441	144460	173	6184
汽车制造业	358783	335565	317	5133
铁路、船舶、航空航天和其他运输设备制造业	663352	603156	1050	1443
电气机械和器材制造业	2885728	2414898	7981	102045
计算机、通信和其他电子设备制造业	665779	609283	858	3864
仪器仪表制造业	166119	138749	895	5593
其他制造业	321995	285827	996	2562
废弃资源综合利用业	45442	37442	82	1900
电力、热力生产和供应业	577076	517046	3113	12
水的生产和供应业	22552	14062	93	2976

12-30 大中型工业企业利润和税金

（2015年） 单位：万元

指标	利润总额	亏损企业亏损总额	利税总额	本年应交增值税
总计	**1711121**	**69171**	**3263159**	**736853**
#国有控股企业	82355	67665	1010783	164835
一、按登记注册类型分				
国有企业	45734		70440	22012
集体企业	435		1227	762
股份制企业	533478	68108	1645019	329079
私营企业	854840	1063	1137574	259956
外商及港澳台商投资企业	276635		408899	125043
二、按隶属关系分				
中央企业	-1035	62011	891523	131476
地方企业	1712156	7160	2371636	605377
三、按轻重工业分				
轻工业	926671	1188	1266755	312162
重工业	784451	67983	1996404	424691
四、按企业规模分				
大型企业	422411	62011	1470563	274166
中型企业	1288710	7160	1792596	462687
五、按工业行业大类分				
煤炭开采和洗选业	575		875	276
有色金属矿采选业	54258		81037	25208
非金属矿采选业	5651		7680	841
农副食品加工业	48135	309	108967	59539
食品制造业	26186		36680	9830

12-30续表

指　　标	利润总额	亏损企业亏损总额	利税总额	本年应交增值税
酒、饮料和精制茶制造业	4		23071	8877
纺织业	48	578	270831	61654
纺织服装、服饰业	33		243914	41078
皮革、毛皮、羽毛及其制品和制鞋业	5		28477	6384
木材加工和木、竹、藤、棕、草制品业	4		31127	7348
家具制造业	4		29274	6994
造纸和纸制品业	6		37814	9689
印刷和记录媒介复制业	6	215	24628	6013
文教、工美、体育和娱乐用品制造业	8	86	106088	17643
石油加工、炼焦和核燃料加工业	2		900917	112292
化学原料和化学制品制造业	14	62011	61019	22823
医药制造业	10		53353	14619
化学纤维制造业	4		39915	13819
橡胶和塑料制品业	9	97	52445	11990
非金属矿物制品业	21		179454	49553
黑色金属冶炼和压延加工业	3		186619	69843
有色金属冶炼和压延加工业	12		126326	26843
金属制品业	3		37557	12399
通用设备制造业	8		55721	13786
专用设备制造业	4		17874	5634
汽车制造业	6	2960	13932	9644
铁路、船舶、航空航天和其他运输设备制造业	9	437	64149	15710
电气机械和器材制造业	33		245599	42466
计算机、通信和其他电子设备制造业	7		64729	19733
仪器仪表制造业	3		17155	2476
其他制造业	4		33223	5425
废弃资源综合利用业	1		3756	883
电力、热力生产和供应业	8	2479	74920	25102
水的生产和供应业	2		4033	440

12-31 大中型工业企业固定资产

（2015年） 单位：万元

指标	固定资产合计	固定资产原价	累计折旧	固定资产净值
总计	**777056**	**1354028**	**624948**	**729080**
#国有控股企业	271499	390834	127438	263396
一、按登记注册类型分				
国有企业	39789	68473	28888	39585
集体企业	525	557	32	525
股份制企业	405943	662455	270963	391492
私营企业	159274	384630	234674	149957
外商及港澳台商投资企业	171525	237913	90392	147521
二、按隶属关系分				
中央企业	193971	291766	98102	193665
地方企业	583085	1062261	526846	535415
三、按轻重工业分				
轻工业	194021	398557	221979	176578
重工业	583035	955471	402969	552502
四、按企业规模分				
大型企业	393353	667560	282514	385046
中型企业	383703	686468	342434	344034
五、按工业行业大类分				
煤炭开采和洗选业	640	1450	810	640
有色金属矿采选业	235399	276711	60972	215739
非金属矿采选业	63075	146011	82936	63075
农副食品加工业	145962	158776	72779	85998
食品制造业	50068	149125	99323	49803

12-31续表

指　　标	固定资产合　计	固定资产原　价	累计折旧	固定资产净　值
酒、饮料和精制茶制造业	635116	1329755	750998	578757
纺织业	4510516	8143278	4171393	3971885
纺织服装、服饰业	1110348	7910731	7052878	857853
皮革、毛皮、羽毛及其制品和制鞋业	111093	137982	40684	97298
木材加工和木、竹、藤、棕、草制品业	314314	714411	457226	257185
家具制造业	112657	1005993	909543	96450
造纸和纸制品业	1687866	2571486	911871	1659615
印刷和记录媒介复制业	276450	911657	659941	251716
文教、工美、体育和娱乐用品制造业	681978	1184342	538415	645927
石油加工、炼焦和核燃料加工业	9200314	13674639	4637665	9036974
化学原料和化学制品制造业	8703214	9444457	2170427	7274030
医药制造业	451570	1887841	1449620	438221
化学纤维制造业	3501523	5291220	1789697	3501523
橡胶和塑料制品业	381172	954043	590328	363715
非金属矿物制品业	7657201	11779009	4455660	7323349
黑色金属冶炼和压延加工业	7242651	11532020	4351653	7180367
有色金属冶炼和压延加工业	7419773	9418076	2442341	6975735
金属制品业	432004	506868	89911	416957
通用设备制造业	588808	1984908	1429664	555244
专用设备制造业	217669	753510	535841	217669
汽车制造业	666965	1182522	531766	650756
铁路、船舶、航空航天和其他运输设备制造业	1280276	2175288	1090681	1084607
电气机械和器材制造业	6081262	17237276	11230210	6007066
计算机、通信和其他电子设备制造业	2339361	4457394	2118033	2339361
仪器仪表制造业	384560	518419	133859	384560
其他制造业	356532	428537	101592	326945
废弃资源综合利用业	10096	14159	4063	10096
电力、热力生产和供应业	5507948	9669377	4194846	5474531
水的生产和供应业	890968	1262853	485797	777056

12-32 大中型工业企业流动资产

（2015年）　　单位：万元

指标	资产总计	负债合计	流动资产合计	# 应收账款净额	存货	# 产成品
总计	15297395	7314439	5049318	863387	1479865	871217
#国有控股企业	3868765	2790044	871106	135602	333438	76537
一、按登记注册类型分						
国有企业	439202	301625	40759	23208	8520	
集体企业	13151	612	987			
股份制企业	6841725	4161749	2001428	288068	617522	267974
私营企业	4740329	1424986	1919895	286137	503086	427183
外商及港澳台商投资企业	3262989	1425468	1086249	265975	350737	176059
二、按隶属关系分						
中央企业	2650514	1957607	466359	97516	183527	39037
地方企业	12646882	5356832	4582959	765871	1296338	832179
三、按轻重工业分						
轻工业	4918549	1803828	1883397	351516	694872	527490
重工业	10378847	5510612	3165921	511872	784993	343727
四、按企业规模分						
大型企业	6710409	4240512	1928157	349571	573920	235910
中型企业	8586987	3073927	3121161	513817	905946	635306
五、按工业行业大类分						
煤炭开采和洗选业	3463	1909	2267			
有色金属矿采选业	412458	104763	133404	17450	26829	18679
非金属矿采选业	92713	2715	29638	4		
农副食品加工业	435810	100892	220903	13611	200945	200146
食品制造业	146513	46798	71527	6197	15874	11409

12-32续表

指标	资产总计	负债合计	流动资产合计	# 应收账款净额	存货	# 产成品
酒、饮料和精制茶制造业	102291	16433	36318	85	15081	14774
纺织业	1208394	406730	373582	62815	124484	91327
纺织服装、服饰业	547314	209278	362562	90566	138751	122423
皮革、毛皮、羽毛及其制品和制鞋业	65870	7218	32639	6145	22398	20634
木材加工和木、竹、藤、棕、草制品业	57225	11965	12072	1333	6324	4478
家具制造业	33336	11031	9535	1883	1879	1243
造纸和纸制品业	319268	145895	113678	19497	26431	13585
印刷和记录媒介复制业	46565	27429	14410	5006	2450	538
文教、工美、体育和娱乐用品制造业	193030	28651	46277	13521	8660	1611
石油加工、炼焦和核燃料加工业	1354485	858520	273109	59724	179374	69201
化学原料和化学制品制造业	1348903	960012	285928	32972	88860	43127
医药制造业	118550	40774	39610	11946	9919	5306
化学纤维制造业	701112	476218	256751	17926	75101	14812
橡胶和塑料制品业	110889	9913	22542	3289	3748	1691
非金属矿物制品业	1444181	560869	437706	98412	99319	58944
黑色金属冶炼和压延加工业	940977	576785	184495	4805	75833	15396
有色金属冶炼和压延加工业	1625400	745334	762847	46474	122128	33609
金属制品业	124815	12453	61890	8096	49073	46829
通用设备制造业	137401	54223	53500	26882	11156	4530
专用设备制造业	40945	8404	8071	1368	1179	824
汽车制造业	150748	70041	67503	2121	29564	24532
铁路、船舶、航空航天和其他运输设备制造业	498007	247680	311634	51757	54393	175
电气机械和器材制造业	1709880	801348	505355	158609	66137	43433
计算机、通信和其他电子设备制造业	424326	226156	178087	36878	8105	5126
仪器仪表制造业	61387	45805	20783	8772	4670	1206
其他制造业	106953	4977	46577	30364	1611	1424
废弃资源综合利用业	14097	8297	5195	1373	267	92
电力、热力生产和供应业	612892	434114	59254	23292	9303	115
水的生产和供应业	107197.3	50814.1	9671.6	218.5	19	

12-33 大中型工业企业劳动生产率

（2015年）

指标	全部从业人员年平均人数（人）	工业增加值（当年价）（万元）	全员劳动生产率（元/人）
总计	**181568**	**5529873**	**304562**
#国有控股企业	17276	896233	518774
一、按登记注册类型分			
国有企业	3066	136052	443743
集体企业	685	4246	61980
股份制企业	61467	2235414	363677
私营企业	88506	2294351	259231
外商及港澳台商投资企业	27844	859811	308796
二、按隶属关系分			
中央企业	7854	657028	836551
地方企业	173714	4872846	280510
三、按轻重工业分			
轻工业	100855	2408669	238825
重工业	80713	3121204	386704
四、按企业规模分			
大型企业	49850	1899231	380989
中型企业	131718	3630642	275637
五、按工业行业大类分			
煤炭开采和洗选业	346	2869	82919
有色金属矿采选业	2886	132317	458479
非金属矿采选业	602	17644	293096
农副食品加工业	3749	302433	806702
食品制造业	6669	96535	144751
酒、饮料和精制茶制造业	1896	47315	249549
纺织业	23935	525739	219653
纺织服装、服饰业	20242	505555	249756
皮革、毛皮、羽毛及其制品和制鞋业	3461	70835	204667
木材加工和木、竹、藤、棕、草制品业	1517	39811	262434
家具制造业	1817	69741	383824
造纸和纸制品业	3333	109128	327418
印刷和记录媒介复制业	2448	37919	154898
文教、工美、体育和娱乐用品制造业	5138	138239	269052
石油加工、炼焦和核燃料加工业	2836	495248	1746290
化学原料和化学制品制造业	7153	263981	369049
医药制造业	3863	114363	296046
化学纤维制造业	3159	95306	301696
橡胶和塑料制品业	4230	96123	227242
非金属矿物制品业	12289	340971	277460
黑色金属冶炼和压延加工业	7240	415707	574182
有色金属冶炼和压延加工业	5660	184495	325963
金属制品业	2033	120870	594539
通用设备制造业	3903	104752	268388
专用设备制造业	1363	37765	277072
汽车制造业	3804	50494	132738
铁路、船舶、航空航天和其他运输设备制造业	9164	118086	128859
电气机械和器材制造业	21808	549281	251871
计算机、通信和其他电子设备制造业	5077	109702	216077
仪器仪表制造业	1899	75124	395600
其他制造业	2177	68560	314930
废弃资源综合利用业	370	8303	
电力、热力生产和供应业	4586	173706	378775
水的生产和供应业	915	10957	119745

12-34 重点产业主要经济指标

（2015年） 单位：万元

指标	全市总计	五大主导产业合计	#石油化工	现代轻纺	钢铁有色	装备制造	电力新能源
企业单位数(个)	1259	832	96	369	79	201	87
亏损企业	41	21	5	8	1	4	3
工业总产值	48751142	36076116	6227711	10539148	5321407	9314321	4673529
工业销售产值(当年价格)	48302811	35638720	6146526	10380183	5250107	9231647	4630257
#出口交货值	3092775	1716600	36376	863325	933	741086	74881
全部从业人员年平均人数(人)	326198	237094	18540	96738	26221	63667	31928
工业增加值(当年价)	10356000	7533557	1196537	2189808	1114552	1989811	1042849
主营业务收入	51091897	38189160	6295414	10786124	6431700	9758590	4917331
主营业务成本	44691447	33162552	5053508	9582409	5817209	8523557	4185869
主营业务税金及附加	903713	855509	764086	29617	18872	27039	15895
利润总额	3488268	2599236	295519	816952	407644	695705	383415
亏损企业亏损总额	87316	12118	4142	1817	1919	579	3661
本年应交增值税	1308707	918895	194183	223666	180289	217786	102971
利税总额	5700688	4373640	1253788	1070236	606805	940530	502281
流动资产合计	7851300	3873476	634048	171897	282097	989055	1796379
#应收账款净额	1608900	658006	144999	3229	22324	79136	408318
存货	2135200	1198140	300707	76874	127108	186883	506568
#产成品	1289700	635792	132362	16498	63111	82108	341713
资产合计	24570000	11716942	2697719	898208	1386043	2365310	4369663
负债合计	10943000	5295433	1297917	565071	672923	965082	1794441

12-34续表1

指　　标	五大战略性新兴产业合计	#新材料	智能电器	绿色食品	生物医药	电子信息
企业单位数(个)	437	247	44	71	31	44
亏损企业	16	13		1	2	
工业总产值	17627976	8916766	2652363	3537450	968243	1553154
工业销售产值(当年价格)	17468540	8810367	2615600	3527271	967014	1548289
#出口交货值	756128	187915	42438	222864	16164	286748
全部从业人员年平均人数(人)	106841	50430	17287	19910	7591	11623
工业增加值(当年价)	3997896	2040261	650989	718595	270676	317375
主营业务收入	18100662	9121678	2813078	3613190	979280	1573437
主营业务成本	15867897	8010932	2331617	3272067	831924	1421358
主营业务税金及附加	64743	29810	8541	21777	2335	2280
利润总额	1272996	677056	228465	186001	78855	102619
亏损企业亏损总额	71778	70229		309	1240	
本年应交增值税	482675	258076	56578	104724	27843	35454
利税总额	1820414	964942	293584	312502	109033	140354
流动资产合计	1475473	423556	102399	402368	458921	88228
#应收账款净额	397898	143068	23000	125310	69783	36737
存货	344062	140677	36868	50574	110230	5713
#产成品	210776	115005	26677	23015	40537	5541
资产合计	3315097	655109	331314	922454	937098	469122
负债合计	1469947	346221	151128	507930	396881	67786

12-35 工业园区主要经济指标

指　　标	单　位	2014年	2015年	2015年比2014年增长%
招商实际到位资金	万元	8247945	8947214	8.5
# 省外	万元	3892801	3693479	-5.1
境外	万美元	115689	59709	-48.4
工业销售产值	万元	37889214	40776534	2.1
出口交货值	万元	2996072	2903118	-4.1
主营业务收入	万元	39490229	42290251	7.8
工业固定资产投资额	万元	7309059	7945691	8.7
利润总额	万元	2679981	2946142	6.1
税金总额	万元	1550414	1952408	22.8
从业人员	人	282126	287980	-0.3
资产总计	万元	16207241	20266426	18.5
工业增加值	万元	8955389	9226885	9.7
全员劳动生产率	元/人	317425	320400	0.9

12-36 各园区主要经济指标

（2015年） 单位：万元

园区	单位数（个）	园区实际开发面积（平方公里）	主营业务收入	工业固定资产投资额
总计	**1138**	**146.7**	**42290251**	**7945691**
江西九江沙城工业园区	80	24.8	1936560	964924
江西武宁工业园区	105	9.3	2848650	62710
江西修水工业园区	93	6.0	2854070	835530
江西永修县云山经济开发区	117	12.8	3664247	332481
江西德安工业园区	116	11.0	3642690	648738
江西星子工业园区	48	4.6	1415865	312807
江西都昌工业园区	72	6.0	1682428	306105
江西湖口金砂湾工业园区	66	13.4	4341015	969775
江西彭泽工业园区	62	13.3	2028946	444120
江西瑞昌工业园区	83	22.7	3866967	493380
江西共青城经济开发区	119	8.3	3637033	595763
江西九江经济开发区	177	14.5	10371781	1979358

园区	完成基础设施投入	利润总额	工业销售产值	#出口交货值
总计	**1589773**	**2946142**	**40776534**	**2903118**
江西九江沙城工业园区	21216	84469	1625425	59945
江西武宁工业园区	161200	305544	2834311	102909
江西修水工业园区	261470	365524	2735769	31409
江西永修县云山经济开发区	180000	286499	4177335	36062
江西德安工业园区	50765	208374	3793279	421889
江西星子工业园区	60600	159989	1337781	451035
江西都昌工业园区	60200	69090	1464819	143613
江西湖口金砂湾工业园区	160380	197577	3317688	28522
江西彭泽工业园区	80150	106079	2027921	109382
江西瑞昌工业园区	107946	365564	3464654	530800
江西共青城经济开发区	204309	356703	4297592	374287
江西九江经济开发区	241537	440729	9699961	613265

12-36续表

园区	税金总额	从业人员（人）	资产总计
总计	**1952408**	**287980**	**20266426**
江西九江沙城工业园区	59009	10193	1088482
江西武宁工业园区	94318	27842	970636
江西修水工业园区	110804	20198	1372989
江西永修县云山经济开发区	124587	25487	1616528
江西德安工业园区	155962	29466	1205444
江西星子工业园区	24118	9600	661374
江西都昌工业园区	70942	22247	387983
江西湖口金砂湾工业园区	92340	16107	2840444
江西彭泽工业园区	53367	11476	893531
江西瑞昌二业园区	86461	27753	2123302
江西共青城经济开发区	66089	28009	1442372
江西九江经济开发区	1014412	59602	5663340

园区	利税总额	工业增加值	全员劳动生产率（元/人）
总计	**4898549**	**9226885**	**320400**
江西九江沙城工业园区	143478	385036	377746
江西武宁工业园区	399862	678657	243753
江西修水工业园区	476328	634264	314023
江西永修县云山经济开发区	411085	931143	365340
江西德安工业园区	364336	902031	306126
江西星子工业园区	184107	292208	304383
江西都昌工业园区	140032	325773	146435
江西湖口金砂湾工业园区	289917	675015	419082
江西彭泽工业园区	159446	436060	379976
江西瑞昌工业园区	452026	856122	308479
江西共青城经济开发区	422792	977363	348946
江西九江经济开发区	1455140	2133212	357909

12-37 工业园区分行业主要经济指标

(2015年)

指标	投产工业企业数（个）	工业销售产值（万元）	#出口交货值	主营业务收入（万元）	利润总额（万元）
总计	**1138**	**40776534**	**2903118**	**42290251**	**2946142**
黑色金属矿采选业	2	21681		21718	3096
有色金属矿采选业	10	551794		532539	65990
非金属矿采选业	14	158903		160417	14590
农副食品加工业	35	1340105	102796	1350669	73247
食品制造业	16	452637	120159	449355	32706
酒、饮料和精制茶制造业	13	446474		463406	32149
纺织业	122	3710155	89960	3738495	293651
纺织服装、服饰业	154	4058234	582758	4199204	331394
皮革、毛皮、羽毛及其制品和制鞋业	20	441566	20528	462606	35683
木材加工和木、竹、藤、棕、草制品业	18	363513	9475	398736	34601
家具制造业	9	417606	73010	440967	29216
造纸和纸制品业	17	503125	43697	525821	32901
印刷和记录媒介复制业	26	501836		494875	35377
文教、工美、体育和娱乐用品制造业	31	1063933	397441	1093758	127048
石油加工、炼焦和核燃料加工业	3	2653159		2635785	20698
化学原料和化学制品制造业	104	3614450	48773	3588957	246813
医药制造业	30	796407	16164	791853	63469
化学纤维制造业	6	576445	246	566550	28138
橡胶和塑料制品业	34	672579	65842	689561	61753
非金属矿物制品业	103	3528916	163402	3504995	296339
黑色金属冶炼和压延加工业	9	2334842	933	3289934	131383
有色金属冶炼和压延加工业	20	1383327		1441678	131993
金属制品业	41	1114786	24352	1123408	90933
通用设备制造业	40	1322738	141032	1390750	105163
专用设备制造业	32	642373	152568	657579	48157
汽车制造业	31	774689	56393	773088	43391
铁路、船舶、航空航天和其他运输设备制造业	15	745033	77567	725401	57760
电气机械和器材制造业	94	4370407	346532	4565286	307178
计算机、通信和其他电子设备制造业	57	1406828	157249	1400808	101451
仪器仪表制造业	14	391339	1489	384070	34229
其他制造业	4	255489	210753	267011	24501
废弃资源综合利用业	4	58719		59007	3174
电力、热力生产和供应业	4	32866		31108	2206
燃气生产和供应业	3	65046		66361	5568
水的生产和供应业	3	4533		4497	197

12-37续表

指　　标	资产总计（万元）	税金总额（万元）	从业人员（人）	工业增加值（万元）	全员劳动生产率（元/人）
总　　计	**20266426**	**1952408**	**287980**	**9226885**	**320400**
黑色金属矿采选业	15127	1091	330	6235	188945
有色金属矿采选业	380041	27363	3321	159802	481187
非金属矿采选业	96508	6424	1542	44205	286672
农副食品加工业	397786	27990	6171	279271	452554
食品制造业	202485	15540	8243	141610	171794
酒、饮料和精制茶制造业	530141	24292	3260	93899	288033
纺织业	1723078	91609	34766	816507	234858
纺织服装、服饰业	955375	94299	37224	895209	240493
皮革、毛皮、羽毛及其制品和制鞋业	123743	13940	6991	171464	245264
木材加工和木、竹、藤、棕、草制品业	234326	12614	3271	75868	231943
家具制造业	146690	12174	2863	105949	370063
造纸和纸制品业	265536	12222	4250	117051	275414
印刷和记录媒介复制业	123772	12702	4663	121148	259807
文教、工美、体育和娱乐用品制造业	390722	29603	8459	258567	305671
石油加工、炼焦和核燃料加工业	1280657	869642	2628	529170	2013583
化学原料和化学制品制造业	1903896	94124	18924	788241	416530
医药制造业	244015	26060	7027	201876	287286
化学纤维制造业	871260	16571	4183	117777	281561
橡胶和塑料制品业	255047	21575	7003	160974	229865
非金属矿物制品业	2002359	117003	22587	843992	373663
黑色金属冶炼和压延加工业	1021306	81683	8207	485600	591690
有色金属冶炼和压延加工业	1667026	45786	6685	272326	407369
金属制品业	460039	58705	7059	282915	400787
通用设备制造业	327739	30714	6960	294319	422872
专用设备制造业	235369	14006	5002	149884	299648
汽车制造业	286685	25450	7651	163632	213870
铁路、船舶、航空航天和其他运输设备制造业	628523	14006	9475	150411	158745
电气机械和器材制造业	2295885	99373	30884	962682	311709
计算机、通信和其他电子设备制造业	894456	37851	11666	341589	292807
仪器仪表制造业	104111	7617	3256	93488	287125
其他制造业	100438	5586	1816	61367	337922
废弃资源综合利用业	28095	1576	578	11670	201902
电力、热力生产和供应业	27694	1058	647	8925	137937
燃气生产和供应业	41548	2074	224	17166	766354
水的生产和供应业	4950	88	164	2095	127714

主要统计指标解释

工业 指从事自然资源的开采，对采掘品和农产品进行加工和再加工的物质生产部门，具体包括：(1)对自然资源的开采，如采矿、晒盐、森林采伐等。(但不包括禽兽捕猎和水产捕捞)；(2)对农副产品的加工、再加工，如碾米、磨粉、酿酒、榨油、轧花、缫丝、屠宰、药材加工等；(3)对工业品的加工、再加工，如炼铁、炼钢、轧钢、炼焦、化工生产、机器制造、木材加工、印染、服装加工、造纸、自来水、煤气的生产和电力的生产及供应；(4)对工业品的修理、翻新，如修理机械设备、交通运输工具等。

1984 年以前农村的村及村以下办工业归属农业，1984 年及以后划归工业。

工业统计的范围包括城市和农村中各种经济类型的独立核算法人工业企业和独立核算法人工业企业附营工业生产活动单位。

规模以上工业企业 是指年主营业务收入在 2000 万元及以上的法人工业企业。

工业企业登记注册类型 为了贯彻落实党的十五大精神，准确反映和研究我国所有制结构以及国有经济的控股情况，为各级党政领导和有关部门进行宏观决策服务，国家统计局在深入调查研究和广泛征求意见的基础上，对原规定进行了修订，与国家工商行政管理局联合制发了《关于划分企业登记注册类型的规定》，作为今后的统计标准。该规定以工商行政管理机关对企业登记注册的类型为依据，将企业登记注册类型分几种类型。

国有企业 是指企业全部资产归国家所有，并按《中华人民共和国企业法人登记管理条例》规定登记注册的非公司制的经济组织。不包括有限责任公司中的国有独资公司。

集体企业 是指企业资产归集体所有，并按《中华人民共和国企业法人登记管理条例》规定登记注册的经济组织。

股份合作企业 是指以合作制为基础，由企业职工共同出资入股，吸收一定比例的社会资产投资组建，实行自主经营，自负盈亏，共同劳动，民主管理，按劳分配与按股分红相结合的一种集体经济组织。

联营企业 是指两个及两个以上相同或不同所有制性质的企业法人或事业单位法人，按自愿、平等、互利的原则，共同投资组成的经济组织。包括国有联营企业、集体联营企业、国有与集体联营企业、其他联营企业。

有限责任公司 是指根据《中华人民共和国公司登记管理条例》规定登记注册，由两个以上，五十个以下的股东共同出资，每个股东以其所认缴的出资额对公司承担有限责任，使以其全部资产对其债务承担责任的经济组织。包括国有独资；公司以其他有限责任公司。

股份有限公司 是指根据《中华人民共和国公司登记管理条例》规定登记注册，其全部注资本由等额股份构成并通过发行股票筹集资本，股东以其认购的股份对公司承担有限责任，公司以其全部资产对其债务承担责任的经济组织。

私营企业 是指自然人投资设立或自然人控股，以雇佣劳动为基础的营利性经济组织。包括按照《公司法》、《合伙企业法》、《私营企业暂行条例》规定登记注册的私营有限责任公司、私营股份有限公司、私营合伙企业和私营独资企业。

其他企业 是指上述七种注册类型之外的其他内资经济组织。

外商投资企业 是指国外投资者根据我国有关涉外经济的法律、法规，以合资、合作或独资的形式在大陆境内开办企业。包括中外合资经营企业、中外合作经营企业和外资企业、外商投资股份有限公司四种形式。

港、澳、台投资企业 是指港、澳、投资者依照中华人民共和国有关涉外经济法规，以合资、合作或独资的形式在大陆举办企业。港、澳、台投资企业参照外商投资企业，可分为合资经营企业、合作经营企业、港、澳、台商独资经营企业、港、澳、台商投资股有限公司四种形式。

轻工业 指提供消费品和制作手工工具的工业。

重工业 是指为国民经济各部门实现技术改造与技术进步提供物质条件的基础工业。

大、中、小、微型企业 根据工业和信息化部、国家统计局、国家发展改革委、财政部《关于印发中小企业划型标准规定的通知》，大中小型工业企业划分以法人企业或单位作为对企业规模的划分对象，以从业人员数和营业收入两项指标为划分依据。工业企业规模的具体划分标准见下表。

指标名称	计量单位	大　型	中　型	小　型	微型
从业人员数（X）	人	X≥1000	300≤X＜1000	20≤X＜300	X＜20
营业收入（Y）	万元	Y≥40000	2000≤Y＜40000	300≤Y＜2000	Y＜300

注：大型、中型和小型企业须同时满足所列指标的下限，否则下划一档；微型企业只须满足所列指标中的一项即可。

工业总产值　工业总产值是以货币形式表现的，工业企业在一定时期内生产是工业最终产品或提供工业性劳务活动的总价值量。工业总产值目前采用“工厂法”计算，一个企业内部自产自用的产品、半成品不允许重复计算产值，但各企业之间存在着重复计算。第三次全国工业普查，针对工业总产值计算原规定的缺陷，对其作了下列四个方面的修订：

1.凡用自备原材料生产的产品，不论其加工的繁简程度如何，一律按全价计算。

2.凡承接来料加工生产的产品，加工企业一律按加工费教育处。

3.自制半成品、在制品期末期初差额价值，如果会计的产品成本核算了这部分价值，工业总产值中也应包括，否则可不包括。

4.现价工业总产值一律采用不含销项税的价格计算。

工业增加值　是指工业企业在报告期内以货币表现的工业生产活动的最终成果。工业增加值有两种计算方法：一是生产法，即工业总产出(用现行价格新规定工业总产值代替)减去工业中间投入加本期应交增值税；二是收入法，即根据生产要素在生产过程中应得到的收入份额计算，具体构成项目有固定资产折旧、劳动者报酬、生产税净额、营业盈余，这种方法也称要素分配法。

所有者权益　是指企业投资人对企业净资产的所有权，包括企业投资者对企业的投入资本以其形成的资本公积金、盈余公积金和末分配利润等的所有权。

固定资产原值　是指工业企业购买和建设各种固定资产时所实际支付的金额，以及以后改建或扩建所追加投资金额的合计。固定资产的来源包括解放后接收的原有固定资产、通过基本建设完成交付使用的固定资产、通过更新改造措施而增加的固定资产等等。

固定资产净值　是指固定资产原值扣除历年提取后的价值。

流动资产　是指可以在一年或者超过一年的一个营业周期内变现或者耗用的资产，包括现金及各种存款、短期投资、应收及预付货款、存货等。

流动负债　是指将在一年或者超过一年的一个营业周期内偿还的债务。包括短期借款、应付票据、应付帐款、预收货款、应付工资、应交税金、应付利润、其他应付款、预提费用等。

产品销售收入　指企业销售产品的销售收入和提供劳务等主要经营业务取得的业务总额。1994 年实施新的税制后，取消了产品税，开征消费税，增值税由价内税改为价外税，因此，产品销售收入中不再含增值税。

利润总额　是指企业实现的利润总额，等于盈利企业的利润额减亏损企业的亏损额。

实现利税总额　是指企业实现的利润和税金总额。1993 年以前实现利税总额为企业产品销售税金及附加和利润总额之和。1994 年税制改革后，税金总额是指企业销售产品、提供工业性作业劳务等，应负担的销售税金及附加、增值税。

工业资金利税率　指报告期已实现的利润、税金总额与同期的资金(流动资产和固定资产净值)之比，反映企业资金运用的经济效益指标。

计算公式为：

$$\text{工业资金利税率(\%)}=\frac{\text{报告期止累计实现利税总额}}{\text{报告期平均流动资产+固定资产净值平均余额}}*12/\text{累计月数}*100\%$$

工业增加值率　指报告期工业增加值与同期工业总产值之比，反映降低中间消耗的经济效益指标。

计算公式为：

$$工业增加值率(\%)=\frac{报告期工业增加值}{报告期现价工业总产值}*100\%$$

总资产贡献率 该指标反映企业全部资产的获利能力，是企业经营业绩和管理水平的集中体现，是评价和考核企业盈利能力的核心指标。

计算公式为：

$$总资产贡献率(\%)=\frac{利润总额+税金总额+利息支出}{平均资产总额}*12/累计月数$$

其中：税金总额为产品销售税金及附加与应交增值税之和；平均资产总额为期初期末资产总计的算术平均值。

资本保值增值率 该指标反映企业净资产的变动状况，是企业发展能力的集中体现。

计算公式为：

$$资本保值增值率(\%)=\frac{报告期期末所有者权益}{上年同期期末所有者权}*100\%$$

资产负债率 该指标既反映企业经营风险的大小，也反映企业利用债权人提供的资金从事经营活动的能力。

计算公式为：

$$资产负债率(\%)=\frac{负债合计}{资产合计}*100\%$$

流动资产周转率 指一定时期内流动资产完成的周转次数，反映投入工业企业流动资金的周速速度。

计算公式为：

$$流动资产周转率(\%)=\frac{产品销售收入}{流动资产平均余额}*12/累计月数$$

成本费用利润率 反映工业投入的生产成本及费用的经济效益，同时也反映企业降低成本所得的经济效益。

计算公式为：

$$工业成本费用利润率(\%)=\frac{利润总额}{成本费用总额}*100\%$$

其中：成本费用总额为产品销售成本、产品销售费用、管理费用和财务费用之和。

全员劳动生产率 该指标反映企业的生产效率和劳动投入的经济效益。

计算公式为：

$$全员劳动生产率(元/人)=\frac{工业增加值}{全部职工平均人数}*12/累计月数$$

产品销售率 该指标反映工业产品已实现销售的程度，是分析工业产销衔接情况、研究工业产品满足社会需求的指标。

计算公式为：

$$产品销售率=\frac{工业销售产值}{工业总产值(现价)}*100\%$$

工业经济效益综合指数 是衡量工业经济效益各方面在数量上总体水平的一种特殊相对数，是反映工业经济运行质量的综合指标。

计算公式为：

$$工业经济效益综合指数=\frac{\sum\frac{某项指标报告期数值}{(该项指标全国标准值*该项指标权数)}}{总权数}$$

园区完成基础设施投入 指用于征地、拆迁、“三通一平”、绿化等基础性设施资金的合计数。

园区招商签约资金 指与本行政区域（市、县）以外客商正式签定协议、合同所签约的金额。不包括意向书、口头承诺、草签协议书所签定的金额。

园区招商实际到位资金 指实际到帐资金（包括购地、建厂房、购设备及原材料等资金）；省外资金：指来自江西省以外中国大陆以内的资金；境外资金：指中国大陆以外的资金。

园区内工业企业个数 指工业园区内已建成投产，具备独立核算法人资格的工业企业合计数。

工业企业用电量 指工业企业用于工业生产的用电。

税金总额 指企业在一定时期内上缴的各项税金之和。上缴税金包括产品销售税金及队加，管理费用中的资源税、房产税、印花税和土地使用税，所得税，应交增值税。

园区在建工业企业个数 指已在工业园区内注册登记，正在筹建的工业企业个数。包括已建成未投产的企业个数。

园区非工业企业个数 指园区内从事建筑业、批发零售业、服务业等非工业企业的个数。营业收入：指所有非工业企业从事经营活动所获得的收入。

建筑业 13

- 2015年，全市建筑业总产值353.26亿元，其中国有企业168.67亿元，其他企业184.59亿元。

13-1 主要年份建筑业企业主要经济指标

指　　标	单 位	2009年	2010年	2011年	2012年	2013年	2014年	2015年
建筑业总产值	万元	1607588	2054327	2526074	2665147	2799465	3111990	3532644
竣工产值	万元	1034490	885996	1104806	1427745	1633408	1423554	1743870
房屋施工面积	万平方米	1150.13	1340.43	1404.08	1615.75	1508.89	1539.00	1501.78
#新开工	万平方米	729.97	990.54	817.15	1095.16	1027.89	1056.00	970.02
房屋竣工面积	万平方米	729.96	759.43	714.78	1013.34	1085.59	888.69	855.62
#住宅	万平方米		558.77	538.94	728.79	829.87	705.80	651.12
自有机械设备总功率	万千瓦	36.76	38.46	42.70	44.08	43.85		51.00
直接从事生产经营活动的平均人数	人	78145	99248	80641	77828	83345	96384	96830
全员劳动生产率	元/人	205719	206989	313249	342441	335889	322874	364829
流动资产年末合计	万元	721464	859104	1280743	1612686	1695123	1956048	2017829
在建工程	万元	12053	16352	29635	48187	37914	56932	118782
固定资产原价	万元	228743	243023	256621	366092	350798	358944	315457
利润总额	万元	50211	51848	59373	83091	96668	85115	87946

13-2 各县(市、区)建筑企业个数和签订合同额

(2015年)

地　　区	企业个数(个)	#有工作量的企业个数(个)	签订的合同额(万元)	#上年结转合同额	#本年新签合同额
全市合计	**152**	**141**	**5257748**	**23797141**	**2878606**
市　　直	38	34	3286250	1995041	1291209
浔阳区	13	10	51126	18046	33080
庐山区	11	11	144594	27222	117372
九江开发区	9	9	304201	142845	161357
庐山管理局	3	2	8217		8217
九江县	9	9	126849	27446	99403
武宁县	9	8	87132	27566	59566
修水县	8	8	239149	36488	202661
永修县	6	6	85705	3246	82459
德安县	6	6	98450	17500	80950
星子县	4	4	71047	5733	65314
都昌县	11	11	237101	39631	197470
湖口县	3	3	77522	3511	74011
彭泽县	7	6	61268	9351	51917
瑞昌市	11	10	146634	24058	122576
共青城市	4	4	232503	1458	231045

13-3 各县(市、区)承包工程完成情况

(2015年)　　单位:万元

地　　区	直接从建设单位承揽工程完成的产值	#自行完成施工产值	分包出去工程的产值	从外单位承揽工程	竣工价值
全市合计	**3528735**	**3502346**	**26389**	**30298**	**1743870**
市　　直	1549077	1535833	13244	9217	466813
浔阳区	42681	42681			38975
庐山区	143449	137876	5573	3673	98234
九江开发区	322944	321883	1061	80	118419
庐山管理局	649	649		7568	7181
九江县	145054	145054			92826
武宁县	79673	73928	5745	5818	39529
修水县	250899	250899			203732
永修县	76936	76936			66659
德安县	96050	96050			78995
星子县	65245	65245		124	59337
都昌县	226989	226989		2052	132973
湖口县	74737	74737			70092
彭泽县	68712	68712		1000	48764
瑞昌市	158453	158453			118600
共青城市	227187	226421	766	766	102743

13-4 各县（市、区）建筑业从业人员情况

（2015年） 单位:人

地　区	直接从事生产经营活动的平均人数	年末从业人数	工程技术人　员	一　级建造师
全市合计	**96830**	**92355**	**11682**	**543**
市　直	21495	21230	4303	361
浔阳区	3987	3992	821	38
庐山区	5934	5996	603	27
九江开发区	4950	4490	548	71
庐山管理局	114	114	31	
九江县	6227	4329	469	1
武宁县	3664	2705	522	5
修水县	8705	7468	314	4
永修县	3532	3498	336	4
德安县	3507	3747	265	18
星子县	2522	2503	620	3
都昌县	11263	11626	962	1
湖口县	5023	5088	859	2
彭泽县	3836	3529		
瑞昌市	7686	7688	423	7
共青城市	4385	4352	606	1

13-5 各县（市、区）房屋建筑施工面积

（2015年） 单位:平方米

地　区	房屋建筑施工面积	#本年新开工面　积	实行投标承包面积
全市合计	**15017809**	**9700242**	**9648470**
市　直	1522818	158887	85065
浔阳区	304678	242672	
庐山区	895275	541028	435874
九江开发区	336106	95475	129368
庐山管理局			
九江县	1168397	690561	770156
武宁县	912462	231342	338844
修水县	1611902	1263914	1461067
永修县	1338072	1249435	1233507
德安县	560300	291100	231100
星子县	646750	474866	496897
都昌县	1560977	1135500	1147578
湖口县	685240	629745	597851
彭泽县	585562	207068	347980
瑞昌市	1105842	808810	679960
共青城市	1783428	1679839	1693223

13-6 各县（市、区）建筑业总产值

（2015年） 单位:万元

地区	建筑业总产值	#装饰装修产值	在外省完成的产值	按构成分		
				建筑工程产值	安装工程产值	其他产值
全市合计	**3532644**	**71395**	**1168579**	**3388867**	**108682**	**35095**
市直	1545050	24778	963928	1508143	33519	3388
浔阳区	42681	1540	8757	39120	3561	
庐山区	141549	500		138334		3215
九江开发区	321963	135	163540	317249	4244	470
庐山管理局	8217			8217		
九江县	145054	2537		135013	3042	6999
武宁县	79746	5145	2448	73049	6598	100
修水县	250899		500	228433	18466	4000
永修县	76936			75936	1000	
德安县	96050			96050		
星子县	65369	429		64105	702	562
都昌县	229041	12916	24483	212625	7690	8727
湖口县	74737	6557		56446	13187	5104
彭泽县	69712			68587	1125	
瑞昌市	158453	16858		144095	13559	800
共青城市	227187		4924	223466	1990	1730

13-7 各县（市、区）建筑业资产情况

（2015年）

单位:万元

	资产合计	流动资产合计	应收工程款	固定资产合计	累计折旧	其中:本年折旧	在建工程
全市合计	**2630670**	**2017829**	**465598**	**325484**	**128568**	**21770**	**118782**
市直	1639423	1421643	247202	99541	89002	17304	22241
浔阳区	37440	28978	11446	6553	1006	220	2112
庐山区	88269	65731	37577	11961	5494	434	
九江开发区	205850	140744	44287	20302	11715	1707	6715
庐山管理局	15260	10048	4821	5064	573	28	3886
九江县	72087	62722	23694	5377	1955	202	138
武宁县	38068	14831	4332	6749	1383	169	1141
修水县	23698	14258	1509	8419	1421	159	
永修县	65276	34162	6519	11914	1408	171	6978
德安县	93528	53189	28615	12055	771	3	
星子县	42806	15066	9542	13189	1868	344	127
都昌县	97628	55089	11100	31917	6597	592	9062
湖口县	18447	7370	1043	7137	2181	138	2245
彭泽县	20559	14615	4027	5870	1157	61	638
瑞昌市	144652	56682	19501	74461	1822	223	63484
共青城市	27676	22700	10381	4977	214	17	16

13-8 各县(市、区）建筑业营业收入

（2015年）

单位:万元

地区	营业收入	主营业务收入	营业成本	主营业务成本	营业税金及附加	主营业务税金及附加	其他业务利润
全市合计	**3007112**	**2945072**	**2697774**	**2544845**	**138097**	**128043**	**1484**
市直	1537742	1531199	1436435	1424509	49259	49031	321
浔阳区	39782	38218	35044	33915	1551	1506	59
庐山区	142193	140687	126169	125217	6045	6045	7
九江开发区	264261	263534	217905	200401	18878	16135	545
庐山管理局	8451	8012	5830	5830	343	343	439
九江县	126026	124927	107006	97006	7069	5069	
武宁县	46471	46383	39569	39543	2260	2255	
修水县	84137	83417	80271	80266	5612	5610	26
永修县	62016	61875	57375	57262	2982	2980	13
德安县	60722	60722	54221	49522	3088	3088	
星子县	61972	61972	55229	19944	3173	3173	
都昌县	192096	191218	157922	154827	7906	7793	1
湖口县	67644	67644	62128	62128	4377	4377	
彭泽县	50421	50129	43987	16892	1856	676	8
瑞昌市	176413	128370	142126	101028	20181	16572	67
共青城市	86764	86764	76557	76557	3516	3391	

13-9 各县(市、区)建筑业负债和所有者权益

（2015年）

单位:万元

地区	流动负债合计	非流动负债合计	负债合计	所有者权益	
					实收资本
全市合计	**1547708**	**162287**	**1830177**	**800492**	**542501**
市直	1163408	77845	1257434	381989	253906
浔阳区	14788	11	14920	22521	19670
庐山区	24291	289	33603	54666	28294
九江开发区	101341	26103	144933	60917	59973
庐山管理局	4972		5539	9721	1670
九江县	45953	1772	47725	24363	18000
武宁县	18213	521	19621	18447	12126
修水县	8072	42	9694	14004	8912
永修县	34192	1300	35943	29333	7298
德安县	17235	1300	57925	35603	32761
星子县	2947		31884	10922	7210
都昌县	25774	5417	31592	66037	31893
湖口县	4993	22	5015	13432	11635
彭泽县	4537		5297	15262	8959
瑞昌市	54195	47666	105399	39254	36357
共青城市	22796		23654	4022	3836

13-10 各县（市、区）建筑业利润和分配

（2015年）

单位:万元

地区	营业利润	营业外收入	营业外支出	利润总额	应交所得税
全市合计	**85047**	**2435**	**1572**	**87946**	**13447**
市直	17995	1420	423	21020	4630
浔阳区	1884		21	1863	294
庐山区	8063	13	16	8060	308
九江开发区	14236	2	97	14149	1112
庐山管理局	1361	86	30	1417	171
九江县	7735	54	17	7772	1556
武宁县	1294	6	10	1290	177
修水县	5132	124	135	5121	180
永修县	542		10	532	54
德安县	925			925	74
星子县	1517	60		1577	125
都昌县	12687	521	540	12668	2827
湖口县	147			147	29
彭泽县	2910	24	26	2908	803
瑞昌市	6378	125	160	6343	865
共青城市	2242		86	2156	244

主要统计指标解释

建筑业总产值 是以货币表现的建筑安装企业在一定时期内生产的建筑业产品的总和。建筑业总产值包括三部分内容：

(1) **建筑工程产值** 指列入建筑工程预算内的各种工程价值，主要包括：各种用途的房屋、构筑物的建筑工程和暖气、卫生、通风、照明、煤气等设备安装价值；设备基础、支柱、操作台、梯子、烟囱、凉水塔的砌筑工程；各种锅炉炉体砌筑和金属结构安装工程；施工现场布置、场地平整、施工临时用水、电、道路的铺筑与架设；矿井的开凿、井巷掘进延伸、露天矿的剥离、石油、天然气钻井工程；铁路、公路、港口、桥梁的建筑工程；水利工程；防空、地下建筑等特殊工程和对建筑物内部或外部进行装饰、装修的价值。

(2) **设备安装工程产值** 指设备安装工程价值，主要包括生产、动力、起重、运输、传动、医疗、实验、电讯、光纤、电话、计算机和电子设备等各种需要安装设备的装配与安装，与设备相联接的工作台、梯子、栏杆等装设工程；附属于被安装设备的管线敷设工程；被安装设备的绝缘、防腐保温、油漆等工作；为测定安装工作质量，对单个设备、系统设备进行单机试车和系统联动无负荷试运转工作，但产值中不包括被安装设备的价值。

(3) **其他产值** 建筑业总产值中除建筑工程、安装工程以外的产值。包括房屋、构筑物修理产值、非标准设备制造产值、总包企业向分包企业收取的管理费以及不能明确划分的施工活动所完成的产值。

①**房屋、构筑物修理产值** 指房屋和构筑物修理所完成的产值，但不包括被修理房屋、构筑物本身产值和生产设备的修理产值。

②**非标准设备制造产值** 指加工制造没有定型的非标准生产设备的加工费和原材料价值。

建筑业增加值 指建筑业企业在报告期内以货币形式表现的建筑业生产经营活动的最终成果。

从2004年第一次全国经济普查开始，建筑业现价增加值按生产法和分配法（收入法）两种方法计算，以收入法的计算结果为准，即从收入的角度出发，根据生产要素在生产过程中应得的收入份额计算。具体计算方法：经济普查年度建筑业增加值按照《经济普查年度GDP核算方案》计算，非经济普查年度建筑业增加值按照《非经济普查年度GDP核算方案》计算。

房屋建筑施工面积 指在报告期内施工的全部房屋建筑面积，包括本期新开工的房屋面积、上期施工跨入本期继续施工的房屋面积、上期停缓建在本期恢复施工的房屋面积、本期竣工的房屋面积及本期施工后又停缓建的房屋面积。

房屋建筑竣工面积 指在报告期内房屋建筑按照设计要求全部完工，达到了住人和使用条件，经验收鉴定合格，正式移交使用单位的房屋建筑面积。

工程结算收入 指企业承包工程实现的工程价款结算收入，以及向发包单位收取的除工程价款以外的按规定列作营业收入的各种款项，如临时设施费、劳动保险费、施工机械调迁费等以及向发包单位收取的各种索赔款。

工程结算利润 指已结算工程实现的利润，如亏损以“—”号表示。计算公式为：

工程结算利润=工程结算收入—工程结算成本—工程结算税金及附加

交通运输和邮电 14

- 2015年末，全市铁路营运里程353公里，长江通航里程128公里，内河航道维护里程740公里，公路通车里程19537公里。

- 2015年，全社会货运周转量368.05亿吨公里，客运周转量89.01亿人公里，港口货物吞吐量21596.37万吨。

- 2015年，全市邮电业务收入30.08亿元，年末固定电话用户72.15万户，移动电话用户373.60万户。

14-1 主要年份运输线路长度

单位：公里

指标	1978年	1980年	1985年	1990年	1995年	2000年	2005年	2010年	2014年	2015年
铁路运营里程(辖区内)	148	148	148	165	271	389	389	353	353	353
水运、航道里程(辖区内)	943	943	943	904	904	960	960	960	868	868
# 长江通航里程	142	142	142	142	142	142	142	142	128	128
内河航道维护里程	801	801	801	762	762	818	818	818	740	740
公路通车里程	3362	3263	3653	3653	3715	3836	7236	18006	19475	19537
# 国道	120	171	206	206	206	206	323	558	569	569
省道	1468	1481	912	912	899	887	974	919	1071	1071
县道	1774	1612	1601	1601	1601	1634	2026	2098	2127	2128
民用航空线里程			1900	1900	1890	687		3374	4034	3374
管道长度			19	24	24	23	19	28	14	14

14-2 运输线路长度

单位：公里

指标	2015年	指标	2015年
铁路运营里程(辖区内)	353	公路通车里程	19537
		国道	569
水运、航道里程(辖区内)	868	省道	1071
# 长江道航里程	128	县道	2128
内河航道维护里程	740	乡道	3715
# 三级航道	81	总计中：绿化里程	9866
六级航道	146	总计中：高速公路	557
七级航道	124	一级公路	262
等外航道	389	二级公路	1098
		三级公路	1449
民用航空线里程	3374	四级公路	11557
管道长度	14	等外公路	4614

注：铁路运营里程自2010年开始重新调整，取值口径发生改变。

14-3 机动汽车保有量

（2015年） 单位：辆

指标名称	总计	#营运	非营运	进口	个人
合计	**619933**	**76314**	**543048**	**7130**	**553236**
一、汽车	**378049**	**57791**	**319687**	**7051**	**315444**
载客汽车	301274	7310	293393	7014	276557
#大型	3218	2634	482	14	31
中型	2234	1054	711	16	233
小型	292342	3622	288720	6931	272983
微型	3480		3480	53	3310
载货汽车	58782	36439	22343	36	31051
#重型	14008	13308	700	4	1840
中型	6742	6593	149		1785
轻型	37994	16524	21470	32	27394
微型	38	14	24		32
其他汽车	17993	14042	3951	1	7836
二、摩托车	**237918**	**14584**	**223334**	**79**	**237500**
普通	236684	14583	222101	79	236272
轻便	1234	1	1233		1228
三、挂车	**3966**	**3939**	**27**		**292**

14-4 主要年份全社会运输量和周转量

指 标	单 位	1978年	1980年	1990年	1995年	2000年	2005年	2010年	2013年	2014年	2015年
客 运 量	**万人**	**1051**	**1099**	**3584**	**5806**	**4184**	**4713**	**10521**	**12452**	**10694**	**10906**
公 路	万人	559	794	3081	5168	3718	4255	9897	11491	9651	9863
水 运	万人	276	168	308	453	171	123	41	36	42	45
铁 路	万人	216	137	194	184	296	335	575	913	976	995
民 航	万人							8.16	12	12	3
货 运 量	**万吨**	**706**	**486**	**1722**	**2714**	**1810**	**2540**	**9746**	**13398**	**14096**	**14523**
公 路	万吨	106	101	1185	1943	1256	1471	7678	10952	11415	12250
水 运	万吨	491	335	378	545	239	480	1054	998	1259	1262
铁 路	万吨	109	50	150	212	308	585	871	1261	1248	774
管 道	万吨			9	14	7	4	143	187	174	237
客运周转量	**万人公里**	**76816**	**59687**	**182422**	**232579**	**269545**	**248701**	**687253**	**821454**	**884716**	**890149**
公 路	万人公里	17136	20773	115200	169747	173100	220552	391965	449406	461233	469084
水 运	万人公里	44169	27061	49694	46112	2351	1373	777	419	519	622
铁 路	万人公里	15511	11853	16894	16017	94060	26766	287503	360884	412555	418131
民 航	万人公里			634	703	34		7008	10745	10409	2312
货运周转量	**万吨公里**	**169203**	**182015**	**272397**	**446195**	**284106**	**514562**	**2751902**	**4065065**	**3813305**	**3680541**
公 路	万吨公里	4175	5054	59044	109272	99880	154458	1602735	2509056	2556289	2661839
水 运	万吨公里	145844	170434	193739	308203	81103	313270	842488	1135951	807985	711634
铁 路	万吨公里	19184	6527	19572	28657	103180	46816	306177	419436	448442	306498
管 道	万吨公里			42	63	33	18	502	623	589	570
港口集装箱吞吐量	(TEU,标准箱)			**601**	**3415**	**4575**	**46158**	**120569**	**194647**	**224108**	**254937**

注：1、铁路客运量统计口径发生改变，由往年的售票人数统计调整为上车人次统计，故2014年客运量指标数据重新调整。

2、九江机场于2015年3月21日正式停航升级改造，故2015年只有一季度数据。

14-5 九江市港口吞吐量

（2015年）

分　　类	货物吞吐量合计（万吨）	#出口	旅客吞吐量合计（万人）	#离港
总　计	21596.37	17207.24	68.00	34.00
一、长　江	10424.87	6193.46	16.73	8.35
瑞昌港区	4201.90	3511.94	16.73	8.35
城西港区	422.20	356.46		
城区港区	772.37	225.58		
湖口港区	3416.48	1282.04		
彭泽港区	634.00	569.00		
上港集团	977.92	248.44		
二、内　河	11171.50	11013.78	51.27	25.65
湖　口	2426.80	2426.27	20.55	10.23
庐山区	896.06	763.93		
星　子	729.78	729.78		
都　昌	2643.66	2618.60		
永　修	4278.80	4278.80		
柘林湖			20.80	10.40
武　宁	88.90	88.90	9.62	4.87
修水港	107.50	107.50	0.30	0.15

14-6 公路交通事故

（2015年）

地区	事故起数		死亡人数		受伤人数		直接财产损失	
	数量（次）	比上年同期增减（%）	数量（人）	比上年同期增减（%）	数量（次）	比上年同期增减（%）	数量（万元）	比上年同期增减（%）
总计	**433**	**49.8**	**155**	**50.5**	**431**	**49.7**	**99.8**	**-5.1**
庐山区	16	60.0	10	42.9	8	-11.1	4.1	11.3
浔阳区	70	55.6	9	50.0	87	97.7	13.5	-52.8
九江开发区	57	50.0	9	50.0	65	18.2	12.2	-68.7
九江县	19	46.2	15	50.0	11	37.5	0.6	23.1
武宁县	45	45.2	15	50.0	47	17.5	14.9	90.2
修水县	60	46.3	19	46.2	57	111.1	17.1	147.1
永修县	45	45.2	15	66.7	49	44.1	3.1	-59.3
德安县	24	50.0	8	60.0	21	133.3	6.1	444.3
星子县	9	125.0	6	50.0	11	100.0	1.1	980.0
都昌县	36	80.0	16	60.0	30	36.4	4.9	116.4
湖口县	10	150.0	7	40.0	6	100.0	3.3	3210.0
彭泽县	19	58.3	11	57.1	24	84.6	17.0	251.1
瑞昌市	17	70.0	13	44.4	10	66.7	0.8	52.7
共青城市	6	-57.1	2		5	-72.2	1.0	-49.3

14-7 主要年份邮电通讯业务

年份	邮电业务收入（万元）	函件（万件）	报刊累计数（万份）	市内电话（户）	农村电话（户）
1978	365	815	4209	4111	2468
1980	409	927	4797	4196	2271
1985	841	1604	6192	6186	2139
1990	3421	1874	5387	11916	2356
1995	15836	1844	5004	81848	16604
2000	93680	2080	5437	281561	165384
2004	163738	971	5556	476928	429007
2005	215171	868	4219	514868	464611
2007	295675	1294	3102	602326	478241
2008	271952	1278	3675	693167	439614
2009	297187	1542	3395	590333	349944
2010	232106	1002	4217	536913	324566
2011	237433	1074	4266	510547	320035
2012	277946	755	4153	392787	315165
2013	302455	603	4000	391407	311271
2014	296203	872	4116	386052	312714
2015	300789	862	3805	381402	295430

年份	邮电局所（个）	#设在农村的	邮路及投递线路总长度（万公里）	移动电话用户（万户）	计算机互联网用户（万户）
1978	213	192	1.3		
1980	187	143	1.2		
1985	223	163	1.4		
1990	217	162	1.4		
1995	217	178	1.5		
2000	222	194	1.5	17	3
2004	211	162	1.7	73	7
2005	211	156	2.1	95	10
2007	211	157	1.6	166	19
2008	204	156	1.8	177	23
2009	205	156	0.9	240	30
2010	329	279	1.6	266	31
2011	433	353	1.5	308	38
2012	449	376	1.5	361	44
2013	467	392	1.5	324	59
2014	467	393	1.5	327	69
2015	565	490	3.0	374	78

14-8 邮电事业

指标	单位	2014年	2015年	2015年比2014年增长(%)
邮电业务收入	万元	296203	300789	1.5
函件	万件	872	862	-1.1
包裹	万件	16	14	-9.0
报刊	万份	4116	3805	-7.5
特快专递	万件	159	245	54.7
汇票	万件	76	60	-20.8
集邮	万枚	102	103	1.7
邮政储蓄年末余额	万元	1451439	1534334	5.7
电话年末达到总数	户	740626	721463	-2.6
# 市内电话	户	386052	381402	-1.2
# 农村电话	户	312714	295430	-5.5
# 公用电话	户	51326	50183	-2.2
电话交换机的总容量	万门	714	725	1.6
计算机互联网用户	户	689430	779791	13.1
移动电话期末户数	万户	327	374	14.3
# 3G移动电话用户数	万户	126	96	-24.0
邮电局所	户	467	565	21.0
#农村所	户	393	490	24.7
邮路及投递线路总长度	公里	15051	29538	96.3
邮运汽车	辆	60	57	-5.0
装有程控交换机的县、市	个	17	17	
已通电话的乡、镇、街道	个	195	195	

注：由于速递县级特快专递业务合并，归邮政管理，所以2015年邮政调整和增加了很多投递段道。

主要统计指标解释

铁路营业里程 指办理客货运输业务的铁路正线总长度。凡是全线或部分建成双线及以上的线路，以第一线的实际长度计算；复线、站线、段管线、岔线和特别用途线以及不计算运费的联络线都不计算营业里程。铁路营业里程是反映铁路运输业基础设施发展水平的重要指标，也是计算客货周转量、运输密度和机车车辆运用效率指标的基础资料。

公路里程 也称“公路通车里程”，是指实际达到交通部制定的公路工程技术标准规定的等级公路长度。它包括大中城市的郊区公路以及通过大小城镇街道的公路里程，也包括桥梁、渡口的长度，但不包括城市的街道以及厂矿、林区和农业生产用道的里程。两条或多条公路共同经由同一路段，只计算一次，不重复计算里程长度。公路里程是反映公路建设发展规模的重要指标，也是计算运输网密度等指标的基础资料。

货（客）运量 指运输业实际运送的货物（旅客）数量。货运按吨计算，客运按人计算。货物不论运输距离长短，货物类别，均按实际重量统计；旅客不论行程远近或票价多少，均按一人一次作为客运量统计。半票价、小孩票，也按一人统计。货（客）运量是反映运输业为国民经济和人民生活服务的数量指标，也是制定和检查运输生产计划、研究运输展规模和速度的重要指标。

货物（旅客）周转量 指运输业运送的货物（旅客）数量与其相应运输距离的乘积之总和，通常以吨公里和人公里为计算单位。计算货物周转量通常按发出站与到达站之间的最短距离，也就是计费距离计算。它是反映运输业生产总成果的重要指标，也是编制和检查运输生产计划、计算运输效率、劳动生产率以及核算运输单位成本的主要基础资料。

国内贸易和旅游 15

- 2015年，社会消费品零售总额581.45亿元，比上年增长13.5%。
- 2015年，批发零售贸易业商品销售总额1243.09亿元，比上年增长13.9%。

15-1 社会消费品零售总额

单位:万元

指　标	2014年	2015年	2015年比2014年增长%
社会消费品零售总额	**5122203**	**5814539**	**13.5**
按销售地区分			
城镇	3988081	4523441	13.4
# 城区	2497092	2909113	16.5
乡村	1134122	1291098	13.8
按行业分			
批发零售业	4435021	5015812	13.1
住宿餐饮业	687181	798727	16.2
按地区分			
浔 阳 区	1605735	1831036	14.0
庐 山 区	216772	243527	12.3
九江开发区	393155	450640	14.6
庐山管理局	34797	38142	9.6
九 江 县	216300	243284	12.5
武 宁 县	318057	359551	13.0
修 水 县	412798	465118	12.7
永 修 县	289405	328718	13.6
德 安 县	163189	183902	12.7
星 子 县	163674	186752	14.1
都 昌 县	392738	442106	12.6
湖 口 县	194183	220977	13.8
彭 泽 县	222768	253038	13.6
瑞 昌 市	363312	412122	13.4
共 青 城 市	135323	155625	15.0

15-2 限额以上批发和零售业企业商品销售情况（一）

（2015年）

行业	法人企业数（个）	从业人员期末人数（人）	商品购进额（万元）	商品销售额（万元）	其中：通过公共网络实现的商品销售额	其中：使用银行卡支付的商品销售额
总计	**262**	**17416**	**2706055**	**3030226**	**526247**	**122185**
一、批发业	**43**	**2912**	**984272**	**1164769**	**511113**	**4637**
1.按批发行业小类分						
农、林、牧产品批发	3	95	41194	41219		
棉、麻批发	3	95	41194	41219		
食品、饮料及烟草制品批发	9	1177	417210	566549	508960	
米、面制品及食用油批发	2	49	9168	13246		
肉、禽、蛋、奶及水产品批发	1	80	18545	19087		
盐及调味品批发	1	103	5302	8351		
酒、饮料及茶叶批发	1	20	4453	5086		
烟草制品批发	1	773	369406	508960	508960	
其他食品批发	3	152	10337	11818		
纺织、服装及家庭用品批发	3	312	10021	11550	2153	552
纺织品、针织品及原料批发	1	12	5618	5426		
服装批发	1	19	1856	2263	2153	552
鞋帽批发	1	281	2547	3861		
医药及医疗器材批发	5	321	86332	94617		3562
西药批发	2	85	10570	14084		
中药批发	3	236	75761	80533		3562
矿产品、建材及化工产品批发	16	755	396152	415105		522
煤炭及制品批发	4	70	75137	76265		
石油及制品批发	4	364	227712	240936		
金属及金属矿批发	1	80	28924	29248		
建材批发	1	7	1941	2001		
化肥批发	4	68	16026	16409		522
其他化工产品批发	2	166	46413	50246		
机械设备、五金产品及电子产品批发	3	136	13491	14736		
农业机械批发	1	3	512	547		
五金产品批发	1	60	8928	10444		
其他机械设备及电子产品批发	1	73	4051	3745		
其他批发业	4	116	19871	20995		
再生物资回收与批发	2	86	16189	16615		
其他未列明批发业	2	30	3682	4380		
2.按登记注册类型分						
内资企业	43	2912	984272	1164769	511113	4637
国有企业	5	938	393202	539963	508960	
集体企业	2	33	6884	7298		
有限责任公司	22	1102	317702	341946		4084
其他有限责任公司	22	1102	317702	341946		4084
股份有限公司	2	195	134243	135681		
私营企业	12	644	132241	139882	2153	552
私营合伙企业	1	281	2547	3861		
私营有限责任公司	11	363	129694	136021	2153	552
3.按控股情况分						
国有控股	8	1278	617255	777934	508960	
集体控股	7	419	79528	82395		
私人控股	25	1087	242624	259150	2153	4637
其他	3	128	44865	45289		

15-2续表1

行业	法人企业数（个）	从业人员期末人数（人）	商品购进额（万元）	商品销售额（万元）	其中：通过公共网络实现的商品销售额	其中：使用银行卡支付的商品销售额
4.按经营形式分						
独立门店	27	1489	484458	517040		3562
连锁总店	2	801	372199	511816	508960	
连锁门店	1	15	340	522		522
其他	13	607	127275	135392	2153	552
5.按单位规模分						
大型	1	773	369406	508960	508960	
中型	17	1262	473523	507708		3562
小型	23	859	140491	147032	2153	552
微型	2	18	852	1069		522
二、零售业	**219**	**14504**	**1721783**	**1865457**	**15134**	**117548**
1.按零售行业小类分						
综合零售	30	7217	419216	459722	16	42336
百货零售	12	3687	263834	296819	16	40927
超级市场零售	15	3186	138143	141567		1289
其他综合零售	3	344	17239	21336		120
食品、饮料及烟草制品专门零售	6	590	16835	18144	344	568
粮油零售	1	20	1280	1146	344	30
糕点、面包零售	2	391	11717	12589		
肉、禽、蛋、奶及水产品零售	1	152	2966	3296		
酒、饮料及茶叶零售	1	8	516	575		
其他食品零售	1	19	356	538		538
纺织、服装及日用品专门零售	16	365	22558	29390	8619	1450
纺织品及针织品零售	1	28	13267	16285		
服装零售	13	223	7839	11467	8619	1450
钟表、眼镜零售	1	102	572	591		
其他日用品零售	1	12	880	1048		
文化、体育用品及器材专门零售	2	68	750	1163	661	
珠宝首饰零售	2	68	750	1163	661	
医药及医疗器材专门零售	7	703	37447	41809		
药品零售	7	703	37447	41809		
汽车、摩托车、燃料及零配件专门零售	89	3803	1058547	1130771	1	38516
汽车零售	82	2635	639309	708703	1	38498
汽车零配件零售	2	143	42158	42062		18
机动车燃料零售	5	1025	377081	380006		
家用电器及电子产品专门零售	42	1113	114710	123611	1100	32205
家用视听设备零售	2	38	3503	3395		
日用家电设备零售	30	775	91865	99471	1100	31237
计算机、软件及辅助设备零售	7	208	16357	17319		515
通信设备零售	2	42	1478	2018		30
其他电子产品零售	1	50	1508	1409		423
五金、家具及室内装饰材料专门零售	14	297	35309	42158	1752	470
五金零售	4	76	22682	22760	1752	
家具零售	3	26	2098	2336		
涂料零售	1	10	1100	1072		
木质装饰材料零售	1	12	394	512		
陶瓷、石材装饰材料零售	4	148	7865	14238		470
其他室内装饰材料零售	1	25	1170	1242		

15-2续表2

行　　业	法人企业数（个）	从业人员期末人数（人）	商品购进额（万元）	商品销售额（万元）	其中：通过公共网络实现的商品销售额	其中：使用银行卡支付的商品销售额
货摊、无店铺及其他零售业	13	348	16410	18690	2641	2002
互联网零售	5	172	3424	4977	2641	2002
生活用燃料零售	2	71	6010	7064		
其他未列明零售业	6	105	6977	6649		
2.按登记注册类型分						
内资企业	217	14147	1684892	1820830	15134	117548
国有企业	1	152	2966	3296		
集体企业	2	147	18506	15972		120
有限责任公司	111	4588	512635	576885	12276	51734
国有独资公司	1	75	8605	10016		
其他有限责任公司	110	4513	504030	566869	12276	51734
股份有限公司	4	2846	518085	532806		29166
私营企业	97	6196	625668	683217	2858	36529
私营独资企业	3	29	10329	10697		587
私营合伙企业	1	80	10900	10936		
私营有限责任公司	90	5923	589425	645066	2858	35943
私营股份有限公司	3	164	15013	16518		
其他企业	2	218	7033	8654		
港、澳、台商投资企业	2	357	36891	44626		
港澳台商独资企业	2	357	36891	44626		
3.按控股情况分						
国有控股	6	1195	383085	385935		
集体控股	4	252	30133	27817		120
私人控股	193	11957	1171971	1281401	15132	104016
港澳台商控股	2	357	36891	44626		
其他	14	743	99703	125677	2	13412
4.按经营形式分						
独立门店	189	8306	1098633	1217148	5089	80452
连锁总店	5	3937	530438	544387	2126	30081
连锁门店	10	1837	69476	77445	15	5565
其他	15	424	23237	26477	7904	1450
5.按单位规模分						
大型	4	4278	567364	592882		30081
中型	63	7434	725470	778861	2804	34054
小型	118	2574	365035	404520	9478	33584
微型	34	218	63914	89194	2852	19829
6.按零售业态分						
有店铺零售	200	14098	1710401	1849162	3874	114096
超市	21	3581	190791	214149	360	403
大型超市	6	3599	216621	234035		33871
百货店	7	657	30555	31905		8092
专业店	80	4098	905949	955539	2413	25494
专卖店	75	1861	319579	361030	1101	44905
家居建材商店	8	207	11839	18280		470
厂家直销中心	3	95	35068	34224		860
无店铺零售	19	406	11382	16295	11260	3452
网上商店	17	378	10113	15116	11260	3452

15-3 限额以上批发和零售业企业商品销售情况（二）

（2015年） 单位：万元

行业	商品销售额			期末商品库存额（万元）	年末零售营业面积（平方米）
	批发额（万元）	零售额（万元）	其中：通过公共网络实现的商品零售额		
总计	1057160	1973066	44803	206932	832227
一、批发业	939026	225743	586	50876	77030
1.按批发行业小类分					
农、林、牧产品批发	37749	3470		799	
棉、麻批发	37749	3470		799	
食品、饮料及烟草制品批发	551877	14672	110	29433	10795
米、面制品及食用油批发	10953	2293	110	7333	95
肉、禽、蛋、奶及水产品批发	10116	8971		0	600
盐及调味品批发	8351			1124	
酒、饮料及茶叶批发	2773	2313		552	3000
烟草制品批发	508960			18491	
其他食品批发	10723	1095		1933	7100
纺织、服装及家庭用品批发	11127	423	326	1157	1314
纺织品、针织品及原料批发	5383	43		269	200
服装批发	1883	380	326	154	88
鞋帽批发	3861			735	1026
医药及医疗器材批发	80227	14390		3356	1105
西药批发	14084			1820	520
中药批发	66143	14390		1536	585
矿产品、建材及化工产品批发	230556	184549	150	9896	20970
煤炭及制品批发	41798	34467		854	5500
石油及制品批发	91061	149875		5407	13624
金属及金属矿批发	29248			1881	
建材批发	2001			356	
化肥批发	16202	207	150	410	1646
其他化工产品批发	50246			989	200
机械设备、五金产品及电子产品批发	14033	703		5560	25166
农业机械批发		547		17	166
五金产品批发	10289	155		4387	1000
其他机械设备及电子产品批发	3745			1156	24000
其他批发业	13458	7537		675	17680
再生物资回收与批发	10205	6410		510	13200
其他未列明批发业	3253	1127		165	4480
2.按登记注册类型分					
内资企业	939026	225743	586	50876	77030
国有企业	534148	5815	110	27148	3695
集体企业	6171	1127		201	1790
有限责任公司	255324	86622	150	17701	62287
其他有限责任公司	255324	86622	150	17701	62287
股份有限公司	35839	99842		963	624
私营企业	107545	32337	326	4863	8634
私营合伙企业	3861			735	1026
私营有限责任公司	103684	32337	326	4128	7608
3.按控股情况分					
国有控股	622244	155690	110	30590	17319
集体控股	71572	10823		2062	3046
私人控股	206331	52819	476	15930	43465
其他	38879	6410		2294	13200

15-3续表1

行业	商品销售额			期末商品库存额（万元）	年末零售营业面积(平方米)
	批发额（万元）	零售额（万元）	其中：通过公共网络实现的商品零售额		
4. 按经营形式分					
独立门店	294767	222273		23719	47425
连锁总店	511816			18729	156
连锁门店	315	207	150	12	500
其他	132129	3263	436	8416	28949
5. 按单位规模分					
大型	508960			18491	
中型	291054	216654		23023	36129
小型	138698	8334	436	9334	40235
微型	315	754	150	29	666
二、零售业	**118133**	**1747324**	**44217**	**156056**	**755197**
1. 按零售行业小类分					
综合零售	26666	433056	510	59244	317144
百货零售	25839	270980	510	28287	242383
超级市场零售	706	140860		10641	61941
其他综合零售	120	21216		20316	12820
食品、饮料及烟草制品专门零售	1438	16706	238	2319	15300
粮油零售	688	458	138	206	300
糕点、面包零售		12589		2072	10000
肉、禽、蛋、奶及水产品零售		3296			1700
酒、饮料及茶叶零售	410	165		19	3000
其他食品零售	340	198	100	22	300
纺织、服装及日用品专门零售	990	28400	7853	1053	4142
纺织品及针织品零售	779	15506		65	300
服装零售	212	11256	7853	916	3342
钟表、眼镜零售		591		56	400
其他日用品零售		1048		15	100
文化、体育用品及器材专门零售	283	879	260	88	1230
珠宝首饰零售	283	879	260	88	1230
医药及医疗器材专门零售	21316	20493		3937	25135
药品零售	21316	20493		3937	25135
汽车、摩托车、燃料及零配件专门零售	31994	1098777	31389	70678	303522
汽车零售	3755	704947	31389	69160	140600
汽车零配件零售		42062		944	3800
机动车燃料零售	28238	351767		574	159122
家用电器及电子产品专门零售	28313	95298	1280	14857	57586
家用视听设备零售	111	3283		399	1550
日用家电设备零售	23549	75921	1100	13905	52330
计算机、软件及辅助设备零售	4553	12767	180	336	2676
通信设备零售	100	1918		101	950
其他电子产品零售		1409		117	80
五金、家具及室内装饰材料专门零售	4206	37952		2838	20070
五金零售	1227	21533		1074	1565
家具零售		2336		663	5100
涂料零售		1072		31	1800
木质装饰材料零售		512		1	2000
陶瓷、石材装饰材料零售	2029	12209		478	8105
其他室内装饰材料零售	950	292		593	1500

15-3 续表2

行业	商品销售额			期末商品库存额（万元）	年末零售营业面积（平方米）
	批发额（万元）	零售额（万元）	其中：通过公共网络实现的商品零售额		
货摊、无店铺及其他零售业	2928	15762	2687	1043	11068
互联网零售	1467	3510	2687	359	2143
生活用燃料零售		7064		149	4000
其他未列明零售业	1461	5188		535	4925
2. 按登记注册类型分					
内资企业	118133	1702697	44217	131546	739796
国有企业		3296			1700
集体企业	120	15852		3612	2200
有限责任公司	54675	522210	11929	50620	210012
国有独资公司		10016		71	1000
其他有限责任公司	54675	512194	11929	50549	209012
股份有限公司	43507	489300		12843	326467
私营企业	18444	664773	32288	64097	195917
私营独资企业	688	10009		371	2480
私营合伙企业		10936		215	1300
私营有限责任公司	11329	633737	32288	62594	188137
私营股份有限公司	6427	10092		917	4000
其他企业	1388	7267		375	3500
港、澳、台商投资企业		44626		24510	15401
港澳台商独资企业		44626		24510	15401
3. 按控股情况分					
国有控股	28238	357697		345	146987
集体控股	120	27697		4458	9700
私人控股	87708	1193693	44216	112274	522748
港澳台商控股		44626		24510	15401
其他	2067	123610	1	14469	60361
4. 按经营形式分					
独立门店	59789	1157359	34238	111290	324491
连锁总店	43507	500880	2126	18332	353374
连锁门店		77445		23340	55362
其他	14838	11639	7853	3095	21970
5. 按单位规模分					
大型	43507	549375		20012	355331
中型	48012	730849	33776	93552	204860
小型	24978	379542	9341	34573	170554
微型	1637	87557	1100	7919	24452
6. 按零售业态分					
有店铺零售	115441	1733721	33677	154688	746312
超市	5444	208704	138	17515	49513
大型超市	15268	218766		40449	245831
百货店	8028	23877	510	3844	35400
专业店	57208	898332	31648	60973	287309
专卖店	26513	334517	1381	28323	107149
家居建材商店	2979	15301		1659	13615
厂家直销中心		34224		1925	7495
无店铺零售	2693	13602	10540	1368	8885
网上商店	1678	13437	10540	1163	4685

15-4 限额以上批发和零售业法人企业财务状况（一）

（2015年） 单位：万元

行业	法人企业数（个）	年初存货	期末资产负债				
			流动资产合计	应收帐款	存货	固定资产合计	固定资产原价
总计	262	143912	862132	83493	155272	224292	311803
一、批发业	43	41565	332343	23269	41828	53672	83078
1.按批发行业小类分							
农、林、牧产品批发	3	433	14349	132	639	1942	2555
棉、麻批发	3	433	14349	132	639	1942	2555
食品、饮料及烟草制品批发	9	24153	177076	3197	24503	16002	32753
米、面制品及食用油批发	2	5200	9608	1661	5200	1105	1903
肉、禽、蛋、奶及水产品批发	1	0	12		0	305	320
盐及调味品批发	1	1071	1959	20	1146	283	948
酒、饮料及茶叶批发	1	550	785		526	87	103
烟草制品批发	1	14106	160506		15804	12960	28212
其他食品批发	3	3226	4206	1516	1826	1262	1267
纺织、服装及家庭用品批发	3	1207	7196	1069	2325	5412	5880
纺织品、针织品及原料批发	1	177	3579	601	582	2215	2215
服装批发	1	169	204	13	154	253	269
鞋帽批发	1	862	3413	455	1590	2944	3396
医药及医疗器材批发	5	2643	13763	6663	5009	7209	7982
西药批发	2	1491	10308	4614	3632	4243	4724
中药批发	3	1152	3455	2049	1377	2967	3259
矿产品、建材及化工产品批发	16	7186	106565	8133	3664	19116	30981
煤炭及制品批发	4	31	34199	3427	982	482	578
石油及制品批发	4	2279	10904	584	711	12726	21132
金属及金属矿批发	1	4041	11939	825	761	87	89
建材批发	1	26	33406	845		6	10
化肥批发	4	248	2972	737	877	2382	2957
其他化工产品批发	2	561	13144	1715	333	3433	6215
机械设备、五金产品及电子产品批发	3	5824	12823	4076	5560	3206	1937
农业机械批发	1	13	97		17		
五金产品批发	1	4961	5948	798	4387	1399	1553
其他机械设备及电子产品批发	1	850	6778	3278	1156	1807	384
其他批发业	4	119	572		129	785	990
再生物资回收与批发	2		349		37	354	545
其他未列明批发业	2	119	222		92	431	445
2.按登记注册类型分							
内资企业	43	41565	332343	23269	41828	53672	83078
国有企业	5	20378	200436	4750	22151	14497	31230
集体企业	2	215	1485	351	112	370	500
有限责任公司	22	15598	83981	10069	11210	19313	27984
其他有限责任公司	22	15598	83981	10069	11210	19313	27984
股份有限公司	2	1562	1122	40	511	7542	9951
私营企业	12	3812	45319	8058	7844	11950	13413
私营合伙企业	1	862	3413	455	1590	2944	3396
私营有限责任公司	11	2950	41906	7604	6254	9006	10016
3.按控股情况分							
国有控股	8	22638	201719	4845	22812	27127	52238
集体控股	7	1269	10405	2703	1723	6823	10319
私人控股	25	13591	74723	14051	16496	19319	19922
其他	3	4067	45495	1670	798	402	599

15-4续表1

行业	法人企业数（个）	年初存货	期末资产负债				
			流动资产合计	应收帐款	存货	固定资产合计	固定资产原价
4.按经营形式分							
独立门店	27	20109	122457	14667	20753	30309	41841
连锁总店	2	14106	161005	171	16046	13410	28761
连锁门店	1	112				55	56
其他	13	7238	48881	8431	5030	9899	12419
5.按单位规模分							
大型	1	14106	160506		15804	12960	28212
中型	17	23533	62905	10081	20118	26891	38861
小型	23	3801	108834	13189	5890	13766	15948
微型	2	125	97		17	55	56
二、零售业	**219**	**102347**	**529790**	**60223**	**113443**	**170620**	**228725**
按零售行业小类分							
综合零售	30	22480	222971	9344	25828	53224	78394
百货零售	12	13821	198417	8721	18087	24097	35416
超级市场零售	15	8411	20429	509	7492	13707	25141
其他综合零售	3	249	4126	115	249	15420	17838
食品、饮料及烟草制品专门零售	6	1553	6389	501	1303	2358	3676
粮油零售	1	504	120	48	72	1000	1500
糕点、面包零售	2	889	5958	356	1215	859	1614
肉、禽、蛋、奶及水产品零售	1		198			456	513
酒、饮料及茶叶零售	1	16	113	97	16	10	15
其他食品零售	1	143				33	34
纺织、服装及日用品专门零售	16	680	3320	772	1251	5282	5808
纺织品及针织品零售	1	115	156	102		3341	3399
服装零售	13	394	2451	498	795	1422	1558
钟表、眼镜零售	1	160	675	172	418	485	813
其他日用品零售	1	11	38		38	35	38
文化、体育用品及器材专门零售	2	107	333	23	99	129	276
珠宝首饰零售	2	107	333	23	99	129	276
医药及医疗器材专门零售	7	2680	26165	9215	3306	5083	6169
药品零售	7	2680	26165	9215	3306	5083	6169
汽车、摩托车、燃料及零配件专门零售	89	57464	204942	15426	63612	87329	114338
汽车零售	82	53795	193141	13954	59506	57778	69538
汽车零配件零售	2	2731	4072	1053	2234	3282	3999
机动车燃料零售	5	938	7730	419	1872	26268	40801
家用电器及电子产品专门零售	42	14397	36168	7770	15257	7338	8976
家用视听设备零售	2	312	911	176	484	1142	1257
日用家电设备零售	30	13409	32504	6704	13961	5731	7126
计算机、软件及辅助设备零售	7	592	2505	887	704	209	246
通信设备零售	2	69	103	3	90	252	342
其他电子产品零售	1	17	144		18	5	5
五金、家具及室内装饰材料专门零售	14	2282	21728	12164	2328	9308	10387
五金零售	4	811	17563	11133	765	702	929
家具零售	3	675	1121	344	671	23	67
涂料零售	1		976	85	156	103	105
木质装饰材料零售	1	1	15	6	1	9	27
陶瓷、石材装饰材料零售	4	257	1174	588	152	8465	9246
其他室内装饰材料零售	1	539	880	8	583	6	13

15-4续表2

行业	法人企业数（个）	年初存货	期末资产负债				
			流动资产合计	应收帐款	存货	固定资产合计	固定资产原价
货摊、无店铺及其他零售业	13	704	7773	5010	460	571	702
互联网零售	5	531	619	160	289	361	392
生活用燃料零售	2	161	1562	229	149	195	285
其他未列明零售业	6	12	5592	4621	22	15	25
2.按登记注册类型分							
内资企业	217	98968	517220	59984	109961	148085	202611
国有企业	1		198			456	513
集体企业	2	123	6673	293	3562	1609	1814
有限责任公司	111	43838	170139	31370	46286	59987	72977
国有独资公司	1	59	1154	98	71	181	204
其他有限责任公司	110	43779	168985	31272	46215	59806	72773
股份有限公司	4	9591	169993	6917	14183	42497	60958
私营企业	97	44745	168426	20591	45854	43289	65936
私营独资企业	3	351	648	69	333	343	539
私营合伙企业	1	215	1430	38	215	2453	2500
私营有限责任公司	90	42667	155396	16831	43538	38729	60422
私营股份有限公司	3	1512	10953	3654	1768	1764	2475
其他企业	2	672	1792	813	77	247	412
港、澳、台商投资企业	2	3379	12570	239	3482	22535	26114
港、澳、台商独资经营企业	2	3379	12570	239	3482	22535	26114
3.按控股情况分							
国有控股	6	1092	9190	446	1706	26816	41545
集体控股	4	961	9428	395	4357	5273	6108
私人控股	193	86577	471863	57128	95858	98108	133531
港澳台商控股	2	3379	12570	239	3482	22535	26114
其他	14	10338	26739	2015	8040	17888	21427
4.按经营形式分							
独立门店	189	84861	318823	46950	91139	99634	128300
连锁总店	5	13367	177857	7028	17641	42819	63339
连锁门店	10	3121	19619	340	1957	24548	33080
其他	15	997	13491	5905	2707	3619	4006
5.按单位规模分							
大型	4	13590	178912	7051	18055	43502	64096
中型	63	48221	212087	26476	57276	74313	102957
小型	118	33987	123952	23932	31608	44670	49926
微型	34	6549	14839	2765	6505	8135	11746
6.按零售业态分							
有店铺零售	200	101407	525808	58510	112486	168848	226793
超市	21	6599	19421	1981	6446	18804	29028
大型超市	6	15370	193307	7022	18671	35178	50484
百货店	7	2392	17862	1558	1986	1772	2808
专业店	80	42814	169909	25440	47447	68062	91090
专卖店	75	31469	118337	20480	34835	34093	41433
家居建材商店	8	1388	4032	1673	1287	8474	9265
厂家直销中心	3	1374	2940	357	1815	2467	2684
无店铺零售	19	941	3982	1714	957	1772	1933
网上商店	17	925	2910	658	941	1761	1916

15-5 限额以上批发和零售业法人企业财务状况（二）

（2015年）

单位：万元

行业	期末资产负债						
	累计折旧	本年折旧	在建工程	资产总计	流动负债合计	应付账款	非流动负债合计
总计	**89239**	**18734**	**28851**	**1306540**	**738122**	**189243**	**99023**
一、批发业	**31103**	**3821**	**8919**	**441852**	**174929**	**58082**	**48832**
1.按批发行业小类分							
农、林、牧产品批发	613	104	1847	19631	6255	1339	6099
棉、麻批发	613	104	1847	19631	6255	1339	6099
食品、饮料及烟草制品批发	16751	1527	5714	210427	53760	25118	1125
米、面制品及食用油批发	798	74	162	11025	7788	258	501
肉、禽、蛋、奶及水产品批发	15	15		317	19		
盐及调味品批发	665	90		2285	800	227	95
酒、饮料及茶叶批发	16	8		890	12	8	528
烟草制品批发	15252	1338	5552	190441	43303	23901	
其他食品批发	5	1		5468	1838	725	
纺织、服装及家庭用品批发	468	460	21	12809	10525	910	65
纺织品、针织品及原料批发				5794	4713		
服装批发	16	7		457	65	25	65
鞋帽批发	452	452	21	6558	5747	885	
医药及医疗器材批发	773	196	59	23615	8896	3822	3707
西药批发	481	109	6	15138	5771	1220	2077
中药批发	292	87	53	8478	3124	2603	1630
矿产品、建材及化工产品批发	11865	1388	1170	157502	83132	23001	37837
煤炭及制品批发	96	69		35663	31368	17868	
石油及制品批发	8405	1290	1170	51001	5027	126	33837
金属及金属矿批发	2	2		12026	5953	3858	4000
建材批发	4	4		33413	25623		
化肥批发	575	16		5909	3843	956	
其他化工产品批发	2782	7		19491	11318	194	
机械设备、五金产品及电子产品批发	429	34	109	16263	11785	3879	
农业机械批发				97			
五金产品批发	154			7369	2245	101	
其他机械设备及电子产品批发	275	34	109	8797	9540	3778	
其他批发业	205	112		1606	576	12	
再生物资回收与批发	191	100		952	81		
其他未列明批发业	14	12		653	495	12	
2.按登记注册类型分							
内资企业	31103	3821	8919	441852	174929	58082	48832
国有企业	16733	1507	5714	233189	80238	39679	597
集体企业	130	6		1855	1679	576	
有限责任公司	10368	892	1338	117343	60790	11001	12358
其他有限责任公司	10368	892	1338	117343	60790	11001	12358
股份有限公司	2409	709		28189	307	123	27637
私营企业	1463	706	1868	61277	31914	6703	8241
私营合伙企业	452	452	21	6558	5747	885	
私营有限责任公司	1010	254	1847	54718	26167	5818	8241
3.按控股情况分							
国有控股	25111	2769	6884	274033	84310	39805	28234
集体控股	3496	68		20142	10899	2556	872
私人控股	2300	878	2035	101530	48065	11864	15727
其他	197	107		46147	31656	3858	4000

15-5续表1

行业	期末资产负债						
	累计折旧	本年折旧	在建工程	资产总计	流动负债合计	应付账款	非流动负债合计
4.按经营形式分							
独立门店	11532	2267	1243	184292	96114	23784	38237
连锁总店	15352	1341	5552	191390	43687	24111	
连锁门店	2	2		610	24		
其他	4217	212	2124	65560	35104	10187	10595
5.按单位规模分							
大型	15252	1338	5552	190441	43303	23901	
中型	11970	1690	1222	120871	42068	9963	36132
小型	3880	791	2145	129832	89534	24218	12700
微型	2	2		707	24		
二、零售业	**58135**	**14914**	**19931**	**864689**	**563194**	**131162**	**50191**
按零售行业小类分							
综合零售	25195	5961	3	319268	210588	81837	34407
百货零售	11343	3442	3	252830	179130	58373	28993
超级市场零售	11434	1595		43636	14963	7732	2364
其他综合零售	2418	924		22801	16495	15732	3050
食品、饮料及烟草制品专门零售	1318	406	169	9383	5653	2783	332
粮油零售	500	100		1120	520		300
糕点、面包零售	755	286	169	6817	4477	2778	
肉、禽、蛋、奶及水产品零售	57	17		713	628		32
酒、饮料及茶叶零售	5	2		123	5	5	
其他食品零售	1	1		609	23		
纺织、服装及日用品专门零售	532	146	38	13284	3632	569	4165
纺织品及针织品零售	58	12		8094	2323	13	3347
服装零售	137	66	38	3894	1049	491	575
钟表、眼镜零售	328	65		1224	260	65	244
其他日用品零售	9	3		73			
文化、体育用品及器材专门零售	147	9		736	183	122	164
珠宝首饰零售	147	9		736	183	122	164
医药及医疗器材专门零售	1086	261	33	35109	29375	12959	
药品零售	1086	261	33	35109	29375	12959	
汽车、摩托车、燃料及零配件专门零售	27009	7597	19475	399834	263873	13122	10089
汽车零售	11759	5823	6115	288124	204357	12769	9577
汽车零配件零售	717	3	258	16660	6488	97	492
机动车燃料零售	14533	1771	13102	95050	53029	255	21
家用电器及电子产品专门零售	1639	389		44814	24713	5178	458
家用视听设备零售	116	6		2059	1562	123	20
日用家电设备零售	1395	345		38911	21833	4451	438
计算机、软件及辅助设备零售	37	21		3251	1185	601	
通信设备零售	91	16		445	86	3	
其他电子产品零售	1	0		149	47		
五金、家具及室内装饰材料专门零售	1079	95	213	31386	19506	12239	575
五金零售	227	33	198	18553	15445	11382	284
家具零售	44	21		1145	362	328	20
涂料零售	3	2		1078	856	425	
木质装饰材料零售	17	1		25	94		
陶瓷、石材装饰材料零售	781	39	15	9700	2747	105	271
其他室内装饰材料零售	7			885	1		

15-5续表2

行业	期末资产负债						
	累计折旧	本年折旧	在建工程	资产总计	流动负债合计	应付账款	非流动负债合计
货摊、无店铺及其他零售业	131	50		10874	5670	2353	
互联网零售	31	31		3395	208	21	
生活用燃料零售	90	12		1872	483	211	
其他未列明零售业	10	7		5607	4980	2122	
2.按登记注册类型分							
内资企业	54556	12810	19931	824854	535666	114688	47191
国有企业	57	17		713	628		32
集体企业	205	99	29	9523	6966	182	
有限责任公司	12996	3923	2190	251557	159028	39794	11705
国有独资公司	23	23		1722	211	211	21
其他有限责任公司	12973	3900	2190	249835	158817	39583	11684
股份有限公司	18461	4308	13102	300158	195721	46086	28862
私营企业	22671	4418	4611	259867	172375	28124	6593
私营独资企业	196	43		1021	77	77	42
私营合伙企业	47	40		3883	415		
私营有限责任公司	21717	4017	4611	240029	158361	21325	6551
私营股份有限公司	711	318		14934	13522	6723	
其他企业	165	46		3036	947	503	
港、澳、台商投资企业	3580	2104		39835	27528	16473	3000
港、澳、台商独资经营企业	3580	2104		39835	27528	16473	3000
3.按控股情况分							
国有控股	14729	1785	13300	97376	55572	1309	278
集体控股	835	118	29	16056	10572	3369	
私人控股	35454	9615	6378	663545	438592	100367	41010
港澳台商控股	3580	2104		39835	27528	16473	3000
其他	3539	1292	225	47877	30930	9644	5902
4.按经营形式分							
独立门店	28697	8204	6758	481194	317004	48624	15565
连锁总店	20520	4358	13102	311934	198989	49491	30542
连锁门店	8532	2229		52736	33202	27261	3616
其他	386	123	71	18825	13999	5785	467
5.按单位规模分							
大型	20594	4325	13102	313672	200935	50910	30542
中型	28644	7698	2597	338362	236768	55042	6568
小型	5286	1577	4223	188221	113942	23624	8388
微型	3611	1314	9	24434	11548	1586	4692
6.按零售业态分							
有店铺零售	57975	14823	19893	856499	561194	130580	49616
超市	10225	1921		46234	14055	5671	1065
大型超市	15306	4120	3	262500	187624	70831	33674
百货店	1061	356	169	21739	15308	8523	
专业店	23028	5616	16352	341495	224933	29364	5280
专卖店	7346	2671	3354	166557	111471	14892	9196
家居建材商店	792	40	15	12567	4000	986	271
厂家直销中心	217	99		5407	3804	314	130
无店铺零售	161	90	38	8190	2000	582	575
网上商店	156	88	38	7107	1136	391	575

15-6 限额以上批发和零售业法人企业财务状况(三)

(2015年)

单位：万元

行业	期末资产负债						
	负债合计	所有者权益	实收资本	国家资本	集体资本	法人资本	个人资本
总计	**837145**	**469395**	**186704**	**25355**	**2901**	**83109**	**63518**
一、批发业	**223761**	**218091**	**53796**	**15634**	**1053**	**17920**	**19189**
1.按批发行业小类分							
农、林、牧产品批发	12354	7276	5786			100	5686
棉、麻批发	12354	7276	5786			100	5686
食品、饮料及烟草制品批发	54884	155542	4605	3203	277		1125
米、面制品及食用油批发	8289	2736	1011	1011			
肉、禽、蛋、奶及水产品批发	19	298	277		277		
盐及调味品批发	895	1390	1129	1129			
酒、饮料及茶叶批发	540	350	350				350
烟草制品批发	43303	147138	1063	1063			
其他食品批发	1838	3630	775				775
纺织、服装及家庭用品批发	10590	2219	2350			150	2200
纺织品、针织品及原料批发	4713	1081	1000				1000
服装批发	130	326	150			150	
鞋帽批发	5747	811	1200				1200
医药及医疗器材批发	12602	11013	8340	400		5320	2620
西药批发	7848	7290	6180	400		5280	500
中药批发	4754	3724	2160			40	2120
矿产品、建材及化工产品批发	120969	36533	30513	12031	746	11850	5886
煤炭及制品批发	31368	4295	4050	1090		360	2600
石油及制品批发	38865	12136	13941	10941		3000	
金属及金属矿批发	9953	2074	2000				2000
建材批发	25623	7790	8000			8000	
化肥批发	3843	2066	1322		746	490	86
其他化工产品批发	11318	8173	1200				1200
机械设备、五金产品及电子产品批发	11785	4478	1300				1300
农业机械批发		97	100				100
五金产品批发	2245	5124	200				200
其他机械设备及电子产品批发	9540	-743	1000				1000
其他批发业	576	1029	902		30	500	372
再生物资回收与批发	81	871	744			500	244
其他未列明批发业	495	158	158		30		128
2.按登记注册类型分							
内资企业	223761	218091	53796	15634	1053	17920	19189
国有企业	80835	152354	4292	4292			
集体企业	1679	176	156		156		
有限责任公司	73148	44195	30432	10941	897	12310	6284
其他有限责任公司	73148	44195	30432	10941	897	12310	6284
股份有限公司	27944	244	244				244
私营企业	40155	21122	18671	400		5610	12661
私营合伙企业	5747	811	1200				1200
私营有限责任公司	34408	20311	17471	400		5610	11461
3.按控股情况分							
国有控股	112543	161490	15234	15234			
集体控股	11770	8371	1853		1043	40	770
私人控股	63791	37739	26209	400	10	9380	16419
其他	35656	10491	10500			8500	2000

15-6续表1

行业	期末资产负债						
	负债合计	所有者权益	实收资本	国家资本	集体资本	法人资本	个人资本
4.按经营形式分							
独立门店	134351	49942	39842	13431	993	17100	8317
连锁总店	43687	147703	1113	1063	50		
连锁门店	24	586	586		10	490	86
其他	45700	19860	12256	1140		330	10786
5.按单位规模分							
大型	43303	147138	1063	1063			
中型	78200	42671	24307	10470	277	5740	7820
小型	102234	27598	27740	4100	766	11690	11183
微型	24	683	686		10	490	186
二、零售业	**613384**	**251304**	**132907**	**9721**	**1848**	**65189**	**44329**
按零售行业小类分							
综合零售	244995	74273	43378		128	33996	5449
百货零售	208124	44707	21518		10	18404	3018
超级市场零售	17327	26310	17324		98	14902	2324
其他综合零售	19545	3256	4535		20	690	107
食品、饮料及烟草制品专门零售	5985	3398	2040	64	10	818	1148
粮油零售	820	300	70			50	20
糕点、面包零售	4477	2340	1220			278	942
肉、禽、蛋、奶及水产品零售	659	54	64	64			
酒、饮料及茶叶零售	5	118	100				100
其他食品零售	23	586	586		10	490	86
纺织、服装及日用品专门零售	7797	5487	1712			1579	133
纺织品及针织品零售	5670	2423	245			245	
服装零售	1623	2270	1144			1084	60
钟表、眼镜零售	504	720	250			250	
其他日用品零售		73	73				73
文化、体育用品及器材专门零售	347	390	200			138	62
珠宝首饰零售	347	390	200			138	62
医药及医疗器材专门零售	29375	5735	3931			940	2991
药品零售	29375	5735	3931			940	2991
汽车、摩托车、燃料及零配件专门零售	273963	125871	59548	9607	1540	20890	19495
汽车零售	213933	74191	46611		1540	19630	17425
汽车零配件零售	6980	9680	1310			1260	50
机动车燃料零售	53050	42000	11627	9607			2020
家用电器及电子产品专门零售	25171	19643	9442		20	2500	6923
家用视听设备零售	1582	478	380			380	
日用家电设备零售	22271	16640	7119			1350	5769
计算机、软件及辅助设备零售	1185	2065	1485		20	750	715
通信设备零售	86	359	359			20	339
其他电子产品零售	47	101	100				100
五金、家具及室内装饰材料专门零售	20081	11305	8402	50		1327	7026
五金零售	15729	2824	843	50			793
家具零售	382	763	571			77	494
涂料零售	856	222	80				80
木质装饰材料零售	94	-70	40				40
陶瓷、石材装饰材料零售	3019	6682	5919			300	5619
其他室内装饰材料零售	1	884	950			950	

15-6续表2

行业	期末资产负债						
	负债合计	所有者权益	实收资本	国家资本	集体资本	法人资本	个人资本
货摊、无店铺及其他零售业	5670	5204	4254		150	3002	1102
互联网零售	208	3188	2476		150	1982	344
生活用燃料零售	483	1389	1348			1000	348
其他未列明零售业	4980	627	430			20	410
2.按登记注册类型分							
内资企业	582857	241997	121173	9721	1848	65189	44329
国有企业	659	54	64	64			
集体企业	6966	2557	1377		820	450	107
有限责任公司	170733	80824	42607	250	528	19266	22477
国有独资公司	232	1490	200	200			
其他有限责任公司	170502	79333	42407	50	528	19266	22477
股份有限公司	224583	75575	24656	9407		15204	45
私营企业	178968	80899	52026		500	29869	21658
私营独资企业	119	902	440				440
私营合伙企业	415	3468	490				490
私营有限责任公司	164912	75117	49996		500	28869	20628
私营股份有限公司	13522	1412	1100			1000	100
其他企业	947	2088	442			400	42
港、澳、台商投资企业	30528	9307	11735				
港、澳、台商独资经营企业	30528	9307	11735				
3.按控股情况分							
国有控股	55850	41526	10089	9721		369	
集体控股	10572	5484	2134		918	1109	107
私人控股	479603	183942	99604		930	57603	40986
港澳台商控股	30528	9307	11735				
其他	36832	11045	9345			6109	3237
4.按经营形式分							
独立门店	332569	148625	84672	314	1750	35899	38607
连锁总店	229531	82403	29957	9407		20390	160
连锁门店	36818	15918	15677		98	7916	3944
其他	14466	4358	2602			984	1618
5.按单位规模分							
大型	231477	82194	29952	9407		20304	241
中型	243337	95026	58590	264	1398	25428	19765
小型	122331	65890	38544	50	450	16351	21608
微型	16240	8194	5821			3105	2715
6.按零售业态分							
有店铺零售	610810	245689	129148	9721	1698	62123	43785
超市	15120	31114	14942	64		10992	3886
大型超市	221297	41202	26421		98	22404	200
百货店	15308	6431	3759		30	1328	2315
专业店	230213	111282	52568	9657	1300	15447	18148
专卖店	120667	45891	22958		270	10026	12662
家居建材商店	4271	8296	7310			1327	5983
厂家直销中心	3934	1473	1190			600	590
无店铺零售	2574	5616	3760		150	3066	544
网上商店	1710	5397	3560		150	3066	344

15-7 限额以上批发和零售业法人企业财务状况（四）

（2015年） 单位：万元

行业	损益及分配						
	营业收入	主营业务收入	营业成本	主营业务成本	营业税金及附加	主营业务税金及附加	其他业务利润
总计	2785482	2769639	2434866	2424782	60601	60377	12208
一、批发业	1060307	1059876	884706	883699	51443	51400	115
1.按批发行业小类分							
农、林、牧产品批发	41239	41239	28129	28129	2517	2517	
棉、麻批发	41239	41239	28129	28129	2517	2517	
食品、饮料及烟草制品批发	497514	497256	365482	365439	47636	47636	115
米、面制品及食用油批发	13246	13246	13231	13231	9	9	
肉、禽、蛋、奶及水产品批发	19087	19087	18545	18545	6	6	
盐及调味品批发	8473	8351	5238	5217	40	40	
酒、饮料及茶叶批发	5086	5086	4453	4453	120	120	
烟草制品批发	440205	440069	314058	314037	47450	47450	115
其他食品批发	11416	11416	9958	9958	11	11	
纺织、服装及家庭用品批发	11742	11742	9890	9890	19	19	
纺织品、针织品及原料批发	5618	5618	5137	5137	1	1	
服装批发	2263	2263	1936	1936	10	10	
鞋帽批发	3861	3861	2817	2817	8	8	
医药及医疗器材批发	57368	57334	49364	49364	633	633	
西药批发	13361	13361	9877	9877	48	48	
中药批发	44007	43973	39487	39487	584	584	
矿产品、建材及化工产品批发	415478	415339	400343	399378	503	460	
煤炭及制品批发	76265	76265	74668	74668	60	60	
石油及制品批发	241282	241282	235909	235909	272	272	
金属及金属矿批发	29248	29248	28059	28059	38	38	
建材批发	2001	2001	1268	1268	0	0	
化肥批发	16436	16436	14652	14652	77	77	
其他化工产品批发	50246	50107	45788	44823	56	13	
机械设备、五金产品及电子产品批发	15972	15971	13198	13198	113	113	
农业机械批发	547	547	512	512			
五金产品批发	10444	10444	8928	8928	74	74	
其他机械设备及电子产品批发	4980	4980	3758	3758	38	38	
其他批发业	20995	20995	18301	18301	23	23	
再生物资回收与批发	16615	16615	14619	14619	10	10	
其他未列明批发业	4380	4380	3682	3682	13	13	
2.按登记注册类型分							
内资企业	1060307	1059876	884706	883699	51443	51400	115
国有企业	471331	471072	341566	341524	47499	47499	115
集体企业	7261	7261	6705	6705	7	7	
有限责任公司	307086	306913	285213	284248	1087	1044	
其他有限责任公司	307086	306913	285213	284248	1087	1044	
股份有限公司	135681	135681	133205	133205	194	194	
私营企业	138949	138949	118016	118016	2656	2656	
私营合伙企业	3861	3861	2817	2817	8	8	
私营有限责任公司	135088	135088	115199	115199	2648	2648	
3.按控股情况分							
国有控股	709648	709390	575034	574992	47751	47750	115
集体控股	81255	81083	75865	74900	74	32	
私人控股	224114	224114	192052	192052	3577	3577	
其他	45289	45289	41756	41756	41	41	

15-7续表1

行业	损益及分配						
	营业收入	主营业务收入	营业成本	主营业务成本	营业税金及附加	主营业务税金及附加	其他业务利润
4.按经营形式分							
独立门店	480120	480086	454556	454556	1228	1227	
连锁总店	443061	442925	316660	316639	47452	47452	115
连锁门店	586	586	398	398	70	70	
其他	136539	136278	113092	112106	2693	2651	
5.按单位规模分							
大型	440205	440069	314058	314037	47450	47450	115
中型	506025	505730	481066	480080	1250	1206	
小型	112943	112943	88672	88672	2674	2674	
微型	1133	1133	910	910	70	70	
二、零售业	**1725175**	**1709764**	**1550160**	**1541083**	**9158**	**8977**	**12093**
按零售行业小类分							
综合零售	430241	420901	369610	368853	3263	3262	10230
百货零售	262698	254481	228127	227406	1714	1712	8052
超级市场零售	145263	145263	124175	124140	1252	1252	1055
其他综合零售	22280	21157	17308	17308	297	297	1123
食品、饮料及烟草制品专门零售	15315	15315	12050	12050	476	338	
粮油零售	1146	1146	573	573	344	206	
糕点、面包零售	9712	9712	7462	7462	61	61	
肉、禽、蛋、奶及水产品零售	3296	3296	3100	3100	1	1	
酒、饮料及茶叶零售	575	575	516	516	0	0	
其他食品零售	586	586	398	398	70	70	
纺织、服装及日用品专门零售	29310	29310	23973	23973	292	292	
纺织品及针织品零售	16285	16285	14598	14598	167	167	
服装零售	11387	11387	7911	7911	109	109	
钟表、眼镜零售	591	591	439	439	14	14	
其他日用品零售	1048	1048	1026	1026	2	2	
文化、体育用品及器材专门零售	891	791	580	544	53	49	
珠宝首饰零售	891	791	580	544	53	49	
医药及医疗器材专门零售	40376	40376	33749	33749	315	315	
药品零售	40376	40376	33749	33749	315	315	
汽车、摩托车、燃料及零配件专门零售	1031119	1025238	959189	952610	2709	2690	1807
汽车零售	660888	659735	611631	610930	2213	2193	1807
汽车零配件零售	42251	42251	41397	41397	43	43	
机动车燃料零售	327981	323252	306162	300283	453	453	
家用电器及电子产品专门零售	117627	117607	104767	103062	725	707	55
家用视听设备零售	3395	3395	2771	2771	17	17	
日用家电设备零售	93641	93621	83680	81975	614	596	55
计算机、软件及辅助设备零售	17161	17161	15788	15788	89	89	
通信设备零售	2022	2022	1178	1178	4	4	
其他电子产品零售	1409	1409	1349	1349	1	1	
五金、家具及室内装饰材料专门零售	41668	41598	32048	32048	867	867	
五金零售	22310	22240	17540	17540	237	237	
家具零售	2346	2346	1682	1682	21	21	
涂料零售	1072	1072	565	565	32	32	
木质装饰材料零售	512	512	399	399	2	2	
陶瓷、石材装饰材料零售	14186	14186	10746	10746	573	573	
其他室内装饰材料零售	1242	1242	1116	1116	2	2	

15-7续表2

行　业	损益及分配						
	营业收入	主营业务收入	营业成本	主营业务成本	营业税金及附加	主营业务税金及附加	其他业务利润
货摊、无店铺及其他零售业	18628	18628	14193	14193	458	458	
互联网零售	5089	5089	3652	3652	260	260	
生活用燃料零售	7064	7064	6222	6222	14	14	
其他未列明零售业	6476	6476	4320	4320	185	185	
2.按登记注册类型分							
内资企业	1683065	1668777	1513354	1504277	8976	8796	9590
国有企业	3296	3296	3100	3100	1	1	
集体企业	16009	16009	14305	14305	90	90	125
有限责任公司	549918	547815	489659	486818	4024	4007	2083
国有独资公司	10016	10016	8605	8605	25	25	
其他有限责任公司	539902	537799	481055	478213	4000	3982	2083
股份有限公司	466509	454476	421097	415157	1422	1421	7243
私营企业	638792	638640	578552	578256	3248	3085	140
私营独资企业	9990	9990	9510	9510	29	29	
私营合伙企业	10936	10936	8190	8190	315	315	
私营有限责任公司	602348	602196	547736	547440	2845	2690	120
私营股份有限公司	15518	15518	13116	13116	59	51	20
其他企业	8541	8541	6640	6640	192	192	
港、澳、台商投资企业	42111	40987	36806	36806	182	182	2502
港、澳、台商独资经营企业	42111	40987	36806	36806	182	182	2502
3.按控股情况分							
国有控股	333980	329182	309756	303877	711	711	
集体控股	27515	27515	23547	23547	239	239	125
私人控股	1199844	1192063	1069654	1066546	7369	7190	8545
港澳台商控股	42111	40987	36806	36806	182	182	2502
其他	121726	120017	110397	110306	658	657	921
4.按经营形式分							
独立门店	1137670	1136309	1028554	1025537	7111	6930	2917
连锁总店	482373	470341	432434	426495	1509	1508	7243
连锁门店	78907	76890	68419	68298	401	401	1932
其他	26225	26225	20753	20753	137	137	
5.按单位规模分							
大型	519653	507601	469495	463336	1522	1520	7243
中型	726192	723973	656248	656087	3099	3084	4734
小型	389773	389416	342609	339862	3778	3613	115
微型	89558	88774	81808	81798	760	760	
6.按零售业态分							
有店铺零售	1708848	1693437	1538818	1529741	8790	8609	12093
超市	202351	202332	177998	177743	1842	1703	1055
大型超市	218562	210134	183336	183275	1604	1604	8367
百货店	26818	25924	22102	21661	338	338	809
专业店	866364	861391	798642	792721	2510	2485	1662
专卖店	352476	351489	319711	317352	1883	1866	181
家居建材商店	18238	18238	13791	13791	580	580	
厂家直销中心	24039	23929	23237	23197	33	33	20
无店铺零售	16327	16327	11342	11342	368	368	
网上商店	15148	15148	10391	10391	365	365	

15-8 限额以上批发和零售业法人企业财务状况（五）

（2015年）　　单位：万元

行业	损益及分配						
	销售费用	管理费用	税金	财务费用	利息收入	利息支出	资产减值损失
总计	**96431**	**75416**	**2794**	**15496**	**5448**	**11964**	**173**
一、批发业	**24058**	**31765**	**1199**	**2766**	**4410**	**4277**	**73**
1.按批发行业小类分							
农、林、牧产品批发	1122	3426		1645	61	662	
棉、麻批发	1122	3426		1645	61	662	
食品、饮料及烟草制品批发	9236	19358	415	-3793	4161	239	73
米、面制品及食用油批发	442	554		232	2	234	
肉、禽、蛋、奶及水产品批发	157	187		58			
盐及调味品批发	2393	141	29	-3		-3	22
酒、饮料及茶叶批发	7	8	1			1	
烟草制品批发	5650	18115	378	-4122	4159		51
其他食品批发	588	353	7	41		8	
纺织、服装及家庭用品批发	187	683	2	852	5	438	
纺织品、针织品及原料批发	4	164		279			
服装批发	93	56	2	12	5	13	
鞋帽批发	90	462		561		425	
医药及医疗器材批发	2047	1574	72	908	176	637	
西药批发	991	827	66	611	103	508	
中药批发	1056	747	5	297	73	130	
矿产品、建材及化工产品批发	8846	5182	665	2563	2	2036	
煤炭及制品批发	502	407	11	135		135	
石油及制品批发	4965	2618	646	967		788	
金属及金属矿批发	215	650	3	213			
建材批发	9	23		910	2	870	
化肥批发	595	593	3	216		216	
其他化工产品批发	2560	890	3	123		27	
机械设备、五金产品及电子产品批发	1097	960	28	552	5	227	
农业机械批发	26	9					
五金产品批发	369	306		327			
其他机械设备及电子产品批发	702	646	28	225	5	227	
其他批发业	1524	582	17	38		38	
再生物资回收与批发	1149	482	15	38		38	
其他未列明批发业	375	100	2				
2.按登记注册类型分							
内资企业	24058	31765	1199	2766	4410	4277	73
国有企业	8721	19010	407	-3893	4161	231	73
集体企业	234	83	3	16		16	
有限责任公司	7642	6396	685	3824	184	2587	
其他有限责任公司	7642	6396	685	3824	184	2587	
股份有限公司	3167	1423	17	24		24	
私营企业	4295	4853	87	2794	66	1420	
私营合伙企业	90	462		561		425	
私营有限责任公司	4205	4391	87	2233	66	994	
3.按控股情况分							
国有控股	13645	21447	1053	-3816	4161	255	73
集体控股	1941	1856	3	387	18	217	
私人控股	7422	7332	125	5035	230	2897	
其他	1051	1131	18	1160	2	908	

15-8续表1

行业	损益及分配						
	销售费用	管理费用	税金	财务费用	利息收入	利息支出	资产减值损失
4.按经营形式分							
独立门店	12171	6903	756	3951	77	2985	
连锁总店	5775	18205	378	-4087	4159	35	51
连锁门店		40					
其他	6112	6617	65	2902	174	1256	22
5.按单位规模分							
大型	5650	18115	378	-4122	4159		51
中型	12896	6365	770	1546	53	734	22
小型	5487	7237	50	5341	199	3543	
微型	26	49					
二、零售业	**72372**	**43651**	**1596**	**12731**	**1037**	**7687**	**100**
按零售行业小类分							
综合零售	32681	13613	475	5399	405	4456	10
百货零售	21244	5735	420	4604	382	4227	10
超级市场零售	7315	7531	47	717	16	208	
其他综合零售	4122	347	8	78	7	22	
食品、饮料及烟草制品专门零售	779	838	51	63		2	10
粮油零售	39	29		17			10
糕点、面包零售	638	541	28	45			
肉、禽、蛋、奶及水产品零售	102	178	23				
酒、饮料及茶叶零售		51		2		2	
其他食品零售		40					
纺织、服装及日用品专门零售	1812	1130	25	477	15	213	
纺织品及针织品零售	510	567		358		137	
服装零售	1277	534	11	115	15	76	
钟表、眼镜零售	21	25	14				
其他日用品零售	4	4		4			
文化、体育用品及器材专门零售	49	59	9	16	2	4	
珠宝首饰零售	49	59	9	16	2	4	
医药及医疗器材专门零售	3918	1760	34	596	-1	206	
药品零售	3918	1760	34	596	-1	206	
汽车、摩托车、燃料及零配件专门零售	25447	18499	749	5264	499	2143	
汽车零售	11824	15236	564	4593	497	1920	
汽车零配件零售	58	103	20	74		73	
机动车燃料零售	13565	3159	165	597	1	150	
家用电器及电子产品专门零售	3815	3160	58	664	55	488	81
家用视听设备零售	310	128	2	69		69	
日用家电设备零售	3009	2559	46	491	54	404	81
计算机、软件及辅助设备零售	324	361	6	13	1	14	
通信设备零售	147	85	5	91		2	
其他电子产品零售	26	27					
五金、家具及室内装饰材料专门零售	2199	3589	65	192	60	127	
五金零售	1151	3049	5	1	58	59	
家具零售	399	59		33	1	25	
涂料零售	125	156	32	52			
木质装饰材料零售	59	73					
陶瓷、石材装饰材料零售	347	249	28	105	1	43	
其他室内装饰材料零售	118	4					

15-8续表2

行业	损益及分配						
	销售费用	管理费用	税金	财务费用	利息收入	利息支出	资产减值损失
货摊、无店铺及其他零售业	1673	1004	130	60	1	48	
互联网零售	227	319		10		1	
生活用燃料零售	260	111	5	27	1	28	
其他未列明零售业	1186	574	126	23		20	
2. 按登记注册类型分							
内资企业	68085	42791	1596	12575	1037	7590	100
国有企业	102	178	23				
集体企业	684	646	10	140	5	85	
有限责任公司	19554	17501	676	3475	254	1556	1
国有独资公司	265	231		-1	1		
其他有限责任公司	19290	17270	676	3476	252	1556	1
股份有限公司	30120	7042	338	4799	383	4076	
私营企业	16837	16734	549	3986	396	1754	100
私营独资企业	47	91		27		19	
私营合伙企业	565	856		104			
私营有限责任公司	15054	15570	541	3651	398	1528	100
私营股份有限公司	1172	217	8	205	-2	207	
其他企业	788	691		176		118	
港、澳、台商投资企业	4287	861		156		98	
港、澳、台商独资经营企业	4287	861		156		98	
3. 按控股情况分							
国有控股	14051	4556	187	451	60	1	
集体控股	1323	1283	13	170	8	85	
私人控股	47839	33403	1384	11111	965	7308	100
港澳台商控股	4287	861		156		98	
其他	4872	3548	12	844	5	195	
4. 按经营形式分							
独立门店	30229	32677	1095	7291	605	3090	100
连锁总店	32467	8404	363	4816	383	4085	
连锁门店	6957	1511	109	440	34	363	1
其他	2720	1060	29	184	16	149	
5. 按单位规模分							
大型	32791	8123	380	4916	384	4196	
中型	25056	20108	756	4914	233	2003	10
小型	12033	13291	412	2529	408	1305	10
微型	2492	2130	48	372	13	183	81
6. 按零售业态分							
有店铺零售	70904	42684	1576	12608	1022	7611	100
超市	7085	7956	94	1093	22	455	11
大型超市	24183	6071	401	4412	387	4078	9
百货店	2372	629	31	116	-3	26	
专业店	25733	17110	812	4386	460	1866	81
专卖店	10298	10126	203	2430	155	1120	
家居建材商店	887	494	35	139	1	66	
厂家直销中心	347	297		33			
无店铺零售	1468	967	20	123	15	76	
网上商店	1369	849	8	121	15	75	

15-9 限额以上批发和零售业法人企业财务状况（六）

（2015年）

单位：万元

行业	损益及分配					人工成本及增值税		从事批发和零售业活动的从业人员平均人数（人）
	营业利润	营业外收入	营业外支出	利润总额	应交所得税	应付职工薪酬	应交增值税	
总计	**102911**	**12093**	**12278**	**93036**	**23618**	**83252**	**63315**	**16850**
一、批发业	**65495**	**1648**	**1565**	**62195**	**17963**	**27314**	**29607**	**2756**
1.按批发行业小类分								
农、林、牧产品批发	4400	1		-73	1092	341	644	94
棉、麻批发	4400	1		-73	1092	341	644	94
食品、饮料及烟草制品批发	59524	1315	243	60860	16077	19586	23003	1137
米、面制品及食用油批发	-1221	1224	7	47		194	16	49
肉、禽、蛋、奶及水产品批发	135			135		455	141	80
盐及调味品批发	643	2	236	621	157	1674	358	103
酒、饮料及茶叶批发	499			499		56	26	20
烟草制品批发	59003	90		59093	15885	16890	22400	773
其他食品批发	465			465	35	316	64	112
纺织、服装及家庭用品批发	111			111	39	960	129	249
纺织品、针织品及原料批发	32			32		48	14	12
服装批发	156			156	39	72	32	17
鞋帽批发	-78			-78		840	82	220
医药及医疗器材批发	2842	325	142	2975	543	1176	856	317
西药批发	1008			1008	51	285	50	85
中药批发	1834	325	142	1968	492	891	807	232
矿产品、建材及化工产品批发	-1960	1	1163	-2072	148	4120	3289	702
煤炭及制品批发	493			496	42	179	574	70
石油及制品批发	-3449	1	1038	-3552	1	2962	2554	358
金属及金属矿批发	74			74	18	211	38	80
建材批发	-210		18	-212		19		7
化肥批发	302			302	1	229	15	72
其他化工产品批发	830		107	819	85	521	109	115
机械设备、五金产品及电子产品批发	53	6	17	57		700	258	141
农业机械批发	1			1		7		3
五金产品批发	441			441		216		60
其他机械设备及电子产品批发	-389	6	17	-384		477	258	78
其他批发业	527			337	64	431	1428	116
再生物资回收与批发	317			127	12	348	1428	86
其他未列明批发业	210			210	51	83		30
2.按登记注册类型分								
内资企业	65495	1648	1565	62195	17963	27314	29607	2756
国有企业	58355	1315	243	59691	16042	18791	22833	938
集体企业	216			216	51	112	10	33
有限责任公司	2924	332	1195	2650	536	5246	3207	1050
其他有限责任公司	2924	332	1195	2650	536	5246	3207	1050
股份有限公司	-2334	1	127	-2346	8	1300	2119	195
私营企业	6335	1		1984	1327	1865	1438	540
私营合伙企业	-78			-78		840	82	220
私营有限责任公司	6412	1		2061	1327	1025	1356	320
3.按控股情况分								
国有控股	55515	1316	1281	56748	16043	21666	25334	1272
集体控股	1133		122	1121	72	1553	826	366
私人控股	8697	332	144	4367	1825	3677	2239	990
其他	151		18	-41	23	419	1208	128

15-9续表1

行业	损益及分配					人工成本及增值税		从事批发和零售业活动的从业人员平均人数（人）
	营业利润	营业外收入	营业外支出	利润总额	应交所得税	应付职工薪酬	应交增值税	
4.按经营形式分								
独立门店	1312	1088	1205	1838	722	6999	5864	1418
连锁总店	59005	90		59095	15886	16950	22405	801
连锁门店	78			78		70		19
其他	5101	470	360	1184	1355	3295	1337	518
5.按单位规模分								
大型	59003	90		59093	15885	16890	22400	773
中型	2881	1089	1490	3558	789	7233	5480	1198
小型	3533	469	75	-535	1289	3113	1727	763
微型	79			79		77		22
二、零售业	**37416**	**10445**	**10713**	**30841**	**5655**	**55938**	**33708**	**14094**
按零售行业小类分								
综合零售	5863	596	5654	3069	1103	26843	5622	6909
百货零售	1461	381	5613	1073	104	17221	3426	3587
超级市场零售	4274	210	18	1866	910	8076	1976	2968
其他综合零售	128	4	23	130	89	1545	220	354
食品、饮料及烟草制品专门零售	1154	55	66	1013	64	1395	99	639
粮油零售	190					49	14	20
糕点、面包零售	965			965	62	789	83	440
肉、禽、蛋、奶及水产品零售	-85	55		-30		456		152
酒、饮料及茶叶零售	7		66		2	26	1	8
其他食品零售	78			78		76		19
纺织、服装及日用品专门零售	1627	111		1627	359	1100	178	324
纺织品及针织品零售	85			85		176		28
服装零售	1442	111		1442	358	673	158	182
钟表、眼镜零售	92			92		220	5	102
其他日用品零售	8			8		31	15	12
文化、体育用品及器材专门零售	134	2		134	8	209	18	66
珠宝首饰零售	134	2		134	8	209	18	66
医药及医疗器材专门零售	38	24	142	398	13	3062	1037	683
药品零售	38	24	142	398	13	3062	1037	683
汽车、摩托车、燃料及零配件专门零售	20162	8343	4561	17705	2984	17938	24575	3732
汽车零售	15541	8323	736	13657	1920	10810	20420	2552
汽车零配件零售	575	8	2	583	4	715	24	154
机动车燃料零售	4046	12	3823	3465	1060	6413	4131	1026
家用电器及电子产品专门零售	4426	2	14	3074	891	3184	1317	1096
家用视听设备零售	101	2	1	103	4	114	66	38
日用家电设备零售	3218		13	2059	732	2289	940	754
计算机、软件及辅助设备零售	585			508	54	579	196	212
通信设备零售	516			399	100	71	110	42
其他电子产品零售	6			6		132	7	50
五金、家具及室内装饰材料专门零售	2773	1312	276	2646	82	968	449	263
五金零售	332	25	271	181	30	320	252	74
家具零售	151	25		176	2	72	8	26
涂料零售	142			142	3	30	54	10
木质装饰材料零售	-20	1	5	-20		50	15	3
陶瓷、石材装饰材料零售	2165	1261		2165	47	416	107	125
其他室内装饰材料零售	3			3		80	14	25

15-9续表2

行　　业	损益及分配					人工成本及增值税		从事批发和零售业活动的从业人员平均人数（人）
	营业利润	营业外收入	营业外支出	利润总额	应交所得税	应付职工薪酬	应交增值税	
货摊、无店铺及其他零售业	1240			1175	151	1240	413	382
互联网零售	621			556	8	673	8	172
生活用燃料零售	431			431	108	229	117	72
其他未列明零售业	188			188	35	338	288	138
2.按登记注册类型分								
内资企业	37596	10243	10690	30821	5594	54212	33443	13725
国有企业	-85	55		-30		456		152
集体企业	269	34		302		706	706	147
有限责任公司	15715	256	1007	11302	2723	17289	18936	4583
国有独资公司	892			682	175	300	244	75
其他有限责任公司	14823	255	1007	10621	2549	16989	18692	4508
股份有限公司	2218	300	9433	1574	793	17816	6075	2847
私营企业	19427	9404	250	17421	2076	17472	7450	5755
私营独资企业	288		2	288	71	104	653	29
私营合伙企业	906				227	170	118	80
私营有限责任公司	17483	9404	114	16396	1765	16671	6609	5483
私营股份有限公司	750		134	737	14	528	70	163
其他企业	54	194		251	1	474	277	241
港、澳、台商投资企业	-181	203	23	20	61	1726	265	369
港、澳、台商独资经营企业	-181	203	23	20	61	1726	265	369
3.按控股情况分								
国有控股	4456	93	4094	2959	1251	6864	4120	1194
集体控股	1078	34		154	238	1016	830	252
私人控股	30655	10099	5953	27264	3513	42523	20712	11411
港澳台商控股	-181	203	23	20	61	1726	265	369
其他	1407	17	643	446	593	3810	7781	868
4.按经营形式分								
独立门店	31934	10014	1165	26003	4231	27877	24783	8075
连锁总店	2931	300	9433	2288	799	20081	6113	3803
连锁门店	1179	20	41	1187	321	6722	1682	1879
其他	1371	111	74	1363	303	1259	1131	337
5.按单位规模分								
大型	2994	300	9433	2350	823	20968	6125	4141
中型	16901	8683	271	14092	2442	24668	7578	7173
小型	15589	1435	846	12652	1959	9022	10486	2490
微型	1932	26	163	1747	432	1280	9518	290
6.按零售业态分								
有店铺零售	35355	10334	10647	28852	5287	54552	33551	13729
超市	6423	322	18	3943	1170	10585	2835	3489
大型超市	-858	296	5633	-1129	-67	15687	2842	3351
百货店	1261	33	3	1086	51	1927	148	752
专业店	18054	422	4318	14771	2764	18700	10532	4037
专卖店	8038	7970	670	7514	1262	6708	17018	1846
家居建材商店	2347	1286		2372	53	592	159	184
厂家直销中心	92	4	5	294	54	352	17	70
无店铺零售	2060	111	66	1989	367	1387	157	365
网上商店	2053	111		1988	366	1307	153	337

15-10 限额以上住宿和餐饮业法人单位经营情况（一）

（2015年） 单位：万元

行　　业	法人企业数（个）	从业人员期末人数（人）	营业额	使用银行卡支付的营业额	客房收入	通过公共网络实现的客房收入	通过非自营平台实现的客房收入
总　　计	**75**	**7099**	**129024**	**14808**	**39734**	**2906**	**2370**
一、住宿业	**43**	**4448**	**81275**	**12929**	**33095**	**2904**	**2370**
1.按住宿业行业小类分							
旅游饭店	34	3789	71247	11969	28037	2893	2370
一般旅馆	9	659	10029	961	5058	11	
2.按登记注册类型分							
内资企业	41	4372	80238	12831	32394	2892	2370
国有企业	4	315	2505	964	1174	60	40
有限责任公司	19	2508	50588	7837	20731	2048	1775
国有独资公司	2	166	3492	280	1594	234	234
其他有限责任公司	17	2342	47095	7557	19137	1814	1541
私营企业	17	1361	23490	4029	8969	784	554
私营独资企业	1	20	260		260		
私营合伙企业	1	30	919		419		
私营有限责任公司	15	1311	22312	4029	8290	784	554
其他企业	1	188	3656		1521		
外商投资企业	2	76	1037	99	701	12	
中外合资经营企业	1	50	669	85	349	12	
外资企业	1	26	368	14	352		
3.按控股情况分							
国有控股	8	619	7333	1879	3716	562	274
私人控股	34	3803	73574	11037	29027	2343	2096
外商控股	1	26	368	14	352		
4.按经营形式分							
独立门店	42	4398	80835	12579	32885	2694	2370
其他	1	50	440	350	211	211	
5.按单位规模分							
大型	2	693	26596	4986	8410	1612	1612
中型	10	1948	35285	4388	14127	525	525
小型	30	1774	19344	3546	10525	768	234
微型	1	33	50	9	33		

15-10续表

行业	法人企业数（个）	从业人员期末人数（人）	营业额	使用银行卡支付的营业额	客房收入	通过公共网络实现的客房收入	通过非自营平台实现的客房收入
6.按星级分							
五星	5	1149	16013	3611	7687	157	157
四星	13	1882	46036	6288	16649	2173	2173
三星	9	632	6970	1876	3261	302	40
二星	1	112	705		500		
其他	15	673	11552	1155	4998	273	
二、餐饮业	**32**	**2651**	**47749**	**1879**	**6639**	**2**	
1.按餐饮业行业小类分							
正餐服务	31	2639	47547	1879	6639	2	
快餐服务	1	12	202				
2.按登记注册类型分							
内资企业	31	2626	43789	1879	6639	2	
国有企业	3	183	4932		948		
有限责任公司	13	1117	9336	758	2004		
国有独资公司	1	75	797		397		
其他有限责任公司	12	1042	8540	758	1608		
私营企业	15	1326	29520	1122	3687	2	
私营合伙企业	2	98	1749	68	141	2	
私营有限责任公司	13	1228	27772	1054	3546		
港、澳、台商投资企业	1	25	3960				
港澳台商独资企业	1	25	3960				
3.按控股情况分							
国有控股	4	258	5729		1345		
私人控股	26	2298	37658	1699	5295	2	
港澳台商控股	1	25	3960				
其他	1	70	402	180			
4.按经营形式分							
独立门店	29	2268	44748	1628	6476	2	
连锁总店	1	327	2322	251			
连锁门店	1	24	294				
其他	1	32	386		164		
5.按单位规模分							
中型	3	612	11845	251	2245		
小型	29	2039	35904	1628	4394	2	

15-11 限额以上住宿和餐饮业法人单位经营情况（二）

（2015年） 单位：万元

行业	营业额					客房数（间）	床位数（个）	餐位数（位）	年末餐饮营业面积（平方米）
	餐费收入	通过公共网络实现的餐费收入	通过非自营平台实现的餐费收入	商品销售额收入	其他收入				
总计	**77856**	**664**	**153**	**2274**	**9160**	**8109**	**13454**	**35372**	**183506**
一、住宿业	**38054**	**345**	**123**	**1386**	**8740**	**6622**	**11015**	**17808**	**96730**
1. 按住宿业行业小类分									
旅游饭店	33656	345	123	934	8620	5498	9015	13238	68565
一般旅馆	4398			452	120	1124	2000	4570	28165
2. 按登记注册类型分									
内资企业	37747	345	123	1377	8719	6356	10557	17484	95380
国有企业	1222	2	2	54	54	333	563	1010	4522
有限责任公司	23754			812	5292	3591	5855	10222	49586
国有独资公司	1882				17	297	524	450	722
其他有限责任公司	21871			812	5275	3294	5331	9772	48864
私营企业	10846	343	121	358	3318	2282	3890	4552	38857
私营独资企业						50	80		6000
私营合伙企业	462			17	22	110	180	400	450
私营有限责任公司	10385	343	121	341	3296	2122	3630	4152	32407
其他企业	1926			153	56	150	249	1700	2415
外商投资企业	307			9	21	266	458	324	1350
中外合资经营企业	305				15	140	262	280	910
外资企业	2			9	5	126	196	44	440
3. 按控股情况分									
国有控股	3468	2	2	54	94	854	1481	2190	7875
私人控股	34584	343	121	1323	8640	5642	9338	15574	88415
外商控股	2			9	5	126	196	44	440
4. 按经营形式分									
独立门店	37832	123	123	1385	8734	6546	10888	17408	96280
其他	222	222		1	7	76	127	400	450
5. 按单位规模分									
大型	10449			635	7102	987	1782	1426	13200
中型	19767			311	1081	2283	3431	8998	35822
小型	7823	345	123	439	557	3300	5720	7072	47182
微型	16			2		52	82	312	526

15-11续表

行业	营业额					客房数（间）	床位数（个）	餐位数（位）	年末餐饮营业面积（平方米）
	餐费收入	通过公共网络实现的餐费收入	通过非自营平台实现的餐费收入	商品销售额收入	其他收入				
6.按星级分									
五星	7780	58	58	53	494	1499	2332	4020	20419
四星	20565	63	63	938	7884	2732	4595	7068	34696
三星	3566	224	2	30	114	1138	1987	2900	19504
二星	200			5		40	80	150	1000
其他	5943			361	249	1213	2021	3670	21111
二、餐饮业	**39802**	**319**	**30**	**888**	**419**	**1487**	**2439**	**17564**	**86776**
1.按餐饮业行业小类分									
正餐服务	39600	319	30	888	419	1487	2439	17444	86576
快餐服务	202							120	200
2.按登记注册类型分									
内资企业	35842	319	30	888	419	1487	2439	17294	86416
国有企业	3919			65	1	210	300	1850	19866
有限责任公司	6837			427	68	575	830	6299	34300
国有独资公司	380				20	81	145	175	1000
其他有限责任公司	6457			427	48	494	685	6124	33300
私营企业	25086	319	30	397	350	702	1309	9145	32250
私营合伙企业	1519			89		59	87	850	1800
私营有限责任公司	23568	319	30	308	350	643	1222	8295	30450
港、澳、台商投资企业	3960							270	360
港澳台商独资企业	3960							270	360
3.按控股情况分									
国有控股	4298			65	21	291	445	2025	20866
私人控股	31142	319	30	824	398	1196	1994	14871	65050
港澳台商控股	3960							270	360
其他	402							398	500
4.按经营形式分									
独立门店	37172	289		681	419	1395	2279	14530	76926
连锁总店	2123	30	30	199				2838	6650
连锁门店	294							80	1200
其他	214			8		92	160	116	2000
5.按单位规模分									
中型	8674	30	30	556	370	322	510	3944	11650
小型	31128	289		332	49	1165	1929	13620	75126

15-12 限额以上住宿和餐饮业法人单位财务状况（一）

（2015年）

单位：万元

行业	法人企业数（个）	年初存货	期末资产负债				
			流动资产合计	应收帐款	存货	固定资产合计	固定资产原价
总计	**75**	**3352**	**125060**	**9242**	**3666**	**67496**	**105383**
一、住宿业	**43**	**2262**	**88235**	**5191**	**2529**	**51881**	**84650**
1. 按住宿业行业小类分							
旅游饭店	34	1957	80101	3847	2025	46556	75414
一般旅馆	9	305	8133	1344	505	5326	9236
2. 按登记注册类型分							
内资企业	41	2255	88187	5162	2529	51753	84214
国有企业	4	159	1760	619	160	3607	5510
有限责任公司	19	1420	63615	2332	1454	32577	52226
国有独资公司	2	109	8740	432	109	4762	7488
其他有限责任公司	17	1311	54874	1900	1345	27814	44738
私营企业	17	571	19603	1615	761	13914	23836
私营独资企业	1	28	130	90	40	300	320
私营合伙企业	1	2	79	35	4	248	320
私营有限责任公司	15	540	19394	1490	717	13366	23196
其他企业	1	105	3209	596	154	1656	2642
外商投资企业	2	7	48	29		128	437
中外合资经营企业	1		20	19		106	340
外资企业	1	7	29	11		22	97
3. 按控股情况分							
国有控股	8	577	12061	1165	544	8578	13571
私人控股	34	1678	76145	4016	1985	43282	70983
外商控股	1	7	29	11		22	97
4. 按经营形式分							
独立门店	42	2251	88092	5126	2526	51256	83757
其他	1	11	143	65	4	625	893
5. 按单位规模分							
大型	2	268	12852	867	250	7078	11587
中型	10	1006	51600	2295	956	28610	47372
小型	30	962	23551	2006	1294	15670	25168
微型	1	27	232	24	30	523	525

15-12续表

行业	法人企业数（个）	年初存货	期末资产负债				
			流动资产合计	应收帐款	存货	固定资产合计	固定资产原价
6. 按星级分							
五星	5	680	53500	850	568	13165	25592
四星	13	858	26650	2422	1070	23107	36355
三星	9	202	3819	832	203	5373	10664
二星	1		226			1734	2202
其他	15	523	4039	1088	689	8504	9839
二、餐饮业	**32**	**1090**	**36825**	**4051**	**1136**	**15615**	**20733**
1. 按餐饮业行业小类分							
正餐服务	31	1090	36636	4051	1132	15604	20710
快餐服务	1		189		4	12	23
2. 按登记注册类型分							
内资企业	31	1087	36653	4051	1132	14735	19689
国有企业	3	56	754	549	53	1200	2089
有限责任公司	13	394	28696	2149	427	2664	3676
国有独资公司	1	62	1819	910		15	18
其他有限责任公司	12	332	26877	1239	427	2649	3658
私营企业	15	637	7203	1353	652	10871	13924
私营合伙企业	2	14	252	170	9	750	1099
私营有限责任公司	13	623	6951	1183	643	10121	12825
港、澳、台商投资企业	1	3	172		4	880	1044
港澳台商独资企业	1	3	172		4	880	1044
3. 按控股情况分							
国有控股	4	118	2573	1459	53	1215	2107
私人控股	26	966	34046	2592	1077	13518	17580
港澳台商控股	1	3	172		4	880	1044
其他	1	2	35		2	2	2
4. 按经营形式分							
独立门店	29	992	36111	4003	999	14732	19499
连锁总店（总部）	1	67	476	2	82	563	862
连锁门店	1	30	50	20	30	9	18
其他	1		188	26	25	311	354
5. 按单位规模分							
中型	3	372	4525	1036	347	7660	9191
小型	29	718	32301	3015	790	7955	11542

15-13 限额以上住宿和餐饮业法人单位财务状况（二）

（2015年）

单位：万元

行业	期末资产负债						
	累计折旧	本年折旧	在建工程	资产总计	流动负债合计	应付账款	非流动负债合计
总计	**37889**	**4330**	**43347**	**322726**	**139200**	**44732**	**91792**
一、住宿业	**32769**	**3329**	**36987**	**219093**	**96923**	**14132**	**55480**
1.按住宿业行业小类分							
旅游饭店	28858	2720	36987	204834	89951	13748	53642
一般旅馆	3911	609		14258	6972	384	1838
2.按登记注册类型分							
内资企业	32461	3261	36987	217854	97554	14807	55380
国有企业	1903	157		5425	4367	710	
有限责任公司	19649	1811	36974	167675	70770	6021	50767
国有独资公司	2726	437		16010	14265	214	4600
其他有限责任公司	16924	1374	36974	151665	56505	5807	46168
私营企业	9923	1013	13	39890	18934	8054	4612
私营独资企业	20			458	30	25	8
私营合伙企业	72	15		335	46	24	
私营有限责任公司	9831	998	13	39097	18858	8005	4604
其他企业	986	280		4865	3483	23	
外商投资企业	309	68		1239	-631	-674	100
中外合资经营企业	233	68		1179	43		100
外资企业	75			59	-674	-674	
3.按控股情况分							
国有控股	4993	668	30833	55494	44452	1619	12417
私人控股	27701	2660	6154	163540	53145	13187	43063
外商控股	75			59	-674	-674	
4.按经营形式分							
独立门店	32501	3309	36987	218325	96618	14076	55480
其他	268	20		768	305	57	
5.按单位规模分							
大型	4509	602		26380	9321	1409	3403
中型	18761	1633	6142	111267	34336	3619	42132
小型	9497	1092	30845	80691	53013	8930	9859
微型	2	2		755	253	175	86

15-13续表

行业	期末资产负债						
	累计折旧	本年折旧	在建工程	资产总计	流动负债合计	应付账款	非流动负债合计
6. 按星级分							
五星	12427	648	304	92033	33105	8082	30720
四星	13248	1896	5837	65391	27098	2869	16418
三星	5291	344	13	12675	7716	1374	145
二星	468	10		2427	940		
其他	1335	431	30833	46567	28065	1808	8197
二、餐饮业	**5120**	**1001**	**6360**	**103633**	**42277**	**30600**	**36312**
1. 按餐饮业行业小类分							
正餐服务	5109	990	6360	103432	42276	30600	36312
快餐服务	12	11		201	1	1	
2. 按登记注册类型分							
内资企业	4956	938	6360	102525	42127	30600	36312
国有企业	889	341		6801	2109	194	45
有限责任公司	1012	274	6360	76697	36373	29580	33265
国有独资公司	3	1		3789	2007	145	
其他有限责任公司	1009	273	6360	72909	34366	29435	33265
私营企业	3055	323		19027	3645	826	3002
私营合伙企业	348	4		1003	224	80	22
私营有限责任公司	2707	319		18024	3421	746	2980
港、澳、台商投资企业	164	63		1108	150		
港澳台商独资企业	164	63		1108	150		
3. 按控股情况分							
国有控股	892	342		10590	4116	339	45
私人控股	4064	596	6360	91899	37990	30261	36267
港澳台商控股	164	63		1108	150		
其他				36	22		
4. 按经营形式分							
独立门店	4769	921	6360	101387	41940	30508	36219
连锁总店（总部）	299	65		1297	279	68	
连锁门店	9	1		450			
其他	43	14		499	58	24	93
5. 按单位规模分							
中型	1531	187	8	12687	3641	483	2361
小型	3589	814	6352	90946	38636	30117	33951

15-14 限额以上住宿和餐饮业法人单位财务状况（三）

（2015年）

单位：万元

行业	期末资产负债						
	负债合计	所有者权益	实收资本				
				国家资本	法人资本	个人资本	外商资本
总计	**229118**	**93608**	**65860**	**14748**	**37302**	**13405**	**296**
一、住宿业	**152403**	**66690**	**48090**	**9109**	**31044**	**7641**	**296**
1.按住宿业行业小类分							
旅游饭店	143593	61242	40997	5359	28108	7234	296
一般旅馆	8810	5448	7093	3750	2936	407	
2.按登记注册类型分							
内资企业	152934	64920	47054	9109	31044	6901	
国有企业	4367	1058	2781	2781			
有限责任公司	121537	46138	29846	3100	22297	4449	
国有独资公司	18865	-2855	3100	3100			
其他有限责任公司	102673	48992	26746		22297	4449	
私营企业	23546	16344	13045	3228	7365	2452	
私营独资企业	38	420	60		50	10	
私营合伙企业	46	289	289			289	
私营有限责任公司	23462	15635	12696	3228	7315	2153	
其他企业	3483	1381	1381		1381		
外商投资企业	-531	1770	1036			740	296
中外合资经营企业	143	1036	1036			740	296
外资企业	-674	734					
3.按控股情况分							
国有控股	56869	-1376	11211	5881	5330		
私人控股	96208	67332	36879	3228	25714	7641	296
外商控股	-674	734					
4.按经营形式分							
独立门店	152098	66228	47790	9109	30744	7641	296
其他	305	463	300		300		
5.按单位规模分							
大型	12724	13656	8850		8850		
中型	76468	34799	12833	1000	8783	3050	
小型	62872	17819	26307	8109	13311	4591	296
微型	339	415	100		100		

15-14续表

行业	期末资产负债						
	负债合计	所有者权益	实收资本	国家资本	法人资本	个人资本	外商资本
6. 按星级分							
五星	63824	28208	10305	2100	4800	3405	
四星	43515	21876	15041	1000	13293	748	
三星	7860	4814	7469	4158	1395	1619	296
二星	940	1487	51			51	
其他	36263	10304	15225	1851	11556	1818	
二、餐饮业	**76716**	**26918**	**17770**	**5638**	**6258**	**5764**	
1. 按餐饮业行业小类分							
正餐服务	76715	26718	17570	5638	6058	5764	
快餐服务	1	200	200		200		
2. 按登记注册类型分							
内资企业	76566	25959	17660	5638	6258	5764	
国有企业	2153	4648	4638	4638			
有限责任公司	69639	7059	7671	1000	3700	2971	
国有独资公司	2007	1782	1000	1000			
其他有限责任公司	67631	5277	6671		3700	2971	
私营企业	4774	14253	5351		2558	2793	
私营合伙企业	246	757	690			690	
私营有限责任公司	4528	13496	4661		2558	2103	
港、澳、台商投资企业	150	958	110				
港澳台商独资企业	150	958	110				
3. 按控股情况分							
国有控股	4160	6430	5638	5638			
私人控股	72384	19515	12002		6258	5744	
港澳台商控股	150	958	110				
其他	22	15	20			20	
4. 按经营形式分							
独立门店	76286	25101	16220	5638	5708	4764	
连锁总店（总部）	279	1018	1000			1000	
连锁门店		450	450		450		
其他	151	348	100		100		
5. 按单位规模分							
中型	4099	8589	2310			2310	
小型	72617	18329	15460	5638	6258	3454	

15-15 限额以上住宿和餐饮业法人单位财务状况（四）

（2015年）

单位：万元

行业	损益及分配						
	营业收入	主营业务收入	营业成本	主营业务成本	营业税金及附加	主营业务税金及附加	其他业务利润
总计	**129782**	**129331**	**73621**	**73318**	**5693**	**5670**	**1176**
一、住宿业	**81071**	**80628**	**43848**	**43545**	**3337**	**3314**	**887**
1.按住宿业行业小类分							
旅游饭店	71086	70643	39022	38719	2909	2886	850
一般旅馆	9985	9985	4827	4827	428	428	38
2.按登记注册类型分							
内资企业	80036	79974	43062	43045	3263	3262	887
国有企业	2530	2530	1587	1587	104	104	514
有限责任公司	50572	50550	24653	24653	2001	2001	5
国有独资公司	3477	3477	2249	2249	89	89	
其他有限责任公司	47095	47073	22404	22404	1912	1912	5
私营企业	23278	23239	14673	14655	1032	1031	369
私营独资企业	300	300	260	260	10	10	
私营合伙企业	532	532	446	446	10	10	
私营有限责任公司	22446	22407	13967	13949	1012	1010	369
其他企业	3656	3656	2149	2149	127	127	
外商投资企业	1035	654	786	501	74	52	
中外合资经营企业	669	654	509	501	54	52	
外资企业	366		277		21		
3.按控股情况分							
国有控股	7343	7338	4517	4517	269	269	519
私人控股	73362	73290	39054	39028	3048	3046	369
外商控股	366		277		21		
4.按经营形式分							
独立门店	80631	80188	43610	43307	3313	3290	887
其他	440	440	239	239	24	24	
5.按单位规模分							
大型	26596	26596	17148	17148	1085	1085	
中型	35285	35285	15427	15427	1397	1397	
小型	19140	18697	11241	10938	853	830	887
微型	50	50	33	33	3	3	

15-15续表

行　　业	损益及分配						
	营业收入	主营业务收入	营业成本	主营业务成本	营业税金及附加	主营业务税金及附加	其他业务利润
6.按星级分							
五星	15998	15998	4839	4839	871	871	
四星	45989	45619	27932	27655	1702	1681	336
三星	6886	6832	3953	3928	310	307	551
二星	967	967	741	741	19	19	
其他	11231	11213	6383	6383	436	436	
二、餐饮业	**48711**	**48703**	**29773**	**29773**	**2356**	**2356**	**288**
1.按餐饮业行业小类分							
正餐服务	48509	48501	29676	29676	2345	2345	288
快餐服务	202	202	97	97	11	11	
2.按登记注册类型分							
内资企业	44751	44743	26627	26627	1867	1867	288
国有企业	4971	4971	2722	2722	209	209	255
有限责任公司	10571	10571	5950	5950	339	339	17
国有独资公司	549	549	275	275	14	14	
其他有限责任公司	10021	10021	5675	5675	325	325	17
私营企业	29210	29202	17955	17955	1319	1319	17
私营合伙企业	1749	1741	764	764	33	33	6
私营有限责任公司	27461	27461	17190	17190	1286	1286	11
港、澳、台商投资企业	3960	3960	3146	3146	489	489	
港澳台商独资企业	3960	3960	3146	3146	489	489	
3.按控股情况分							
国有控股	5520	5520	2997	2997	223	223	255
私人控股	38829	38822	23425	23425	1622	1622	34
港澳台商控股	3960	3960	3146	3146	489	489	
其他	402	402	205	205	23	23	
4.按经营形式分							
独立门店	45710	45702	28170	28170	2137	2137	288
连锁总店（总部）	2322	2322	1276	1276	158	158	
连锁门店	294	294	166	166	46	46	
其他	386	386	161	161	15	15	
5.按单位规模分							
中型	13360	13360	9181	9181	352	352	
小型	35351	35343	20592	20592	2004	2004	288

15-16 限额以上住宿和餐饮业法人单位财务状况（五）

（2015年） 单位：万元

行业	损益及分配						
	销售费用	管理费用	税金	财务费用	利息收入	利息支出	营业利润
总计	**21768**	**19029**	**446**	**8101**	**90**	**2606**	**4202**
一、住宿业	**14294**	**15267**	**201**	**7512**	**88**	**2328**	**-631**
1.按住宿业行业小类分							
旅游饭店	12598	13609	174	7243	88	2060	-1776
一般旅馆	1695	1658	27	270		268	1145
2.按登记注册类型分							
内资企业	14286	15179	201	5319	80	2328	-700
国有企业	467	736		3	4	7	-366
有限责任公司	10682	10655	79	4585	50	1674	-2013
国有独资公司	1336	599	7	564	20	539	-1359
其他有限责任公司	9347	10056	73	4022	29	1136	-654
私营企业	2760	3502	121	532	26	448	1160
私营独资企业	1	1	1	1			27
私营合伙企业	60	6		4		2	6
私营有限责任公司	2700	3495	120	527	26	446	1127
其他企业	376	285	1	199		199	519
外商投资企业	8	88		2193	8		68
中外合资经营企业		88		8	8		10
外资企业	8			2185			58
3.按控股情况分							
国有控股	2765	1714	20	1203	24	1176	-3126
私人控股	11521	13553	181	4124	64	1152	2436
外商控股	8			2185			58
4.按经营形式分							
独立门店	14277	15163	201	7497	88	2312	-673
其他	17	104		15		15	41
5.按单位规模分							
大型	2322	3952	87	869	21	699	1221
中型	8469	7401	20	3441	20	693	-858
小型	3502	3903	94	3201	46	935	-995
微型	1	11		2		2	1

15-16续表

行业	损益及分配						
	销售费用	管理费用	税金	财务费用	利息收入	利息支出	营业利润
6.按星级分							
五星	5322	4685	17	2152	26	165	-1880
四星	6580	6881	147	4212	41	1440	1196
三星	655	1950	22	75	12	37	-19
二星	142	31		13			34
其他	1595	1720	15	1060	9	686	37
二、餐饮业	**7475**	**3762**	**245**	**588**	**2**	**279**	**4833**
1.按餐饮业行业小类分							
正餐服务	7406	3726	234	588	2	279	4843
快餐服务	69	36	11				-11
2.按登记注册类型分							
内资企业	7475	3537	215	585	2	275	4736
国有企业	1110	486		120		121	324
有限责任公司	3077	1268	78	353	1	117	-395
国有独资公司	57	17		88	1		99
其他有限责任公司	3020	1251	78	265		117	-494
私营企业	3287	1783	136	112	1	37	4808
私营合伙企业	564	87					306
私营有限责任公司	2723	1697	136	112	1	37	4502
港、澳、台商投资企业		225	30	3		3	97
港澳台商独资企业		225	30	3		3	97
3.按控股情况分							
国有控股	1167	502		208	1	121	423
私人控股	6221	2946	215	377	1	155	4314
港澳台商控股		225	30	3		3	97
其他	86	89					-1
4.按经营形式分							
独立门店	6801	3528	241	571	1	279	4579
连锁总店（总部）	664	84	1	14			125
连锁门店		76					5
其他	9	74	3	4			124
5.按单位规模分							
中型	1637	806	68	138		73	1248
小型	5838	2956	177	451	1	206	3585

15-17 限额以上住宿和餐饮业法人单位财务状况（六）

（2015年）

单位：万元

行业	损益及分配					人工成本及增值税		从事住宿和餐饮业活动的从业人员平均人数（人）
	营业外收入	政府补助	营业外支出	利润总额	应交所得税	应付职工薪酬	应交增值税	
总计	**308**	**69**	**127**	**2438**	**1758**	**21929**	**185**	**6894**
一、住宿业	**286**	**69**	**119**	**-1666**	**1334**	**15056**	**175**	**4421**
1. 按住宿业行业小类分								
旅游饭店	276	69	119	-2752	780	13084	175	3774
一般旅馆	10			1087	555	1971		647
2. 按登记注册类型分								
内资企业	237	69	117	-1737	1318	14806	175	4355
国有企业	116	66	93	-344	3	1125		308
有限责任公司	118	4	24	-2589	885	8727	105	2522
国有独资公司	4	4		-1355		690	5	145
其他有限责任公司	114		24	-1233	885	8037	100	2377
私营企业	3			764	315	4388	70	1346
私营独资企业					1	8		20
私营合伙企业					5	77		30
私营有限责任公司	3			764	308	4303	70	1296
其他企业				432	116	566		179
外商投资企业	49		2	71	16	250		66
中外合资经营企业			2	9		181		40
外资企业	49			63	16	69		26
3. 按控股情况分								
国有控股	128	69	94	-3093	16	2316	5	616
私人控股	109		25	1364	1302	12671	170	3779
外商控股	49			63	16	69		26
4. 按经营形式分								
独立门店	286	69	119	-1707	1334	14956	175	4371
其他				41		100		50
5. 按单位规模分								
大型	93			1313	328	3058		687
中型	17	4	23	-1619	744	6450	105	1974
小型	176	66	97	-1361	262	5524	70	1754
微型				1		25		6

15-17续表

行业	损益及分配					人工成本及增值税		从事住宿和餐饮业活动的从业人员平均人数（人）
	营业外收入	政府补助	营业外支出	利润总额	应交所得税	应付职工薪酬	应交增值税	
6.按星级分								
五星	6		22	-1895	3	4087	22	1187
四星	152	4	2	1309	942	6813	5	1851
三星	119	66	95	-455	115	1885	60	611
二星				34	2	300		112
其他	8		1	-660	272	1971	88	660
二、餐饮业	**22**		**8**	**4104**	**424**	**6873**	**11**	**2473**
1.按餐饮业行业小类分								
正餐服务	22		8	4114	421	6840	11	2461
快餐服务				-11	3	33		12
2.按登记注册类型分								
内资企业	22		8	4094	422	6787	11	2448
国有企业	2		8	-8		583		183
有限责任公司	20			-442	114	2752		975
国有独资公司				74	25	183		55
其他有限责任公司	20			-516	89	2569		920
私营企业				4544	308	3453	10	1290
私营合伙企业				306	43	430		90
私营有限责任公司				4238	265	3022	10	1200
港、澳、台商投资企业				10	3	87		25
港澳台商独资企业				10	3	87		25
3.按控股情况分								
国有控股	2		8	66	25	765		238
私人控股	20			4029	397	5998	11	2140
港澳台商控股				10	3	87		25
其他				-1		24		70
4.按经营形式分								
独立门店	22		8	3855	323	6091	11	2086
连锁总店（总部）				125	70	582		333
连锁门店						84		24
其他				124	31	117		30
5.按单位规模分								
中型				1248	94	1312		606
小型	22		8	2856	330	5562	11	1867

15-18 私营、个体工商业基本情况

指　　标	单位	2014年	2015年	2015年比2014年增长%
一、本年登记户数	**户**	**33252**	**42858**	**28.9**
私营企业	户	8503	10451	22.9
个体工商业	户	24749	32407	30.9
二、本年吊销户数	**户**	**20**	**256**	**1180.0**
私营企业	户	1		
个体工商业	户	19	256	1247.4
三、本年安置下岗失业人员	**人**	**348**	**6**	**-98.3**
私营企业安置人数	人	49	6	-87.8
个体工商业安置人数	人	299		
四、注册资金亿元以上私营企业	**户**	**109**	**185**	**69.7**

注：2015年实行商事制度改革，开展个体工商简易注销，清理了一批僵尸户。

15-19 个体工商业分组情况

单位:户

行　业	2014年	2015年	2015年比2014年增长%
合　计	**178768**	**162136**	**-9.3**
农、林、牧、渔业	9875	8014	-18.8
采矿业	323	227	-29.7
制造业	13280	10648	-19.8
电力、热力、燃气及水生产和供应业	137	111	-19.0
建筑业	472	326	-30.9
批发和零售业	113721	106166	-6.6
交通运输、仓储和邮政业	3401	1536	-54.8
住宿和餐饮业	15385	15495	0.7
信息传输、软件和信息技术服务业	1673	1487	-11.1
金融业			
房地产业	77	53	-31.2
租赁和商务服务业	1541	1732	12.4
科学研究和技术服务业	484	336	-30.6
水利、环境和公共设施管理业	8	9	12.5
居民服务、修理和其他服务业	16969	15007	-11.6
教育	44	43	-2.3
卫生和社会工作	474	316	-33.3
文化、体育和娱乐业	775	629	-18.8

15-19 续表1

行业	期末实有					
	合计			#城镇		
	户数（户）	从业人员（人）	资金数额（万元）	户数（户）	从业人员（人）	资金数额（万元）
合计	**162136**	**390774**	**1939509**	**103311**	**251206**	**1203191**
农、林、牧、渔业	8014	21281	211929	2345	6179	44747
采矿业	227	1127	16223	41	264	2343
制造业	10648	46247	158177	5437	23476	68810
电力、燃气及水的生产和供应业	111	329	8420	13	41	551
建筑业	326	902	4285	156	470	2418
批发零售贸易	106166	224486	1067338	67857	144760	708284
交通运输、仓储和邮政业	1536	3060	14641	1053	2024	9433
住宿和餐饮业	15495	44589	233894	12548	37368	196841
信息传输、计算机服务和软件业	1487	2786	10615	565	1220	5518
金融业						
房地产业	53	144	465	48	131	398
租赁和商务服务业	1732	4416	31181	962	2586	16396
科学研究和技术服务业	336	868	2540	205	567	1432
水利、环境和公共设施管理业	9	28	516	3	10	71
居民服务、修理和其他服务业	15007	37252	144664	11245	29264	114118
教育	43	131	620	41	115	609
卫生和社会工作	316	815	3588	256	706	3072
文化、体育和娱乐业	629	2311	30405	536	2025	28153

15-19 续表2

行业	#本期登记			本期注销	
	户数(户)	从业人员(人)	资金数额(万元)	合计	#城镇
合计	32407	73937	555574	46617	30159
农、林、牧、渔业	986	2921	52369	2300	841
采矿业	24	116	3539	110	20
制造业	1266	6069	30160	3626	2055
电力、热力、燃气及水生产和供应业	7	30	1035	23	7
建筑业	26	61	406	147	58
批发和零售业	21211	40620	304903	27809	17751
交通运输、仓储和邮政业	298	747	4246	2098	1866
住宿和餐饮业	4587	12804	83090	4377	3435
信息传输、软件和信息技术服务业	249	520	3751	397	188
金融业					
房地产业	8	24	41	31	30
租赁和商务服务业	670	1605	12213	520	219
科学研究和技术服务业	19	49	561	134	95
水利、环境和公共设施管理业	4	11	109	2	2
居民服务、修理和其他服务业	2883	7748	49110	4585	3224
教育	16	40	357	17	15
卫生和社会工作	20	46	464	162	122
文化、体育和娱乐业	133	526	9221	273	230

15-20 私营企业分行业情况

单位:户

行　　业	2014年	2015年	2015年比2014年增长%
合　　计	**39707**	**45305**	**14.1**
农、林、牧、渔业	2984	3653	22.4
采矿业	307	279	-9.1
制造业	7955	8540	7.4
电力、热力、燃气及水生产和供应业	376	399	6.1
建筑业	2329	2627	12.8
批发和零售业	13357	15031	12.5
交通运输、仓储和邮政业	1292	1405	8.7
住宿和餐饮业	660	783	18.6
信息传输、软件和信息技术服务业	810	977	20.6
金融业	241	271	12.4
房地产业	1876	1847	-1.5
租赁和商务服务业	4735	6346	34.0
科学研究和技术服务业	689	889	29.0
水利、环境和公共设施管理业	167	178	6.6
居民服务、修理和其他服务业	1465	1533	4.6
教育	72	110	52.8
卫生和社会工作	38	42	10.5
文化、体育和娱乐业	354	395	11.6

15-20 续表1

行业	合计				
	户数(户)	#分支机构	投资者人数(人)	雇工人数(人)	注册资本(万元)
合计	45305	3626	90691	452359	19722578
农、林、牧、渔业	3653	49	7196	32472	1032913
采矿业	279	18	705	3436	119286
制造业	8540	150	17289	157254	3821460
电力、热力、燃气及水生产和供应业	399	27	1620	4253	110836
建筑业	2627	267	5231	28953	1146486
批发和零售业	15031	1464	26337	106393	3519892
交通运输、仓储和邮政业	1405	201	3229	9423	268681
住宿和餐饮业	783	78	1639	8498	212169
信息传输、软件和信息技术服务业	977	50	1620	5169	151596
金融业	271	80	592	6937	3734163
房地产业	1847	334	3857	34442	1466498
租赁和商务服务业	6346	676	15066	32883	3330846
科学研究和技术服务业	889	43	2024	5205	286362
水利、环境和公共设施管理业	178	12	388	1522	109668
居民服务、修理和其他服务业	1533	147	2764	10749	236463
教育	110	3	258	1118	19929
卫生和社会工作	42	3	77	566	25774
文化、体育和娱乐业	395	24	799	3086	129556

15-20 续表2

行业	#城镇				#本期登记	
	户数(户)	投资者人数(人)	雇工人数(人)	注册资金(万元)	户数(户)	投资者人数(人)
合计	**30208**	**62368**	**288573**	**14831965**	**10451**	**18541**
农、林、牧、渔业	954	2169	10280	379004	904	1607
采矿业	41	132	404	34522	13	42
制造业	4094	8575	78715	1943527	1634	2538
电力、热力、燃气及水生产和供应业	85	284	718	30228	38	54
建筑业	2187	4296	24296	930725	511	880
批发和零售业	11040	20241	79555	2503790	3488	5042
交通运输、仓储和邮政业	765	1854	5074	146635	274	481
住宿和餐饮业	645	1354	6903	158635	200	407
信息传输、软件和信息技术服务业	786	1349	3803	122243	291	501
金融业	229	565	5563	3708163	44	107
房地产业	1564	3278	30153	1191446	181	335
租赁和商务服务业	5281	13189	25710	3093917	2095	5080
科学研究和技术服务业	734	1684	4270	224081	274	561
水利、环境和公共设施管理业	133	283	1095	61499	35	71
居民服务、修理和其他服务业	1241	2239	8596	187482	323	559
教育	83	185	752	14286	42	95
卫生和社会工作	41	69	546	25072	11	13
文化、体育和娱乐业	305	622	2140	76711	93	168

15-20 续表3

行业	#本期登记		独资企业				
	雇工人数（人）	注册资金（万元）	户数（户）	#分支机构	投资者人数（人）	雇工人数（人）	出资额（万元）
合计	**77362**	**5297436**	**4698**	**66**	**4632**	**48595**	**452724**
农、林、牧、渔业	6764	319352	1361		1361	10390	166580
采矿业	120	15043	44		44	422	6858
制造业	24035	770227	1148	8	1140	23933	136690
电力、热力、燃气及水生产和供应业	271	22488	85		85	541	15475
建筑业	3113	223383	50	1	49	649	2385
批发和零售业	22297	858059	1104	47	1057	5867	55154
交通运输、仓储和邮政业	1952	61811	32		32	199	1233
住宿和餐饮业	1649	56052	103	3	100	911	16322
信息传输、软件和信息技术服务业	1837	69905	254		254	1323	15815
金融业	200	593733	1		1	6	30
房地产业	1293	113724	14	2	12	106	693
租赁和商务服务业	9167	1926769	160	2	158	1089	10606
科学研究和技术服务业	1283	122969	20		20	153	1529
水利、环境和公共设施管理业	269	36240	10		10	197	1128
居民服务、修理和其他服务业	1876	70099	195	3	192	1735	9032
教育	449	7251	14		14	165	563
卫生和社会工作	131	13590	13		13	241	3920
文化、体育和娱乐业	656	16742	90		90	668	8711

15-20 续表4

行业	合伙企业					
	小计					
	户数（户）	#分支机构	合伙人数（人）	雇工人数（人）	认缴出资额（万元）	实缴出资金额（万元）
合计	**4014**	**12**	**13828**	**30508**	**2424946**	**976139**
农、林、牧、渔业	433		1485	4643	66590	61477
采矿业	67		202	786	19823	19703
制造业	613	2	1582	9254	67136	65846
电力、热力、燃气及水生产和供应业	133		901	1233	18882	18880
建筑业	26		62	232	948	948
批发和零售业	1395	5	3167	6762	76746	75596
交通运输、仓储和邮政业	20		67	212	2039	1659
住宿和餐饮业	207		522	1839	22738	22248
信息传输、软件和信息技术服务业	29		78	136	2262	2262
金融业	25		147	214	223294	76316
房地产业	3		9	48	3095	3095
租赁和商务服务业	805	1	4910	3355	1894137	601244
科学研究和技术服务业	17		67	123	1066	1066
水利、环境和公共设施管理业	2		4	10	65	65
居民服务、修理和其他服务业	162	2	386	999	13720	13552
教育	15		54	123	870	870
卫生和社会工作	11		33	117	3952	3952
文化、体育和娱乐业	51	2	152	422	7583	7361

15-20 续表5

行业	合伙企业						
	普通合伙企业					有限合伙企业	
	户数（户）	合伙人数（人）	雇工人数（人）	认缴出资额（万元）	实缴出资额（万元）	户数（户）	有限合伙人数（人）
合计	**3274**	**8960**	**27512**	**310914**	**300554**	**737**	**1644**
农、林、牧、渔业	433	1485	4643	66590	61477		
采矿业	67	202	786	19823	19703		
制造业	611	1560	9231	66287	64997	2	20
电力、热力、燃气及水生产和供应业	133	901	1233	18882	18880		
建筑业	26	62	232	948	948		
批发和零售业	1395	3167	6762	76746	75596		
交通运输、仓储和邮政业	20	67	212	2039	1659		
住宿和餐饮业	205	518	1819	22435	21945	1	1
信息传输、软件和信息技术服务业	28	76	134	2162	2162	1	1
金融业	1	3	10	1000	1000	24	35
房地产业	3	9	48	3095	3095		
租赁和商务服务业	97	225	666	7652	6227	706	1579
科学研究和技术服务业	17	67	123	1066	1066		
水利、环境和公共设施管理业	2	4	10	65	65		
居民服务、修理和其他服务业	162	386	999	13720	13552		
教育	15	54	123	870	870		
卫生和社会工作	10	31	69	2952	2952	1	1
文化、体育和娱乐业	49	143	412	4583	4361	2	7

15-20 续表6

行业	合伙企业				有限责任公司			
	有限合伙企业				小计			
	普通合伙人数（人）	雇工人数（人）	认缴出资额（万元）	实缴出资额（万元）	户数（人）	#分公司	投资者人数（人）	雇工人数（人）
合　计	**859**	**2969**	**2113692**	**675245**	**36454**	**3453**	**71874**	**357049**
农、林、牧、渔业					1853	48	4204	17352
采矿业					168	18	460	2228
制造业	2	23	849	849	6765	140	14521	118965
电力、热力、燃气及水生产和供应业					181	27	634	2479
建筑业					2547	263	5115	28057
批发和零售业					12490	1378	22097	85550
交通运输、仓储和邮政业					1350	199	3055	8922
住宿和餐饮业	1	8	3	3	473	75	1017	5748
信息传输、软件和信息技术服务业	1	2	100	100	692	48	1289	3693
金融业	67	204	222294	75316	202	40	415	5164
房地产业					1827	332	3820	34058
租赁和商务服务业	785	2674	1886445	594977	5370	664	9994	28290
科学研究和技术服务业					844	42	1913	4193
水利、环境和公共设施管理业					166	12	374	1315
居民服务、修理和其他服务业					1175	141	2186	8008
教育					80	2	190	830
卫生和社会工作	1	48	1000	1000	18	3	31	208
文化、体育和娱乐业	2	10	3000	3000	253	21	559	1989

15-20 续表7

行　　业	有限责任公司					
	小计		# 自然人独资			
	注册资本（万元）	实收资本（万元）	户数（户）	投资者人数（人）	雇工人数（人）	注册资本（万元）
合　　计	16649575	7126583	9229	9111	76417	3408857
农、林、牧、渔业	788160	251577	456	457	3735	146822
采矿业	92606	50403	8	8	96	2790
制造业	3557398	1647672	1875	1872	28793	549143
电力、热力、燃气及水生产和供应业	76479	33427	23	23	108	10941
建筑业	1143053	484305	587	577	3637	148444
批发和零售业	3345378	1442649	3474	3439	21621	764732
交通运输、仓储和邮政业	264609	135798	318	305	1887	54349
住宿和餐饮业	173109	101523	85	82	733	24214
信息传输、软件和信息技术服务业	133519	30518	176	175	953	22908
金融业	3487839	1166707	23	22	553	1037973
房地产业	1446710	1063490	219	211	3163	118137
租赁和商务服务业	1424603	435676	1367	1328	7428	417648
科学研究和技术服务业	244267	74954	188	187	805	34577
水利、环境和公共设施管理业	108475	47764	34	34	255	30144
居民服务、修理和其他服务业	213711	86351	314	309	1921	29263
教育	18496	6679	27	27	256	2482
卫生和社会工作	17902	4162	3	3	6	460
文化、体育和娱乐业	113262	62929	52	52	467	13830

15-20 续表8

行业	有限责任公司 #法人独资 户数(户)	投资者人数(人)	雇工人数(人)	注册资本(万元)	股份有限公司 户数(户)	#分公司	投资者人数(人)
合计	322	194	6629	381786	139	95	383
农、林、牧、渔业	15	15	164	10438	6	1	150
采矿业	1	1	20	500			
制造业	51	49	3106	187859	14		53
电力、热力、燃气及水生产和供应业	7	8	81	12220			
建筑业	6	3	39	3950	4	3	5
批发和零售业	121	31	1921	39066	42	34	25
交通运输、仓储和邮政业	12	7	72	2650	3	2	75
住宿和餐饮业	4	4	5	15828			
信息传输、软件和信息技术服务业	3	3	10	5250	2	2	
金融业	4	3	503	6100	43	40	29
房地产业	22	19	130	38160	3		16
租赁和商务服务业	51	30	347	30235	11	9	6
科学研究和技术服务业	7	7	42	13800	8	1	24
水利、环境和公共设施管理业	6	6	101	3900			
居民服务、修理和其他服务业	6	2	27	210	1	1	
教育					1	1	
卫生和社会工作	2	2	40	11300			
文化、体育和娱乐业	4	4	21	320	1	1	

15-20续表9

行业	股份有限公司			本期注销		
	雇工人数(人)	注册资本(万元)	实收资本(万元)	户数(户)	#城镇	注册资本(万元)
合计	**16207**	**195334**	**156079**	**1487**	**985**	**1274408**
农、林、牧、渔业	87	11583	10963	36	12	7538
采矿业				6	3	901
制造业	5102	60237	45786	271	120	55174
电力、热力、燃气及水生产和供应业				5	2	1550
建筑业	15	100		69	53	7879
批发和零售业	8214	42614	36210	636	442	113656
交通运输、仓储和邮政业	90	800	800	48	22	3521
住宿和餐饮业				23	22	2013
信息传输、软件和信息技术服务业	17			24	20	3282
金融业	1553	23000	23000	7	7	12000
房地产业	230	16000	15600	47	41	13403
租赁和商务服务业	149	1500	200	218	164	1032049
科学研究和技术服务业	736	39500	23520	31	21	17398
水利、环境和公共设施管理业				3	1	200
居民服务、修理和其他服务业	7			49	42	1439
教育				3	3	550
卫生和社会工作				2	2	80
文化、体育和娱乐业	7			9	8	1776

15-21 主要年份国际旅游人数

单位：人次

指　标	1990年	1995年	2000年	2005年	2010年	2013年	2014年	2015年
国际旅游人数	7765	15791	30765	80230	250467	323667	333698	364578
1. 外国人	1865	5394	21094	42288	141770	155360	160176	156963
#日　本	1028	2805	2612	7671	13317	5912	6095	10395
菲律宾	38	59	55	258	2194	2192	2259	1865
新加坡	133	229	223	3578	10260	11845	12212	7370
泰　国	67	282	1097	277	307	454	468	1987
印度尼西亚	6	10	70	532	4417	4446	4583	3035
马来西亚		94	310	593	3357	4092	4218	5896
韩　国		3	74	4844	13555	16546	17058	11877
蒙　古			14	68	31	34	38	2042
印　度		33	6	166	5706	8272	8528	1325
美　国	206	177	6429	3978	10522	14451	14899	17933
加拿大	28	148	39	1372	1292	1941	2001	10919
德　国	18	64	2252	3437	12688	13777	14204	10290
瑞　典		3	8	57	3367	3462	3569	2367
英　国	65	528	1323	2630	9956	10345	10666	11703
法　国	33	22	264	2667	6004	6542	6745	10029
意大利	6	43	16	1464	2089	2311	2383	4904
俄罗斯	10	82	7	765	9918	10333	10653	6008
澳大利亚	76	2	21	2045	7688	8114	8365	9291
新西兰	5	20	3	614	940	1016	1047	4728
瑞　士		6	17	78	1877	1524	1572	2889
荷　兰		18	8			13	18	
西班牙		12	8	387	2203	2372	2445	2632
2. 港澳同胞	3184	2446	5153	21193	61973	92568	95438	124519
3. 台湾同胞	2664	7906	4518	16749	46724	75739	78084	83096

15-22 旅游星级饭店一览表

（2015年）

名　　称	地　　址	星　级	客　房（间）	床　位（张）
远洲国际大酒店	南湖路116号	五星	420	630
信华建国酒店	滨江路299号	五星	317	466
西湖宾馆	庐山大林路719号	四星	57	152
庐山天沐温泉度假村	星子县温泉镇	四星	112	201
龙湾温泉度假村	星子县温泉镇	四星	125	238
国脉宾馆	庐山大月山路15号	四星	89	163
北戴河宾馆	柘林镇南岸	四星	70	130
花旗假日酒店	前进东路19号	四星	163	283
金轩益君大酒店	长虹大道	四星	166	314
共青茶山假日酒店	共青城共青大道1号	四星	118	187
修水珠江大酒店	修水县城南秀水大道1号	四星	183	320
九江山水国际大酒店	十里大道202号	四星	158	298
修水君豪大酒店	修水县散源路1号	四星	113	179
武宁宾馆	武宁县城古艾路1号	四星	63	108
龙震饭店	星子县白鹿大道	四星	93	168
湖口鄱阳湖大酒店	湖口县钟山大道	四星	127	164
德安国际大酒店	德安十力路雁湖新天地2号	四星	194	323
上汤温泉度假村	星子县温泉镇	四星	192	315
福泰118长虹酒店	长虹大道70号	三星	118	203
黄金假日大酒店	长虹大道436 号	三星	112	205
柴瑱宾馆	甘棠南路111号	三星	68	126
中景假期酒店	九江火车站广场东楼	三星	135	259
九江宾馆	南湖路118号	三星	121	261
五丰宾馆	浔阳路129号	三星	78	160
九江欧迪大酒店	十里大道28号	三星	50	78
永生现代宾馆	长虹大道308号	三星	120	186
707科技交流中心	九江市前进西路105号	三星	77	154

15-22 续表1

名　　称	地　　址	星 级	客　房（间）	床　位（张）
天龙宾馆	浔阳东路147号	三星	70	120
花园大酒店	庐峰路53号	三星	92	160
瑞昌皇家大酒店	赤乌东路	三星	108	206
明星大酒店	武宁县豫宁大道南端330号	三星	110	202
武宁景山大酒店	武宁县豫林北路3号	三星	85	160
醉酒湾大酒店	柘林镇沿河路	三星	57	107
龙城大酒店	彭泽县龙泉路313号	三星	50	87
永修宾馆	永修县委大院	三星	100	160
德安宾馆	德安县东风路69号	三星	90	150
都昌大酒店	都昌县东风大道156号	三星	65	115
南康大酒店	星子县南康大道	三星	54	90
经纬宾馆	庐山回龙路2号	三星	56	111
匡城宾馆	庐山窑洼路36号	三星	86	171
白云宾馆	庐山窑洼路20号	三星	87	174
太极宾馆	庐山芦林路11号	三星	32	64
庐山如琴湖饭店	庐山大林路93号	三星	65	123
庐山体育宾馆	庐山河西路15号	三星	39	77
庐山宾馆	庐山河西路70号	三星	68	136
夏都宾馆	庐山河西路452号	三星	35	63
新云天宾馆	庐山窑洼路15号	三星	76	152
牯岭大酒店	庐山河西路7号	三星	116	227
庐池宾馆	庐山小天池17号	三星	52	106
庐山鑫缔宾馆	庐山环山路1号	三星	71	137
新世纪宾馆	庐山大林沟路68号	三星	40	72
天山宾馆	庐山牯岭街51号	三星	45	92

15-22 续表2

名　　称	地　　址	星 级	客　房（间）	床　位（张）
庐山观云山庄	庐山新建村48号	三星	65	124
庐山工会宾馆	庐山莲谷路11号	三星	49	98
庐山云龙宾馆	庐山慧远路200号	三星	45	94
庐山颐园宾馆	庐山中十路3号	三星	63	128
中房宾馆	长虹大道60号	三星	92	175
共青金航大酒店	共青城市共青大道理工学院	三星	121	204
福泰118德化酒店	十里大道903号	三星	129	191
君安大酒店	湖口县钟山大道君安商业大厦	三星	186	290
奥中大酒店	德安县一支路	三星	140	249
鑫昊大酒店	永修县富民新村	三星	82	150
宏泰宾馆	永修县易家河村	三星	54	93
庐山五鑫宾馆	庐山大林沟路47号	三星	80	155
景湖酒店	九江县柴桑北路245号	三星	85	124
兴湖山庄	湖口县石钟山大道	二星	47	89
鸿雁宾馆	交通路16号	二星	70	140
九州宾馆	九江火车站	二星	66	128
教育宾馆	九江市庐山南路6号	二星	40	77
甲秀宾馆	庐山河西路462号	二星	52	104
濂溪宾馆	前进东路554号	二星	89	188
实力宾馆	十里大道1219号	二星	33	61

15-23 农家星级旅馆一览表

（2015年）

名　　称	地　　址	星　级	客　房（间）	床　位（张）
三石饭店	星子县温泉镇	特三星	8	18
瑞昌乡情休闲农庄	瑞昌市桂林镇大塘村	特三星	9	16
新家园食府	柘林镇明易家河村	特三星	12	22
易家河中心大酒店	柘林镇明易家河村	特三星	9	18
马头山庄	九江县马回岭镇马头村	特三星	5	10
新光山庄	武宁县宋溪镇	特三星	15	25
蔡家庄饭庄	湖口县凰村乡	特三星	2	4
乾元山庄	彭泽县太平关乡	特三星	3	6
农竹庄园	星子县温泉镇板桥村	特三星	2	4
劲松山庄	九江县沙城工业园	特三星	2	3
天宝农庄	修水县竹坪乡	特三星	2	4
红豆饭庄	武宁县	特三星	3	5
双井村草堂	修水县双井村	特三星	5	8
申氏鱼庄	永修县柘林镇	特三星	3	6
深步龙生态农庄	永修县	特三星	5	10
枫桂庄园	庐山区莲花乡	特三星	5	8
大路王山庄	庐山	特三星	2	5
海龙山庄	庐山区海会镇万牛山	三星	8	20
平尧鸿生生态农庄	武宁县甫田乡茶棋村	三星	8	12
茶乡农家乐饭庄	武宁县新宁镇茶场	三星	17	25
绿色农家饭庄	柘林镇易家河村	三星	8	16
茂英度假村	共青城市	三星	37	60
桔园土菜馆	永修县柘林镇易家河村	三星	2	4
古市珠宝大酒店	修水县	三星	3	5
土巴屋山庄	永修县江上乡	三星	2	4
鱼林馆	永修县柘林镇	三星	4	8
绿茵生态休闲山庄	永修县	三星	3	6
碧竹村酒店	星子县	三星	2	4
洪湖农庄	湖口县	三星	3	6
庐山园艺农庄	庐山区	三星	2	4
碧绿茶农庄	庐山区	三星	5	10
永修县司马三水湾大酒店	永修县	特三星	2	4
星子县双垅农业生态园	星子县	特三星	4	8
修水县东电人家	修水县	特三星	4	8
湖口县湖畔山庄	湖口县	三星	2	4
农夫农生态园	湖口县	三星	2	4
邹记农家菜酒店	永修县柘林镇易家河村	三星	20	40
东林农庄	星子县温泉镇	三星	2	4
龙源大酒店	彭泽县太平关乡	三星	4	8
程坊客栈	修水县程坊乡	三星	6	12

15-24 九江市主要风景名胜一览

名　称	地址	简　　况
庐山	庐山管理局	庐山位于江西省北部，京九线和长江交汇点，北临长江，东傍鄱阳湖，自古以“雄、奇、险、秀”闻名于世，是我国的一座千古文化名山、首批国家重点风景名胜区和世界遗产地、世界地质公园、国家5A级旅游景区、全国文明风景旅游区、联合国优秀生态旅游景区。庐山旅游资源极其丰富，素以风景名山、文化名山、教育名山、宗教名山、政治名山、科技名山著称于世。以时尚、休闲、健康、环保、文化、科学吸引游客。风景区内有16大自然奇观，景点474处，形成了名山、大江、大湖交汇的磅礴气势和“春山如梦、夏山如滴、秋山如醉、冬山如玉”之美景。
秀峰景区	星子县	江西省星子县庐山秀峰风景区，位于庐山南麓，因诗仙李白题诗《望庐山瀑布》而著称——并非指三叠泉瀑布，有“庐山之美在山南，山南之美数秀峰”的美称。包括香炉峰、双剑峰、文殊峰、鹤鸣峰、狮子峰、龟背峰、姊妹峰等诸峰。秀峰风景区位距星子县城仅6公里。秀峰为庐山五大丛林之首，南唐中主李璟曾在此筑台读书，保大九年（公元951年），李璟敕令在旧读书处建寺庙，赐名“开先寺”，意思是“开国先兆”。
观音桥景区	星子县	原名栖贤桥，因桥侧建有观音寺，人们就称观音桥，又因架设于三峡涧上，亦名三峡桥。已有一千年历史。是一单孔石拱桥，桥基立于东西两岸的悬崖上，下临深潭，设计精巧，造型美观，历经近千年风雨，至今完好无损，是我国古代桥梁建筑工艺的珍贵遗产，古人赞为“神施鬼设”、“巧夺天工”。
桃花源景区	星子县	桃花源景区,位于山南景区西南部,地处庐山大汉阳峰下,总面积约一万多亩,″桃花源″又称康王谷,是庐山第一长峡谷,全长约15华里,素有″世外桃源″的美称,景观特色以幽谷风光取胜,历来被认为是陶渊明名篇《桃花源记》创作原型所在地,有一条瀑布悬空数十米,蔚为壮观,这就是庐山著名的谷帘泉瀑布,朱熹手书″谷帘泉″三大字刻于进谷路旁的崖壁上,十分壮观醒目。
东林大佛	星子县	东林大佛，位于江西省九江市星子县温泉镇的庐山山麓，是佛教净土宗的发源地（东林寺）的标志，是中国及全球露天第一高的。该佛像以48米阿弥陀佛接引铜像为核心，组成部分包括净土文化区、新东林寺、比丘尼院、隐逸文化区、安养区、海会堂、大德精舍区等。
天沐温泉度假村	星子县	庐山天沐温泉度假村位于庐山山南景区温泉镇，临环庐山公路、昌九高速、京九铁路、昌北机场，105国道，交通便捷。天沐·江西庐山温泉度假村在汉唐风格的中式园林中有四十多种设计新颖，功能各异的露天温泉浴池、SPA水疗以及大型水上乐园，让您充分体验与享受真山真水、返璞归真的大自然温泉。
龙湾温泉度假村	星子县	接旷古之水，踞名山之土而成的庐山龙湾温泉度假村是一家集观光度假、休闲疗养、商务会议、特色美食、运动健身、生态教学与环保宣传等为一体的大型综合度假村，位于世界地质公园——庐山山南景区，地处星子县温泉镇，环庐山一级公路穿境而过，距昌九（南昌----九江）高速公路7公里，至九江48 公里，九江机场20公里，昌北机场70公里。整体规划面积200余亩，按四星级标准建设，目前已为挂四酒店，国家4A级风景区，可同时容纳2000人沐浴温泉。
上汤温泉度假村	星子县	上汤温泉度假村位于山拥千峰，江环九派的江西省九江市星子县温泉镇，北依庐山，紧临鄱阳湖，气候宜人、环境优美。仙山、名湖、温泉，构造出一处人人向往的桃源仙境。度假村于2009年由江西万邦房地产开发有限公司投资5亿元严格按照国际五星级标准设计建造，占地面积300余亩，是集天然温泉、水上乐园、豪华客房、会议娱乐、特色餐饮的度假村。

15-24 续表1

名　称	地址	简　　况
中华贤母园	九江县	国家AAAA级旅游景区，位于九江县城，是我县挖掘历史文化资源，彰显地方文化特色，以岳母、陶母文化为核心，以贤母文化为内涵，以旅游休闲为外延，构建集文化展示、生态休闲、旅游观光为一体的寓教于乐、寓教于游的贤母文化主题公园。包括母爱之门、中华贤母主题雕塑、仁爱台阶、思贤路、怀恩路、入口广场、爱心广场、景区停车场）、母范天下主题馆<中华贤母文化博物馆>、陶母馆、岳母馆、金戈铁马苑。
大千世界	九江县	民生·大千世界梦幻乐园坐落于山清水秀的九江凤凰岛，北临长江，南望庐山。由梦想世界、仙踪世界、未来世界、历险世界、海底世界、史前世界、魔幻世界、秘境世界、水上世界、军事世界10大梦幻主题世界组成，融科普教育、科技文明展示、地方文化交流三大功能于一体，通过高新科技、寓教于乐的方式展现人文及自然科学技术的发展历程，激发广大青少年走进科学、学习科学知识的兴趣，是江西省科普教育基地。
陶渊明纪念馆	九江县	系历史人物纪念馆，是江西省十大名人纪念馆之一，为纪念东晋伟大诗人和散文家陶渊明而建。1985年建成开放，馆区占地面积40余亩，由纪念馆、陶靖节祠、陶渊明墓三部分组成，相配套的附属设施有归来亭、碑廊、洗墨池、柳巷、菊圃等。馆祠为江南园林式风格，驼峰式山墙，飞檐翘角，古朴典雅。自2008年实行免费开放。
狮子洞	九江县	位于九江县狮子乡的狮子山麓，隐藏于狮子山腹石壁之中。因山形状像头巨狮卧着，洞依山得名。洞前卧着一具雄狮塑像，其口为门，既显森畏，又有情趣。狮张牙舞爪，故弄玄虚，一年四季不知吞吐多少游人。狮子洞的特点在于：象形景物甚多，复杂变幻，步移景换，妙趣随生，而且曲折回环，彼此串绕，上下沟牵，处处贯穿，幽奥雅寂。它发育在两叠系下部的茅口灰岩和栖霞灰岩中，沿着具有组张性断裂面形成，张性结构面向下撒开与收敛，压性结构近于直立断裂面所截，在温湿气候条件下，通过流水对可溶性岩石长久和不断地溶塑创造成的。此洞全长游程近500米
岳母墓	九江县	位于沙河经济开发区，1996年县政府投资200余万元建成，景区占地面积40余亩。现由仪门、岳母祠、孝庐、岳母墓、叠翠亭等组成，主体建筑为明清江南民居风格。附属设施有“尽忠报国”照壁、甬道、石马、石翁仲等。年接待游客5万人次。岳母姚太夫人，北宋相州汤阴人，深明大义，教子尽忠报国，敕封周国夫人，世尊母教典范。建炎四年随飞军中奉养，绍兴六年春病逝鄂洲。宋高宗赐葬于此。1959年岳母墓被公布为省级文物保护单位。
龙宫洞	彭泽县	是国家4A级旅游景区，天然溶洞，其景有如传说中的东海龙宫，全长2700米。洞中大量钟乳石、石幔、石笋、形状奇特，别有谐趣。
兆吉沟	彭泽县	第二次国内革命战争时期，方志敏、邵式平领导的赣北、皖南游击大队第九、十中队指挥部和彭泽、湖口、鄱阳、都昌、东流、至德、望江等七县中心县委曾设置于此。当年指挥部和中心县委办公之地，至今弹痕累累。
马当炮台	彭泽县	唐陆龟蒙曾在马当山下构庐讲学，作《马当山铭》。还在上元殿侧建亭一座，名曰“鲁望亭”。清光绪甲午中日之战时因修筑马当炮台被毁。 马当位于赣北最东面的彭泽县江边，与江中小孤山遥相对峙。马当炮台，位于马当镇东北1.5公里，长江南岸的马当山上。该处山高水急，江面狭窄，地势险恶，是一夫当关，万夫莫开的江防要塞，也是历代兵家必争之地。道光二十年（1840），英军进攻上海宝山后，直逼南京，清政府下令沿江建筑炮台防守，马当炮台修建自此始。

15-24 续表2

名　称	地址	简　　况
燕山龙源峡	永修县	位于永修西南部的燕山，距南昌约一个半小时车程，是近年开发出来的绝美景点。被誉为东方“亚马逊”、南国“九寨沟”。四季风情各异：春如梦、夏如滴、秋如醉、冬如玉。不仅风景旖旎，还开发了一系列游乐项目。漂流港、蝴蝶谷、水上游乐场、户外拓展场、民俗风情表演场、高尔夫练习场、森林狩猎场等恭迎八方来宾，过江龙、水上飞人、林间秋千、丛林飞狐等娱乐设施笑待四海友朋。
凤凰山桃花园	永修县	位于永修县云山企业集团，105国道从园中南北贯通，是久负盛名、赣北之最的“桃源”。景区内有8千余亩水蜜桃、水梨、李子园和江西最大的“中华鳖”良种基地，是春夏之季八方游人踏春观花、品果的好地方。
吴城古镇旅游区	永修县	吴城古镇位于鄱阳湖、赣江、修河交汇处，是江西古代四大名镇之一，有着2200多年历史，明清时为江西最大的商贸运输口岸，经济功能不亚于省府南昌，古有“装不尽的吴城，卸不完的汉口”之称。
望湖亭	永修县	也叫望夫亭，位于永修县吴城镇城东，始建于晋太康元年（公元280年），登亭望远，秋水长天，落霞孤鹜，春江花月，渔歌唱晚，别有一番生态风光景色。这里曾演绎过一段陈友谅和娄妃凄美动人的爱情故事。
吉安会馆	永修县	始建于北宋中期。现有的会馆是吉安商人在嘉庆二十年至道光七年年间在原有基础上重修而成的，总建筑面积900多平方米，是吴城古镇48个会馆中的杰出代表。该工程共用工期12年，花费银两22534两，会馆南门上方花岗岩扁额“理学名臣”相传是为了纪念民族英雄文天祥，由明初大才子解缙所书，该建筑正面和前厅保存基本完好。
江南草原旅游区	永修县	每年，随着吴城集镇周边湖水的下降，湖泊草洲逐渐裸露出来，形成了一片广阔的草原，有草地面积4余万公顷，其中草洲面积近1.33万公顷，地势平坦，芳草萋萋，一望无际的湿地草原，这也是世界六大重要湿地之一，大小湖泊溪流星罗棋布，镶嵌在草洲湿地当中。
吴城水上沙漠	永修县	在烟波浩渺的鄱阳湖边，有一块江南最大的水上沙漠——松门、松丰、吉山的近41平方公里沙山。西北沙漠与江南水乡不可思议地在此结合，既有沙漠的荒凉，又不乏水乡的灵秀，形成了奇特的自然景观。松门山是吴城最高点，海拔90.9米，吉山、松门山两座相互毗邻、东西相连，象一条盘旋的巨龙，将烟波浩淼的鄱阳湖分为南北两段。
西海龙山	永修县	位于柘林镇易家河村（西海温泉度假村内），以旱海遗迹为看点，结合民间传说，开发出西海龙宫后花园等一系列景观，是集登山、观湖、望海、荡秋千、攀岩、CS野战等拓展运动于一体的生态休闲基地。
易家河村	永修县	位于柘林镇，为江西省AAAA乡村旅游示范点，是明朝重臣，曾任刑部、礼部和兵部尚书的魏源的家乡。是有名的长寿村，健在的村民中，80岁以上的长寿老人占70岁以上老人总数的56%。又是全国著名的柑桔之乡。原党和国家领导人温家宝、吴官正、曾庆红、回良玉、迟浩田等曾来此视察。
石钟山	湖口县	石钟山，国家AAAA级景区，全国重点文物保护单位，中国千古奇音第一山，位于中国第一大江长江与中国第一大淡水湖鄱阳湖的交汇处；南望匡庐，北镇长江，江湖水分两色。山上古建筑与碑、石刻相得益彰，互相辉映，集楼、台、亭、阁等于一体，是一座典型的江南园林。这里石块具有天然形成的皱、透、瘦、漏、丑等特点，千姿百态。而且石叩之有声，观之出奇。登临其上，看长江滔滔，观鄱湖浩淼，令人心旷神怡，流连忘返。正是由于这里奇峭的自然景观和悠久的人文景观，吸引了历代众多文人学者前来探奇揽胜，著文赋诗；其中最为著名的是宋代苏东坡的《石钟山记》。

15-24 续表3

名　称	地址	简　　况
鞋山	湖口县	鞋山，天下无双第一鞋，享有世界文化景观之美誉，位于江西湖口县城南九公里处，我国最大的淡水湖——鄱阳湖中，海拔90.7米，面积11万平方米，四面碧波，孤峰独峙，雄踞中流：威震鄱湖，以神奇峻拔，物华灵秀著称于此，是鄱阳湖中的一大绝景，也是我国重点的候鸟保护区。
烟水亭	浔阳区	烟水亭相传为“周瑜点将台”之故址，汉建安（公元208年），孙权戍守溢口（今市区），大都督周瑜在此湖上操练水军，故在湖中筑台点将。唐元和十至十三年间（公元815--818年），白居易被贬为江洲司马时，建亭于此土墩上，后人以其诗＜琵琶行＞有＂别时茫茫江浸月＂之句，名为＂浸月亭＂。“烟水亭”原在湖堤上，系宋理学家周墩颐所建，后两亭俱毁。明万历间，（公元1753--1620年）督关主事黄腾春建亭于此处，取“山头水色薄笼烟”之意境，而名“烟水亭”。后人又相继修建，逐成一集殿阁亭轩之建筑群。
步行街	浔阳区	步行街也叫大中路步行街，位于长江之滨的九江市，是一条有着数百年悠久历史的古街，也是九江最具代表性、最繁华热闹的商业步行观光街，有“赣北第一街”的美誉。现在的大中路形成大约在1924年。为延续历史文脉，重现百年老街的商业街区价值，把步行街打造成为集休闲、旅游、观光、购物为一体的商业街，2010年8月5日，浔阳区政府投资约9400万元对这条全长2.1公里的古街进行升级改造，这是大中路步行街有史以来最大的改造工程。改造后的步行街外墙修葺一新、街灯时尚大方，路面更加宽敞、干净、整洁。
浔阳楼	浔阳区	浔阳楼位于九江市区九华门外的长江之滨。浔阳楼之名最早见之于唐代江州刺史韦应物《登郡寄京师诸季及淮南子弟》一诗中的“始罢永阳守，复卧浔阳楼”的诗句。随后，江州司马白居易在《题浔阳楼》诗中又描写了它周围的景色，而真正使浔阳楼名噪天下则得力于施耐庵《水浒传》中的精彩描写。 1989年春，九江市人民政府根据旅游和文化事业发展地需要，在浔阳江畔重建了浔阳楼。重建后的浔阳楼占地1600平方米，楼高20米，外三层、内四层、青甍黛瓦，飞檐翘角，四面回廊，古朴庄重，具有明显的仿宋风格。
锁江楼	浔阳区	锁江楼位于长江之滨,九江市东北隅,傲然屹立,高耸蓝天,潇洒古朴,伟岸气昂,塔影锁江,风雅微妙,宛如撑天大柱突兀江畔。所谓锁江楼,顾名思义,是为锁住不驯服的江水。相传在古代九江常遭水患,为锁住兴水患的孽龙,永葆风调雨顺,于是祈求神灵,在离长江仅三米远的回龙矶上建锁江楼。″锁江楼″始建于明朝万历十三年(1558年),由″锁江楼″和″锁江塔″共同组成。
西海湾	武宁县	西海湾景区为国家AAAA级旅游景区，位于武宁县城，景区总面积124平方公里，其中水域面积54平方公里。景区经营河湖观光、垂钓、龙舟竞渡，沙滩浴场、水上高尔夫、水上摩托艇冲浪、柳山观光探险、沙洲露营，沿途可以欣赏到秀美的河湖风和地方特色文化表演等众多项目。
西海明珠	武宁县	西海明珠地处武宁县沙田新区，位居西海湖畔，是一幢乳白色贝壳式建筑，其独特的造型设计将建筑的宏伟气势和西海柔情完美融合，使之成为武宁的新地标。西海明珠以水为立意，巧妙地把武宁城市规划展览馆、博物馆和现代化的大剧院纳入“贝壳”之中，馆内布展之丰富、做工之精细、设计之巧妙、科技之先进，令人赞叹、让人震撼。
文峰塔	武宁县	文峰塔，位于武宁大桥北端，始建于清嘉庆元年（公元1792年），时为六方七级，砖木结构。嘉庆九年维修，由七级更为九级通梯，为全县造型最大的古塔。
柳山	武宁县	柳山位于武宁县城西南，距县城12公里，海拔约580米， 四周无它山相连，孤峰耸翠，卓立如笔，，风景秀丽，并有着许多丰富的民间传说。

15-24 续表4

名　称	地址	简　　况
阳光照耀29度假区	武宁县	景区位于神秘的北纬29°，地处庐山西海腹地，占地8000余亩，拥有大小岛屿上百座，共分四个游览区域即：水韵花魂观赏区、养生休闲度假区、动感芳甸体验区和田园野趣怡乐区。
神雾山	武宁县	神雾山风景区，位于武宁县九岭山国家森林公园的杨洲乡境内，景区年平均温度为16℃—17℃，长年雾气飘渺，神秘绝伦，素有“小庐山”之称。
九岭·桃源谷国际生态度假村	武宁县	九岭·桃源谷国际生态度假村位于九岭山国家级森林公园的腹地，建筑面积约2万平方米，是一集休闲、会务、娱乐、健身、疗养等为一体的休闲山庄。
弥陀寺	武宁县	弥陀寺位于武宁县杨洲乡南瓜源境内凤凰山上，它前有奇观吴王峰（相传三国吴王孙权的曾祖母葬此山顶）为屏，后有异境武陵岩作靠，左倚西源，右偎东源，更有武宁湖（庐山西海）相陪衬，四周重峦叠嶂，山清水秀，景色迷人，是虔心修行的世外桃源。
武陵岩峡谷	武宁县	武陵岩峡谷漂流起点位于九岭山森林公园牌坊下，顺流而下，直至庐山西海。漂流线路长12公里，分两段，途中水急、石怪、洞幽、林奇。
长墅源漂流	武宁县	位于长墅源峡谷漂流一漂流程约4公里，分别以有着神奇传说的“天鹅坟”和“观音泉”为起终点。二漂流程约3公里，以银河山庄为起点，终点濒临万岛湖。河流曲折蜿蜒，多有激流险滩；河水清澈透亮，倒映两岸峰峦。河岸两侧古木参天，浓荫蔽日，山花烂漫，峭壁狰狞。
中普陀观音岛	武宁县	观音岛位于武宁大桥东侧，占地31公顷，因岛上的观音雕像而得名，亦称“中普陀”。观音岛主要以林木景观、湖岛风光和宗教文化为特色。岛上建有1尊亚洲最高石雕大观音像。观音石像高38米，重达700余吨，另有34尊3米高的观音应化身法像分布岛上。
观湖岛	武宁县	地处武宁县官莲乡境内，矗立于庐山西海湖区中心。因地理关系，这里是眺望庐山西海湖光山色的最佳位置，故称观湖岛。登至塔顶放眼远眺，庐山西海水碧如玉，烟波浩渺；四周岛屿密布，如莲花朵朵，让人真正领略到碧波万顷、千岛落珠的壮观景象。
鲁溪洞	武宁县	坐落在耸峦叠翠的幕阜山脉中段（武宁县鲁溪镇）。海拔230米。该洞为典型的发育中溶洞，洞内高度变化大，地下暗河贯行全洞，与陆地交错分布，被誉为“江南地下水晶宫”、“亚洲水路之著的天然溶洞”。
中信庐山西海	武宁县	中信庐山西海项目位于庐山西海国家风景名胜区，地处武宁县巾口乡境内，项目以“生态、养生、运动”三大体系为核心驱动要素，致力于打造“世界一流，中国首席”的生态度假目的地。
太平山	武宁县	太平山原名丝罗山，坐落在江西省九江市武宁县境内的澧溪、甫田、大洞三乡交汇处，北与湖北省通山县接壤，距武宁县城55公里，是一处集山岳风光与道教文化于一体的风景区。
九宫南山	武宁县	座落在幕阜山脉中段、横亘于鄂赣两省边界的九宫山 ，以其秀美的自然风景和极赋历史价值的明闯王李自成陵寝而闻名于世，被命名为国家风景名胜区。
新光山庄	武宁县	位于武宁县城湖滨北岸，现已形成休闲旅游、养生度假、生态观光农业、会务培训、生态食品、野味餐饮于一体的大型生态农庄。
平尧生态农庄	武宁县	平尧政鸿生态农庄位于武宁县甫田乡茶棋村，坐落庐山西海湖畔畔，包括生态漂流、游船观光、水上垂钓、赛艇游乐、船楼茶舍、湖岛野餐、定点狩猎等多个项目，让游人体验“吃农家饭、住农家屋、做农家活、看农家景”以及“回归田野、回归自然”的情趣。

15-24 续表5

名　称	地址	简　况
长水村	武宁县	生态环境极佳，因温家宝总理亲临视察被誉为“中国林改第一村”，现大力发展农家乐旅游，兴建有农家特色餐饮店、垂钓场、登山游步道、抓鱼池等多处旅游接待设施，“吃农家饭、游农家园、赏神奇山水、领略民俗风味”的农家乐旅游特色正在逐步显现。
“乐居家园”养生村庄	武宁县	“乐居家园”养生村庄是武宁依托良好的山水资源优势，倾心打造的城乡互动互补的养老服务体系新模式，生态养生村庄的建设，是在新农村建设的基础上，通过环境整治，利用群众闲置房屋，按市场化操作的方式进行。目前已建成有申家坪、七里坑、张家湾和仓下四个养生村庄。
三叠泉景区	庐山区	三叠泉位于五老峰下部，飞瀑流经的峭壁有三级，溪水分三叠泉飞泻而下，落差共155米，极为壮观，撼人魂魄。 三叠泉每叠各具特色。一叠直垂，水从20多米的巅其背上一倾而下；二叠弯曲，直入潭中。“上级如飘雪拖练，中级如碎玉摧冰，下级如玉龙走潭。” 站在第三叠抬头仰望，三叠泉抛珠溅玉，宛如白鹭千片，上下争飞；又如百副冰绡，抖腾长空，万斛明珠，九天飞洒。如果是暮春初夏多雨季节，飞瀑如发怒的玉龙，冲破青天，凌空飞下，雷声轰鸣，令人叹为观止。
碧龙潭景区	庐山区	位于江西九江市庐山小天池东北面，九江市南郊。 该景区全长2000余米的山谷，有自然景点30多处，风景奇特，原始、幽静、群峰峥嵘，峭壁悬崖，云雾飘渺，水清甜爽，山绿诱人，石怪有形，双瀑似蛟龙出岫，潭中二龙戏珠。 20世纪30年代以前的碧龙潭鲜为人知，1930年近代著名大诗人陈三立在遭到晚清政府革职后，诗人广游庐山，借自然山水遁世遣闷，就在诗人垂暮之年发现了这个尚未被人开发的佳景，陈三立遍游庐山诸胜之后，在此立碑刻《听瀑亭记》赞叹：“疑山南三叠泉，青玉峡诸胜，莫能轩轾也。”
南山景区	庐山区	以东晋诗人陶渊明的诗句“采菊东篱下，悠然见南山”命名的南山公园，建设面积1433亩，其中山体公园716亩，广场、会展中心及道路等公共设施717亩。公园设计紧扣山水田园特色，坚持人与自然和谐的理念，将园林文化、历史文化和现代文明相融合，重点打造文化休闲广场、市民服务中心、山体公园等精品项目，是集行政、休闲、文化、生态于一体的大型综合性主题公园。
富华山	共青城市	国家AAAA级旅游景区，位于共青城市东南方位，东临鄱阳湖，南、西、北与庐山国际高尔夫球会毗邻。景区内有全国唯一一座总书记墓——胡耀邦陵园。胡耀邦夫人李昭亲自题名富华山，寓意为富我中华。景区集红色旅游、绿色生态游为一体，是全国青少年教育基地、中国（江西）十大红色旅游圣地、共青城市的森林公园、天然氧吧。
义门陈文化产业园	德安县	义门陈文化产业园地处幕阜山余脉，属赣北山区，峰峦叠翠，涧溪纵横。“义门陈”十五代同堂、历时三百三十二年聚族而居，3700余口同炊共饮、击鼓传餐。义门陈不仅构建了“大道之行，天下为公”的古代和谐社会，创造了我国历史上规模最大的家族大迁徙，还创办了我国历史上最早的私立大学——东佳书院，成为中国封建社会中人口最多、文化最盛、和谐团结最紧密的大家庭。
万家岭大捷纪念园	德安县	国家AAA级旅游景区，位于德安县河东乡上畈村，距县城1公里。园区西有薛岳、吴奇伟、吴逸志等三位将军骑马的铜像，东有敌酋被我炮火击伤、我无袖战士英勇冲杀的画面，还有英烈墙、社论池、回望门等，景致栩栩如生，足以把人们带回那烽火硝烟的悲壮岁月。
庐山博阳河生态休闲风景区	德安县	庐山博阳河生态休闲风景区地处昌九高速中段德安县聂桥镇，是庐山周边最具特色大型综合性休闲景区。竹筏观景游、冲锋舟冲浪独具特色； CS镭战战场、军事拓展培训基地精彩刺激；千亩葵花园、森林自助烧烤、露天野营轻松快乐。是您及家人朋友周末休闲、放松和聚会不二之选。
南崖-马家洲景区	修水县	南崖-马家洲景区是国家4A级旅游景区，由南崖（含黄庭坚纪念馆、南崖碑刻等）、文峰塔、云岩禅寺、修河峡谷栈道、老城修河段域、马家洲公园等景点构成，面积1100余亩，1995年被评为省级重点风景名胜区，2014年被评为国家4A级旅游景区。该景区经修河栈道和修河游步道连为一体，形成集山水、湖泊、人文一体的景区。

15-24 续表6

名　称	地址	简　　况
黄庭坚纪念馆	修水县	黄庭坚纪念馆为江西省十大名人纪念馆之一，江西省重点文物保护单位。1985年11月建成开馆，正式对外开放。馆址南山崖为省级风景名胜区，紧临修河，危崖兀立河畔，山巅登高望远，平地视野开阔，古树参天，四季葱翠，景色宜人，鸟语花香，为黄庭坚少时读书游憩之地。素有“七百里修江第一山”之美誉。
秋收起义修水景区	修水县	秋收起义修水景区，国家3A级景区，全国爱国主义教育示范基地、国家文物保护单位、全国红色旅游经典景区、井岗山干部学院现场教学基地，景区包括：秋收起义修水纪念馆、工农革命军第一军第一师师部旧址及第一团团部旧址和革命烈士纪念馆。
百茶园景区	修水县	国家AAA级景区，也叫修水县茶叶生态科技园，是九江市修水茶叶科学研究所于2004年立项建设的集茶叶科学研究、茶叶生产加工、茶文史料博览、茶艺茶道演示、茶叶产品展示、会议培训接待及商贸观光休闲为一体的现代化综合园区。
大洋洲湿地公园景区	修水县	大洋洲湿地公园景区位于修河和其支流山口水交汇处，总面积1500亩，2014年评为国家3A级旅游景区。该公园以“一带一河一洲”为景观结构，即湖滨路景观工程、内河、湿地公园三部分组成，为天然候鸟栖息地、青少年骑行、摄影基地，是自驾游和自行车宿营地的绝佳去处。
东浒寨风景区	修水县	东浒寨又叫“钟鼓寨”，据说，是以附近有两座如钟似鼓的石山得名，位于何市镇西北部与征村乡接壤处，境内方圆3公里内山势雄伟，古木参天，悬崖峭壁，清泉暗河，扑朔迷离，现在按照国家4A级景区标准进行开发建设。
程坊风景区	修水县	程坊湖水面3万亩，蓄水8亿立方米，湖水澄碧晶莹，水质甚佳，曲折幽邃。透明度达7米以上，开阔处达5千米，狭处只有几米。到处峰峦叠嶂，林木繁茂，古树参天，鸟鸣山幽，自然风光美不胜收，有“小桂林山水”之称。
五梅山	修水县	五梅山系九岭山脉主峰，海拔1715米，是九江市和九岭山脉最高峰，被称为赣北第一峰,所在地毛竹山林场是江西省八大林场之一，至今仍有万余亩原始次生林，被称为赣西北最后一块原始森林。
杨家坪	修水县	杨家坪国有林场位于修水县东南部，九岭山脉西麓，系我省八大林场之一。总面积11.5万亩，保留有原始森林和原始次生林近万亩，最高峰1473.5米。林场进口处有宋末元初所建的仙姑塔遗址、神童太子坟、清帝乾隆天子地碑石、山顶十里野生黄花带、客家田围里、老革命根据地矮子坑“修铜宜奉边临时县苏维埃政府旧址”、棉花埚军工厂等。
坂尖风景区	修水县	坂尖位于何市东北部，与黄港、黄沙两镇交界，山势雄伟，景色秀丽。集儒家文化，道教思想，佛门经典三教于一体，是修水仍至整个九岭山脉地区最为引人瞩目的圣地之一。
宁州古城	修水县	宁州古城至今已有1200余年的历史，历经了唐、宋、元、明、清及民国等朝代。宁州古城依山傍水，富有特色，保有“九井十八巷”之格局。历史上是修水县重要的茶叶、木材等商贸集散地，目前城内主要古街及各类古祠堂、古书院、古桥保存较为完好，如鹦鹉街、鳌峰书院和王亚桥等。
黄龙山	修水县	黄龙山位于幕阜山脉中部、修水县西部，为湘、鄂、赣三省的天然屏障。自然风景秀丽，系幕阜山脉的主峰，以山雄、景奇、木丰、水美的自然景观而著称，被誉为“江西的香格里拉”，同时其历史底蕴厚重，影响深远。黄龙寺位于其间，南宋慧南大师开创黄龙一宗，使黄龙寺成为宋代江西四大丛林之一，中国佛教五家七宗之一禅宗黄龙宗的发源地，举世闻名。

15-24 续表7

名　称	地址	简　　　　况
双井村	修水县	双井村是宋代诗人、书法家黄庭坚故里，仅宋代一朝出48位进士。有黄庭坚故居、墓葬、黄氏宗祠、高峰书院、明月湾、黄庭坚手书摩崖石刻等景观。已经被评为AAAA级乡村旅游点。
山口老街	修水县	山口老街是修水县境内规模最大、保存最完好的老街，早在民国元年称武德镇，公元1927年改建为山口镇，属修水八乡的武乡境内，老街呈南北走向，全长将近三华里，明清时，老街分为八个部分，由北向南称为八甲，现在，老街的居民还沿用这个名称。
兜率寺	修水县	兜率寺位于修水县渣津镇，寺庙规模宏大，气势雄伟 。寺内有乾隆皇帝歇憩适的大雄宝殿，有一字厢房 、着衣亭 、三眼桥 、百箩丘 、试心梯 、试剑石 、万功池 、鼎复山庄等景观和建筑 。
湘鄂赣省委省苏旧址群	修水县	湘鄂赣省委省苏旧址位于上衫村宫选大屋，始建于清咸丰年间，占地3252平方米，三重二厅双井、左右侧房、上下两层砖木结构，共有房屋50余间，现存有办公、会议场所多处，彭德怀住房及木床一张，二重门正顶立有刻着“湘鄂赣省苏维埃人民政府”牌匾。境内主要有：湘鄂赣省苏维埃人民政府旧址，湘鄂赣省石印局、无线电台旧址等。
东林石岭	修水县	该区石林高低错落，有如石之森林，再有千亩桃、梨辉映其间，春来桃花梨花竞相开放，一幅世外桃源景象。岭侧有天然溶洞数个，洞内景观千姿百态，有如鬼斧神工，令人叹为观止。
山背遗址	修水县	山背文化遗址为我国长江中下游地区人类聚焦之地，距今约五千年，是初中历史教科书中提到的“山背文化”的活学样本。山背址文化遗群目前已探明有４６个文物遗址，其中８处为省级文物保护单位，均匀地分布在山背村周围山丘西南坡上。
陈家大屋	修水县	陈家大屋建于清朝乾隆六年（即公元1744年），坐落在山口镇桃坪村。共分四间分祠，即退隐分祠、文権分祠，载阳分祠，建阳分祠。其占地千亩，祠旁住宅相连，鳞次栉比，建筑宏伟，上中下三重砖木结构，雕梁画栋，气派轩昂。
陈门五杰故居	修水县	陈家大屋是陈门五杰（陈宝箴、陈三立、陈衡恪、陈寅恪、陈封怀）故居，位于宁州镇高段村，距县城20公里。这里三清水秀，云雾缭绕，秀丽风景和人文传说引人入胜。古建筑保存完好，院内有陈宝箴中举、陈三立中进士时树旗的旗杆石，青砖绿瓦，雕梁画栋，尽显客家文化和豪门气概。
马祖湖	修水县	马祖湖自然环境优美、青山翠竹、鸟语花香、气温宜人。该湖系修河与其分支北岸水交汇点，系郭家滩库区，四面环山，仅一峡谷出口，乃世外桃源。
布甲溶洞	修水县	布甲溶洞位于修水县布甲乡，洞深400余米，分四关三厅，洞内两侧溶岩画廊，钟石满目、姿态各异、美不胜收，特别是后厅三柱笋石如三尊菩萨端坐其中，一尊酷似观音坐莲，满面慈容，迎接游客朝拜。
太阳升古樟群	修水县	古樟群位于修水县太阳升镇，置身古樟群中，那数十棵古樟高及十丈，棵棵皆须数人合抱，但见干如巨柱，枝若虬龙，叶似浓云，遮天盖地。举头仰望少见天日，夏日炎炎倍觉清凉；白鹭搭窝枝上，众鸟鸣唱其间。
渣津古镇	修水县	渣津古镇群山环抱，依水而建，环境优美，古风犹存 。是一座集名胜古迹 、纪念圣地与自然景观为一体的千年古镇。商周时期开始建城，古称艾侯国，距今有二千多年的历史。境内的龙峰山巍峨雄伟，千年古刹兜率寺坐居其间，美丽的修河穿境而过，古樟、古杉、石松、奇棕等珍贵树种随处可见。主要景观有：古艾遗址 、千年古寺—兜率寺 、烈士陵园等。
秦山风景名胜区	瑞昌市	瑞昌市秦山风景名胜区于1993年由江西省人民政府批准为省级森林公园。相传秦始皇并六国、一统天下，游历华夏名山大川，慕名登斯山之巅，眺长江、瞰江南、龙心大悦，封之名“秦山”。秦山最高峰海拔921千米，幅员50多平方公里，年平均气温15.5摄氏度左右，适合建设避暑疗养区和生态旅游区。

15-24 续表8

名　称	地址	简　　　　况
九江中部红木博览城	瑞昌市	瑞昌市国家AAAA级景区九江中部红木博览城陈列面积近3000平方米，集红木文化推广、产业介绍和精品展示三大功能于一身，是中部地区规模较大、藏品类别较全、红木文化较为系统深入的一家综合红木博物馆。分为红木历史馆、传承馆、工艺馆、精品馆四部分，以红木的史、形、材、艺、韵等要素为主线，娓娓道出红木家具的渊源、流派、典故、工艺等内涵。
瑞昌市铜岭国家双遗址公园	瑞昌市	瑞昌市铜岭国家双遗址公园项目是经国家文物局、国土资源部批准建设的重大文物保护项目，项目一期总投资为1.7亿元人民币，选址在我市夏畈镇禁地村，总用地为800余亩。目前遗址博物馆主体工程已完工，公园围墙正在建设中。建成后的铜岭国家双遗址公园将成为展示中国千年青铜文明的重要窗口、国内外游客寻根探胜的文化圣地。
八里湖景区	八里湖新区	国家AAAA级旅游景区，南连庐山，北濒长江，扼守新时期九省通衢的西大门，区内19平方公里大湖波光潋滟，200万平方米公园移步换景，沙滩、展馆、诗廊、水上乐园、购物广场、星级酒店一应俱全，特色明显。是山（庐山）城（浔阳城）联动、通江（长江）达（鄱阳湖）的旅游大本营。
庐山西海司马景区	庐山西海	西海湖区水域面积308平方公里，平均水深45米，最深处70米，能见度9-11米，负氧离子含量每立方厘米15万个，属国家一级水质、一级空气，被誉为天然氧吧，是桃花水母的全国最大繁衍地。湖中最大岛屿面积2000余亩，最小的岛屿只有一棵树，被称为“沧海一树”。湖内有3亩以上岛屿1667个，5亩以上的岛屿997个。湖岛风光秀丽，景色迷人，被誉为“中国最美的湖光山色”。
庐山西海云居山景区	庐山西海	云居山海拔969.4米，山顶莲花城中真如禅寺是中国佛教曹洞宗的发祥地，被誉为“中国佛教领袖的摇篮”。新中国佛教协会首任名誉会长虚云老和尚、第三任会长赵朴初、第四任会长一诚大师，现任会长传印大师都曾担任该寺主持或在此修行多年。真如禅寺农禅并重，禅风严谨，1988年就被列为全国三大样板丛林之首，是中外广大佛教弟子敬奉的世界坐禅中心。山上人文景观荟萃，古寺牌楼、僧侣塔林、摩崖石刻等古迹随处可见。苏轼、佛印、黄庭坚、魏源等众多历史名人都在此留下了深刻足迹与传世佳作。
西海国际温泉度假村	庐山西海	庐山西海国际温泉度假村坐落在西海南岸的易家河村，是2005年由江西省地矿局与香港港恒旅游发展有限公司联合开发的新景区，占地面积约400亩。度假村属国家4A级旅游景区，是江西省规模最大、档次最高、项目最多、最富有情调的温泉度假村。它集温泉养生、娱乐休闲、酒店服务及园林景观为一体。原生态温泉水富含氡、硫、氟、偏硅酸，同时富含多种对人体有益的微量元素，对多种疾病和不孕不育症具有重要的医疗养生价值。
桃花溪漂流景区	庐山西海	桃花溪漂流景区位于西海湖区南岸、海拔1100米的桃花尖山峰峡谷间。因溪水常年不断地从桃花洞蜿蜒而下，时而在巨石中穿行，千姿百态，落英缤纷。加之桃花仙子骑石龟顺溪而下的传说，因而得名桃花溪。桃花溪漂流景区主要由森林峡谷漂流、溯溪探险、瀑布观光休闲度假三大部分组成。景区内动植物繁多，野猪、麂子等野兽经常出没山涧峡谷之中，红豆杉、桂花树、白果树等珍贵树种许多有近千年历史。除此之外，茶叶、猕猴桃、杨梅、尖板栗、罗汉菜等野生果菜多有分布。景区气候宜人，水源充足，负氧离子含量高，是天然的氧吧。
阳光照耀29度假区	庐山西海	景区地处神秘的北纬29°，秀山碧水环绕、阳光花木辉映，是养生度假的好地方，故称“阳光照耀29度假区”。景区地处庐山西海腹地，占地2000余亩，大小岛屿数百座，共分四个游览区域，即：水韵花魂观赏区、养生休闲度假区、动感芳甸体验区和田园野趣怡乐区。在这里，你可以品茶论道，在自然中感悟人生真谛；可以踏雪寻梅，感受柳暗花明的惊喜与满足；也可以泛舟湖上，聆听琵琶女的传统仙乐；还可以日出而作、日落而息，享受渔樵耕读的悠然与自得。

15-24 续表9

名　称	地址	简　　　　　况
中信庐山西海旅游度假区	庐山西海	中信庐山西海旅游度假区西部组团规划总投资额60亿元，区域总占地面积约7平方公里，占据了最美湖岸线景观，坐拥“7湾、8岛、1湖、1山”的罕世资源。依托风景优美的湖光山色，以运动文化养生度假为主题，开发旅游、休闲、度假、会议、运动、展示、培训等多元综合产品，重点打造2个公园（滨水生态公园、坡地公园）、3个基地（运动基地、养生基地、生态基地）、5个主题酒店（仙岚骊渡精品酒店、田园度假酒店、高峰会议酒店、高端疗养度假酒店、SPA精品酒店），分为养生度假、生态乐活、会务康体以及运动休闲四大主题区域。
鄱湖国际珠贝城	都昌县	鄱湖国际珠贝城位于都昌县鄱阳湖大道1号，总建筑面积8万多平米，是鄱阳湖上第一个珠贝珠宝首饰交易集散中心，由珍珠馆、贝壳馆和饰品馆三大主馆，精品品牌展示区、珠贝饰品交易区、珠贝原料交易区、宝玉石交易区、首饰加工设备交易区等五大功能区块组成。为整合都昌鄱阳湖地区生态文化旅游资源起到重要的作用。
鄱阳湖南山风景区	都昌县	都昌南山，雄立于鄱阳湖北岸，处鄱阳湖腹地。山体面积1.3万平方米，海拔184米，因位居都昌县城南面而得名。"鄱湖之美在都昌，都昌之美在南山"。南山，以其"山悠水长，能阴善晴"而秀甲鄱湖。满山翠竹苍松，葱绿烟笼，让不少古今名士豪杰流连忘返，留下了不少佳篇绝唱。
老爷庙风景区	都昌县	老爷庙风景区坐落于都昌县多宝乡，鄱阳湖入江洪道右岸，其中老爷庙位于龙头山首，与庐山遥遥相对，开都昌之门户，扼蠡水之咽喉。老爷庙风景区集神圣的老爷庙、神秘的东方百慕大、神奇的沙山“三神”为一体，是一个集亲水探秘、观光游览、疗养度假、寻古访幽、科普考察、探险娱乐于一体的大型生态旅游景区。
鹤舍历史文化名村	都昌县	鹤舍历史文化名村座落在都昌县苏山村委会，紧邻道家第五十一福地元辰山。该古建筑群始建于清代乾隆年间，环村西北两面共18栋古建，成厂形排列，整个古建风格外观整齐划一，山头凤尾叠起，栋栋墙体相连，户户串门相通，下雨可不走湿路。全村围绕农耕、书香、瓷业和军政四大主题来描述鹤舍古村的人文历史。
张岭水库国际级水利风景区	都昌县	张岭水库国际级水利风景区位于都昌县蔡岭镇、大港镇境内，东依武山山脉，南临鄱阳湖，依托张岭水库而建，是第九批国家水利风景区。景区群山环抱，层峦叠嶂，山水相映，依托山水资源，将库区自然风景、红色景区、三尖源森林公园、古村落景区四个板块联合开发，欲打造成一个以旅游观光、休闲度假为一体的水利风景区。
台山景区	湖口县	江西省九江市湖口县台山公园，于2012年5月1日正式向市民开放。公园由北京大学土人景观与建设规划设计院设计，总占地面积约360亩，绿化覆盖率87%，公园总要突出八大景观，即:霜草寒林、临亭怀苏、徒阶忆古、台山耸翠、芦塘落雁、响石析泉、台田花海、樟樯荡舟。公园入口紧邻台山大道，附近设置停车场。公园的建成，又为湖口县广大市民提供了一座登山健身、休闲娱乐、亲近大自然的好去处。
龙源峡景区	永修县	龙源峡，位于江西省九江市永修县国家风景名胜区云居山的深处，距南昌市和九江市车程都约为一个半小时，是近年开发出来的绝美的景点。到过龙源峡的游人，无不为其美丽的景色所倾倒，誉其为东方"亚马逊"、南国"九寨沟"。 龙源峡虽然不是世界上最美的地方，但是像龙源峡这样美丽的地方在世界上也不多见。在离景区二十多公里的地方，就见群山郁郁葱葱、田野青翠欲滴，村庄美丽有致，民风淳朴，俨然是一处世外桃园。

主要统计指标解释

批发和零售贸易业 根据国家1994年新制定的行业分类标准《国民经济行业分类与代码》（GB/T4754-94）将原国内商业、对外贸易业、物资供销业，统一调整为批发和零售贸易业。包括流通环节批发贸易和零售商业。

社会消费品零售总额 指各种经济类型的批发零售贸易业、餐饮业、制造业和其他行业对城乡居民和社会集团的消费品零售额和农民对非农业居民零售额的总和。

商品购进总额 指从本企业以外的单位和个人购进（包括从国外直接进口）作为转卖或加工后转卖的商品金额。包括从工农业生产者购进额，进口额和其他购进组成。这个指标反映批发零售贸易企业从国内外市场上购进商品的总量。

商品销售总额 指对本企业以外的单位和个人出售（包括对国(境)外直接出口）的商品（包括售给本单位消费用的商品）金额。本指标由对生产经营单位批发额、对批发零售贸易业批发额、出口额、对居民和社会集团商品零售额项目组成。这个指标反映批发零售贸易企业在国内市场上销售商品以及出口商品总量。

商品销售收入（营业收入） 指批发零售贸易企业商品销售收入、接受其他单位委托代销商品的收入和餐饮企业的营业收入。1994 年实行增值税为价外税，因此商品销售收入不含增值税。与 1994 年前数字不可比。

商品销售收入净额 指批发零售贸易企业商品销售收入，减去商品销售折扣与折让后的净额。

商品销售税金及附加 实行新税制后，商业批发零售改征增值税。是价外税不含在销售收入中。因此，商品销售税金及附加中，包括城市维护建设税和教育费附加。与 1994 年年前对比口径不同。

旅游人数

（1）入境旅游人数：指报告期内来我国观光、度假、探亲访友、就医疗养、购物、参加会议或从事经济、文化、体育、宗教活动的外国人、港澳台同胞等入境游客。统计时，外国人、港澳台同胞每入境一次统计 1 人次。

（2）国内旅游人数：指在报告期内在中国（大陆）观光游览、度假、探亲访友、就医疗养、购物、参加会议或从事经济、文化、体育、宗教活动的中国（大陆）居民人数，其出游的目的不是通过所从事活动谋取报酬。统计时，国内游客按每出游一次统计 1 人次。

国际旅游（外汇）收入 指入境游客在中国（大陆）境内旅行、游览过程中用于交通、参观游览、住宿、餐饮、购物、娱乐等全部花费。

国内旅游收入 指国内游客在国内旅行、游览过程中用于交通、参观旅览、住宿、餐饮、购物、娱乐等全部花费。

星级饭店 指设备、设施、服务符合《旅游饭店星级的划分与评定》（GB/T14308-2003），通过相关旅游管理部门评定，并取得星级饭店称号的饭店（含预备星级饭店）。

金融、保险 16

- 2015年末，全市金融机构人民币各项存款余额2173.34亿元，比年初增加309.21亿元；各项贷款余额1451.90亿元，比年初增加232.58亿元。
- 2015年，全市财产保险机构保费收入15.37亿元，比上年增长11.8%；全市人寿保险机构保费收入33.21亿元，比上年增长45.4%。

16-1 金融机构信贷收支

（年末数、人民币）　　　　单位：亿元

指　　　标	2014年	2015年	2015年比年初增减
各项存款合计	**1864.13**	**2173.34**	**309.21**
境内存款	**1863.02**	**2172.22**	**309.20**
住户存款	1064.23	1193.18	128.95
活期存款	450.86	494.30	43.44
定期及其他存款	613.38	698.88	85.50
非金融企业存款	442.60	542.85	100.25
活期存款	225.62	267.50	41.88
定期及其他存款	217.03	275.40	58.37
广义政府存款	346.30	428.21	81.91
财政性存款	28.02	57.22	29.20
机关团体存款	318.28	370.99	52.71
非银行业金融机构存款	9.90	7.99	-1.91
境外存款	1.12	1.12	0.00
各项贷款合计	**1219.32**	**1451.90**	**232.58**
境内贷款	1219.27	1451.86	232.59
住户贷款	546.26	627.66	81.40
短期贷款	192.05	199.03	6.98
# 消费贷款	39.80	40.16	0.36
# 经营贷款	152.24	158.87	6.63
中长期贷款	354.21	428.63	74.42
# 消费贷款	295.79	359.13	63.34
# 经营贷款	58.42	69.50	11.08
非金融企业及机关团体贷款	672.95	824.19	151.24
短期贷款	291.05	309.99	18.94
中长期贷款	350.95	434.25	83.30
票据融资	28.58	77.30	48.72
各项垫款	2.36	2.64	0.28
非银行业金融机构贷款	0.07	0.02	-0.05
境外贷款	0.04	0.03	-0.01

16-2 各县(市、区)人民币存款余额

单位：万元

地　　区	2014年	2015年	2015年比年初增减
全市合计	**18645384**	**21733427**	**3092075**
市辖区	8046384	9521835	1479903
九江县	876508	937263	60753
武宁县	922591	1103066	180464
修水县	1293232	1463884	170621
永修县	1184136	1255146	71004
德安县	330981	389005	58033
星子县	630010	766900	136893
都昌县	1396732	1685553	288803
湖口县	902157	1137495	234939
彭泽县	906630	1023912	117315
瑞昌市	1281659	1448456	166799
庐山管理局	138084	174576	36492
共青城市	736280	826336	90055

16-3 各县(市、区)人民币贷款余额

单位：万元

地　　区	2014年	2015年	2015年比年初增减
全市合计	**12192415**	**14518954**	**2325833**
市辖区	5722617	7167347	1444730
九江县	599916	700877	100961
武宁县	593904	683954	90050
修水县	744655	919603	174948
永修县	808925	825823	16898
德安县	250993	306287	55294
星子县	390578	492758	102180
都昌县	518080	564205	45621
湖口县	671900	787984	115883
彭泽县	405763	486268	80504
瑞昌市	836140	961524	125384
庐山管理局	41115	14438	-26677
共青城市	607828	607886	58

16-4 财产保险机构主要险种保费收入和支出情况

（2015年）　　单位：万元

指　　标	金　　额	指　　标	金　　额
保费收入合计	**153653**	**赔款支出合计**	**71184**
企业财产保险	3426	企业财产保险	1518
机动车辆保险	127366	机动车辆保险	60056
货物运输保险	377	货物运输保险	123
责任保险	4664	责任保险	1282
信用保证保险	31	农业保险	2262
农业保险	4469	其它财产保险	5944
其它财产保险	13319	**未决赔款金额**	**46917**

16-5 人寿保险机构主要险种保费收入和支出情况

（2015年）　　单位：万元

指　　标	金　　额	指　　标	金　　额
保费收入合计	**332106**	**赔款支出合计**	**68695**
团体保险	12079	团体业务	7326
# 人寿保险	211		
意外伤害保险	1481	死伤医疗给付	7326
健康保险	10387		
个人保险	320027	个人业务	61369
# 人寿保险	299817	# 年金给付	6039
意外伤害保险	4163	满期给付	47815
健康保险	16047	死伤医疗给付	7515

主要统计指标解释

存款 指企业、机关、团体或居民根据资金必须收回的原则，把货币资金存入银行或其他信用机构保管并取得一定利息的一种信用活动形式。根据存款对象的不同可划分为企业存款、财政性存款、城乡储蓄存款、农村存款、信托及其他存款等，它是银行信贷资金的主要来源。

贷款 指银行或其他信用机构根据资金必须归还的原则，按一定利率，为企业、个人等提供资金的一种信用活动形式。我国银行贷款分为工业贷款、农业贷款、商业贷款、建筑业贷款、私营和个体贷款、乡镇企业贷款、中长期贷款、信托及其他贷款等。

城乡居民储蓄存款 指某一时点城乡居民存入银行及农村信用社的储蓄金额，包括城镇居民储蓄存款和农民个人储蓄存款，不包括居民的手存现金和工矿企业、部队、机关、团体等单位存款。

保险金额 指保险人承担赔偿或者给付保险金责任的最高限额。

保费 指投保人为取得保险人在约定范围内所承担赔偿责任而支付给保险人的费用。

赔款 指保险人根据保险合同的规定，向被保险人支付的赔偿保险责任损失的金额。

给付 包括死伤医疗给付和满期给付。死伤医疗给付是指保险人根据人寿保险及长期健康保险合同的规定，因被保险人在保险期内发生保险责任范围内的保险事故支付给被保险人(或受益人)的金额。满期给付是指被保险人生存期满，保险人按人寿保险合同规定支付给被保险人的满期保险金额。

房地产开发 17

● 2015年，全市房地产开发施工房屋面积1326.70万平方米，竣工房屋面积160.40万平方米，销售房屋面积354.85万平方米。

17-1 房地产开发投资主要指标

指　　标	单　位	2014年	2015年	2015年比2014年增长%
完成投资合计	**万元**	**1291834**	**1329104**	**2.9**
按工程用途分				
#住 宅	万元	909151	951650	4.7
办公楼	万元	22542	14722	-34.7
商业营业用房	万元	292219	250173	-14.4
其他	万元	67922	112559	65.7
新增固定资产	万元	597051	457087	-23.4
资金来源合计	万元	2567289	2383924	-7.1
房屋施工面积	万平方米	1115.93	1326.70	18.9
房屋竣工面积	万平方米	134.67	160.40	19.1
商品房屋销售面积	万平方米	317.20	354.85	11.9
#住 宅	万平方米	299.70	327.23	9.2
办公楼	万平方米	0.81	0.50	-38.3
商业营业用房	万平方米	14.29	22.91	60.3
其他	万平方米	2.40	4.21	75.4
商品房销售额	万元	1343821	1507982	12.2
#住宅	万元	1193579	1322713	10.8
办公楼	万元	4694	1997	-57.5
商业营业用房	万元	138817	171096	23.3
其他	万元	6731	12176	80.9

17-2 各县(市、区)房地产开发投资主要指标

（2015年）

指标	单位	全市合计	市区	九江县	武宁县	修水县	永修县
完成投资	万元	1329104	692543	35590	154263	66396	33236
建筑工程	万元	974203	482808	27552	119266	43582	26853
安装工程	万元	119225	59062	6762	3871	12907	4358
设备工器具购置	万元	16364	11500	1250	500	992	797
其他费用	万元	219312	138428	786	30626	8915	1228
新增固定资产	万元	457087	109845	80290	49627		30465
本年资金来源合计	万元	2383924	1158657	152048	296866	101122	44306
房屋施工面积	平方米	13267043	4397098	727527	2760567	663950	488167
房屋竣工面积	平方米	1603967	194118	200916	319877		83631
商品房销售面积	平方米	3548528	1202936	249830	366581	155569	116173
商品房销售额	万元	1507982	593054	85733	168491	53479	52834
资产总计	万元	7228066	4213285	514980	530497	321191	228451
负债总计	万元	5335724	2859142	440855	465105	298270	181116
所有者权益合计	万元	1892342	1354144	74125	65392	22920	47335
主营业务收入	万元	1124945	589576	76934	25499	48412	60133
主营业务利润	万元	-40272	538	1552	-2586	-72619	8633
利润总额	万元	-2605	37532	1438	-2627	-72635	8532

17-2 续表

指　　标	单　位	德安县	星子县	都昌县	湖口县	彭泽县	瑞昌市	共青城市
完成投资	万元	31797	44100	55485	71633	10670	128308	5068
建筑工程	万元	18973	43000	46727	55147	8423	97138	4734
安装工程	万元	2128		2984	12459	1468	12892	334
设备工器具购置	万元			834	300	171	20	
其他费用	万元	10696	1100	4940	3727	608	18258	
新增固定资产	万元	16718	7000	62176	10189	46840	43362	572
本年资金来源合计	万元	40862	44300	95552	118559	65738	235299	30615
房屋施工面积	平方米	346854	498321	538047	595340	480796	1583655	186721
房屋竣工面积	平方米	104110	20000	218399	52272	182494	224340	3810
商品房销售面积	平方米	106973	118300	182706	129425	184847	555633	179555
商品房销售额	万元	37548	46040	73658	46991	67148	228946	54060
资产总计	万元	103675	32875	194722	259885	223580	405238	199687
负债总计	万元	74179	15730	111049	232034	150607	342648	164989
所有者权益合计	万元	29496	17145	83672	27851	72973	62590	34698
主营业务收入	万元	16327	18950	28960	37870	55935	121692	44657
主营业务利润	万元	1074	3529	-694	-16912	18838	15956	2419
利润总额	万元	1070	3529	88	-16836	18832	16086	2388

17-3 按登记注册类型分的房地产开发投资

（2015年） 单位：万元

指标	合计	内资	#国有	股份有限公司	私营及个体投资	港澳台商投资	外商投资
投资总额	**1329104**	**426734**	**9985**	**11628**	**405121**	**18734**	**15**
按构成分							
建筑工程	974203	311971	9585	10349	292037	11681	
安装工程	119225	48016		839	47177	2933	15
设备工器具购置	16364	8620		440	8180	1655	
其他费用	219312	58127	400		57727	2465	
按工程用途分							
住宅	951650	253885	4238	7127	242520	7412	15
办公楼	14722	984		534	450	60	
商业营业用房	250173	137062	65	3857	133140	11122	
其他	112559	34803	5682	110	29011	140	

主要统计指标解释

房地产开发投资 指房地产开发公司、商品房建设公司及其他房地产开发单位进行土地开发工程、商品房屋建设工程所完成的投资额。是以货币表现的房地产开发工作量。

商品房屋 指有资格的商品房屋开发公司为了出售而统一开发的全部商品房屋，包括商品住宅和其他商品房屋。但不包括开发区内的非商品房屋项目，也不包括开发公司自建自用的房屋和承建的统建住宅。①商品住宅的建设投资包括：a.开发区内的征地、拆迁等实际费用；b.商品住宅建筑安装工程费用；c.开发区红线内的市政配套；d.为开发区内商品住宅配套的服务网点。②其他商品房屋的建设投资包括：由开发公司统一开发建设的厂房、仓库等其他商品房屋的建筑安装工程费用，以及由此而发生征地、拆迁费用和配套设施建设。

房屋施工面积 指报告期内施工的全部房屋建筑面积。包括本期新开工的面积和上年开工跨入本期继续施工的房屋面积，以及上期已停建在本期恢复施工的房屋面积。本期竣工和本期施工后又停建缓建的房屋面积仍包括在施工面积中，多层建筑应填各层建筑面积之和。

房屋竣工面积 指报告期内房屋建筑按照设计要求已全部完工，达到住人和使用条件，经验收鉴定合格或达到竣工验收标准，可正式移交使用的各栋房屋建筑面积的总和。

商品房销售面积 指报告期内出售商品房屋的合同总面积（即双方签署的正式买卖合同中所确定的建筑面积）。由现房销售建筑面积和期房销售建筑面积两部分组成。

商品房销售额 指报告期内出售商品房屋的合同总价款（即双方签署的正式买卖合同中所确定的合同总价）。该指标与商品房销售面积同口径，由现房销售额和期房销售额两部分组成。

本年完成开发土地面积 指报告期内对土地进行开发并已完成七通一平等前期开发工程，具备进行房屋建筑物施工或出让条件的土地面积。

本年购置土地面积 指在本年内通过各种方式获得土地使用权的土地面积。

科技、教育、文化 18

- 2015年，全市拥有独立科研机构15个，其中部属1所，省属2所。
- 2015年，市属企事业单位拥有各类专业技术人员6.6万人。
- 2015年，全市拥有普通高校7所，在校学生8.88万人；职业高中21所，在校学生1.24万人；普通中学281所，在校学生26.15万人；小学920所，在校学生39.90万人。
- 2015年，小学适龄儿童入学率100%，小学毕业生升学率103.5%。
- 2015年，全市文化事业机构80个，人员1293人，图书馆藏书212.1万册，文物馆藏文物4.12万件。

18-1 独立科研机构基本情况表

（2015年）

单位名称	隶属关系	年末从业人员（人）	# 科技活动人员（人）	# 具有中级职称以上人员（人）	固定资产合计（万元）	经费支出（万元）
中国船舶工业总公司6354研究所	部属	581	370	193	10006	7861
江西省棉花科学研究所	省属	294	100	31	496	2277
江西省庐山植物园	省属	86	66	34	816	2565
九江市水产科学研究所	市属	31	18	11	1108	231
九江农业科学研究所	市属	55	55	15	342	1210
九江市水利科学研究所	市属	15	15	8	75	123
九江林业科学研究所	市属	93	28	15	172	895
九江市机电产品研究所	市属	11	11	9	46	105
九江市纺织产品研究所	市属	4	4	2	4	55
九江市修水茶叶科学研究所	市属	315	19	11	4600	514
九江市科学技术情报研究所	市属	24	18	9	10	260
瑞昌市农业科学研究所	县属	65	20	4	45	184
瑞昌市林业科学研究所	县属	54	10	5	76	228
湖口县农业科学研究所	县属	21	19	2	104	11
彭泽棉科所	县属	14	9	4	24	39

18-2 市属企事业单位各类专业技术人员

单位:人

指　　标	2014年	2015年	2015年比2014年增长%
合　　计	64961	65890	1.4
一、按机构分			
事业单位	64398	65392	1.5
企业单位	563	498	-11.5
二、按人员类别分			
工程技术人员	2491	3037	21.9
农业技术人员	2434	1672	-31.3
科学技术人员	312	123	60.6
卫生技术人员	12998	14391	10.7
教学人员	42577	43761	2.8
其　　他	4149	2906	-30.0
三、按专业技术职称分			
高级职称	8425	9271	10.0
中级职称	27546	27071	-1.7
初级职称	28056	28134	0.3
其　　他	934	1414	51.4

18-3 规模以上工业企业全部R&D项目情况

(2015年)

	项目数（项）	参加项目人员（人）	项目人员折合全时当量（人年）	全部项目经费内部支出（万元）
总　　计	334	2587	1222	78431
一、按企业规模分组				
大型	56	605	161	23840
中型	152	1255	710	33178
小型	126	727	352	21412
二、按隶属关系分组				
中央	30	132	110	2397
省(自治区、直辖市)	11	117	42	341
地(区、市、州、盟)	22	162	26	4604
县(区、市、旗)	22	134	34	4897
其他	249	2042	1010	66192
三、按登记注册类型分组				
内资企业	278	2029	1098	65624
有限责任公司	123	901	481	23469
国有独资公司	9	70	19	202
其他有限责任公司	114	831	462	23266
股份有限公司	29	288	74	16077
私营企业	126	840	543	26078
私营有限责任公司	122	807	519	24912
私营股份有限公司	4	33	23	1166
港、澳、台商投资企业	45	453	92	8359
合资经营企业(港或澳、台资)	21	157	12	2793
港、澳、台商独资经营企业	24	296	80	5566
外商投资企业	11	105	33	4448
中外合资经营企业	6	49	7	1605
外资企业	2	15	9	1053
外商投资股份有限公司	3	41	17	1790
四、按国民经济行业大类分组				
采矿业	1	10	6	101
有色金属矿采选业	1	10	6	101
制造业	333	2577	1216	78330
农副食品加工业	4	76	64	611
食品制造业	2	44	4	475

18-3 续表

	项目数（项）	参加项目人员（人）	项目人员折合全时当量（人年）	全部项目经费内部支出（万元）
酒、饮料和精制茶制造业	1	4	2	500
纺织业	26	327	100	4243
纺织服装、服饰业	5	94	8	7608
皮革、毛皮、羽毛及其制品和制鞋业	2	21	15	930
木材加工和木、竹、藤、棕、草制品业	1	5	1	12
家具制造业	1	10	5	75
造纸和纸制品业	2	10	5	550
印刷和记录媒介复制业	2	18	13	300
文教、工美、体育和娱乐用品制造业	2	13	7	720
石油加工、炼焦和核燃料加工业	1	15	0	270
化学原料和化学制品制造业	51	265	161	9184
医药制造业	16	134	84	5264
橡胶和塑料制品业	3	26	12	1168
非金属矿物制品业	61	393	179	8556
黑色金属冶炼和压延加工业	14	120	19	4668
有色金属冶炼和压延加工业	6	92	54	1381
金属制品业	6	38	14	1360
通用设备制造业	18	209	119	3784
专用设备制造业	6	32	13	882
汽车制造业	4	34	20	2315
铁路、船舶、航空航天和其他运输设备制造业	1	5	1	95
电气机械和器材制造业	58	368	233	16723
计算机、通信和其他电子设备制造业	35	152	38	5844
仪器仪表制造业	5	72	45	812
五、按经济成分分组				
公有经济	47	299	176	5337
非公有经济	287	2288	1047	73094
六、按企业控股情况分组				
国有控股	43	264	167	4693
集体控股	4	35	9	644
私人控股	214	1585	898	55650
港澳台商控股	49	485	96	9129
外商控股	5	56	26	2843
其他	19	162	27	5473

注：18-3至18-6表中不含保密单位数据。

18-4 规模以上工业企业R&D经费情况

（2015年）　　　　单位：万元

指　　标	R&D经费内部支出合计	#企业资金	R&D经费外部支出
总　　计	**91670**	**90595**	**1499**
一、按企业规模分组			
大型	25586	25415	308
中型	40064	39908	395
小型	26020	25272	796
二、按隶属关系分组			
中央	2461	2294	223
省(自治区、直辖市)	796	791	15
地(区、市、州、盟)	4637	4632	68
县(区、市、旗)	6503	6501	681
其他	77274	76378	512
三、按登记注册类型分组			
内资企业	78036	76986	1353
有限责任公司	27769	27221	781
国有独资公司	238	233	
其他有限责任公司	27530	26988	781
股份有限公司	17863	17673	361
私营企业	32404	32092	210
私营有限责任公司	30894	30582	210
私营股份有限公司	1510	1510	
港、澳、台商投资企业	8654	8630	70
合资经营企业(港或澳、台资)	2951	2947	
港、澳、台商独资经营企业	5703	5683	70
外商投资企业	4980	4980	76
中外合资经营企业	1871	1871	6
外资企业	1287	1287	70
外商投资股份有限公司	1821	1821	
四、按国民经济行业大类分组			
采矿业	418	418	
有色金属矿采选业	418	418	
制造业	91252	90177	1499
农副食品加工业	655	555	30
食品制造业	995	980	10

18-4 续表

指　　标	R&D经费内部支出合计	#企业资金	R&D经费外部支出
酒、饮料和精制茶制造业	519	250	
纺织业	5320	5315	
纺织服装、服饰业	8448	8448	70
皮革、毛皮、羽毛及其制品和制鞋业	967	967	
木材加工和木、竹、藤、棕、草制品业	14	14	6
家具制造业	997	997	
造纸和纸制品业	741	741	
印刷和记录媒介复制业	337	337	
文教、工美、体育和娱乐用品制造业	971	971	70
石油加工、炼焦和核燃料加工业	334	167	223
化学原料和化学制品制造业	11670	11461	208
医药制造业	5601	5512	18
橡胶和塑料制品业	1347	1347	
非金属矿物制品业	9758	9753	40
黑色金属冶炼和压延加工业	4687	4687	
有色金属冶炼和压延加工业	1829	1829	15
金属制品业	2202	2109	574
通用设备制造业	4237	4237	
专用设备制造业	980	980	
汽车制造业	2347	2347	68
铁路、船舶、航空航天和其他运输设备制造业	185	185	
电气机械和器材制造业	18264	18182	120
计算机、通信和其他电子设备制造业	6565	6545	5
仪器仪表制造业	1283	1260	42
五、按经济成分分组			
公有经济	6095	5901	348
非公有经济	85575	84695	1151
六、按企业控股情况分组			
国有控股	5244	5072	306
集体控股	851	829	42
私人控股	67116	66276	1005
港澳台商控股	9603	9578	76
外商控股	3109	3109	70
其他	5747	5732	

18-5 规模以上工业企业R&D经费使用情况

（2015年）

单位：万元

指标	R&D经费内部支出合计	按支出用途分组				
		1.经常费支出	#人员劳务费	2.资产性支出	#土建工程	仪器设备
总计	**91670**	**78874**	**23551**	**12796**	**93**	**12703**
一、按企业规模分组						
大型	21759	21146	6824	613	3	610
中型	27655	21980		5675	50	5625
小型	18611	16753	4086	1857	16	1841
二、按隶属关系分组						
中央	2461	2460	1072	1		1
省(自治区、直辖市)	796	742	572	54		54
地(区、市、州、盟)	4637	4518	1670	118		118
县(区、市、旗)	6503	4781	2217	1722	9	1713
其他	77274	66373	18021	10901	84	10817
三、按登记注册类型分组						
内资企业	78036	66937	19610	11099	89	11010
有限责任公司	27769	24119	6967	3650	19	3631
国有独资公司	238	192	51	46		46
其他有限责任公司	27530	23926	6917	3604	19	3585
股份有限公司	17863	16252	5503	1612	6	1606
私营企业	32404	26567	7140	5837	64	5773
私营有限责任公司	30894	25446	6769	5448	61	5387
私营股份有限公司	1510	1121	371	389	4	386
港、澳、台商投资企业	8654	7818	2939	837	3	834
合资经营企业(港或澳、台资)	2951	2951	1070			
港、澳、台商独资经营企业	5703	4866	1870	837	3	834
外商投资企业	4980	4119	1002	861	1	859
中外合资经营企业	1871	1576	358	295	1	294
外资企业	1287	1037	474	250		250
外商投资股份有限公司	1821	1506	170	315		315
四、按国民经济行业大类分组						
采矿业	418	362	11	56	6	50
有色金属矿采选业	418	362	11	56	6	50
制造业	91252	78512	23540	12740	87	12653
农副食品加工业	655	542	239	113	0	113
食品制造业	995	917	187	78		78

18-5 续表

指　　标	R&D经费内部支出合计	按支出用途分组				
		1.经常费支出	#人员劳务费	2.资产性支出	#土建工程	仪器设备
酒、饮料和精制茶制造业	519	426	107	93		93
纺织业	5320	4256	1461	1064	7	1057
纺织服装、服饰业	8448	8361	2560	87	9	78
皮革、毛皮、羽毛及其制品和制鞋业	967	930	238	37	1	36
木材加工和木、竹、藤、棕、草制品业	14	14	6	0	0	
家具制造业	997	829	33	168	8	160
造纸和纸制品业	741	510	186	231	1	229
印刷和记录媒介复制业	337	247	97	90		90
文教、工美、体育和娱乐用品制造业	971	815	438	156	1	156
石油加工、炼焦和核燃料加工业	334	334	76			
化学原料和化学制品制造业	11670	9165	3127	2505	27	2478
医药制造业	5601	5327	983	275		275
橡胶和塑料制品业	1347	1158	377	189	2	188
非金属矿物制品业	9758	9107	2899	651	7	644
黑色金属冶炼和压延加工业	4687	3580	1093	1107		1107
有色金属冶炼和压延加工业	1829	1792	792	38	2	36
金属制品业	2202	1023	367	1180	1	1179
通用设备制造业	4237	3122	1312	1115		1115
专用设备制造业	980	862	152	118	4	115
汽车制造业	2347	2219	794	128		128
铁路、船舶、航空航天和其他运输设备制造业	185	130	95	55	5	50
电气机械和器材制造业	18264	15860	3647	2405	11	2394
计算机、通信和其他电子设备制造业	6565	5731	1876	834		834
仪器仪表制造业	1283	1258	397	25	2	23
五、按经济成分分组						
公有经济	6095	5845	2506	250	3	248
非公有经济	85575	73029	21046	12546	90	12455
六、按企业控股情况分组						
国有控股	5244	5071	2380	173		173
集体控股	851	774	126	78	3	75
私人控股	67116	57339	15995	9777	88	9690
港澳台商控股	9603	8559	3098	1045	3	1042
外商控股	3109	2543	644	566		566
其他	5747	4589	1310	1158		1158

18-6 规模以上工业企业新产品产出和专利情况

（2015年）

指标	新产品产值（万元）	新产品销售收入（万元）	#出口	专利申请数（件）	#发明专利	期末有效发明专利数（件）
总计	**1663915**	**1641728**	**197750**	**558**	**137**	**434**
一、按企业规模分组						
大型	1005319	1031381	82045	78	19	113
中型	525437	510141	103820	299	65	206
小型	133160	100207	11885	181	53	115
二、按隶属关系分组						
中央	89960	90432	12466	26	13	66
省(自治区、直辖市)	5596	5596	1959	4	4	3
地(区、市、州、盟)	58881	77107	6900	18	8	22
县(区、市、旗)	3800	3800		16	8	5
其他	1505678	1464794	176425	494	104	338
三、按登记注册类型分组						
内资企业	1467675	1428427	131291	410	121	313
有限责任公司	234161	208292	53021	125	39	85
国有独资公司	5596	5596	1959	2	2	3
其他有限责任公司	228565	202696	51063	123	37	82
股份有限公司	672242	678890	19336	41	14	85
私营企业	561273	541246	58934	244	68	143
私营有限责任公司	434777	414930	58934	244	68	143
私营股份有限公司	126496	126316				
港、澳、台商投资企业	192641	211703	66390	132	14	119
合资经营企业(港或澳、台资)	107142	126339		8	4	8
港、澳、台商独资经营企业	85500	85364	66390	124	10	111
外商投资企业	3599	1599	69	16	2	2
中外合资经营企业	1599	1599	69	10	2	2
外资企业	2000					
外商投资股份有限公司				6		
四、按国民经济行业大类分组						
采矿业	900	900		8	3	6
有色金属矿采选业	900	900		8	3	6
制造业	1663015	1640828	197750	550	134	428
农副食品加工业	1438	1408	82	101	6	106
食品制造业	4991	4729	1904	10	3	3

18-6 续表

指标	新产品产值（万元）	新产品销售收入（万元）	#出口	专利申请数（件）	#发明专利	期末有效发明专利数（件）
酒、饮料和精制茶制造业	600	500		4	2	2
纺织业	62826	60052	20067	10	2	12
纺织服装、服饰业	490746	490895		2	2	10
木材加工和木、竹、藤、棕、草制品业	11555	11555		5	4	4
造纸和纸制品业	66711	67381		23		
文教、工美、体育和娱乐用品制造业	1360	1285	1226			
石油加工、炼焦和核燃料加工业	7536	7536		4	4	14
化学原料和化学制品制造业	170251	165268	27268	42	11	64
医药制造业	22169	21946	4720	31	12	18
化学纤维制造业						1
橡胶和塑料制品业	14500	14561	144			
非金属矿物制品业	136374	150442	32014	20	6	19
黑色金属冶炼和压延加工业	76768	74768		6	1	
有色金属冶炼和压延加工业	12350	1200				
金属制品业	145947	138956	5212	10		17
通用设备制造业	101345	101145	59887	25	7	10
专用设备制造业	8421	9277		27	10	22
汽车制造业	18200	17900	6900	19	2	6
铁路、船舶、航空航天和其他运输设备制造业	9922	8915				
电气机械和器材制造业	256728	251460	38258	95	33	49
计算机、通信和其他电子设备制造业	9134	7522	69	85	25	25
仪器仪表制造业	33143	32127		31	4	46
五、按经济成分分组						
公有经济	119952	119381	21325	48	22	91
非公有经济	1543964	1522348	176425	510	115	343
六、按企业控股情况分组						
国有控股	116798	116829	21325	40	19	89
集体控股	3154	2552		8	3	2
私人控股	1239448	1207956	104642	332	91	218
港澳台商控股	192641	211703	66390	132	14	119
外商控股	2000			6		
其他	109875	102689	5394	40	10	6

18-7 各级各类学校基本情况

（2015年） 单位：人

指 标	学校数（所）	毕业生数	招生数	在校学生数	教职工数	# 专任教师
一、普通高等学校	7	22802	29459	88784	6779	5369
二、成人高等学校	1	7742	9342	31899	61	34
三、中等技术学校	6	7617	7445	20074	534	446
四、普通中学	281	82863	89931	261506	20500	17134
高中	12	32630	34050	100585		5836
初中	159	50233	55881	160921		11298
完全中学	32					
九年一贯制学校	74					
十二年一贯制学校	4					
五、职业高中	21	4976	5017	12432	1204	979
六、小学	920	54014	67936	398998	19190	21117
七、幼儿园	999	59916	83798	156351	13434	7062
八、特殊教育	11	162	547	2711	225	188

注：18-7表至18—18表中数据均不含共青城市；一贯制学校中职工数统计在普通中学内；专任教师中学、小学分别统计。

18-8 主要年份各类全日制学校在校学生数

指　　标	单位	1990年	1995年	2000年	2005年	2010年	2012年	2013年	2014年	2015年
一、普通高等学校	人	3363	5378	17075	78476	82034	78437	79596	83172	88784
二、中等技术学校	人	7933	9600	8303	4539	18777	18898	18739	21699	20074
三、普通中学	万人	20.61	22.70	31.75	33.85	29.59	29.04	26.20	26.29	26.15
高　　中	万人	3.36	3.20	4.96	11.37	9.14	9.91	10.05	10.18	10.06
初　　中	万人	17.25	19.50	26.79	22.48	20.45	19.12	16.15	16.11	6.09
四、职业高中	万人	1.71	1.27	1.43	2.79	3.63	2.34	1.70	1.33	1.24
五、小　　学	万人	53.12	49.90	45.89	38.91	43.70	44.48	39.35	39.55	39.90

18-9 主要年份各类全日制学校毕业生数

指　　标	单位	1990年	1995年	2000年	2005年	2010年	2012年	2013年	2014年	2015年
一、普通高等学校	人	1108	1397	2716	16231	20366	22672	24132	24331	22802
二、中等技术学校	人	2998	3429	3630	1209	6824	4889	5673	6480	7617
三、普通中学	万人	5.50	6.43	8.44	11.44	9.12	9.60	9.13	8.41	8.29
高　　中	万人	1.07	0.95	1.15	4.01	3.84	2.93	2.83	3.29	3.26
初　　中	万人	4.43	5.48	7.29	7.53	5.28	6.66	6.30	5.12	5.02
四、职业高中	万人	0.41	0.43	0.38	0.65	0.85	1.34	0.79	0.53	0.50
五、小　　学	万人	8.81	8.11	10.18	7.73	6.58	6.51	5.96	5.35	5.40

18-10 高等学校基本情况

(2015年) 单位:人

指标	毕业生数	招生数	在校学生数	教职工数	#专任教师
总计	30544	38801	120683	6803	5403
一、普通高等学校合计	22802	29459	88784	6742	5369
九江学院	10868	9528	34747	2970	2382
九江职业大学	2351	4509	11857	879	777
江西财经职业学院	4448	5385	15315	874	755
九江职业技术学院	3524	6291	15643	745	639
南昌大学共青学院	1262	884	4456	662	463
共青科技职业学院	182	1983	5424	510	285
江西枫林涉外经贸职业学院	167	879	1342	102	68
二、成人高等学校合计	7742	9342	31899	61	34
#九江学院	4128	5200	21166		
九江广播电视大学（网络）	3588	4141	10636	61	34
江西财经职业学院	8	1	8		
九江职业大学	18		79		
九江职业技术学院			10		

18-11 中等专业学校基本情况

(2015年) 单位:人

指标	毕业生数	招生数	在校学生数
总计	7617	7445	20074
九江职业技术学院（附设中职班）	768	588	1748
江西省财经职业学院（江西省财务会计学校）	152	88	356
九江职业大学（附设中职班）	3098	1850	5420
九江市科技中等专业学校	409	1768	3467
九江市卫生学校	909	932	2417
修水县职业中专	1076	908	3389
永修县中等卫生职业学校	179	159	469
江西省通用技术工程学校	1026	1152	2808

18-12 各县（市、区）普通中学基本情况

(2015年) 单位:人

地区	学校数(所)	毕业生数		招生数		在校学生数		教职工数		
		初中	高中	初中	高中	初中	高中	合计	#专任教师	
									初中	高中
全市合计	**281**	**50233**	**32630**	**55881**	**34050**	**160921**	**100585**	**20500**	**11298**	**5836**
市直属	12	5876	5454	5757	6019	17433	17722	2289	1131	1060
庐山区	15	1627	848	2062	1046	5680	3044	1021	594	243
浔阳区	1	45		49		121		32	22	
九江开发区	5	649		624		1954		418	147	
庐山管理局	1	93	41	58		224	11	71	53	10
九江县	23	3079	2545	3276	2484	9594	7376	1460	756	362
武宁县	22	2857	1306	3192	1394	9235	3958	1264	729	296
修水县	42	8239	3912	10639	4393	29272	12587	2529	1591	594
永修县	24	3848	1977	3990	2332	11648	6921	1468	850	366
德安县	13	1508	838	1919	1140	5121	2978	755	416	155
星子县	15	2725	1097	3001	1437	8636	3913	918	600	208
都昌县	38	9193	6840	9136	6314	27355	19528	3205	1909	1024
湖口县	17	2943	2695	2939	2338	8905	7427	1220	647	457
彭泽县	28	3548	2136	4046	2271	11318	6465	1749	953	480
瑞昌市	25	4004	2941	5193	2882	14425	8655	2101	900	581
共青城市	4	1120	430	1267	552	3548	1618	273	226	36

18-13 各县（市、区）职业中学基本情况

(2015年) 单位：人

地区	学校数(所)	毕业生数	招生数	在校学生数	教职工数	#专任教师
全市合计	**21**	**4976**	**5107**	**12432**	**958**	**952**
市直属	6	1349	1210	2899	321	321
庐山管理局	1	23	2	12	21	21
九江县	2	124	43	201	45	45
武宁县	2	785	808	2477	109	103
修水县			893	893		
永修县	1	226	194	621	69	69
德安县	1	3	52	99	9	9
星子县	1	277	80	221	41	41
都昌县	3	684	571	1652	96	96
湖口县	1	60	56	145	16	16
彭泽县	2	1174	706	1931	128	128
瑞昌市	1	271	492	1281	103	103
共青城市	1	88	17	135	32	14

18-14 各县（市、区）小学基本情况

(2015年) 单位:人

地区	学校数（所）	毕业生数	招生数	在校学生数	教职工数	#专任教师
全市合计	**920**	**54014**	**67936**	**398998**	**19190**	**21117**
市直属	5	1095	1891	9332	583	559
庐山区	30	2694	2557	16469	830	969
浔阳区	13	2249	2202	13705	800	808
九江开发区	15	1482	1845	10821	318	574
庐山管理局	4	156	108	739	109	105
九江县	38	3451	3815	22449	1217	1325
武宁县	47	3390	5869	28993	1274	1438
修水县	204	10178	12739	77131	3011	3202
永修县	60	3997	4721	29390	1571	1802
德安县	8	1869	2968	15695	612	782
星子县	63	3106	4637	23840	1165	1177
都昌县	323	8567	10204	61138	3320	3184
湖口县	48	2945	3303	21004	1246	1350
彭泽县	34	3764	4529	28936	1537	1697
瑞昌市	28	5071	6548	39356	1597	2145
共青城市	16	1343	1450	9574	385	374

18-15 各县（市、区）初中、小学辍学率及适龄人口入学率

(2015年) 单位:%

地区	初中		小学	
	辍学率	适龄人口入学率	辍学率	适龄人口入学率
全市合计	**1.68**	**99.94**	**0.30**	**100.00**
市直属	0.29	100.00		100.00
庐山区	3.49	100.00	0.13	100.00
浔阳区	1.72	100.00	0.02	100.00
九江开发区	1.88	100.00		100.00
庐山管理局	3.49	100.00	6.09	100.00
九江县	2.36	100.00	0.83	100.00
武宁县	0.81	100.00	0.93	100.00
修水县	2.44	99.75	0.04	100.00
永修县	2.42	99.79	0.43	100.00
德安县	2.24	100.00	0.06	100.00
星子县	2.10	100.00	1.55	100.00
都昌县	0.53	99.97	2.47	100.00
湖口县	3.01	100.00	0.42	100.00
彭泽县	1.68	100.00	2.25	100.00
瑞昌市	2.50	100.00	0.19	100.00
共青城市	2.04	100.00	0.01	100.00

18-16 各县（市、区）中、小学升学情况

（2015年）

地 区	初中				小学		
	初中毕业生（人）	普高招生（人）	职高招生（人）	升入普高比例（%）	毕业生数（人）	初中招生（人）	升入普通初中比例（%）
全市合计	**50233**	**34050**	**12552**	**67.78**	**54014**	**55881**	**103.46**
市直属	5921	6019	6436	101.66	1095	5757	525.75
庐山区	1627	1046		64.29	2694	2062	76.54
浔阳区					2249	49	2.18
九江开发区	649				1482	624	42.11
庐山管理局	93		2		156	58	37.18
九江县	3079	2484	43	80.68	3451	3276	94.93
武宁县	2857	1394	808	48.79	3390	3192	94.16
修水县	8239	4393	1801	53.32	10178	10639	104.53
永修县	3848	2332	1505	60.60	3997	3990	99.82
德安县	1508	1140	52	75.60	1869	1919	102.68
星子县	2725	1437	80	52.73	3106	3001	96.62
都昌县	9193	6314	571	68.68	8567	9136	106.64
湖口县	2942	2338	56	79.47	2945	2939	99.80
彭泽县	3548	2271	706	64.01	3764	4046	107.49
瑞昌市	4004	2882	492	71.98	5071	5193	102.41
共青城市	1120	552	17	49.29	1359	1267	93.23

18-17 平均每万人口在校学生

（2015年）

单位:人

地区	普通高中	普通初中	职业高中	小学	幼儿园
全市合计	**209.25**	**334.77**	**67.62**	**830.05**	**325.26**
庐山区	114.65	213.94		620.3	356.65
浔阳区	562.07	556.74	517.19	730.64	282.94
九江开发区		138.68		767.99	384.95
庐山管理局	5.42	110.34	5.91	364.04	107.88
九江县	247.18	321.51	6.74	752.31	412.9
武宁县	108.11	252.25	67.66	791.94	308.17
修水县	167.56	389.67	57.00	1026.77	369.18
永修县	188.69	317.56	106.27	801.25	291.06
德安县	189.92	326.59	6.31	1000.96	528.25
星子县	156.77	345.99	8.85	955.13	440.91
都昌县	268.54	376.17	22.72	840.73	317.09
湖口县	264.78	317.47	5.17	748.81	304.92
彭泽县	180.23	315.53	53.83	806.69	183.52
瑞昌市	203.46	339.09	30.11	925.15	301.43
共青城市	192.16	421.38	16.03	1137.05	543.59

18-18 幼儿教育基本情况

（2015年）

单位:人

指标	入园人数	在园幼儿数	教职工数	
				# 专任教师
幼儿园	**83798**	**156351**	**13434**	**7062**
# 教育部门	19385	30049	1453	931
其他部门	880	1287	124	58
地方企业	380	380	60	26
民办	63153	124635	11797	6047
# 城区	15901	27496	3303	1614
镇区	43946	88021	7487	4050
乡村	23951	40834	2644	1398

18-19 文化机构、人员情况

（2015年）

指　　标	机构数（个）	人员数（个）	指　　标	机构数（个）	人员数（个）
总　　计	**80**	**1293**	公共图书馆	15	166
一、艺术事业	**21**	**146**	**三、群众文化事业**	**15**	**352**
艺术表演团体	3	68	文化馆	15	352
艺术表演场所	5	32	**四、文物事业**	**29**	**629**
艺术研究机构	2	4	博物馆	17	505
画院（美术馆）	11	42	文物管理单位	11	84
二、图书馆事业	**15**	**166**	文物商店	1	40

18-20 文　化　事　业

指　　标	单位数（个）		人员数（人）	
	2014年	2015年	2014年	2015年
艺术表演团体	5	3	120	68
#歌　　剧	1		30	
采　茶　剧	2	2	30	33
黄　梅　剧	2	1	60	35
剧　　场	5	5	66	32
文　化　馆	15	15	363	352
文　化　站	243	243	555	545
公共图书馆	14	15	183	166
博　物　馆	17	17	645	505
文物管理所	11	11	90	84

18-21 各县（市、区）图书、文物馆藏情况

（2015年）

地区	藏书（万册）	文物（件）	#一级品
全市合计	212.1	41240	341
市区	129.8	17606	228
九江县	5.1	5440	1
武宁县	14.5	465	
修水县	14.4	5470	10
永修县	9.2	273	1
德安县	5.4	6006	62
星子县	1.3	548	14
都昌县	9.6	1056	5
湖口县	4.0	1850	
彭泽县	4.5	296	2
瑞昌市	14.4	2230	18

18-22 广播电视事业

（2015年）

指标	单位	实际	指标	单位	实际
一、广播			无线广播覆盖	%	97.36
广播电台（地市）	座	1	二、电视		
中短波转播发射台	座	1	电视台	座	11
县广播电视台	座	11	电视发射机	部	12
调频转播发射台	座	5	有线广播电视传输网络干线总长	公里	7440
广播综合人口覆盖率	%	97.40	电视人口覆盖率	%	98.66

18-23 重点文物保护单位

文物名称	地点	时代	简介
一、全国重点文物保护单位			
观音桥	星子县	宋	单孔石桥，桥墩系麻石砌，石拱有公母榫，宋大中祥符七年建。
白鹿洞书院	星子县白鹿镇	宋	白鹿洞书院为宋代四大书院之一，朱熹陆九渊曾在此讲学，有宋至明清游人石刻一百多处，殿堂多处。
庐山别墅建筑群及庐山会议旧址	庐山	近代	1895年，英国牧师李德立，租借牯岭长冲为避暑胜地，为期999年，设立“市政议会”，大兴土木，建造别墅。至1905年，兴建各类风格别墅147栋，至1917年有560余栋，又过15年以后，分别有英、美、法、德、俄等国在牯岭兴建别墅达848栋，总面积10多万平方米，建造别墅，风格各异，具有欧美和亚洲等地各式风格，成为著名的别墅博物馆。庐山别墅群是建筑艺术与幽美环境的完美结合，并形象地融入了一个时代的文化特征，创造出特有的景观群落。 庐山会议旧址原名庐山大礼堂，1959年中共中央八届八中全会，1961年中共中央工作会议，1970年中共中央九届二中全会在此召开。
秀峰寺摩岩石刻	星子县秀峰寺	唐宋至明	有宋至明历代石刻70余条，黄庭坚书“七佛碣”、颜真卿“大唐中兴兴颁”（翻刻）、王阳明“记功碑”最为名贵。观音像碑为1983年重刻 。
农工革命第一军第一师师部旧址	修水县城	1927年	1927年8月13日，原国民革命军第四集团军第二方面军警卫团到修水，与平江、通城、学场、修水农民自卫军组成工农革命第一军第一师，举行了秋收起义，师部驻此。
真如寺及历代僧塔	永修县	唐宋至近代	寺系近代建筑，有天王殿、虚怀楼、云海楼、钟鼓楼、大雄宝殿、伽兰殿、藏经楼、法堂、功德堂等，有唐宋以来僧塔几十座。
美孚洋行旧址	九江市 滨江路28号	近代	是“美孚煤油公司”在九江的分公司，为美国人所建，钢筋水泥结构，西式二层。
瑞昌铜岭铜矿遗址	瑞昌市 夏畈镇铜岭村	商代至春秋	遗址面积约1平方公里，有丰富的铜铁矿床，在发掘清理的小范围内，发现矿井103口，巷道19条，露采坑3处，探矿槽坑2处，工棚6处，选矿场1处，主要矿石有青铜矿、自然矿和孔雀石等。该遗址是目前国内考石发现中年代最早且保存完整、内涵丰富的一处大型矿冶遗址，距今3300余年，它始采于商代中期，发展于西周，盛采于春秋战国，连续开采千余年。
锁江楼塔	江西省九江市 浔阳区滨江路	明	锁江楼塔又名廻龙塔，位于九江市浔阳区东北长江之滨的廻龙矶上，始建于明万历十四年（1586年），由知府吴秀募资筹建。 锁江楼塔是一座有明确纪年的明代风水塔，具有明代塔风格，是研究我国明代塔的宝贵资料。

18-23 续表1

文物名称	地点	时代	简介
大胜塔	九江市庾亮南路168号	宋至明	大胜塔是佛舍利塔，始建于南朝梁大同元年（535年），宋重建，明洪武十二年（1379年）重修，后历代均有维修。一座历史文献记载详备、有相对历史参考的佛塔，具有南方宋塔的诸多建筑特征，其穿壁式绕平座的登塔方式，成为我国古塔的一种代表性型式，是宋塔中的宝贵实物资料。
同文书院	九江市庾亮南路47号	近代	包括同文书院旧址、儒励女中办公楼旧址、儒励女中教课楼旧址。 同文书院旧址于1901年开始筹建，1906年落成并迁入使用。儒励女中办公楼旧址建于1923年。儒励女中教课楼旧址建于1907年。同文书院是同文中学培养出我国第一批留美女博士等大量优秀人才的见证，具有较高的历史价值。其建筑本身亦是西式造型的中国近代建筑，具有较高的建筑艺术及科学价值。
鄡阳城遗址	江西省九江市都昌县周溪镇泗山村	汉代	汉高祖六年（前201年），建枭阝阳县，南朝宋永初二年因地壳下沉而废，使用历史长达623年。该城址对研究西汉时期的江西历史与鄱阳湖地理的变迁有着重要的价值。
石钟山古建筑及石刻	江西省九江市湖口县双钟镇登山路54号	唐至民国	石钟山有上下之分，位于长江与鄱阳湖交汇处南岸，相距不足一千米，是进出鄱阳湖往来长江上下游的江湖锁钥，为历代兵家必争之地。因其山势奇特、风景秀丽、历史悠久，成为历代名人学者访胜之地，保存了丰富的诗文石刻和古建筑，人文遗迹与自然环境相互衬托、交相辉映。
紫阳堤	江西省九江市星子县南康镇坡头社区	南宋	紫阳堤位于星子县城南康镇冰玉洞社区南1000米的鄱阳湖滨，自西向东，由紫阳堤、紫阳桥和田公堤连为一整体，为星子县湖港完整的防风浪船坞古建筑，俗称为南门栈，堤与坞全部建筑占地面积约28000平方米。
庐山赐经亭	江西省九江市庐山三宝树景区黄龙寺后	明	庐山赐经亭位于庐山风景名胜区三宝树景区黄龙寺后约200米的小山顶上，建于明万历十五年（1587年），是明神宗为纪念其母肃皇太后命工部刊印《续藏经四十一函并旧刻藏经文六百三十七函》恩赐庐山黄龙寺而建，又称黄龙寺御碑亭。
庐山御碑亭	江西省九江市庐山仙人洞景区仙人洞入口西侧20米	明	庐山御碑亭位于庐山风景名胜区仙人洞景区入口处白鹿升仙台上，建于明洪武二十六年（1393年），是明太祖朱元璋为纪念周颠而赐建的碑亭。该亭历史上曾多次毁建和维修，1937年增建月台及四周护栏。
陈宝箴、陈三立故居	江西省九江市修水县宁州镇桃里竹塅村	1831年近现代重要史迹及代表性建筑	陈宝箴、陈三立故居位于修水县义宁镇桃里片竹塅村，为两栋相连的砖木结构建筑，西侧建筑建于清乾隆五十七年（1792年），东侧建筑建于清光绪年间，占地1000多平方米。陈宝箴、陈三立分别于1831年和1853年出生于此。

18-23 续表2

文物名称	地点	时代	简介
二、省级文物保护单位			
国民革命军第二十四师叶挺指挥部旧址	九江市 171医院院内	1927年	1927年7月中旬，叶挺率领国民革命军第二十四师进驻九江，师部设此，当时中共中央的一些负责人曾在此召开过研究和布置南昌起义的重要会议，此房青砖红瓦，西式迴廊。
二十五师参加南昌起义出发地——马回岭火车站	九江县 马回岭镇	1927年	南昌起义前夕，聂荣臻到马回岭和周仕第对国民革命军第二十五师所属三个团进行工作，开进南昌参加起义。
东林寺	庐山区赛阳镇	清	为佛教净土宗发源地，慧远和尚法场。始建于东晋太远九年，清代和现代重建。有唐宋石雕及柳公权、李邕石碑、十八高坚石版像、经幢六朝时罗汉松、莲池等，
御碑亭	庐山仙人洞	明	御碑亭为石构，为梁柱墙围。亭内御碑为朱元璋纪念周颠撰写的传记。碑北面诗文为明初书法家占希源书。
赐经亭	庐山黄龙寺北	明	石构四方形有斗拱，歇山顶，有碑一方，明万历年间造，高6米，宽、深各3.5米。
大胜塔	九江市能仁寺	明	塔六角七层，砖砌，为明建清修，塔高42米。
西林寺塔(原名西林寺)	九江市西林寺	明	六角七层，砖砌。
恭乾禅师塔			花岗岩砌，上饰莲花六角柱，另有石坊，石船、卧碑、望柱等。
陶靖节祠	九江县沙河街	明	为陶渊明墓的亭祠，原在马回岭面阳山，砖木结构，始建于明嘉靖年间，1982年因故按原貌迁建于九江县沙河街蔡宋洼。
锁江楼塔	九江市区	明	始建于明万历十四年(1586年)塔高25.26米。七级六面，砖木结构石凿斗拱，砖砌石檐。1986年重修。
玉涧桥	星子县白鹿镇	宋	单孔石桥，由四十二块花岗岩构成，有“宋皇佑六年甲午岁正月望日建”题记。
马垱炮台	彭泽县马垱镇	清	始建于道光二十年(1840年)，太平天国林启荣曾镇守，民国元年(1912年)孙中山题“中流砥柱”，抗日战争时为长江要塞，炮台分山顶一级炮台，山腰二级炮台，矶头三级炮台。
山背遗址	修水县上奉乡	新石器时代晚期	于1961年调查发现，经试掘，石器有鼎、斧、铲、刀、镞、凿、矛、网坠等，陶器有豆壶、罐、钵、盂、鬲、纺轮等。距今4700年左右，后新石器时代晚期遗址。

18-23 续表3

文物名称	地 点	时 代	简 介
神墩遗址	九江县新合乡	新石器时代晚期至商周	面积较大，堆层较厚，是一处新石器时代晚期至商周的文化遗址。
石灰山遗址	德安县聂桥乡	商 代	1982年发掘，发现有灶炕、柱洞、水井、以及大量的石器和陶片，还有石质铸范和铜器。定为商代遗址。
汉枭阳城遗址	都昌县周溪乡	汉	位于四山的东端石虎头,面积约10000平方米,有石器、陶器、版瓦、瓦当有“长乐未央”，有部分城垣。
浔阳城遗址	九江县赛城湖	晋至隋	《晋书、地理志》截，“永兴元年(304年)分庐江之浔阳、武昌之柴桑二县置浔阳郡”，历经东晋、宋、齐、梁、陈，为江州戌守处。隋代因水患迁移，现主要部分在赛城硝中，遗物丰富。
岳飞母亲姚太夫人墓	九江县沙河镇	宋	宋高宗赐葬岳母于此，墓前有拜合、石、马、麻石台阶。
岳飞妻李夫人墓	九江县 狮子乡三桥村	宋	李夫人曾居裘株岭。岳飞受陷害时李氏被逐岭南，孝宗为期昭雪，临终嘱葬株岭山。
陶渊明墓	九江县面阳山	南 朝	陶渊明为晋代文学家，墓座背朝南，外壳为椭形园拱顶。
黄庭坚墓	修水县 杭口乡双井村	宋	黄庭坚为宋代著名文学家、书法家、“江西诗派”始祖。
仙人洞摩岩石刻	庐山仙人洞	宋、明、近代	摩岩石刻41条，宋代1条，明代7条，近代22条，宋刻“佛手岩”、明刻“天泉洞”、“蟾蜍石”、“竹林寺”、“游仙石”、“讵可所眠”等。
天池寺附近石刻	庐山天池寺	宋、明	宋1条，明7条，近代5条，待考2条，计15条，明刻“星壑凭虚”、“天池寺”、“照江岩”保存良好。
九十九盘石刻	庐山 九十九盘沿途	明	有“白云天际”、“清虚灵台”、“烟霞深处”、“天池”、“南云佛”、“土地”等32条。还有王阳明书欧阳修诗“庐山高”。
黄龙寺摮岩石刻	庐山黄龙寺	明	有“降龙”、“尺五天”等共15条。
南山岩石刻	修水县城东	宋	宋代书法家黄庭坚手书甚多，如“茶赋”、“赤壁怀古”等。
石钟山石刻	湖口县石钟山	唐至清	有唐代魏徵，宋代王安石等历代石刻甚多。
灵源摩崖石刻	修水县白桥乡	宋	灵源是江南名刹黄龙寺所在地，有黄庭坚手书“灵源”，“黄龙山”石刻。
醉石馆石刻	星子县温泉镇	宋至明	醉石馆在庐山进麓虎爪崖下，伟说为晋代陶渊明饮酒醉卧其上，后代文人墨客留下一些题刻 。

18-23 续表4

文物名称	地点	时代	简介
九江海关姑塘分关	庐山姑塘镇	近代	原是清政府所设的税收卡，后根据《辛丑条约》第六款划归九江税务司，由英国人管辖收税，以还巨额赔款。
日本领土馆旧址	九江市湓浦路	近代	为日本人所建，主要从事经济掠夺，日军侵华，为日本军事服务，至抗战胜利终止。
“一见心寒”墓	星子温泉镇	民国	
烟　水　亭	九江市区	清	坐落于九江市甘棠湖之中，四面环水，南跳匡庐，北依长江，民间传说为三国时东吴大都督周瑜点将台旧址。历史上几经兴废，现有建筑主体为晚清遗存，集中展示了晚清江南群体建筑的风格，占地面积1700平方米，建筑面积567.08平方米。亭内留有丰富的文化遗迹，如纪念性建筑“浸月亭”、“五贤阁”，近现代名人刘廷琛、蔡公时的手书楹联和许德衍的诗刻，以及“寿”字碑刻、藏剑匣石刻等。
同文书院、儒励女中办公楼	九江市区	近代	美籍德人传教士库思菲兴办小学、中学两级体制的学校，取“普天之下，书同文，本同轨”意，将原“埠阆小学”更名为“九江同文书院”，后又陆续更名为“九江南伟烈大学”、“九江同文中学”、“省立浔阳中学”，即今九江市第二中学前身。方志敏等中共早期革命活动家曾在此就学，并开展反帝群众爱国活动 。
南康府谯楼	星子县	宋	又称鼓楼，始建于宋，为旧时南康府郡署之望楼。楼座方形，花岗石砌垒，中有拱门通道，台基有“大明天顺二年造”铭文砖，东侧有石阶通上；楼为砖木结构，分正厅、偏房，重檐歇山顶，宽22.7米，深8.4米，高5.46米，总面积190.84平方米。
万家岭战役遗迹	德安县万家岭	近代	1938年，日本侵略军106师团之主力和101师团之一部，窜入德安县磨溪乡万家岭，被我抗日部队薛岳兵团包围，激战12昼夜，歼灭日军4个联队1万余人。这场战役是中国军队抗战初期的一次大捷，在军史上和平型关、台儿庄战役齐名。万家岭大捷后，全国各大城市都召开祝捷大会，有力地振奋了全民族的抗战信心，打击了侵略者的嚣张气焰。现残留抗战指挥部遗址、战争工事及大量的子弹、刺刀、炮弹、钢盔等遗物。
李烈钧墓	武宁县 烈士陵园	近代	李烈钧，生于1882年，武宁人。早年追随孙中山参加辛亥革命，在反袁讨袁、护国护法、北代战争中屡建战功，为推翻封建帝制，建立民主共和，促成南北统一，作出了一定贡献。1946年病逝于重庆，国民政府下令国葬，灵柩运送回武宁县，归葬于箬溪镇修江边之“读书台”，1980年，将李烈钧夫妇迁墓合葬于武宁县烈士陵园西北侧半山腰。

18-23 续表5

文物名称	地点	时代	简介
石钟山西建筑(含昭忠祠、报慈禅林、浣香别墅、太平楼)	湖口县石钟山	近代	1857年9月，湘军水师攻破太平军的防守，占驻石钟山，水师将领彭玉麟等奉命在下石钟山兴建以“昭忠祠”为主体的各项建筑工程，祭奠在湖口。
周敦颐墓	庐山区莲花镇	宋	濂溪墓是宋明理学开山鼻祖周敦颐的墓葬。周敦颐(1017-1073年)，字茂叔，号濂溪，湖南道县人。曾官大理寺丞、国子博士。著作有《太极图说》、《通书》等。宋熙宁六年(1073年)11月病逝，与其母郑太夫人及其妻陆氏、蒲氏合葬于此。濂溪墓经宋、元、明、清历代修葺，规模较为恢宏，为古浔阳八景之一。
湾里桥	修水县黄巷镇	宋	湾里桥，原名福缘桥。又因建于南宋淳佑元年(1241年)，故又称南宋桥。为单孔石拱桥，造型古朴。是当时修水由陆路通往南昌的必经之路，为本地一河两岸的百姓及过往客商提供了交通上的便利。二十世纪七十年代末到九十年代中期，该桥一度成为公路桥，拉运木材达10余吨的车辆在桥上往返，而桥体至今依然保存完好，堪称是我国古代桥梁建筑史上的佳作。
罗汉桥	德安县东风路	北宋	宋神宗熙宁公元1068年修建，宋徽宗大观西亥年公元(1107年)重建，东西向跨桂林河，长18米，宽5米，单孔石拱，花岗石材榫卯构造，铁构件链接，拱券上方有铭文，记载修建罗汉桥执事姓名笔记录情况。
高善继墓	彭泽县黄花乡	清代	墓直径2.8米，高1.5米。碑帽刻有“谕赐祭葬”两侧为清庆亲王书“旗常特表牙山色，冠服长留幽冢香”。碑面正文为颂表高善继爱国主义英雄事迹的《史馆本传》。高善继，字焕周，号字浦，江西彭泽均进而高人。1854年11月27日生，清光续乙亥制科考廉方正，朝考用教职戌子科举人。中日甲午战争中，投笔从戎，抗日援朝，在丰岛牙山海战中，壮烈牺牲。
香火桥	修水县渣津镇	宋	香火桥始建于宋元佑四年(1089年)，清乾降庚午年(1750年)重修，造型古朴大方。因建造时以方便信徒前往莬率寺烧香拜佛而获名。为单孔石拱桥，用打凿成形的大理石砌成，对研究我国古代桥梁建筑结构与风格有重要的价值。
黄岭大圣塔	彭泽县黄岭乡	明	俗称“旧县塔”，砖木结构，南北门洞，六面七层，又称“七级浮屠”，该塔始建于唐，重修于明。大圣塔地处彭泽唐代县治，名臣狄仁杰时任彭泽县令，并在此写下为民请命的《奏免民租疏》。塔东在唐宋时建有“狄公生祠”，宋代祠内立有范仲淹所撰《狄梁国公祠碑记》。

18-23 续表6

文物名称	地点	时代	简介
海会寺摩崖石刻	庐山区莲花镇	唐至清	古海会寺摩崖石刻主要分布在一块三角形的巨石上，分别镌有“海会寺”、“时唐证圣元年乙未岁”、“嗣祖比丘”、“本宗开山”、“刘本瑞公喜施十石”等。巨石背面有乾降戊午年(公元1738年)松畔子撰，余氏书刻的“盘旋石上绿接天，枝枝垂荫半边山，我来独坐清心火，名利两忙总不然”诗。其中“时唐证圣元年乙末岁”是庐山目前最早有确切纪年的摩崖石刻。
庐山三叠泉摩崖石刻	庐山区海会镇	宋至清	自南宋辛亥(绍熙二年公元1191年)由樵者发现后，历后文人骚客接踵而来，在三叠泉内留下了许多人文遗墨。现存有宋《留无刚题记》、元《大德九年庐山寻真观题记》、明《刘世扬题记》、清《双溪草堂》等摩崖石刻十余处。
波黎公寓	庐山区莲花镇	民国	波黎公寓为法国人波氏所筑，他曾在九江海关供职多年，并娶华人黎氏女为妻，夫妻二人感情甚笃，故当地人称其宅为波黎公寓。波氏热爱庐山优美风光，在此买地筑屋。波黎公寓为砖混结构，面阔17.3米，进深15.5米，建筑面积为平方米。东、西、北三面上下均设内廊，券拱形廊柱及整个建筑造型具有明显的法国建筑风格。
生命活水医院住院部旧址	九江市 塔岭南路48号	1928年	生命活水医院住院部旧址，原为一所私立的教会医院。1915年，美基督教美以美会传教士裴敬思在南伟烈大学(今二中)附近开设诊所，1928年在此外购地建筑住院部大楼。1932年，新医院大楼正式落成并迁入，作为生命活水医院的主楼，它奠定了医院的最终规模。该院住院部旧址平面呈“U”型，坐南朝北，砖混结构，建筑墙体厚实，空间宽敞，光线充足，实为办院之佳选。住院部旧址之西南角嵌有石刻一块，西面墙基上刻有“荣耀归于上帝”；南面刻“生命活水医院民国十七年”铭文。
千眼桥	都昌县多宝乡	明	江西省文物保护单位，千眼桥明代，保护范围为以桥四周向外延500米，建设控制地带以桥四周向外延300米。
吉安会馆	永修县吴城镇	清	吉安会馆始建于清代初年，嘉庆二十三年，道光七年先后进行过两次较大规模的修复。 整幢建筑为砖木结构，占地1000平方米，平面呈长方形，东西长、南北短，前为大街，左、右、后墙与民宅相邻。内结构分两层，下为客堂，上为观戏台，客堂左右两壁分别镶嵌《吴城会馆简介》、《重修吉安乡祠全德堂记》、《重修乡祠数月列后》等青石碑刻，堪称史料价值艺术价值兼备的珍品。

18-24 第五批市级非物质文化遗产名录

名　称	地　点
一、传统音乐类	
灯歌	都昌县
牛歌	瑞昌市
太平锣鼓	武宁县
二、传统戏曲类	
弹腔	湖口县
围鼓坐唱	湖口县
三、民间文学类	
神医董奉与杏林的传说	星子县
义门陈传说	九江县
烟水亭的民间传说	九江市
四、民俗类	
老地名	九江市
赶野猫	彭泽县
什锦汤	武宁县
五、传统手工技艺类	
蓑衣（棕编）	湖口县
东坡肉	永修县
宁红茶	修水县
陶艺制作技艺	修水县
六、传统美术类	
羽毛画	共青城市

主要统计指标解释

科技活动 指在自然科学、农业科学、医药科学、工程与技术科学、人文与社会科学领域(简称科学技术领域)中与科技知识的产生、发展、传播和应用密切相关的有组织的活动。为核算科技投入的需要，科技活动可分为科学研究与试验发展(R&D)、科学研究与试验发展成果应用及相关的科技服务三类活动。

研究与试验发展 指在科学技术领域，为增加知识总量、以及运用这些知识去创造新的应用进行的系统的创造性的活动，包括基础研究、应用研究、试验发展三类活动。在工业企业开展的科学研究与试验发展(R&D)活动中，较为普遍的和大量的活动属于试验发展活动。

基础研究 指为了获得关于现象和可观察事实的基本原理的新知识(揭示客观事物的本质、运动规律，获得新发现、新学说)而进行的实验性或理论性研究，它不以任何专门或特定的应用或使用为目的。其成果以科学论文和科学著作为主要形式。

应用研究 指为获得新知识而进行的创造性研究，主要针对某一特定的目的或目标。应用研究是为了确定基础研究成果可能的用途，或是为达到预定的目标探索应采取的新方法(原理性)或新途径。其成果形式以科学论文、专著、原理性模型或发明专利为主。

试验发展 指利用从基础研究、应用研究和实际经验所获得的现有知识，为产生新的产品、材料和装置，建立新的工艺、系统和服务，以及对已生产和建立的上述各项作实质性的改进而进行的系统性工作。其成果形式主要是专利、专有技术、新产品原型或样机样件等。

研究与试验发展成果应用 指为使试验发展阶段产生的新产品、材料和装置，建立的新工艺、系统和服务以及作实质性改进后的上述各项能够投入生产或实际应用，解决所存在的技术问题而进行的系统性的工作。这类活动的成果形式大多是可供生产和实际操作的带有技术和工艺参数的图纸、技术标准和操作规范。

科技服务 与科学研究与试验发展有关并有助于科学技术知识的产生、传播和应用的活动，包括为扩大科技成果的使用范围而进行的示范性推广工作；为用户提供科技信息和文献服务的系统性工作；为用户提供可行性报告、技术方案、建议及进行技术论证等技术咨询工作；自然、生物现象的日常观测、监测，资源的考察和勘探；有关社会、人文、经济现象的通用资料的收集，如统计、市场调查等，以及这些资料的常规分析与整理；为社会和公众提供的测试、标准化、计量、计算、质量控制和专利服务，不包括工商企业为进行正常生产而开展的上述活动。

电视人口覆盖率 指用普通的电视接收机，室外天线在离地面 4 米高处能在晚上正常收看电视节目的人数与全市总人口数之比。

广播人口覆盖率 指用普通的收音机在中午能正常收听广播节目的人数与全市总人口数之比。

文化事业机构 指从事专业文化工作和为专业化工作服务的单独核算、独立建制的单位不包括文化主管部门直属单位举办的其他行业各部门的业余文化组织。

艺术表演团体 指从事戏曲、音乐、舞蹈、杂技等专业艺术表演有独立帐户、实行单独核算的团体。

卫生、体育及其他 19

- 2015年，全市拥有卫生机构833个，卫生机构床位23759张，卫生技术人员24046人。
- 2015年，全市举办运动竞赛会128次，参赛市级及以上运动会的运动员6268人。
- 2015年，全市有律师事务所36个，律师工作者359人；公证处14个，公证人员73人。
- 2015年，全市有基层团支部3780个，专职团干78人；工会基层组织5925个，专职工会工作人员2085人。

19-1 主要年份卫生机构、床位及人员数

年份	机构数(个)	#医院	床位数(个)	#医院	卫生技术人员(人)	#医生	护师、护士
1980	675	295	10418	8617	9435	3936	1596
1985	682	311	12000	9592	11372	4891	2233
1988	668	317	12618	10120	12506	5742	2680
1990	706	325	13224	10354	13227	6215	3392
1991	700	326	13079	10347	13557	6387	3494
1992	686	326	13523	10652	13551	6353	3569
1993	676	321	14149	10802	13070	5951	3519
1994	672	321	13911	10568	13086	5944	3662
1995	669	325	12985	10600	13656	6549	3772
1996	415	310	12152	10272	12267	5445	3978
1997	416	310	12756	10725	12314	5434	4008
1998	415	95	13645	8452	12324	5530	3949
1999	414	94	12043	7430	12380	5503	3983
2000	409	93	12235	7554	12108	5366	3906
2001	405	92	12676	8237	12407	5446	3928
2002	359	96	12882	9530	11733	5074	3667
2003	340	79	11257	6751	11197	4787	3474
2004	341	82	10499	6699	10941	4679	3558
2005	342	76	10454	6659	11079	4769	3591
2006	357	80	10994	7171	11047	4767	3433
2007	350	70	10456	6496	13236	5774	4203
2008	348	55	11032	6738	13278	5427	4552
2009	420	66	15065	8068	15939	5497	5712
2010	791	62	16366	8556	17241	6054	6302
2011	787	60	16526	9663	18804	6238	7263
2012	773	64	18966	11870	20027	7405	8200
2013	815	63	20841	13413	22139	8370	9054
2014	814	62	22001	14376	22895	8145	7169
2015	833	63	23759	15961	24046	8486	10539

注：表中数据不含村卫生室。

19-2 各类医院机构、床位及人员数

(2015年)

指　　标	机构数（个）	床位数（个）	人员数（人）	#卫生技术人员
总　计	**2721**	**23759**	**34494**	**24991**
一、医　　院	63	15961	17079	14862
综合医院	44	11146	12628	11042
中医医院	12	3716	3786	3330
专科医院	7	1099	665	490
二、疗养院	1	1000	168	41
三、社区卫生服务中心(站)	81	933	1403	1183
四、卫生院	196	4041	4740	4034
街道卫生院	2	30	45	36
乡镇卫生院	194	4011	4696	3998
五、门诊部	5	24	58	47
六、急救中心（站）	1		29	21
七、采供血机构	1		32	16
八、妇幼保健院（所、站）	14	1313	2364	1942
九、专科疾病防治院（所、站）	19	487	615	463
十、疾病预防控制中心（防疫站）	17		616	477
十一、卫生监督所	14		241	186
十二、健康教育所（站、中心）	1		9	6
十三、诊所、卫生院、医务室	398		656	651

19-3 体　育　事　业

指　　标	单　位	2014年	2015年
一、各级体委举办运动会竞赛会	**次**	**48**	**128**
# 市　级	次	18	29
县 区 级	次	30	99
参加市级及以上运动会的运动员人数	人	900	6268
二、等级裁判员发展人数	**人**	**76**	**120**
三、等级运动员发展人数	**人**	**103**	**80**
四、体育场地数	**个**	**436**	**446**
体 育 场	个	25	25
体 育 馆	座	13	13
室外游泳池	个	20	29
各种训练房	个	378	379
五、获省级运动竞赛奖牌	**枚**	**246.5**	**186**
金　牌	枚	83.5	64
银　牌	枚	78	61
铜　牌	枚	85	61

19-4 行政区划及婚姻登记情况

指标	单位	2015年
一、行政区划		
镇数	个	102
乡数	个	79
街道办事处	个	14
二、基层群众组织		
居民委员会	个	441
村民委员会	个	1735
三、国内婚姻登记		
结婚	对	42030
申请离婚	对	11278

19-5 各县(市、区)婚姻登记情况

(2015年)

地区	申请结婚(对)	申请离婚(对)
全市合计	**42030**	**11278**
浔阳区	2494	1003
庐山区	1989	592
九江开发区	1142	352
庐山管理局	177	64
九江县	3328	735
武宁县	3377	1154
修水县	6900	1873
永修县	3207	904
德安县	1735	573
星子县	2389	444
都昌县	5863	891
湖口县	2421	573
彭泽县	2658	654
瑞昌市	3751	1272
共青城市	599	194

19-6 主要年份律师、公证及调解工作情况

指　　标	单位	2000年	2005年	2009年	2010年	2011年	2012年	2013年	2014年	2015年
一、律师工作										
律师事务所	个	26	25	26	27	29	32	33	33	36
律师	人	207	174	217	238	261	288	282	328	359
#专职律师	人	129	167	198	216	240	264	264	306	335
兼职律师	人	78	7	17	20	21	24	18	22	24
聘请担任常年法律顾问的单位	处	827	895	594	607	852	820	807	1026	1529
民事代理	件	2749	2513	2279	2510	2480	2934	2831	3410	3872
刑事辩护	件	730	930	816	705	612	973	803	1036	1008
非诉讼事务	件	1756	1985	747	761	2698	2813	3014	1465	1560
二、公证工作										
公 证 处	个	14	14	14	14	14	14	14	14	14
公证人员	人	72	69	76	77	72	73	75	82	73
#公 证 员	人	44	36	36	39	41	44	45	44	46
办理公证文书	件	43090	3126	17543	21283	18976	14875	18967	19575	17944
#国内公证	件					18876	17140	15437	15317	13713
涉外公证	件					2776	2906	2984	3663	3676
涉港公证	件					427	462	546	595	555
三、人民调解工作	件									
专职司法助理员	人	200	49	98	111	213	315	315	274	262
人民调解委员会	个	2953	2518	2380	2321	2321	2755	2760	2655	2669
调解人员	人	9706	8919	14660	13989	14037	13615	13620	8908	8873
调解民间纠纷	件	16101	9346	11634	15449	12150	10521	10620	9047	9319
调解成功所占比重	%	96.0	96.8	98.0	97.0	98.5	95.2	96.0	97.1	99

19-7 主要年份共青团组织情况

年份	基层团支部（个）	共青团员（万人）	#女团员	专职团干部（人）
1985	7368	14.48	5.13	725
1990	7539	16.56	5.72	782
1995	7943	21.03	6.74	740
2000	6234	19.62	8.40	620
2002	5547	20.70	9.00	687
2003	6832	22.40	9.20	603
2004	5945	22.16	8.91	771
2005	5945	22.47	8.91	771
2006	5948	23.00	8.92	771
2007	5974	22.56	8.74	771
2008	4742	22.50	7.80	774
2009	3896	20.41	7.74	792
2010	4489	22.10	9.90	687
2011	6493	32.02		65
2012	7935	32.03		94
2013	8410	24.51	11.96	82
2014	3852	26.56		79
2015	3780	26.28		78

注：2014年全市基层团支部进行了整合，统计口径调整。

19-8 主要年份工会组织情况

年份	工会基层组织数（个）	全市已建工会组织的基层单位的职工和会员人数（人）				工会专职工作人员人数（人）
		职工人数	#女职工	会员人数	#女会员	
1985	2113	286088	109366	250103	93234	1100
1990	2563	324292	129235	286339	119462	1811
1995	2676	372976	149167	326193	129752	1708
2000	2180	269465	102774	245056	94874	1101
2005	4868	409289	135979	406513	134910	1442
2010	5866	622900	286903	501600	275969	2073
2012	5909	624000	287000	501880	277090	2079
2013	5910	624700	287200	502000	277190	2085
2014	5916	625000	287380	502080	277200	2090
2015	5925	625200	287400	502100	277290	2085

19-9 妇女儿童基本情况

指标名称	单位	2014年	2015年
一、经济与人口			
人均地区生产总值	元	37097	39505
城镇居民人均可支配收入	元	25077	27635
农村居民家庭人均纯收入	元	10139	11143
国家财政性教育经费	万元	715781	823120
医疗卫生经费	万元	369034	438745
妇幼保健经费	万元	4806	6152
疾病预防控制经费	万元	9499	11924
人口与计划生育事务	万元	30434.6	2684.37
人口总数	万人	480.69	482.58
# 女性	万人	236.5	237.2
0-4岁人口	万人	31.59	31.61
# 女性	万人	14.53	14.65
0-17岁人口	万人	118.4	118.7
# 女性	万人	53.2	53.4
育龄妇女人口(15-49岁)	万人	159.3	146.8
人口自然增长率	‰	7.02	6.93
出生人口性别比(以女孩为100)		115.37	114.86
二、卫生保健			
婴儿死亡率	‰	2.97	3.16
# 城市	‰	2.01	2.43
农村	‰	3.23	3.35
5岁以下儿童死亡率	‰	5.31	4.9
# 城市	‰	3.7	3.15
农村	‰	5.74	5.35
孕产妇死亡率	1/10万	12.92	4.96
# 城市	1/10万	7.71	0
农村	1/10万	14.3	6.24
国家扩大免疫规划的疫苗接种率	%	99.89	99.75
卡介苗接种率	%	99.74	99.73
脊髓灰质炎疫苗接种率	%	99.72	99.79
百白破疫苗接种率	%	99.71	99.77
麻疹疫苗接种率	%	99.69	99.73
乙肝疫苗接种率	%	99.8	99.84
流脑疫苗	%	99.69	99.75
乙脑疫苗	%	99.67	99.69
甲肝疫苗	%	99.63	99.67
5岁以下儿童中、重度营养不良患病率	%	2.38	2.7
7岁以下儿童保健管理率	%	82.86	85.12

19-9 续表1

指标名称	单位	2014年	2015年
住院分娩率	%	99.99	99.99
农村孕产妇住院分娩率	%	99.99	99.98
农村高危孕产妇住院分娩率	%	100	99.99
非住院分娩中新法接生率	%	100	100
产前检查率	%	94.63	94.92
孕产妇系统管理率	%	87.01	85.51
# 城市	%	90.47	90.24
农村	%	86.09	84.29
婚前医学检查率	%	12.66	12.68
# 城市	%	37.23	35.75
农村	%	4.8	5.6
当年报告艾滋病病毒感染例数	例	132	161
# 女性	例	30	28
已婚育龄妇女综合避孕率	%	92.72	82.9
妇幼保健人员数	人	2624	2806
剖宫产率	%	31.81	31.8
三、教育			
在园幼儿数	千人	186.1	186.8
# 女童	千人	88.60	88.67
学前教育毛入园率	%	82.75	84.18
小学学龄儿童净入学率	%	100.00	100
# 男生	%	100	100
女生	%	100	100
小学五年巩固率	%	99.38	99.5
# 男生	%	100	100
女生	%	97.94	97.91
初中阶段毛入学率	%	99.95	99.94
# 男生	%	99.96	99.93
女生	%	99.94	99.95
初中三年巩固率	%	97.76	97.8
# 男生	%	98.36	97.72
女生	%	97.15	97.89
九年义务教育巩固率	%	96.93	97.03
# 男生	%	97.35	96.49
女生	%	96.53	97.58
特殊教育在校学生数	人	1966	2711
# 女生	人	660	953
高中阶段毛入学率	%	92.2	92.5
# 男生	%	92.15	92.49

19-9 续表2

指标名称	单位	2014年	2015年
女生	%	92.25	92.51
平均受教育年限	年	9.18	9.26
# 男性	年	9.48	9.49
女性	年	8.88	8.96
成人识字率	%	96.71	96.75
# 男性	%	98.72	98.73
女性	%	94.47	94.65
青壮年识字率(15-50岁)	%	99.55	99.59
# 男性	%	99.75	99.75
女性	%	99.25	99.25
四、就业与社会保障			
就业人员	千人	3100.2	3108.2
# 女性	千人	1447.5	1455.3
城镇单位就业人员	千人	454.4	468.93
# 女性	千人	170	178.22
城镇登记失业人员	千人	14.577	17.737
# 女性	千人	6.057	8.045
高级专业技术人员	人	19701	20914
其中：女性	人	5239	5709
城镇职工基本养老保险参保人数	千人	611.32	663.95
其中：女性	千人	244.4	254.13
城乡居民社会养老保险参保人数	千人	1851	1884
其中：女性	千人	925.5	951.4
城镇职工基本医疗保险参保人数	千人	624	638
其中：女性	千人	222.4	227.8
城镇居民基本医疗保险参保人数	千人	804.4	844.1
其中：女性	千人	263.9	277.7
参加失业保险人数	千人	340	342
# 女性	千人	136	140
参加工伤保险人数	千人	517.6	561.2
# 女性	千人	305.4	330.1
生育保险人数	千人	206.5	231.2
# 女性	千人	80.62	103.5
生育保险覆盖率	%	59.4	65.4
五、社会服务			
城镇居民最低生活保障人数	千人	80.239	77.935
农村居民最低生活保障人数	千人	170.0	170.176

19-9 续表3

指标名称	单位	2014年	2015年
村民委员会成员中女性比重	%	26.38	23.75
# 村委会主任中女性比重	%	4.63	4.63
居民委员会成员中女性比重	%	70.39	60.14
城镇社区服务设施数	个	1781	1967
城镇便民、利民服务网点数	个	1826	2173
六、妇女参政议政			
市人大代表数	人	433	423
# 女性	人	86	86
市政协委员数	人	500	500
# 女性	人	96	100
地级党委领导班子中女干部配备率	%	100	0
地级政府领导班子中女干部配备率	%	100	100
市级政府二作部门领导班子女干部配备率	%	70.18	50.0
县级党委领导班子中女干部配备率	%	76.92	76.92
县级政府领导班子中女干部配备率	%	92.31	76.92
县级政府工作部门领导班子女干部配备率	%	53.65	54.21
县级政府领导班子中担任正职的女干部占同级正职干部的比例	%	23.08	16.27
市级政府工作部门领导班子中担任正职的女干部占同级正职干部的比例	%	14.14	9.38
公务员中女性比重	%	18.45	19.42
七、法律保护			
破获强奸案件数	起	67	61
破获拐卖妇女案件数	起	4	0
破获拐卖儿童案件数	起	7	1
破获组织、强迫、引诱、容留、介绍妇女卖淫案件数	起	36	43
家暴妇女儿童救助（庇护）机构数	个	1	1
受救助（庇护）的妇女儿童人次数	人次	396	356
刑事犯罪被害人中女性比重	%	32.29	30.92
未成年人作案成员占全部作案人员的比重	%	6.41	5.95
得到法律援助机构援助的总人数	人	3062	3350
# 妇女儿童	人	1392	1499
八、社会、生活环境			
农村改水受益率	%	99.92	99.95
农村自来水普及率	%	80.00	81
农村卫生厕所普及率	%	86.37	87.23
城市建成区绿化覆盖率	%	51.07	50.14
城市污水处理率	%	99.47	99.47
城市生活垃圾无害化处理率	%	100	100

主要统计指标解释

医院、卫生院 指设有固定床位能收容病人住院并能为病人提供医疗、护理服务的医疗机构。包括县及县以上医院、农村乡卫生院、其他医院三部份。按所属性质分为卫生部门、工业及其他部门、集体所有制三类。其中县及县以上医院按业务性质分为综合医院和专科医院。

卫生技术人员 指卫生事业机构支付工资的全部固定职工和合同制职工中现任职务为卫生技术工作人员。包括中医师、西医师、中西医结合高级医师、护师、中药师、西药师、检验师、其他技师、中医士、西医士、护士、助产士、中药剂士、西药剂士、检验士、其他技士、其他中医、护理员、中药剂员、西药剂员、检验员、其他初级卫生技术人员。

医生 指经卫生部门审查合格，从事医疗工作的专业人员。分为中医医生和西医医生，包括卫生技术人员中的中医师、西医师、中西医结合高级医师、中医士、西医士和其他中医。

等级运动员人数 指经考核正式批准授予等级运动员称号的人数。运动员等级分为国际级运动健将、运动健将、一级运动员、二级运动员、三级运动员、少年级运动员。

等级裁判员人数 指经考核正式批准授予等级裁判员称号的人数。裁判员等级分为国际裁判、国家级裁判、一级裁判、二级裁判、三级裁判。

运动场 指有200米跑道（中心含足球场）和固定道牙，跑道6条以上，没有固定看台的室外田径场地。

体育场 指有400米跑道（中心含足球场）和固定道牙，跑道6条以上，并有固定看台的室外田径场地。以看台容纳观众人数分：甲级25000人以上，乙级15000—25000人，丙级5000—15000人，丁级5000人以下，共四级。

律师 指受聘参加法律顾问处工作，担任法律顾问、刑（民）事代理人、刑事辩护人、办理非诉讼事件、解答法律询问、代写法律事务文书等主要律师业务的专职律师和兼职律师。

公证人员 指在国家公证机关依法办理公证事务的司法人员。包括公证员、助理公证员和在公证处工作的其他人员。

办理公证 指公证处年内办结的公证文书件数。公证文书系按司法部规定或批准的格式制作。包括国内公证和涉外公证两部分。其中国内公证分为经济合同公证和民事法律关系公证两大类。

调解人员 在人民调解委员会担负调解民间一般民事纠纷和轻微违法行为所引起的纠纷的工作人员，包括调解委员会的委员和调解小组的调解员。

调解民间纠纷 指调解委员会依照法律规定，根据自愿原则，用说服教育的方法调解民间发生的有关民事权利和义务的争执，促成当事双方达到协议和谅解，解决纠纷。包括婚姻家庭纠纷，财产权益纠纷等。包括法院管理调解的民事案件数。

社会福利事业单位 指集中收养社会孤、老、残、幼的机构。包括由民政部门管理的社会福利院、儿童福利院、精神病人福利院和城镇集体办的福利院，以及农村集体举办的敬老院。

社会福利事业单位收养人数 包括民政部门管理和城镇及农村集体举办的社会福利事业单位中收养的老人、少年儿童、缺乏生活自理能力的残疾人员和精神病人。

20 全省各设区市及其它部分城市主要经济指标

20-1 全省各设区市主要经济指标

(2015年)

指　　　标	单位	南昌市	景德镇市	萍乡市	九江市	新余市
年末常住人口	万人	530.29	164.05	190.11	482.58	116.67
土地面积	平方公里	7194	5261	3830	19078	3161
生产总值(GDP、现价)	亿元	4000.01	772.06	912.39	1902.68	946.8
# 第一产业	亿元	171.26	57.22	62.83	140.75	55.95
第二产业	亿元	2179.96	437.58	517.29	1014.59	527.93
第三产业	亿元	1648.79	277.25	332.27	747.34	362.92
财政总收入	亿元	727.2	111.56	130.48	385.61	132.86
# 地方财政一般预算收入	亿元	389.22	90.59	106.07	247.2	98.8
财政支出	亿元	547.5		184.93	442.87	152.15
农业总产值(现价)	亿元	115.57			246.82	
粮食总产量	万吨		63.6		165.86	60.71
油料总产量	万吨	12.81	3.74	4.19	22.75	1.93
肉类总产量	万吨	37.57	5.98	14.77	21.24	9.06
水产品产量	万吨	41.15	3.39	4.12	45	5.33
规模以上工业增加值	亿元	1451.84	271.02	429.2	1035.6	319.97
规模以上工业主营业务收入	亿元	5472.38	1084.17	1682.1	5109.19	1545.11
工业经济效益综合指数	%	313.9			422.7	293.16
固定资产投资	亿元	4000.07	690.88	1026.74	2119.92	822.6
社会消费品零售总额	亿元	1662.87	268.26	303.06	578.56	213.75
外贸进出口总额	亿美元	114.64	8.02	12.66	59.95	18.14
# 出口总额	亿美元	85.94	7.75	12.53	49.34	12.61
实际利用外资	亿美元	27.06	1.76	3.08	16.3	3.66
金融机构存款余额	亿元	8342.63	810.92	790.34	2173.34	902.71
# 城乡居民储蓄存款余额	亿元		510.28	458.56	1193.18	402.78
金融机构贷款余额	亿元	7376.05	499.08	539.29	1451.9	664.59
城镇居民人均可支配收入	元	31942	29101	28335	27635	29836
农村居民人均可支配收入	元	13693	12736	14046	11143	13986
居民消费价格总指数	%	101.6	101.7	101.2	101.9	100.9
在岗职工平均工资	元	59509	45372	48100	51065	51639

注：本章节中数据来源于各城市统计公报。

20-1 续表

指　标	单位	鹰潭市	赣州市	吉安市	宜春市	抚州市	上饶市
年末常住人口	万人	115.33	960.63	489.89	551.2	398.47	671.51
土地面积	平方公里	3560	39363	25283	18668	18799	22736
生产总值(GDP、现价)	亿元	639.26	1973.87	1328.52	1621.02	1105.14	1650.81
# 第一产业	亿元	49.4	295.56	217.4	236.04	181.82	222.8
第二产业	亿元	382.57	870.46	657.38	848.6	549.3	803.38
第三产业	亿元	207.29	807.85	453.74	536.38	374.02	624.62
财政总收入	亿元	112.43	353.32	219.99	308.8	165.18	290.16
# 地方财政一般预算收入	亿元	83.01	245.51	161.72	215	126.82	222.37
财政支出	亿元		614.97	359.41		294.3	456.9
农业总产值（现价）	亿元				418.6		
粮食总产量	万吨	73	285.46	423.45	429.3	293.07	352.84
油料总产量	万吨	2.74	10.1	18.82	22.07	5.9	19.78
肉类总产量	万吨	12.85	71.33		63.69	34.48	31.41
水产品产量	万吨	5.02	30.7	22.49	36.7	19.38	52.13
规模以上工业增加值	亿元	358.61	753.26	730.2	870.5	364.2	690.5
规模以上工业主营业务收入	亿元	3435.71	3124	2998.48			2897
工业经济效益综合指数	%	447.4	312.9	374.86	337.2		379.5
固定资产投资	亿元	531.56	1892.21	1486.95	1588.14	1099.67	1560.2
社会消费品零售总额	亿元	171.71	705.21	396.48	530.66	428.2	640.4
外贸进出口总额	亿美元	36.23	41.55	49	25.92	16.72	43.24
# 出口总额	亿美元	9.52	33.92	42.45	23.98	16.51	38.15
实际利用外资	亿美元	2.4	13.7	8.83	6.54	2.93	9.41
金融机构存款余额	亿元	589.35	3355.91	1938.64	2140.59	1432.01	2258.4
# 城乡居民储蓄存款余额	亿元	327.1	2014.14				
金融机构贷款余额	亿元	451.71	2297.55	1055.36	1318.6	939.58	1474.3
城镇居民人均可支配收入	元	26952	25001	27078	25381	25065	26924
农村居民人均可支配收入	元	12462	7786	10355	11621	11441	10112
居民消费价格总指数	%	101.5	102.1	101.5	100.9	100.9	101.2
在岗职工平均工资	元	57623	50313	48201	45330	49522	50414

20-2 长江经济带部分城市主要经济指标

(2015年)

指 标	单位	贵州贵阳	贵州遵义	贵州毕节	云南昆明	云南曲靖	云南玉溪
年末常住人口	万人	462.18	619.21	660.61	667.7	604.72	236
土地面积	平方公里	8034	30762	26853	21473	33821	15285
生产总值(GDP、现价)	亿元	2891.16	2168.34	1461.3	3970	1630.26	1245.7
# 第一产业	亿元	129.89	349.27	324.7	188.1	317.15	126.6
第二产业	亿元	1108.52	970.75	566.6	1588.38	642.23	693
第三产业	亿元	1652.75	848.32	570.1	2193.52	670.88	426.1
财政总收入	亿元	723.3	432.24	296.8		342.05	506.3
# 地方财政一般预算收入	亿元	374.15	177.61	107.6	502.22	118.09	124.8
粮食总产量	万吨	45.39	302.49	257.55	123.57	334.5	61.52
油料总产量	万吨	6.87	27.91			19.9	3.79
肉类总产量	万吨	15.75	50.57	38.71	51.11	194.8	38
水产品产量	万吨	1.02	6.35				1.65
规模以上工业增加值	亿元	711.59	929.69	360.1	868.32	475.53	607.4
规模以上工业主营业务收入	亿元	2503.76	1676.32		2929.19		1162.6
规模以上工业利税总额	亿元	442.06	463.09		465.36	172.16	
旅游总收入	亿元	1040.53	547.09	312.6	723.46	105.23	126.4
全社会固定资产投资	亿元	2804.45	2563.32	1344.9	3497.88	1378.79	667.6
社会消费品零售总额	亿元	1060.17	639.93	302	2061.66	502.4	291.4
外贸进出口总额	亿美元	91.22	14.85	0.000303	123.64	5.6	18.96
# 出口总额	亿美元	78.97	8.75	0.000207	94.54	5.44	18.52
实际利用外资	亿美元	9.27	1.56	1.8	22.61	1.4	0.26
金融机构存款余额	亿元	8772.22	3306.46	1254.6	11850.53	1833.33	1322.3
# 城乡居民储蓄存款余额	亿元	2250.6	1477.95	662.4	3835.46	954.02	683.5
金融机构贷款余额	亿元	7875.58	1925.48	884.5	11940.24	1262.57	846.2
城镇居民人均可支配收入	元	27241	24997	23121	33955	27100	29631
农村居民人均可支配收入	元	11918	9249	6945	11444	9451	10977
居民消费价格总指数	%	102.3	101.8	101.1	102.4	101.8	102

20-2 续表1

指　　标	单位	四川成都	四川绵阳	四川德阳	湖南长沙	湖南岳阳	湖南常德
年末常住人口	万人	1465.8	477.19	351.3	743.18	562.92	584.4
土地面积	平方公里	12390	20281	5911	11819.5	15019.2	18189.8
生产总值(GDP、现价)	亿元	10801.2	1700.33	1605.1	8510.13	2886.28	2709
# 第一产业	亿元	373.2	260.05	208.2	341.78	317.16	355.2
第二产业	亿元	4723.5	858.93	940	4478.2	1446.83	1237.5
第三产业	亿元	5704.5	581.35	456.9	3690.15	1122.29	1116.3
财政总收入	亿元				1113.48	302.82	210.8
# 地方财政一般预算收入	亿元	1157.6	104.13	88.6	718.95	128.02	148.8
粮食总产量	万吨	230.2	220.9	193.5	251.14	324.11	389.5
油料总产量	万吨	27.1	36.16	20.1	9.37	22.16	58.4
肉类总产量	万吨	68.2	41.58	37.8	69.66	53.22	67.1
水产品产量	万吨	10.6		5.7	12.7	51.3	47.9
规模以上工业增加值	亿元				3228.21	1165.81	
规模以上工业主营业务收入	亿元	9579.26	2415.8	2899.6	9638.36		
规模以上工业利税总额	亿元	1093.74		331.5	1590.73	432.12	634.4
旅游总收入	亿元	2040	343.6	155.7	1351.5	332.68	276.1
固定资产投资	亿元	7007	1154.09	981.3	6363.29	2154.71	1857.9
社会消费品零售总额	亿元	4946.2	879.16	616	3690.59	1020.64	945.5
外贸进出口总额	亿美元	2454.9	26.27	31.1	129.53	11.34	7.8
# 出口总额	亿美元	1483.9	19.21	23.8	92.2	8.62	5.8
实际利用外资	亿美元	75.2	2.32	2	44.06	3.63	7.4
金融机构存款余额	亿元	29475	2882.91	2084.6	14065.66	1733.47	2247
# 城乡居民储蓄存款余额	亿元	9922	1640.86	1296.9	4352.63	1091.39	1444
金融机构贷款余额	亿元	21971	1532.85	1095.3	12323.87	894.48	1080
城镇居民人均可支配收入	元	33476	27170	27049	39961	25202	24513
农村居民人均可支配收入	元	17690	12349	12787	23601	12091	11744
居民消费价格总指数	%	101.1	101.5	100.6	101.1	101.7	101.8

20-2 续表2

指　　标	单位	湖北武汉	湖北宜昌	湖北襄阳	江西南昌	江西赣州	江西九江
年末常住人口	万人	1060.77	411.5	561.4	530.29	854.71	482.58
土地面积	平方公里	8494	21227	19774.41	7194	39363	19078
生产总值(GDP、现价)	亿元	10905.6	3384.8	3382.1	4000.01	1973.87	1902.68
# 第一产业	亿元	359.81	370.31	402.1	171.26	295.56	140.75
第二产业	亿元	4981.54	1986.41	1922.9	2179.96	870.46	1014.59
第三产业	亿元	5564.25	1028.08	1057.1	1648.79	807.85	747.34
财政总收入	亿元	2231.67	422.64	464.9	628.79	353.32	385.61
# 地方财政一般预算收入	亿元	1245.63	339.1	339.1	389.22	245.51	247.2
粮食总产量	万吨	127	170.79	505.3	241.44	285.46	165.86
油料总产量	万吨	18.33	24.19	24.1	12.81	10.1	22.75
肉类总产量	万吨		60.59		37.57	71.33	21.24
水产品产量	万吨	52.46	20.73	21.7	41.15	30.7	45
规模以上工业增加值	亿元				1451.84	753.26	1035.6
规模以上工业主营业务收入	亿元	11811.49	5162.87	5180.1	5472.4	3124	5109.2
规模以上工业利税总额	亿元		581.85	418.6	585.33	336	570.1
旅游总收入	亿元	2188.97	450.36	262	537.6	390.19	922.37
固定资产投资	亿元	7680.89	2921.38	2921.8	4000.07	1892.21	2119.92
社会消费品零售总额	亿元	5102.24	1089.47	1165.1	1662.87	705.21	578.56
外贸进出口总额	亿美元	280.72	30.86	24.12	114.64	41.55	59.95
# 出口总额	亿美元	151.53	26.91	21.58	85.94	33.92	49.34
实际利用外资	亿美元	73.43	3.55	7.28	27.06	13.7	16.3
金融机构存款余额	亿元	19393.16	2822.49	2705.2	8534.34	3355.91	2173.34
# 城乡居民储蓄存款余额	亿元	6059.03	1510.6	1742.9	2517.78	2014.14	1193.18
金融机构贷款余额	亿元	17135.79	2133.19	1691.7	7556.91	2297.55	1451.9
城镇居民人均可支配收入	元	36436	27275	20282	31942	25001	27635
农村居民人均可支配收入	元	17722	12990	13650	13693	7786	11143
居民消费价格总指数	%	101.4	101.5	102	101.6	102.1	101.9

20-2 续表3

指　　标	单位	安徽合肥	安徽芜湖	安徽安庆	浙江杭州	浙江宁波	浙江温州
年末常住人口	万人	779	365.4	622.1	901.8	782.5	911.7
土地面积	平方公里	11408.48	6026	15398	16596	9816	12061
生产总值(GDP、现价)	亿元	5660.27	2457.32	1613.2	10053.58	8011.5	4619.84
# 第一产业	亿元	263.43	120.02	220	287.69	285.2	123.24
第二产业	亿元	3097.91	1540.6	821.6	3910.6	3924.5	2101.53
第三产业	亿元	2298.93	796.7	571.6	5855.29	3801.8	2395.07
财政总收入	亿元	1000.5	470.01	258.8	2238.75	2072.7	677.92
# 地方财政一般预算收入	亿元	571.54	263.47	106.6	1233.88	1006.4	403.07
粮食总产量	万吨	323.31	143.43	268.3	63.38	79.1	75.97
油料总产量	万吨	31.1	13.14	29.9			
肉类总产量	万吨	49.12	16.18	34.4	27.84		12.43
水产品产量	万吨	24.02	17.06	39	20.92	103.3	61.65
规模以上工业增加值	亿元	2255.65	1441.87	713.9	2903.3	2575.4	1091.32
规模以上工业主营业务收入	亿元		5345.38	2958.4			
规模以上工业利税总额	亿元		620.43	363.3	1538.55	1472.6	414.25
旅游总收入	亿元	974	388.7	418.26	2200.67	1233.3	804.53
固定资产投资	亿元	6153.35	2709.19	1577.5	5556.32	4506.6	3456.39
社会消费品零售总额	亿元	2183.65	733.04	671.9	4697.23	3349.6	2674.38
外贸进出口总额	亿美元	203.38	68.19	24.45	665.66	1004.7	194.78
# 出口总额	亿美元	137.08	55.42	21.77	500.67	714.3	171.15
实际利用外资	亿美元	25.07	23.01	1.83	71.13	42.3	3.01
金融机构存款余额	亿元	11193.7	2548.68	2532.8	29863.83	16175.3	9127.02
# 城乡居民储蓄存款余额	亿元	3045.66	1312.75	1667.6	7617.75		4487.04
金融机构贷款余额	亿元	10171.1	2491.57	1428.4	23327.95	15754.7	7527.16
城镇居民人均可支配收入	元	31989	29766	23966	48316	47852	44026
农村居民人均可支配收入	元	15733	15964	9854	25719	26469	21235
居民消费价格总指数	%	101.6	101.1	101.5	101.8	101.8	100.7

20-2 续表4

指　标	单位	江苏苏州	江苏南京	江苏无锡	江苏扬州	重庆市	上海市
年末常住人口	万人	1061.6	823.59	651.1	448.36	3016.55	2415.27
土地面积	平方公里	8488.42	6597	4628	6591.21	82402	6340
生产总值(GDP、现价)	亿元	14504.07	9720.77	8518.26	4016.84	15719.72	24964.99
# 第一产业	亿元	215.71	232.39	137.72	241.93	1150.15	109.78
第二产业	亿元	7045.12	3916.11	4197.43	2011.97	7071.82	7940.69
第三产业	亿元	7243.24	5572.27	4183.11	1762.94	7497.75	16914.52
财政总收入	亿元				515.18		
# 地方财政一般预算收入	亿元	1560.8	1020.03	830	336.75	2155.10	5519.50
粮食总产量	万吨	108.22	114.06	72.28	314.41	1154.89	112.08
油料总产量	万吨	1.57	10.83	0.86		59.87	
肉类总产量	万吨		10.47	7.6	18.16		
水产品产量	万吨	26.21	22.87	12.53	39.8		30.18
规模以上工业增加值	亿元	6262	3043.5	2953.34	2250.23		
规模以上工业主营业务收入	亿元	29869	12175.58	14113.97	9383.1	18466.25	33956.13
规模以上工业利税总额	亿元	2086	1743.45	1247.75	1085.8	2439.20	4700.0
旅游总收入	亿元	1884.5	1688.12	1389.29	600.71		3380.0
固定资产投资	亿元	6124.4	5484.47	4901.19	2856.82	15480.33	6352.70
社会消费品零售总额	亿元	4424.8	4590.17	2847.61	1236.96	6424.02	10055.76
外贸进出口总额	亿美元	3053.5	532.7	684.67	103.38	744.77	4505.3
# 出口总额	亿美元	1814.6	315.09	422.32	77.11	551.90	1963.4
实际利用外资	亿美元	70.2	33.35	32.11	8.48	107.65	184.59
金融机构存款余额	亿元	23659.1	26471.69	13181.25	4719.4	28778.80	103760.6
# 城乡居民储蓄存款余额	亿元	7538.04	5651.58	4693.94	2376.68	12207.28	23384.73
金融机构贷款余额	亿元	19200.1	18951.7	9525.99	3095.77	22955.21	53387.21
城镇居民人均可支配收入	元	50400	46104	45129	32946	27239	52962
农村居民人均可支配收入	元	25700	19483	24155	16619	10505	23205
居民消费价格总指数	%	101.6	102	101.8	101.7	101.30	102.40

20-3 部分省份“双核”城市主要经济指标

(2015年)

指　　标	单位	山东青岛	山东烟台	山东济南	广东广州	广东深圳	广东佛山
年末常住人口	万人	909.7	701.41	713.2	1350.11	1137.89	743.06
土地面积	平方公里	11282	13745	8177.21	7434.4	1996.85	3875
生产总值(GDP、现价)	亿元	9300.07	6446.08	6100.23	18100.41	17502.89	8003.92
# 第一产业	亿元	363.98	440.85	305.39	288.09	5.66	136.42
第二产业	亿元	4026.46	3323.46	2307	5786.21	7205.53	4838.89
第三产业	亿元	4909.63	2681.77	3487.84	12086.11	10291.8	3028.61
财政总收入	亿元	2713.7			5116	2727.06	
# 地方财政一般预算收入	亿元	1006.3	542.66	614.3	1349.09		557.43
粮食总产量	万吨	321.4	258.47	264.6	44.09		9.82
油料总产量	万吨		42.39		1.9		
肉类总产量	万吨	54.7	50.77	39.4	22.86		22.25
水产品产量	万吨	109.1	197.75		48.39	3.98	61.25
规模以上工业增加值	亿元		2995.83		4840.42	6785.01	4406.95
规模以上工业主营业务收入	亿元	16715.2		5363.7			
规模以上工业利税总额	亿元	1754.9		715.6	1997.45		
旅游总收入	亿元	1270	666.2	744.9	2872.18		546.29
全社会固定资产投资	亿元	6555.7	4667.14	3498.4	5405.95	3298.31	3035.52
社会消费品零售总额	亿元	3713.7	2679.45	3410.3	7932.96	5017.84	2687.22
外贸进出口总额	亿美元	700.2	493.87	99.1	1338.7	4418	657.2
# 出口总额	亿美元	452.5	213.42	60	811.41	2636	482.1
实际利用外资	亿美元	66.9	19.16	15.8	54.16	64.97	23.77
金融机构存款余额	亿元	13155.7	7029.82	14174.7	42843.67	57778.9	11867.67
# 城乡居民储蓄存款余额	亿元	5023.6	3707.26		13602.38		6232.2
金融机构贷款余额	亿元	11576.8	4470.45	11356.8	27296.16	32449.04	7950.53
城镇居民人均可支配收入	元	40370	35907	39889	46734.6		39757
农村居民人均可支配收入	元	16730	15540	14232	19323.1		22063
居民消费价格总指数	%	101.2	101.9	101.9	101.7	102.2	101.6

20-3 续表1

指　　标	单位	福建泉州	福建福州	福建厦门	河北唐山	河北石家庄	河北邯郸
年末常住人口	万人	851	750	386	755	1070.16	1049.7
土地面积	平方公里	11015	11968	1699.39	13472	20235	12000
生产总值(GDP、现价)	亿元	6137.74	5618.1	3466.01	6103.1	5440.6	3145.4
# 第一产业	亿元	178.28	434.74	23.94	569.1	494.4	402.8
第二产业	亿元	3742.33	2482.44	1508.99	3365.4	2452.9	1500.7
第三产业	亿元	2217.13	2700.92	1933.08	2168.6	2493.3	1241.9
财政总收入	亿元			1001.71	574.6	778.5	307.7
# 地方财政一般预算收入	亿元	388.3	848.04	606.06	335	375	190.6
粮食总产量	万吨	72.82	54.34	3.65	308.4	504.8	542.5
油料总产量	万吨	5.46			30.2	20.6	15.3
肉类总产量	万吨	15.84		4.39	74.1	78.4	70.5
水产品产量	万吨	112.98	228.22	5.21	56	3.4	3.5
规模以上工业增加值	亿元	2902.86		1254.06	2739.2	2117.3	1107.2
规模以上工业主营业务收入	亿元	10964.78		4724.69			
规模以上工业利税总额	亿元						
旅游总收入	亿元	617.89	537.29	832.36	310.3	584.7	336.7
固定资产投资	亿元	3406.25	4893.91	1896.52	4619.6	5727.5	3526.6
社会消费品零售总额	亿元	2459.59	3488.74	1168.42	2138.2	2693	1358.6
外贸进出口总额	亿美元	271.04	2065.5	832.91	139.1	121.4	29.7
# 出口总额	亿美元	182.93	1312.3	534.97	85.2	73.2	17.5
实际利用外资	亿美元	15.8	16.79	20.94	12.4	11.4	8.2
金融机构存款余额	亿元	6612.31	11270.96	8876.25	7456.8	9800.1	4139.5
# 城乡居民储蓄存款余额	亿元	3103.22	3634.55	2050.27	4466.2	4868.9	
金融机构贷款余额	亿元	5429.17	11114.8	7567	4779.4	6121.1	2803.8
城镇居民人均可支配收入	元	37275	34982	42607	31272	28168	24630
农村居民人均可支配收入	元	15861	15203	17558	13935	11442	11247
居民消费价格总指数	%	101.8	101.7	101.7	101.1	101	101.8

20-3 续表2

指　　标	单位	河南郑州	河南洛阳	河南南阳	辽宁大连	辽宁沈阳	辽宁鞍山
年末常住人口	万人	956.9	700.28	1005.7	593.6	829.1	346
土地面积	平方公里	7446.2	15230	26600	13237	12948	9252
生产总值(GDP、现价)	亿元	7315.2	3508.8	2522.32	7731.6	7280.5	2349
# 第一产业	亿元	151	236.4	404.19	453.3	341.4	136.5
第二产业	亿元	3625.5	1740.7	1153.91	3580.8	3499	1116.9
第三产业	亿元	3538.7	1531.7	964.22	3697.5	3440.1	1095.6
财政总收入	亿元	1419.5		255.65			
# 地方财政一般预算收入	亿元	942.9	286.7	157.08	579.9	606.2	129.1
粮食总产量	万吨	168.3	245.1	541.05	93.2	358	136.6
油料总产量	万吨	15.4	12.7	110.55		9.1	1.5
肉类总产量	万吨	25.7	27.33	5.41	78.6	98.7	64.1
水产品产量	万吨	14.9			240.2	22.6	
规模以上工业增加值	亿元	3312.3	1386.2	885.27	1849.9	2620.7	773.4
规模以上工业主营业务收入	亿元	13434.1	6676.9	3524.89	6805.8		3150.2
规模以上工业利税总额	亿元	1541.3	395.7	291.21	727.4	827.8	91.3
旅游总收入	亿元	1004.2	780	214.8	1008.7	1221.2	299.1
固定资产投资	亿元	6288	3537	2708.87	4559.3	5326	1568.1
社会消费品零售总额	亿元	3294.7	1605.1	1429.29	3084.3	3883.2	967.7
外贸进出口总额	亿美元	570.3	19.51	19.28	550.91	140.8	28.4
# 出口总额	亿美元	257.8	16.29	14.74	257.97	67.9	21.5
实际利用外资	亿美元	38.3	25.54	6.05	27.03	10.6	
金融机构存款余额	亿元	16936.3	4183	3072.31	13864.5	14035.4	3109.4
# 城乡居民储蓄存款余额	亿元	5695.5	2064.1	2053.1			1956.8
金融机构贷款余额	亿元	12650.3	2635.7	1723.16	11680.3	11581	2076.4
城镇居民人均可支配收入	元	31099	28686	25140	35889	36643	29943
农村居民人均可支配收入	元	17125	10667	10777	14667	13486	13117
居民消费价格总指数	%	101.1	101.6	101.2	101.6	101.2	101.1

20-3 续表3

指　　标	单位	陕西西安	陕西榆林	陕西咸阳	广西南宁	广西柳州	广西桂林
年末常住人口	万人	870.56	340.11	497.24	740.23	381.62	
土地面积	平方公里	9983	43578	10246	22112	18618	27800
生产总值(GDP、现价)	亿元	5810.03	2621.29	2155.91	3410.09	2298.62	1942.97
# 第一产业	亿元	220.2	143.6	328.78	370.35	168.42	339.42
第二产业	亿元	2165.54	1637.29	1240.41	1345.66	1300.11	900.98
第三产业	亿元	3424.29	840.4	586.72	1694.08	830.09	702.57
财政总收入	亿元	1114.98	640.38	218.7	572.48	343.81	209.19
# 地方财政一般预算收入	亿元	650.99	295.59	85.44	297.05	146.68	134.53
粮食总产量	万吨	180.96	142.9	192.38	225.42	85.1	
油料总产量	万吨	0.95		5.18		3.13	
肉类总产量	万吨	16.13		21.34	66.02	22.71	
水产品产量	万吨			1.07	25.44	7.56	
规模以上工业增加值	亿元	1174.67	1562.03	974.27		1140.37	701.82
规模以上工业主营业务收入	亿元	3683.7		2960.1	3011.35	4096.25	1813.32
规模以上工业利税总额	亿元			339.2		295.46	170.52
旅游总收入	亿元	1073.69	107.5	271.6			517.33
固定资产投资	亿元	5156.98	1384.37	3063.2	3418.43	2082.89	1837.32
社会消费品零售总额	亿元	3405.38	396.41	601.58	1786.68	944.11	751.96
外贸进出口总额	亿美元	1761.92		28.64	364.46	22.3	8.83
# 出口总额	亿美元	819.86		15.22	202.48	7.8	7.74
实际利用外资	亿美元	40.08		1.34	7.01	7.32	6.56
金融机构存款余额	亿元	18036.9	2793.87	2256.52	8257.77	2822.67	2607.11
# 城乡居民储蓄存款余额	亿元	6640.36		1459.19	2700.37	1207.59	1564
金融机构贷款余额	亿元	13965.64	2032.89	1029.78	8228.66	2051.36	1580.79
城镇居民人均可支配收入	元	33188	27765	29425	29106	28722	28768
农村居民人均可支配收入	元	14072	9802	9690	9408	9449	10365
居民消费价格总指数	%	100.7	101.1	101.1	101.9	101.7	101.9

2015年九江统计工作大事记

1月9日，省统计局服务业处副处长徐金玉同志一行赴九江市督促、指导2014年度交通能源消费统计调查工作。九江市统计局分管服务业统计的社会经济调查中心书记吴耀华同志、服务业科科长以及业务骨干陪同。

1月28日由市委组织部副部长邵丹波同志为组长的市委考核组对我局领导班子和领导干部进行年度考核。局党组书记、局长余明义同志代表局领导班子就领导班子工作、干部选拔任用工作、落实党风廉政建设责任制工作情况汇报向大会作汇报。市委考核组、局领导班子成员、局机关各科（室、中心）全体人员参加了此次会议。会上对市统计局领导班子工作及领导班子成员的德、能、勤、绩、廉等情况进行了民主测评。

2月6日，市统计局副局长胡升平和李青带领扶贫工作队队员一行七人，来到都昌县中馆镇走访慰问困难群众和重点优抚对象。

3月11日至13日，省统计局人口处副处长黄建村、周爱平一行来到九江市彭泽县、湖口县，深入企业，调研劳动工资统计工作和就业情况。市统计局副局长周腊秀陪同调研。

3月25日至27日，省统计局投资处洪英灏副处长一行三人赴九江市进行非金融资产投资统计工作调研。市统计局周腊秀副局长及投资科工作人员等陪同调研。

4月13日，按照市包村帮扶工作会议的精神，秉着对定点帮扶工作早谋划、早部署的工作要求，在市统计局党组成员副局长李青、副局长周腊秀的带领下，新挂点扶贫工作队的工作人员来到都昌县中馆镇双桥村，与镇、村有关领导会面并座谈，全面了解扶贫点的生产、生活状况及目前帮扶工作的基本情况。

4月15日，从全市2014年度经济社会发展目标管理考评表彰暨“决战工业一万亿”推进大会上传来佳音，九江市统计局荣获2014年度市直单位目标管理考评综合先进单位。

5月22日，九江市妇儿工委办公室与市统计局联合召开2015年妇女儿童两纲监测统计培训工作会议，部署九江市2015年“两纲”监测统计工作。

5月29日，九江市统计局召开“三严三实”专题党课暨专题教育动员部署会议，市统计局党组书记、局长余明义作了动员讲话，并以“人生和修身”为题作了一堂生动活泼的专题党课。

6月2—3日，市统计局调研员王弟权、法规科科长戴建铭及社会经济调查中心副主任蔡锦闽等同志一行赴都昌县复查2014年度申报的新进规企业，并深入彭泽县企业开展调研。

6月3—4日，省统计局工业处杨裕光处长一行在彭泽县调研并指导工作。

7月14日，九江市统计局召开全市建设领域统计工作会议，市统计局周腊秀副局长出席会议并讲话。

7月31日，九江市统计局第三次召开“三严三实”专题教育学习研讨会。会上，围绕“严以修身”这个主题，王弟权调研员等6名同志进行了专题研讨发言。

8月3日，九江市统计局周腊秀副局长赴湖口、德安两地，开展投资统计改革基层基础工作调研。

8月4日，省统计局农业处副处长郑永明一行，对修水“三卡”（县卡、乡卡、村卡）统计工作进行调研和检查指导。九江市统计局副调研员熊运锋、农业科科长卢春玲一起陪同调研。

8月7日，九江市统计局调研员王弟权等一行三人赴星子县指导江西省部门数据比对核实试点工作。

8月18日，九江市统计局王弟权调研员、董晓玲副调研员、熊运锋副调研员以及农业、综合科负责人一行，再一次走进九江人民广播电台“党风政风热线”节目，与广大听众朋友亲密接触、友好交流。

8月19日，省普查中心调研员宋世平、副主任马芸等一行四人在九江市统计局王弟权调研员等陪同下，来星子县指导江西省部门数据比对核实试点工作。

8月27日，九江市召开了全市1%人口抽样调查区划制图工作培训会。

8月28日，江西省部门数据比对核实试点工作会议在星子县召开。省统计局副巡视员金绮出席会议并讲话。

9月2日，中共九江市委宣布市统计局主要领导调整，胡升平同志担任市统计局党组书记、局长。董晓玲同志任市统计局总统计师。同日，九江市十四届人大常委会举行第二十五次会议决定任命胡升平同志为九江市统计局局长。

9月16日，九江市2015年1%人口抽样调查工作会议在九江市召开。

9月18日，九江市召开全市统计局长座谈会，传达全市领导干部会议精神，学习殷美根书记重要讲话精神，部署下阶段统计工作任务。

9月18日，市统计局王弟权调研员带领督导组赴星子县督导部门数据比对核实试点工作。

9月22-24日，九江市召开2015年1%人口抽样调查综合业务培训会议。

9月28日，市统计局副局长周腊秀带领扶贫工作队人员赴都昌县中馆镇刘山村调研扶贫工作。

9月29日，九江市商业管理办公室、九江市统计局联合召开了全市消费统计工作会。同日，九江市统计局召开全市境外来中国大陆工作专家统计调查工作会。

10月12日，市统计局董晓玲总统计师带领局内"百个部门帮百企"工作组成员赴共青挪宝电器开展帮扶工作。

10月14日，九江市召开市直单位2014-2015年境外来大陆工作专家工作会议。

10月16日，九江市统计局党组理论学习中心组围绕"三严三实"专题教育之"严以用权"专题开展学习研讨。

10月21-22日，省1%人口抽样协调小组办公室主任、省统计局副局长韩志生、省人口就业处副处长黄建村一行来我市督导调研1%人口抽样调查摸底登记工作。

10月30日，九江市常委副市长才宏远召集市统计局领导及核算科工作人员会同市人民银行领导及调统科工作人员，在市政府开会分析金融业核算工作。

11月3日，九江市召开1%人口抽样调查摸底数据评审会议。

11月4日，九江市统计局局长胡升平、副调研员熊运锋一行赴都昌县、湖口县、彭泽县督导1%人口抽样调查工作；并率包村帮扶工作组一行赴定点帮扶村——都昌县中馆镇刘山村开展扶贫走访调研。

11月10日，九江市统计局处级以上领导干部集体参观了"三严三实"专题教育展览。

11月10日，九江市统计局、市商管办联合召开全市电子商务统计工作会。

11月11日，2015年度全省经济形势分析会在九江市召开。省统计局全体班子成员、各专业处处长，各设区市统计局局长及助手，省直管县统计局局长等90余人参加会议。市委常委、常务副市长熊永强全程陪同。

11月16日，九江市统计局召开全局干部大会，传达2015年度全省经济形势分析会议精神，并对贯彻落实会议精神作出全面部署。

12月3日，九江市统计局召开全市投资统计改革业务培训会。

12月10日，九江市在湖口县召开经济形势分析会。市统计局领导班子、各县（市、区）统计局长和助手、市统计局各科室负责人共60余人参加会议。湖口县委副书记、县长李小平等湖口县领导看望会议代表，并陪同考察和参加会议。

12月14日，省统计局核算处处长张家玉一行在九江市统计局局长胡升平、副局长周腊秀及相关科室负责人的陪同下，对九江市核算改革工作进行了调研。

12月16日，市统计局党组书记、局长胡升平一行到"十二五"及"十三五"定点扶贫村都昌县中馆镇双桥村及刘山村走访慰问并进行调研。